浙江大学中西书院主办 主编 刘东

总 第四十三辑

CHINA SCHOLARSHIP Vol.16 No.1

执行编辑　　杨　朗（浙江大学）　　　　徐　明（浙江大学）

通讯编辑　　戴沙迪（马萨诸塞州立大学）　张　伦（赛尔齐·蓬多瓦兹大学）

助理编辑　　刘　玮（中国人民大学）　　郭金华（北京大学）
　　　　　　邱源媛（中国社会科学院）　　韩　穗（杭州佛学院）
　　　　　　范利伟（中国社会科学院）　　李成晴（清华大学）
　　　　　　黄　娟（中国社会科学院）

投稿地址：310058
　　　　　浙江大学中西书院中西编译所（浙江省杭州市西湖区余杭塘路866号
　　　　　浙大紫金港校区成均苑8幢北面9楼931室）《中国学术》编辑部
电子邮件：chinascholarship@163.com
网　　页：http://chinascholarship.vip.sina.com
订购地址：100710
　　　　　北京王府井大街 36 号
　　　　　商务印书馆发行部
电　　话：(010) 63044891 83164425

卷 首 语

　　首先应当向读者们汇报一下，为了能把学术生涯尽量延长，自己目前已转移到了久违的浙江大学。而如果回想到39年前，自己这种读书、教书、写书、编书的生涯，也恰是从西子湖畔这里开始的，那么不妨说这种周而复始，是勉强用生命画出了一个"团圆"。——话说回来，如今虽已离开了清华学堂，可那个梁启超、王国维、陈寅恪工作过的地方，还是给我的生命增加了文化和历史厚度。即使只讲眼下这个"办刊"的任务——每当自己踏过学堂的红地毯，走向位于走廊深处的那间办公室，最先看到的都准是静安先生，他就在那面墙上默默凝望着我；于是，我也会不由自主默念起来：这种编辑工作也未必只是"为人作嫁"吧？他当年不也编过《农学报》《教育世界》《国学丛刊》和《学术丛刊》吗？可这种学术上的忘我投入，终究并未耽误他的学业，反而可能帮他得以"学有大成"。

　　论文栏的第一组，收录了三篇论域不同的文章，但都聚焦于"中外关系"的主题。**刘东**的论文接过了包华石所挑起的话题。也就是说，如果后者所著的《西中有东》一书，一方面揭示了中国的儒家思想及其政治实践对启蒙时代的西方文化发生了具有正面意义的影响，另一方面又揭露了此后在"欧洲中心"的"文化政治"中，西方政客与学者对于当年这种积极影响的故意遮掩；那么，前者则在自己这篇新作中进一步揭示了穆勒父子如何为了制造"文化他者"，而分别就他们并不熟悉的印度与中国大发议论，把一组原本是由中国人帮助他们克服的弱点，反过来说成是东方人固有的文化劣根性。可叹的是，严复竟又把约翰·穆勒指鹿为马的判断带回自己的故土，并伪装成了自己的思考，遂在一种"文明二分"的机械图式中,把这种文化的"输出—回馈"变成了"飞去来器",从而锋利地割伤了自己的祖国。**苏源熙**的论文回顾了克洛岱尔的《认识东方》。作者指出,对于1900年前后的欧洲人来说,把中国和日本当成写作背景,是一个难得而独特的机会。如果说,谢阁兰的《碑》和庞德的《华夏集》都呈现了各种有关"中国他者"的声音,且这种声音还以全新的抒情方式,对英美的现代主义产生了重要的影响,那么,克洛岱尔那些短小的散文诗,其叙述者就不再是一位以中文为母语的人,而无非是拥有外语表达渠道的一位实实在在的外国人,他正在中国从事着观察和记录。不过,《认识东方》的大部分诗作并未强调欧洲观察者的主导地位;由此一来,克洛岱尔的文学尝试也就与马拉美的风格有所不同,是让象征主义与现实主义进行杂交,因为这两者在遥远亚洲的格调中,并非像在巴黎那样表现为相互对立。**裴宜理**的论文聚焦于现当代中国的政治文化,所以关涉的中外关系也更为切近。作者指出,从革命的年代到和平的岁月,在中国共产党为联络城乡所建立的机制中,没有什么比派驻工作队更重要的举措了。这样的一种机制,虽然是从俄国革命移植而来,可它所以能获得积极的效果,却要归功于本土实践中的创造。因此,这种工作队机制的中国化,不单是中国革命的成功要因之一,还对此后长期的农村发展与管理,乃至当前的精准扶贫与反腐败行动,一直发挥着关键性的作用。由此可见,如果从"创造性转化"的角度出发,对比一下苏联工作队的失败与中国工作队的成功,将有助于理解当代中国。

论文栏第二组,聚焦于西方古典研究。**莱平**的论文研究了基督教与宗教自由的双重关系。根据传统的简单化叙事,古希腊罗马的多神教必然带来宗教宽容,而罗马的基督教化则会导致宗教压迫。然而,如果回到大量的古史材料,就会发现有关宗教宽容的话题要远比这复杂。事实上,古代并没有明确的"宗教宽容"概念,它反倒是随着基督教兴起而诞生的;而且,即使在罗马共和国时代,异教罗马也会压迫某些宗教实践,迫使罗马公民去崇拜公民宗教。在公元二世纪,"宗教自由"概念最早出现在德尔图良那里,指的是"无人接受强迫的信仰"的观念。可到了公元四世纪,一旦基督教成了罗马的国教,它也同样开始迫害异教徒与异端分子。因此,基督教对于"宗教自由"的确立,曾经起到了吊诡的双重效果。它一方面唤起了宗教自由的观念,另一方面又导致了宗教上的排他。在这个意义上可以说,早期基督教的辩证法带来了一份既珍贵又有毒的遗产。**罗德斯**的论文研究了西方历史中的纪年问题。修昔底德曾通过对五十年时期(公元前478—前432年)历史的记载,论证了伯罗奔尼撒战争爆发的真正原因,即雅典力量的持续增长,和斯巴达对此产生的恐惧;修昔底德还曾抱怨,赫拉尼科斯(Hellanicus)对这一时期的记载过于简略,在年代上也不够精准。而关于这段历史,还有来自西西里的狄奥多罗斯的另一份记载;然而狄奥多罗斯的主要资料来源原本并没有呈现为编年的形式,这也就迫使他不得不重新组织材料。作者通过比对狄奥多罗斯的记载和其他史料,证明狄奥多罗斯虽在一些问题上记载正确,但若就整体而论,他的定年并不可信;其中最主要的原因在于,他无法容忍无事可记的年份,便分配材料去填满每年的记录。由此可知,每当在编年上出现矛盾时,修昔底德的记载以及其他材料就显得更有价值。

论文栏第三组,聚焦于西方近代哲学。**徐向东**的论文研究了自由在莱布尼茨哲学中的意义。文章从莱布尼茨的偶然性概念出发,分析它在何种意义上构成了自由的条件,以表明上帝在什么意义上是自由的。而对于"上帝的自由"的思考,则又暗示了自由与完善的本质联系,这就为理解"人的自由"提供了模型。紧接着,作者还阐释了一个相关的问题:恶的存在,以及上帝在人的行动中的"合作",是否既为传统的有神论带来了困难,又使道德责任在人类行动者那里,变成了一个相当棘手的概念?总的来看,莱布尼茨对于偶然性和自由的理解符合他的形而上学的根本原则;这位理性主义哲学家相信,决定论并没有剥夺人类的自由,因为那就是理性的自我决定,或者要取决于这样的自我决定。**雷思温**的论文,研究了卢梭如何经由人的自我拯救概念,改造了传统神义论。

作者指出，卢梭既从启蒙的立场上批判了传统的启示宗教，却又在自然宗教的意义上，坚称自己是一名基督徒；这一看似矛盾的主张，反映了上帝在他那里的复杂性。具体而言，卢梭拒绝接受原罪、三位一体等传统教义，并在笛卡尔、霍布斯等人的前提下，建立起自然教育学说和公民学说，这都属于人性的自我拯救。可与此同时，人性的败坏却又使这种自我拯救取决于上帝对于人们善根的保证，尽管那上帝本身也需经历批判的洗礼。事实上，正因为已经接受了启蒙的立场，所以卢梭心目中的基督徒，也只能召唤回一位遥远的、面目陌生的上帝。

论文栏第四组，聚焦于近世中国的历史变迁。**马勇**的论文指出，近代中国的剧烈转型并非单纯的工业化、现代化，还伴随着民族国家的重构；而中国历史久远的属国体制，在西方殖民主义的扩张面前，不到半个世纪便已全部解体，这对中国而言当然是个巨大的代价，尽管也可将其视作新的历史起点。但无论如何，重新构筑这段帝国解体的历史，从而检讨当年的利弊得失，乃是理解近代转型的必要侧面。而在这段历史中间，缅甸的离开又属于重要的环节，所以围绕这个问题，当年清廷决策的内幕、中英交涉的玄机，以及可以从中找出的历史经验，都值得后人去认真检讨与总结。**戴福士**的论文指出，众多中国历史学家和作家，都曾围绕着作为李自成谋士的李岩展开过相持不下的长期争论，包括此人到底是否真实存在，以及如果李岩的故事属实，那么其存在又具有何种意义。可2004年在河南省博爱县唐村，地方干部竟惊喜地发现了《李氏家谱》的抄本，其序言写于康熙五十五年（1716年）。一旦有了这样一份家谱，再加上原有的《怀庆府志》，便可写出较为全面而可靠的、作为"文人、反叛者和谋士"的李岩的传记了。作者进而指出，这个有趣的个案不仅向我们证明了辨清史实与虚构关系的必要性，还促使我们进一步认识到，在历史和文学之间，存在着跨越时空的相互影响。

评论栏中，**尤锐**、**林嘉琳**、**陈力强**、**伊若泊**的四篇书评，共同肯定了李峰的《西周的政体》一书。该书基于金文文献，对西周的官僚制政府进行了很有开拓性的研究；当然，他们也同时指出了此书所存在的问题，比如过于专注韦伯视角、历史证据有限、忽略青铜器出土背景等等。**李朵**则以罗泰撰写的书评为核心，指出了李峰更强调西周政府中行政化、专业化、世俗化的方面，罗泰则主张西周的官僚制建于以亲缘关系为基础的社会之上，而这种亲缘关系的保障，是以祖先崇拜为内核的宗教秩序。在这位评论者看来，这样的差异源自两位学者不同的学术训练与知识背景。最后一篇，则是**李峰**对于罗泰的系统性回应。在他看来，罗泰的批评有很多概念上的误解与混淆，而且罗泰所讲的"人类学的视角"，即以亲属关系为秩序的政府概念，不过是对传统历史观念的墨守，正需要接受现代史学的批判检视。作者认为，这些理论性的问题，再加上罗泰对近期考古学（尤其是青铜铭文）的不准确知识，使得他所写出的书评更多是在推广自己的观点，而非符合学术规范的专业评论。

最后还要附带交代一下，《中国学术》的日常编务工作，也同样跟着我转移到了浙大；也就是说，它已经从清华国学院的院刊变成了浙大中西书院的院刊。不过，我们原先的那支编辑队伍眼下仍然保持着基本的稳定，除个别编辑也转移了过来，其余的都还留在清华、北大、人大和社科院。事实上，尽管我们的编务组总在吐故纳新，可眼下这支既优秀又年轻有为的队伍，几乎就是不可取代的了。——当然，与此同时这也意味着，这本坚持了二十多年的学术刊物，并不会因为我本人的工作转移，就变成了一个"地方性"的刊物，而将继续保持同各个领军学府的密切联系。

刘东

2021 年 10 月 14 日于浙江大学中西书院

目 录

卷首语 i

论 文

刘　东　"文明二分"造成的"飞去来器"：接续包华石《西中有东》的
　　　　深思 1

苏源熙　克洛岱尔1900年的《认识东方》 53

裴宜理　工作队：苏联经验的中国化 64

哈特穆特·莱平　基督教与宗教自由的发现 88

P. J. 罗德斯　西西里的狄奥多罗斯与五十年时期的年代问题 118

徐向东　莱布尼茨论偶然性与自由 133

雷思温　卢梭论神义论与人的自我拯救 226

马　勇　远去的背影：中英缅甸交涉再检讨 243

戴福士　李岩：中国文人、反叛者和谋士（1606—2016） 267

评 论

尤　锐　林嘉琳　陈力强　伊若泊　有关《西周的政体：中国早期的官
　　　　僚制度和国家》的评议 280

李　朵　读罗泰评《西周的政体：中国早期的官僚制度和国家》所记
　　　　... 295

李　峰　方法论、逻辑和有关西周政府的争论：对罗泰的回应............309

书　评

方　遥　"传统"之外的《中庸》与道统叙述
　　　　——评《文化权力与政治文化：宋金元时期的〈中庸〉与道统问题》..334

顾　漩　仙与人间：康儒博与修仙的学问
　　　　——评《修仙：古代中国的修行与社会记忆》............344

范震亚　一种非理想主义的正义观
　　　　——评《理想带来的暴政》............351

刘　东　对于风险的有意遗忘
　　　　——评《水下巴黎》............361

刘佳慧　大学体制如何配伍时代召唤
　　　　——评《观念的市场：美国大学的改革与阻力》............368

郭敬燕　博雅教育的三重价值及其现实意义
　　　　——评《为什么选择博雅教育》............379

刘　扬　艺术史研究中的社会学视角
　　　　——评《艺术与社会结构》............389

赵　卿　国家视域下的"艺术界"
　　　　——评《艺术与国家：比较视野中的视觉艺术》............399

向浩源　实证研究视野下的先锋艺术风格嬗变
　　　　——评《先锋派的转型》............405

徐　明　科学与官能相融合的感性之学
　　　　——评《五感：一种混合身体的哲学》............417

Contents

Preface i

Articles

Liu Dong, "Boomerang" Caused by "Civilization Dichotomy": Continuing the Deep Thoughts of Martin Powers' *East in the West* 1

Haun Saussy, On Paul Claudel's *The East I Know* (1900) 53

Elizabeth J. Perry, Working Team: Sinicization of Soviet Experience 64

Hartmut Leppin, Christianity and the Discovery of Religious Freedom 88

P. J. Rhodes, Diodorus Siculus and the Chronology of the *Pentekontaetia* ... 118

Xu Xiangdong, Leibniz on Contingency and Freedom 133

Lei Siwen, Rousseau on Theodicy and Man's Self-Salvation 226

Ma Yong, A Distant Receding Figure: Further Review of the Negotiation between China and Britain on Burma 243

Roger Des Forges, Li Yan: Chinese Literati, Rebels and Counsellor (1606–2016) 267

Reviews

Yuri Pines, Katheryn Linduf, Charles Sanft and Robert Eno, Reviews on *Bureaucracy and the State in Early China: Governing the Western Zhou* ... 280

Li Duo, Reading Notes of Lothar von Falkenhausen's Review on *Bureaucracy and the State in Early China: Governing the Western Zhou* 295

Li Feng, Method, Logic, and the Debate about Western Zhou Government: A Reply to Lothar von Falkenhausen..309

Book Reviews

Hoyt Cleveland Tillman and Christian Soffel, *Cultural Authority and Political Culture in China: Exploring Issues with the Zhongyong and the Daotong during the Song, Jin and Yuan Dynasties*(Fang Yao)............................334

Robert Ford Campany, *Making Transcendents: Ascetics and Social Memory in Early Medieval China*(Gu Xuan)..344

Gerald Gauss, *The Tyranny of the Ideal*(Fan Zhenya) 351

Jeffrey H. Jackson, *Paris Under Water: How the City of Light Survived the Great Flood of 1910*(Liu Dong)..361

Louis Menand, *The Marketplace of Ideas: Reform and Resistance in the American University*(Liu Jiahui) 368

Mark William Roche, *Why Choose the Liberal Arts?*(Guo Jingyan)..............379

Robert W. Witkin, *Art and Social Structure*(Liu Yang)................................389

Victoria D. Alexander、Marilyn Rueschemeyer, *Art and the State：The Visual Art in Comparative Perspective*(Zhao Qing) 399

Diana Crane, *The Transformation of the Avant-Garde*(Xiang Haoyuan)......405

Michel Serres, *The Five Senses: A Philosophy of Mingled Bodies*(Xu Ming) 417

"文明二分"造成的"飞去来器"：
接续包华石《西中有东》的深思

刘 东（浙江大学）

合上了包华石的这本样稿，跳到自己脑际的第一个句子，就是写到了第一章小标题上的——"为中国人民声辩"。

不过，我随即又生出了一点迟疑：就这么来套用弥尔顿，会不会有点牵强或生硬？毕竟，当年的那位英国斗士，是在为自己祖国的人民来声辩，有着强烈的乃至冲动的主观性；而眼下的这位汉学家，则只是在保持平和的前提下，也顺便为自己的研究对象，尽量客观平心地讲几句"公道话"。——我甚至都不敢说，作为其研究对象的中国，是否也能算得上他的"第二祖国"？虽说我们常在一起喝酒，而且最过瘾的还是喝中国黄酒，到了酒后自然也是无话不谈，可我就是忘了问问他这个。

可即便如此，还是忍不住写下了这个标题，反正印象刻到心里就抹不掉了。——无论如何，即使这本书中的内容，有不少也曾被写进了洛夫乔伊的书中，实际上被写进了安田朴的书中，乃至被写进了杰克·古迪（Jack Goody）的书中，而且，那后两位作者也都充满了"论辩性"，或者说是针对"偷窃历史"现象的不平之鸣。可话说回来，他们都还没有把话讲得如此鲜明执着，以至于在整整的一部书中，所念兹在兹而抓住不放的，就是进行这种执拗的"声辩"。

刘 东

一、作为理解框架的欧亚大陆

在进入这本书的具体内容之前,有必要先来谈谈"欧亚大陆"。对于这一整块大陆的重新认识,可作为理解那些内容的宏观框架。

这难免要兜个不小的圈子,也只好请读者稍微耐点性子。回想起来,早在六年之前,刚在清华园里聆听他的讲演,我就已经暗自在肚子里打鼓,觉得真该把杰克·古迪也同时请来,显然他跟包华石很有共同语言;而等时光迁延至今,又来开读他据此整理出的讲稿,更是黯然生出"悔之晚矣"的感受,因为那位杰克·古迪先生,竟已在两年前溘然辞世了!——别的先不说,就连他这个"西中有东"的标题,虽说考虑到他的美术史出身,应是脱自东坡"诗中有画""画中有诗"的句式,然而这不也与古迪那本《西方中的东方》,遥遥地存在着某种呼应关系吗?

那么,就从《西方中的东方》这本书讲起吧。——基于他自己的考古学和人类学考察,当然也是在前辈学人戈登·柴尔德的启发下,杰克·古迪正是立足于这一整块"欧亚大陆",而对以往那种固化的"东西分野"进行了挑战:"我们可以从两种不同的途径来考察欧洲和亚洲大陆的历史,即用两种截然不同的传统来强调两个大陆——西方与东方——之间的区别:西方世界源自于希腊和罗马等地中海社会的古典传统,并在文艺复兴、宗教改革、启蒙运动和西欧工业革命时期达到了巅峰;而东方世界则来自于大不一样的'其他'源头。但作为**另外一种选择**,我们也可把着眼点置于**欧亚两大区域的共同遗产上**——来源于青铜器时代的都市革命及其新的交流手段(书面文字)、新的生产方式(先进的农业和手工业,包括冶炼、耕犁和转轮等)和新的知识系统的运用。许多西方的社会学理论、历史学和人文科学所强调的是前者,从而造成了看待西方与东方这两个大陆的不同路径。我们并不否认文化传统(包括欧洲文化传统)方面所存在的特殊性,但不可过于夸大这些特殊性,尤其是在涉及我们自己的社会（尽管在后来的几个世纪里取得了非凡的成就）的时候。"[1]

对于前一种理解途径，大家想必早都烂熟于心了，那令人想起吉卜林一句臭名昭著的名言——"哦，东方是东方，西方是西方，两者永不能相聚。"（Oh, East is East, and West is West, and never the twain shall meet.）而我在前不久，也刚在一篇言简意赅的提纲中，针对这种"欧洲从来就只是欧洲"的生硬论调，提出了完全不能苟同的反诘："更进一步的问题就应当是，借一个杰克·古迪爱用的术语，为什么即使到了全球化的今天，还是只提一个'我们可以信靠的欧洲'呢，而不是一块'**我们可以共居的欧亚大陆**'呢？还想如埃斯库罗斯当年写作《波斯人》那样，强行划定欧洲和亚洲间不可逾越的边界吗？须知在历史上，这块大陆从未这么壁垒森严过，就连你们此刻想要保守的基督教，以及你们想要排斥的伊斯兰教，原本也都并不属于你们想要予以封闭的欧洲，而统统来自位于西亚的那个小城——耶路撒冷。"[2]

而事实上，正如吉卜林的一位著名同胞——当然也是杰克·古迪的著名同胞——大史学家阿诺德·汤因比所指出的，这种"两者永不能相聚"的说法，即使在他们自己的祖国，也早已属于过时的"陈词滥调"："为某些晚近历史学家潜意识追随的这种心理类型的原始性，通过这种原始心理类型的某些飘浮在意识层面上的残片表现出来，就像沉船上的漂浮物出现在海面上一样。这些不加批判接受下来的理智的陈词滥调的标本是套用的术语：'欧洲''来自以色列、希腊和罗马的欧洲遗产''一种中国式循环'（或许，毕竟不比坦尼森未能活着经历的最近'欧洲五十年'更糟）和以堕落、萧条、腐败、专制、狂热、迷信及非理性等轻蔑

---

[1] 杰克·古迪：《西方中的东方》，沈毅译，杭州：浙江大学出版社，2012年，第250页，着重号与黑体为引者所加。

[2] 刘东：《一块我们可以共居的欧亚大陆：对于〈一个我们能够信靠的欧洲〉的思考》。

的抽象名词称谓的'东方'。"³

所以，心同此理的是，就像我在自己的那篇提纲中，也曾提到了杰克·古迪的名字以及他所主张的"欧亚大陆"一样，包华石同样在他的这本新作中，多次提到了作为理解框架的"欧亚大陆"，不管他当时是在处理怎样的具体话题："可以说，**横跨欧亚大陆**，中古时期的社会形态拥有**许多共同之处**，这就导致了类似的形象化模式。最为明显的共同点就是广泛使用宗教教条来取代事实与逻辑。宗教教义涉及的是真理，而不是事实，所以中世纪的画家们对于空间的信息、时间的效应、季节的变迁，或者是植物与动物的物理状态等方面都没有什么表现，也就不足为奇了。一个佛教极乐世界的景象，就像一幅上帝坐在其权座上面的绘画一样，也不会告诉我们很多关于真实世界的消息。相反，这样的图像描述的是一种想象与永恒的真理。"⁴

另外，作为一种追加的佐证或呼应，还可举出韩可思（Chris Hann）最近发表在《中国学术》上的一篇文章，它同样在挑战那种把"西方与东方""欧洲与亚洲"判然分开的僵化观点，指出那不过是一种源自古希腊的偏见；因此，当下对于"欧亚大陆"这种框架的坚持，也是意在针对已被习焉不察的古代偏见的纠正："众所周知，欧洲与亚洲的命名来自古希腊人。将二者视为西方的与东方的两个旗鼓相当的大洲，这种狂妄之想早已被人们识破；因此，对'欧亚大陆'一词的坚持便是去**纠正一桩古代偏见**。这个复合词让人注意到'欧洲'和'亚洲'的用词中那些建构性特征。这也让人去反思许多其他分类中的任意性（比如，中国社会在西方传统中被视为'东方'，而中国自己则认为是'中央之国'），让人去反思'大洲'的概念究竟为何，以及这样的'元地理学'

---

3 阿诺德·汤因比：《一个历史学家的宗教观》，晏可佳、张龙华译，上海：上海人民出版社，2014年，第14页。
4 包华石：《西中有东：前工业化时代的中英政治与视觉》，王金凤译，上海：上海人民出版社，2020年，第246—247页，黑体为引者所加。

（metageography）所带来的意识形态后果。"⁵

由此可见，即使还不能占据当今西方的主流，这种观念也总算一股很强劲的思想潮流吧？而这样的潮流显然是在主张，在"欧亚"这一整块的"大陆"上，各个文明——特别是经过了"轴心时代"的几个主要文明——原本就是既齐头并进，又各有千秋的；而且，它们之间还并非"老死不相往来"，毋宁说是暗通款曲、互有借鉴的，乃至于你追我赶、交错领先的。也正因为这样，我们如果利用"知识考古"的方法和"文化比较"的方法，就有可能切实找出它们影响的轨迹，从而既在"并驾齐驱"中见出相互的差异处，又在"分道扬镳"中见出彼此的共通点。——惟其如此，我们方有可能既从"一中见多"，又从"多中见一"，乃至找出"通分"历史的统一标尺，并且寻觅到历史发展的主要方向。

只不过，如果真想走向那样的目标，就应当在心情上保持"虚壹而静"，尽量平心地去做到"同情的理解"。具体说来，是不能单纯为了文化上的自我认同，就心胸狭隘、画地为牢地去制造"他者"；也不能为了标示自身的文明与进步，就刻意地去渲染或虚构那个"他者"的"野蛮"；或者为了主张自身所持的理性法则，就去人为夸大那个"他者"的匪夷所思或蛮不讲理；更不能为了保持这种纯属主观的边界，就处心积虑地抹煞文明间的交流痕迹。——凡此种种，也正是杰克·古迪通过"偷窃历史"这种说法，想要出语惊人地警示与激发世人的："欧亚大陆本身几乎没有排外性的西方概念，正如它们作为独特的实体直观地展现自己以供分析——除了欧洲和亚洲之间的主观区别以外。从地理上看，欧洲和亚洲形成了一个整体——欧亚大陆，但希腊人在博斯普鲁斯海峡的地中海海岸两边划限。虽然希腊从古代就在小亚细亚建立了殖民地，但在大多数情况下，亚洲的的确确是历史上的他者，是异教和异族的故乡。后来的'世界'宗教及其信徒，对空间和时间的控制一样贪婪，甚

---

5 韩可思：《"欧亚大陆"：历史游移中的构想与现实》，《中国学术》第40辑，北京：商务印书馆，2018年，第8页，黑体为引者所加。

至试图用基督教的术语正式定义新欧洲,虽然欧洲的历史实际是与这片陆地上伊斯兰教和犹太教信徒的出现连在一起的……"[6]

把话铺垫到了这里,便可以顺势引入包华石的论说了,他显然也是在杰克·古迪的意义上,来揭露那种"偷窃历史"的恶劣行径。更进一步,他还不光是在针对"两者永不能相聚"的意义上,去解构以往在"欧亚"之间的本质主义划分,如他在这本书中以雄辩指出的,"通过采取文化本质主义(cultural essentialism)作为其分析框架,费正清提倡一种历史的种族主义视角,暗示西方——正如杰克·古迪后来总结的——具有'深层的社会-文化层次的优越性'。然而同样如古迪注意到的那样,这种视角唯一的问题在于'相关证据寥寥无几,甚或子虚乌有'"[7];而且,在这样的基础上,他又着意揭露了被他称作"文化政治"的策略,也即不光没有合乎常情地投桃报李,反而去倒打一耙和反客为主,强说那些从中国人那里学到的东西系他们天然固有,倒是中国人一向缺乏这些东西。——说到根子上,这样的一种"偷窃"或"强盗"行径,也正是欧洲当年从"中国热"转向"中国冷"的深层心结,正如包华石在他的新作中所揭示的:"上述这些行为均受到一种爱国热潮下的文化态度所驱动,因此,当欧洲的知识分子开始意识到当时的价值刻度与中国价值刻度之间的相似性时,他们的否定就变得更加猛烈了。这种否定在黑格尔、赫尔德和兰克那充满种族色彩的理论中达到顶峰,而正是这些理论为现代社会思想奠定了基础。"[8]

而在另一处,包华石更举出詹姆斯·罗伯茨的例子,来演示"是与非"是如何在"中与西"之间,不可思议地简单掉个儿来的。如果说在十八世纪,罗伯茨是根据传教士李明的介绍,才"将我们称之为依照法律的规则与依照人意的规则这两件事情并列起来了,后者在当时的英

---

[6] 杰克·古迪:《偷窃历史》,张正萍译,杭州:浙江大学出版社,2009年,第10—11页。

[7] 包华石:《西中有东:前工业化时代的中英政治与视觉》,第35页。

[8] 包华石:《西中有东:前工业化时代的中英政治与视觉》,第30页。

"文明二分"造成的"飞去来器"

国就是一个标准"⁹，那么，到了十九和二十世纪，一旦西方人借助文明间的仿效，领悟到了更高的政治组织标准，随即就"有意识遗忘"了它的发明者，甚至把刚从自己那里摘下的帽子，顺手就戴到了那位老师的头上："罗伯茨将上述两个在根本上就不同的政治组织模型并置，这在英语中是首次。而恰恰是这种并置成为冷战时期民族主义史学的突出特点之一，鼓吹冷战的人将中国投射到罗伯茨给予英国的角色之上，并将'西方'投射到罗伯茨给予中国的角色之上，这是多么讽刺的事情啊。"¹⁰

二、对于民族主义的两种态度

无论如何，只有循着这种"文化政治"的心结，我们才有可能更深一层地估摸到，当年欧洲的普遍社会心理，为什么会从十七和十八世纪的"中国热"，突然又转变成了十九世纪的"中国冷"，——换句话说，他们究竟是为了什么，才从闭着眼认定中国无论什么方面都好，又陡然转变成了咬着牙认定中国无论什么地方都不好。

对于这种心理陡转的社会基础，包华石在他的书中这样分析道："首先，英国对于中国的贸易逆差在18世纪后半叶逐步上升，这在一个日益竞争激烈与民族主义兴起的氛围中抑制了对于中国的热情。其次，当传统社会体制的捍卫者开始理解中国政治概念对于贵族秩序的威胁时，他们就发展出一种更具攻击性的策略，以此逐渐破坏中国的可信度。最后，因为诸如'有私心的与没有私心的'（即'公'与'私'）、系统性监察、公开批评、贤能才干以及法律面前人人平等这样的原则，已经在不同的政治光谱之间获得了某些程度上的承认，因此就没有那么必要将这些概念附加'中国'的意味了。不出意料的是，当对中国的攻击愈演愈烈时，激进的改革者们发现，完全不提及中国是有利的做法。"¹¹ 这也就进一步

---

9 包华石：《西中有东：前工业化时代的中英政治与视觉》，第215页。
10 包华石：《西中有东：前工业化时代的中英政治与视觉》，第217页。
11 包华石：《西中有东：前工业化时代的中英政治与视觉》，第374页。

昭然揭示出，如果从"文化利用"的实用角度看，无论出现了"中国热"还是"中国冷"，都主要是出自这个"阐释主体"的自身需求，从而也都必须面对那个"阐释还是过度阐释"的质疑；换言之，那个遥远的作为"文化他者"的中国，其本身是不可能一下子就"堕落"至此的，由此说穿了，无论它是被投以"热"还是"冷"，那温度都很难说是来自雾里看花的"远东"，而只是缘自西方当时的自身发展需要，取决于它在建构"民族国家"的那个节骨眼儿上，更愿意去强调中国多棱体的哪一个侧面。

我们从孟德斯鸠的下述一段话，可以清晰地看出这类主观的心结。不无反讽的是，这位欧洲学者当时能够看到的中国材料，主要还是杜赫德的《中华帝国全志》，而那部书又正属于"中国热"的代表作；因此，我们还是能从他当年所做的摘抄中看到不少积极的、值得肯定的中国因素，诸如中国政治对于皇权的较早制约[12]、中国社会优于欧洲的向上流动[13]之类，甚至，就连中国思想对于"天听民听"的强调，他也从杜赫德那里获知并且记录了下来[14]。可即使如此，孟德斯鸠还是在自己的笔记中，写下了心气如此鼓荡不平的话："让我们抛弃成见吧，我们对他们说了那么些好话，太奉承他们了，而他们却从来不奉承我们。这个自负的民族自以为是世界上治理得最好的国家。中国就是中央之国，它四周的国家都被视为野蛮的国度。中国政府善于维持国内安定，远胜于抵抗外侮。由于轻视武装，中国人在一个主要之点上有缺陷。"[15]

所以说，如果不是这么一会儿揉揉眼睛，一会儿又揉揉眼睛，反把自己的视线弄模糊了，那么，原本中国人也只属于肉体凡胎，他们的文明在这块欧亚大陆上，原本也只属于"尚在开化"进程中的共同体之一。正因此，只要不去大惊小怪和捕风捉影，实则他们说"好"也不会好到

---

12 参见《孟德斯鸠论中国》，许明龙译，北京：商务印书馆，2016年，第129页。
13 参见《孟德斯鸠论中国》，第138页。
14 参见《孟德斯鸠论中国》，第175页。
15 《孟德斯鸠论中国》，第49页。

哪里去，说"坏"也不会坏到哪里去，原本都是既有理想上的论述又有实践上的差距，既建立了理性的行事标准又未能彻底祛除掉巫魅的。既然如此，原本他们也都是可以跟欧洲人取长补短、相互借鉴的，根本不必先这么高高地举起，又如此重重地摔下。——比如在我看来，尽管孟德斯鸠有了那样的心结，或者说，正因为他有了那样的心结，他后来对中国政体的综合判断，就对以往的过高抬举（或溢美）进行了矫正，从而反倒更贴近于历史的复杂真相："中国的政体是一个**混合政体**，因其君主的广泛权力而具有许多**专制主义因素**，因其监察制度和建立在父爱和敬老基础之上的美德而具有一些**共和政体因素**，因其固定不变的法律和规范有序的法庭，视坚韧不拔和冒险说真话的精神为荣耀，而具有一些**君主政体因素**。这三种因素都不占强势地位，源自气候条件的某些具体原因使中国得以长期存在。如果说，疆域之大使中国成为一个专制政体国家，那么，它或许就是**所有专制政体国家中之最佳者**。"[16]

还应当顺便说明，孟德斯鸠这里所讲的"混合政体"，乃是一种非同小可的提法，不应随意地放过去。事实上，这个术语很早就出现在了亚里士多德的《政治学》中，还被他判断为既能兼具"一人"（君主专制）、"少数"（贵族政治）和"多数"（民主政治）的优点，又能平衡它们各自缺点的理想政体；而且，这样的观念发展到了孟德斯鸠那里，也正好构成了其"三权分立"之说的渊源，恰如波考克后来沿着历史脉络指出的："博林布鲁克有时使用的术语似乎暗示着，国王、贵族和平民履行各自的职能，可以把它划分为行政、司法和立法，宪法的平衡取决于任何两种权力制约另一种权力的能力，至关重要的是阻止任何一种权力建立起对另外两种权力的永恒优势，因此必须不惜一切代价维护三种权力中每一种的'独立'。尽管把这种分析应用于不列颠政体有很多困难，但也许是被博林布鲁克说服，孟德斯鸠用行政、司法和立法的三分法代替了适用

---

16 《孟德斯鸠论中国》，第277页，黑体为引者所加。

于少数和多数的职能……"[17] 由此，我们也就有了相应的理由去推想，虽说正是孟德斯鸠本人，发明了作为理想类型的"专制主义"，但也正是他本人，又觉得这帽子并不适合中国，反而运用"混合政体"一词来形容中国。所以说，这种至少是充满了迟疑的"定义"，也不会脱开其潜在的思想背景；或者说，当孟德斯鸠进行归类的时候，至少也会考虑到中国政治实际操作中的分权与制衡，哪怕那种分立与平衡只有相对的意义。

惟其如此，在别的地方，孟德斯鸠才又退一步去认定，中国至少要属于"专制政体"中的"最佳者"。当然话说回来，既然在古希腊并没有大一统的君主制，或者说，并没有"普天之下莫非王土"的绝对君权，所以，尽管他以亚里士多德为模板，让中国更靠近所谓的"混合政体"，却还是从本性上把它定义成了"专制政体"，或者把它说成是不那么"专制主义"的"专制政体"。而这样一来，至少在孟德斯鸠本人的心目中，它或许就更像艾森斯塔德后来定义的"中间"或"折衷"政体了。——这样的政体，如从历史发展的横轴来观察，也可以算是部分地获得了理性化的突破，可要是再从历史发展的纵轴来挑剔，又在理性化方面显出了相当的缺欠或短板。[18]

赶紧再回到包华石的行文。完全在意料之中——我已经开宗明义地说过，作者既是执意要为中国人民"声辩"，便不会在这方面吝惜他的笔墨。可以说，遍布于他这本新书的，都是就此提供的、再三再四的相关实例。——应当进一步去体察的是，在不同文化进行互动的过程中，这种"文化政治"无非属于通常的乃至"正常的"文化策略；也不可一概抹煞的是，它对于任何特定的文化共同体，同样具有维护和修复自我认同的功能。正因此，包华石又以下述说法对这种"文化政治"进行了理论概括：

17　J.G.A.波考克：《马基雅维里时刻：佛罗伦萨政治思想和大西洋共和主义传统》，冯克利、傅乾译，南京：译林出版社，2013年，第505页。
18　参见S.N.艾森斯塔德：《帝国的政治体制》，沈原、张旅平译，南昌：江西人民出版社，1992年。

・就其本性而言是辩证的：当来自某种传统的知识分子解释或重新解释另一传统时，它就出现了。

・通常是自卫的，是为了回应来自某些"他者"的挑战而设立的。

・通常具有战略性以及机会主义的特征，而不是根深蒂固的信念产物。为了替想象中的民族荣誉辩护，知识分子可能会诉诸含糊其辞、信息替换、知情不报或转移焦点等方法构建民族神话。[19]

心平气和地说，既然这属于一种理论上的概括，那么，仍从理论本身的抽象性质来分析，在这世上就不应存有这样一种"理论"，它只能适用于解释"某个"孤零独特的现象，或只是为了解释"这个"现象而被发明出来。而这也就逻辑地意味着，这种以"文化政治"来强化"文化认同"的策略，其实也未必就不会是我们自家的策略，即使人们对此还不够自觉和明确，或者即使他们在这方面还没有特别处心积虑；这也正像西方人会编造他们的"东方学"，我们也照样会产生自家的"西方学"，西方人会制造他们的"中国形象"，我们也照样会制造自家的"西方形象"一样。既已挑明了这一点，我对书中提供的那些具体的例证，也就不再跟着去反复地赘述了，免得就跟自己太过"小心眼儿"、太爱"记仇"似的。——相对而言，基于自己曾经相当投入的"比较"专业，我倒是对作者分析过的那些翻译策略，当然也是"文化政治"下的翻译策略，更容易产生兴趣也更愿意提出讨论，因为这毕竟又从另一个角度验证了，那种对于所谓"可翻译性"的常见迷信，竟是何等的未经过推敲和经不起批判：

8至13世纪之间，那些在中国最受推崇的作家，包括杜甫、白

19　包华石：《西中有东：前工业化时代的中英政治与视觉》，第10页。

居易、苏轼和陆游，写下了大量揭露和抨击社会不公的诗歌与散文。而在那个时期的西方记载中，可与中国作家比较的文学名人并没有类似文体的写作。如果宣扬中国历来都是专制独裁，而西方一直都是言论自由的天堂，事实无疑会让这样的见解十分尴尬。该如何做呢？那就参考中国关于社会批判，也就是"寓教于文"（didactic literature）的众多记载吧。谁能想到"寓教于文"指的是对社会不公的尖锐指责呢？

而且中国还有御史台（Information and Rectification Department），它负责保护民众，揭露和弹劾政府机构的权力滥用。这样的机构能够逐渐消解关于中国专制独裁的成见，但前提是读者需要知道它的存在，然而，读者并不知晓，也不会知晓，因为这个机构的标准翻译是"Censorate"。大多数读者都会假定这个机构的功能是审查任何可能会对现有社会体制提出批评的人。[20]

与此密切相连，又不光是在"可翻译性"的问题上，其实就连用来命名"比较文学"的"比较"一词，也同样值得我们拎出来进行反省，而不能不假思索地把它说得太过"顺嘴"了。——无论如何，如果我们还不能太过武断地说，当初这门学科之所以被从西方创造出来，原是要去观察和标示强势文明的影响，那么，至少我们还可以稍微谨慎地认为，一旦这门学科被从西方创造了出来，便常被用来令弱势文明自感相形见绌和无地自容。也正因为这样，这种梦魇一般的、挥之不去的"比较的幽灵"[21]，就使得非西方社会感受到了巨大的外部压强，以至于我在一篇文章中曾经这么回顾："前些时跟宇文所安教授（Stephen Owen）通电

---

[20] 包华石：《西中有东：前工业化时代的中英政治与视觉》，第37—38页；西方对御史台的标准译法为censorate，该词的词根censor系指（书籍、影视作品等的）审查、监管，因而大部分西方读者无法正确认识御史台的功能。——编者注

[21] 参阅本尼迪克特·安德森：《比较的幽灵：民族主义、东南亚与世界》，甘会斌译，南京：译林出版社，2012年。

邮,我曾经把'比较'说成是我们时代的宿命,经常能在种种比照中把我们的心智压扁。现在我要再来补充一句——我们越是对此中的风险懵然无知,就越是无法自觉地对抗这种宿命,从而我们的心智就越会被压扁。"[22]

由此也就想起一些亲身的经历——其中都爆发了面对面的当场激辩——可以拿到这里来稍微分说一下,以帮助理解包华石写作的严峻背景。首先让我想到的是,自己于2007年夏季到墨尔本参加学术会议,而那次会议的三位组织者,则向中国的与会者发出了这样的"挑战"(provocation):

> "西方思想"这一概念及其文明的内涵,则渊自不同多样的欧洲语言及其相异但又交叠的历史演变。根据不同的地缘政治与文化组合,人们不难将其拆解成欧美思想、欧陆思想、英美思想、法国思想、意大利思想、德国思想等等,乃至于特指个人的哲学。然而"中国思想"总是呈现出一个单一文明的形象。尽管它包含了诸多哲人个体的努力,却总是整合统一于中国文字之下。而"西方思想"则从不忌讳其内部的分裂。它本演化自多元的学术传统、从不休止的对话,甚至喧嚣的争议。在当代的西方学界里,这些传统既得进一步的滋养与发展,也同时受到不时的质疑和挑战,并进行自我反思。虽说早已悍然建立的"西方思想"的体制化的存在确是"西方"政治(经济)与文化权力经历对抗与组合的产物,但由于欧洲境外各地思想者的参与介入,"西方思想"完全可以——并且已经——在全球的层面上,变得更加丰富、更为活跳。[23]

老实说,虽然这类的话语并没有多少新意,可是它直到如今还能被

---

22 刘东:《比较的风险》,《读书》2001年第1期,第139页。
23 黄乐嫣、白杰明、齐慕实:《放长眼,量宇内:展望思想中国的未来》,孙万国译。

刘　东

公然地讲出来，而且是由"费正清之后"的新一代汉学家讲出来，还是让我感到了莫名的惊讶与纳罕。既然如此，我也只得随即接过这只"手套"，并尽快交出了一篇被迫应战的论文，而该文第一节的标题正是——"又来**比较**我们"！由此可见，只要是在"文化政治"的刻意编造下，这类"比较"就总有可能被用作主体的工具，来让"被比较"的客体再三地感到相形见绌：

> 我们真应当祝贺那些西方学者！他们又为自己的文明找到了一个足以自豪的特点，来论证它那已为迄今为止的世界史所验证的成功；那特点正是，这个文明从来都不像其他非西方文明表现得那么本质主义，由此才能独具内部对话能力和外部学习能力，从而独享自我更生能力和历史发展冲力。……由此可见，解释历史的方程式可以多种多样、可以花样翻新，然而借这些方程来求解的历史事实却依然故我，那已是解释者们早在心中认准的铁定答案。……反讽的是，那个正在迫使整个世界都变成同一个样子的强势文明，据说其本身反而是多元的和自我解毒的；反过来说，倒是那些想要通过追溯已被深埋的历史而挖掘自身早已丧失之主体性的弱势文明，不管其努力多么微不足道多么令人绝望，据说反而是不识时务和心胸狭窄的。[24]

其次又让我想到的是——自己于2014年夏季在芝加哥参加的工作坊。一位早已移民到加拿大教书而原本出身于中国大陆的同事，等到大家都在圆桌旁凑齐的时候，就漫不经心地讲起了自己对钱穆《国史大纲》的心得。不料，这居然引起了另一位美国同事的强烈反弹，她认为但凡这类著述都属于可怕的"民族主义"，而她则从年轻时代起就一直在抵制这种狭隘的思想。

---

[24] 刘东：《比较视野中的文化保守主义》，未刊稿。

"文明二分"造成的"飞去来器"

实际上，我原先根本都不能凿地肯定，钱穆是否真的认同现代民族主义？或者即使是这样，他又是在何种意义上认同这种现代的主义？比如，如果只是在赫尔德的意义上，那么任何形式的对于本土文化传统的珍视，即使当事人并没有明确意识到那类的归纳，也都很容易被笼统地视作"民族主义"。然而，在当时那种"短兵相接"的发言场合，已不允许再进行如此细致的辨析了，我只好权且接过了这个尚且存疑的前提，随即又反弹地提出，在当今这个已然倾斜的、因此对有些民族显出了"灭顶之灾"的世界中，即使对民族主义这种不无狭隘的倾向，我们也可以循着不同的思想逻辑，得出两种迥然不同的应对态度。——当然了，你也可以因为自己一向反对民族主义，就不管那是什么类型的民族主义，无论文化上的还是政治上的，本国的还是外国的，原生的还是次生的，进攻的还是防守的，都一概予以无情的抹煞与抵制；不过，恐怕你也可以稍微再谨慎一点，意识到自己之所以要反对民族主义，乃是因为这种表现为"特殊主义"的思想倾向，天然地就不可能去"普遍主义"地善待全人类，于是也就在抵制强势文明民族主义的同时，又去对弱势文明的民族主义报以某种同情，或者说，是在以赛亚·伯林所阐发的意义上去体谅到，那样的思想倾向即使仍然不无狭隘，也属于"树枝"在被"压弯"之后的不得已的反弹。

进行过这样的区分之后，我们也便可以设身处地地考虑了：即使姑且把钱穆的那次写作归为某种"民族主义"，那么，他又到底是在怎样的条件下和时局中，才立志要进行这部《国史大纲》的艰难写作？事实上，那位史学家是在大半个中国都已沦陷，而自己所属的北大也被编入了流亡的西南联大时，才在昆明的岩泉寺发愿进行这一轮写作的；换句话说，此书在作者心目中的潜在预期读者，已经有真正的现实危险沦为"亡国奴"了，而万一历史果真出现了这样的垮塌，他也希望自己的沦为了"殖民地人民"的同胞们，还能记得住他们都是从哪里走过来的，而本民族的先祖又都属于怎样的英烈，以及他们曾经创造出了怎样的文明。——事实上，正是出于如此沉痛的心理，他在此书的《序言》中才

会如此激切地写出下边这组"凡读本书请先具下列诸信念":

一、当信任何一国之国民,尤其是自称知识在水平线以上之国民,对其本国已往历史,应该略有所知。

二、所谓对其本国已往历史略有所知者,尤必附随一种对其本国已往历史之温情与敬意。

三、所谓对其本国已往历史有一种温情与敬意者,至少不会对其本国历史抱一种偏激的虚无主义,亦至少不会感到现在我们是站在已往历史最高之顶点,而将我们当身种种罪恶与弱点,一切诿卸于古人。

四、当信每一国家必待其国民具备上列诸条件者比数渐多,其国家乃再有向前发展之希望。[25]

说到这里,就再次说回了包华石。需要小心辨析的是,他应当跟前述那位芝加哥的女同事一样,都是从心底就抵触褊狭的民族主义,而且,也正因为有了这样的心结,才想要动笔去揭露和解构它的狭隘性。只不过,如果按照刚刚提到的那个区分,那么,他在对待民族主义的"两种态度"中,却无疑要属于我所分辨出的后一种,也就是说,他正因为反感和抵制处于强势或居于攻势的民族主义,才会去逻辑地同情处于弱势或居于守势的民族主义。只有这样来理解,我们才能在那些复杂的思想侧面中,来体会和把握他在心理上的一贯性:一方面,正因为要反对西方民族主义的狭隘性,这位本身来自西方的汉学家,才会以写作来揭露西方自身的"文化政治"策略;而另一方面,也正因为要解构形成了外部压迫的民族主义,他的写作才会于无意间贴近了进行抵抗的民族主义。——可即使如此,我还是需要马上就追加说明一句,大家无论如何

---

25 钱穆:《国史大纲·序言》,北京:商务印书馆,1994年。引用时为了阅读的简明,略去了括号中的文字。——引者注

都必须留意到,作者的立场本身却并非"民族主义";刚好相反,即使是在为历史真相而不懈陈辞时,他也仍在担心自己被误解成了"民族主义":

> 本讲的材料很容易被归结为一种民族主义式的解读,但这种做法将非常令人遗憾。英国启蒙运动期间,确实存在一种智力资源的交换,是通过翻译进行调解与改造的。那些希望改变特权体系的人,后来将贤能才干的概念以适当的形式体现在一个平等主义的行政机构之中,使得想象一个不再以传统群体的特权为基础的社会得以可能。而旧秩序的捍卫者们则使用模棱两可的一词多义以及其他的诡辩方法,来论证特权体系已经是"平等"的,或已经使用了"分权制衡"。与此同时,这些捍卫者们对中国进行轻视贬低,以期使这些激进的理念失去权威性。不论发生什么样的情况,双方论辩的政治话语都必然要采用一种对于施政权力、平等与"人民"更为抽象的理解。[26]

事实上,只有体会到他那种言说的背景,才能去理解他这番发声的可贵。且不说他那个社会的知识分子,原本就很难占据到社会的主流,常会感受到理查德·霍夫斯塔特所刻画的、美国生活中的"反智主义"(anti-intellectualism)的压力;更进一步说,即使撤回到美国的知识界,这种声音也并不总是能占据主流。尤其现在,看看一个公然打着"美国优先"旗号的商人,就能顶着学界与传媒的一片反对声浪,堂而皇之地拉够选票入主白宫。而且他也就敢这么毫无顾忌地,到联合国公开宣讲这种单边主义;他也就敢冒天下之大不韪地,让美国几乎退出了所有的国际多边组织;他也同样就敢在竞选的集会上,对比着其政治对手的、兼爱别人的"多边主义"或"全球主义",把自己形容为只爱美国的"民

---

[26] 包华石:《西中有东:前工业化时代的中英政治与视觉》,第409—410页。

族主义"。我们在如此严峻的历史条件下,还能说美国并不存在它的"民族主义",或者它的民族情绪还不够强烈,乃至于潜藏在那中间的破坏力还不够剧烈吗?——考虑到了这一点,我们也就足以理解包华石这种抵抗的意义了,甚至,就连他那位不分青红皂白、对任何"民族主义"都一概反对的女同事,我们也都能转而表达自己"同情的理解"了。

三、严格意义上的中国影响

又必须指出,在业已进入全球化的当下,即使现实地遭遇了"比较的宿命",或"比较的幽灵",我们还是须臾离不开"比较"这个词。事实上,正因为各种各样的文化侧面,正无处不在地簇拥和诱惑着我们,构成了眼花缭乱的外在镜像和防不胜防的思想陷阱,我们反而越发需要更为精到、深入与广角的"比较"。——正如我在晚近的著作中指出的:"于是,我们居然也就惊喜地看到了,正像海德格尔那句名言所讲的,'哪里有危险,哪里就有救',——由一种'比较'所犯下的错误,却可以由另一种'比较'来补救;或者更精确地说,由粗疏、表浅的'比较'所犯下的错误,还可以由深入、精致的'比较'来补救。"[27]

当然,由此也就可以说,这种更为精致的"比较"之作,正是为了从以往的粗浅"比较"中摆脱出来,甚至是自觉地在为后者补过或"赎罪"。只有从这样的前提出发,我们才能更准确地理解,摆在面前的是怎样的一本书。把话说到这里,也就可以在行文中引进它原先的英文副标题了,即"英国的启蒙运动与中国的正义传统"。——不知读者们注意到了没有?在以往的类似比较著作中,无论是所谓"启蒙运动",还是所谓"正义传统",这些辞令都天然地属于天平的另一侧,也都曾天然地让中国人为之汗颜,我想作者的用意也应当正在这里。也就是说,如果以往

---

[27] 刘东:《天边有一块乌云:儒学与存在主义》,南京:江苏人民出版社,2018年,第211页。

那些作为宿命的"比较"之作，往往是要让"被比较者"相形见绌的，那么，包华石这本挑战"宿命"的"比较"之作，则是要来一反潮流和破除谬见的。具体说来，他是要以更加精细的"比较"，来校准以往那些大而化之的"比较"；他也是要用更加扎实的、无可否认的史料考证，来修正以往那些想当然的"比较"。或者说，他是要以更加客观的知识考古，来反驳以往那些非要把中国赶出化外的"比较"。

我们由"精细""扎实""客观"这类的词汇，也就自然回到前文中所主张的"虚壹而静"了。这意味着，越是把姿态放得平和一些，越是把心跳放得平稳一些，不再以过强的主体性和企图心，赋予自己的写作太过沉重的负载，也就越能把自己的"比较"从压力中解放出来，使之非但不再去歪曲和掩盖历史的真相，反而得以发见与揭示文明交流的事实。——看起来，包华石肯定是意识到了这一点，由此才会把所要"比较"的交流关系，说成是并无多少奇特之处的乃至纯属稀松平常的："不同文化传统之间的这些交流，原则上与发生在单一传统之中的交流并没有什么不同，尽管民族主义的历史编纂学会让我们从其他方面去思考这件事。当苏轼使用陶潜的作品时，就在从一个异质的文化传统——中古时期的中国——吸取资源；他还翻译、解释以及改编这些资源来为自己所用，就像塞缪尔·约翰逊以他自己的尝试来理解中国的奏章一样。相似的过程还发生在那时的中国，比如知识分子翻译来自欧洲的不熟悉的科学术语，也会解释或者是误读这些术语，并且利用它们来达到自己的目的。只有民族主义的修辞学才会让这所有的一切都表现出异乎寻常的样子，以此来降低一种高度复杂的'影响'进程。"[28]

具体而言，包华石的这种"平实"的比较，如果依照比较文学的基本家数，又可被分为"平行研究"和"影响研究"，我马上也会依照这种顺序进行梳理。不过，大家读着读着却又会发现，通常所谓"平行"与"影响"的区分，在具体的实践中往往只有相对的意义，因为"平行"的

28　包华石：《西中有东：前工业化时代的中英政治与视觉》，第410页。

刘 东

对比框架一经形成，自然要激起相应的心理效应，并且发动起后续的言论与行动，从而顺势生出相应的"影响"效果来。——且先来看包华石给出的对比：

> 在杜赫德1738年出版的书卷中，孟子的政治哲学给人的印象响亮又清晰，这是通过其与梁惠王那段著名的对话体现的：
>
> 五亩之宅，树之以桑，五十者可以衣帛矣；鸡豚狗彘之畜，无失其时，七十者可以食肉矣；百亩之田，勿夺其时，数口之家可以无饥矣……王如施仁政于民，省刑罚，薄税敛，深耕易耨；壮者以暇日修其孝悌忠信，入以事其父兄，出以事其长上，可使制梃以挞秦楚之坚甲利兵矣。
>
> 显而易见的是，这与英国鞭打无业者直至流血的政策相差甚远。英国这项政策基于的假设是贫穷乃罪恶和怠惰的结果。孟子的理论反而认为犯罪是贫穷的产物，并且贫困潦倒的民众是一个糟糕政府的明确标识。如果拥有足够的吃食与自有财产，人民自然就会遵守法律，因为他们与这个系统利害攸关。[29]

此外，除了这种比较常见的、一般都知道的材料，包华石还挖掘出了一些相对稀见的材料，让我们见识到了他的阅读深度。比如，他在另一处又针对同样的问题写道："处于同一时期的《蜜蜂》（*The Bee*）是一份由尤斯塔斯·巴杰尔（Eustace Budgell）所发行的周报。通过出版从中国的报纸中摘录的部分旅行见闻、讲演，这个周报在文化教养一般的人中间引起了轰动。作为《旁观者》的贡献者之一，巴杰尔热情洋溢地介绍了中国民间官职任命的体系，而这个体系是以贤能才干作为基础的"[30]——"（最近的一篇论述）非常明显地呈现出中国的政府是超出

29　包华石：《西中有东：前工业化时代的中英政治与视觉》，第144—145页。
30　包华石：《西中有东：前工业化时代的中英政治与视觉》，第211页。

迄今为止出现在这个世界上的所有其他国家政府的。中国政府的若干箴言是：每一个荣誉或利益的位置，都是建立在对真才实学的奖励之上的。不存在世袭的荣誉或者是头衔。"[31]

我想，作为一位来自当代中国的评议人，为了保持自家头脑的清醒或"平实"，自己应当当场就向包华石指出，他的这类对比是跨越了"理论与实际"的，或者说，是在以中国干净的或纯粹的"理论"，来对比西方肮脏的或芜杂的"实际"。所以，要是沿着他的这种回顾，我们也就应当同时兼顾地回顾到，中国当年那位霸道的明太祖，也曾同样受不了孟子"君之视臣如土芥，则臣视君如寇仇"[32]的说法，甚至还因此干脆下令把这位"亚圣"驱赶出孔庙。由此一来，这也就从逻辑上意味着，一方面在中国的这一侧，也并非全然地贯彻了孟子的理论，另一方面在西方的那一侧，也未必就全然缺失类似的理论，而且也正是这种"并不缺少"，才构成了人们欣赏中国的心理基础。如若不然，则又是反过来的咄咄怪事了，这架天平竟又朝向中国彻底地倾斜了，那么，如此断裂和造成反比的双方，还怎么去共筑那一整块的"欧亚大陆"？不过话虽如此，又鉴于以往总是让中国——乃至中国在想象中所属的那个"东方"——去扮演落后和愚昧的一方，乃至像汤因比在前边所讲的那样，总是让它充任"堕落、萧条、腐败、专制、狂热、迷信及非理性"的代称，所以，作者针对政治文化所做的这种反向比较，由于大大超出了寻常的识见与意表，总还是有助于打破西方对于"正义"的垄断。再从阅读效果上说，只有也进行了这种逆潮流的反向比较，从而帮助补足了360度的环顾审视，才能有助于洞察到思想对象的方方面面。

更不要说，正因为在这一整块"欧亚大陆"上，中国人会存在"理论与实际"间的落差，西方人也会存在"理论与实际"间的落差，那么，一旦西方人想要调动"理论"的武器，来矫正和改造自家的"实际"，他

31　包华石：《西中有东：前工业化时代的中英政治与视觉》，第211页。
32　《孟子·离娄下》，《十三经古注》第十册，北京：中华书局，2014年，第2109页。

们自然也就可能去借鉴中国人的"理论",只要他们对这种"理论"已经有所了解,甚至哪怕只是刚刚才有所耳闻——这本是再自然不过的"人之常情",可惜却被以往的叙述给故意掩盖了;也正是因此,才激起了包华石的逆反心理与对抗欲望,正如他在这本书中追述到的:"若干最早与我们现在所想的平等相类似的呼吁,来自于'自由思想者',即塞缪尔·约翰逊以及爱德华·凯夫所熟悉的那些知识分子。在对于罗伯特·沃波尔执政的攻击中,自由思想者频繁地引用中国作为典范,以致历史学家莱斯利·斯蒂芬爵士(Sir Leslie Stephen)将这种行为讽刺为'来自中国人的论点'。"[33] 当然,既已把话说到了这里,还是为了保持自家的清醒或"平实",我又需要再次做出类似的澄清或平衡:也正因为人们当年所引用的,只是来自遥远中国的纯粹"理论",所以这个国度在他们的心目中,难免要更靠近"理想"而非事实——至少不会是全部的或唯一的事实。

同样的道理,当包华石又来引述乔纳森·以色列的著作,向我们摆出了这样的文化对比时,我们也还是要一方面去确认,这千真万确地就是当年的史实,而另一方面又去跟着补充,如此差距悬殊甚至恰成反比的关系,仍然呈显在中国的"理论"与西方的"实际"之间:"(福修斯)呼吁,(中国)之所以获得无与伦比的成功,原因就在于中国比其他国家更为接近实现'柏拉图式的理想国',将最为至关重要的问题交给'哲学家们以及哲学的爱好者',这样一来,'统治者如果犯错,哲学家们就会像之前那样,拥有很充分的自由对那些事情给予告诫,这在以色列先知之中都几乎难以找到'。"[34] ——容易导致迷惑的是,在诸如此类的历史回顾中,即使人们看似在讲述着中国的"实际",但由于当时的地理间隔太过遥远,而信息传递又太过隔绝,也仍像在叙述着一种"抽象物",或曰一种理想中的"理论",这一点是需要细致地辨析体察的。

33　包华石:《西中有东:前工业化时代的中英政治与视觉》,第356页。
34　包华石:《西中有东:前工业化时代的中英政治与视觉》,第193—194页。

"文明二分"造成的"飞去来器"

可无论如何,就算那并非"中国"与"西方"之间的真实落差,然而,一旦这种"理论"与"实际"之间的差距,被接纳到当时人们的基本常识中,并形成了一种共享的心理框架,就总会在某一天"一觉醒来"时,便不自觉地转成为人们的"内生动机"。也正是在这样的契机中,正如我在前文中已经预告过的,所谓"平行"式的思想对比,就自然会在接下来的实践中,生出对于行为的"影响"效果来。此外,尤其需要特别强调的是,正是借助于这种"影响"的轨迹,以往的历史清晰可辨地记载着,来自中国的,尤其是来自儒家的思想观念,无论它带来的实际"影响"是大是小、是强是弱,总是切实地渗入了欧洲的政治现代化进程。——这一点,又使我们想起了本书第一章的小标题,因为那位弥尔顿恰也生活在彼时的英国,即那个正被用来跟中国进行比对的国家;而且,这位大诗人当年所以要"为英国人民声辩",又跟当时传到欧洲的中国"理论"一样,也都是在为政治现代化的事业发声。

可问题在于,那种几乎属于下意识的"文化政治"策略,到了这里又要被祭出来"大加掩饰"了。于是到了今天,对于这种"文化政治"的不懈揭露,也才构成了包华石这本书的主要特色,或者我们也可以说,这正是他这本书的主要贡献:

> "中国"在所有争论中都扮演了重要角色,特别是关于诸如"贤能""贪污腐败"与"自然"这样的术语。归根到底,这些术语居于那个时候涌现的若干最为激进的社会理论的核心。讽刺的是,通过上文列述,至18世纪末,欧洲人的价值刻度开始与近代早期中国人的价值刻度更为相似,这是以颠覆17世纪诸如拥有"真正的信仰"等价值观为代价的。不可避免地,此时的文化政治呈现出与17世纪的文化政治迥然不同的特质:
>
> 1. 启蒙运动作家现在的做法是吹嘘欧洲城市的规模或人口,而不是诋毁与欧洲特色(宗教信仰)形成对比的中国特色(规模宏大的城市)。这怂恿了当时的知情不报,以致欧洲的作家们会宣称那些

最初被视为中国特征的东西，实际上更多的是英国、法国或其他欧洲国家的特征。……

2. 近代早期欧洲实践的旧有特征被投射到了中国的身上，例如君主政体的绝对主义理论。换句话说，中国的价值刻度得到了接受，然而却是用来诋毁中国的。这个进程到目前为止还在持续着。[35]

再换言之，借此回到那个特定的历史关口，我们实不难心领神会地发现，无论是弥尔顿那种现场的"声辩"，还是中国儒家那种远播的"理论"，当年在欧洲都共处于同一条思想战线中，也都对专制主义的政权发出了挑战。我们基于这一点，就更能体会所谓"古今中外"的意义，也更能看出思想自身的力道了，它足以搭着"心同此理"的飞毯跨越时空，从中国的古代直接切入西方的现代。与此同时，我们也只有在熟悉了这样的跨越之后，才能不那么惊讶地接受包华石勾勒出的各种连接。比如，"在18世纪30年代期间，孟子关于'人民'的愿景与欧洲专制主义的学说是如此地大相径庭，以至于这一观点的传播花了很长一段时间……"[36] 再如，"对于伏尔泰来说，平等是一个重要的问题——就像白居易将平等视为重要的问题一样——在中国的政治体系中，被伏尔泰最为仰慕的平等其中一个原则就是对施政权力任人唯贤的任命。其他的儒家主题，比如作为政府统治对象的人民福利，同样也进入了伏尔泰的话题之中。通过这样的途径，伏尔泰暗中将一些相当激进的观念融入了这部戏剧之中，而表面上看起来好像是有关传统价值观的，比如忠诚与荣誉。"[37]

你当然也可以说，"外因"总是要通过"内因"来起作用的，因此，欧洲的思想家们之所以无巧不巧，偏偏会到了那个时候来引证中国的儒家，特别是儒家中的孟子，也无非是因为其本身"内生"了相应的需要。

35　包华石：《西中有东：前工业化时代的中英政治与视觉》，第28—29页。
36　包华石：《西中有东：前工业化时代的中英政治与视觉》，第146页。
37　包华石：《西中有东：前工业化时代的中英政治与视觉》，第381—382页。

在这个意义上，正如我在以往的文章中指出的，其实"影响"与"接受"之间的关系，往往又在暗中属于一种彼此同构或相互加强的关系。比如，在一方面，"其实任何从事比较哲学的个人，都会基于自己特定的精神视点来进行观察，他原有的话语系统构成了什么样的问题，他才会在其他的精神领域找到什么样的启发；从这个意义上讲，我们不妨说，其实比较哲学的结论往往是预设在其原有的文明倾向之中的"[38]。可在另一方面，"其实任何从事比较哲学的个人，又都先要对其他哲学的背景有所了解，所以当他们在比较视野中去界定本土哲学时，又往往不自觉地要基于外缘参照系而完成"[39]。事实上，也正是在这类"视界融合"（伽达默尔）的现象中，人类才会借助于"心同此理"的观念基石，创造出相互支撑与彼此叠合的共享支点，从而使得政治现代化的宏大事业被展现和推广为他们共同追求的伟业。

包华石还同时回顾到，在儒家的思想与西方的启蒙之间，这种"影响"不仅涉及了抽象的原则，也同样包括了在这种理念指导下，中国人所获得的实实在在的制度创新，以及他们所进行的卓有成效的社会操作："一些作家，比如西卢埃特或者雷纳尔神父（后者与富兰克林私交甚好），曾对中国**最为先进**的政策进行广泛的宣传：为了增进贸易和摆脱贫困而设计的政策；举贤任能；政府的职责是使人民幸福；民众意见反馈的正规渠道（登闻检院）；以人口统计为基础的累进式税收系统；为急需谷物的农民提供借贷的实践；以及抗议不公正裁决的传统。18世纪中叶，西卢埃特曾就以上所有的政策和实践展开过讨论。截至18世纪70年代，上述观点的绝大多数已经被纳入一般性的政治讨论中，因此今天的史学家们可以把它们归纳为欧洲启蒙运动令人吃惊的革新。"[40] 惟其如此，一再出现的此类回顾，才加强了作者想要凸显的主题，即写到了封面上的

38　刘东：《比较的风险》，《读书》2001年第1期，第139页。
39　刘东：《比较的风险》，《读书》2001年第1期，第140页。
40　包华石：《西中有东：前工业化时代的中英政治与视觉》，第229—230页，黑体为引者所加。

那句"**西中有东**";而我们尤其需要从中留意的,则又是他方才给出的那个"最为先进"的断语。——不过,再一次为了平衡起见,让人嗟呀和叹惋的是,那些个制度、政策和实践,不仅对当时的世界来讲,可以算得上是"最为先进"的,而且由于历史的流失与遗忘,即使在当今看来,它们也仍然属于"更为先进"的。也正因为这样,即使已经明知那属于"西中有东"了,我们真正想要去体会这种"先进性",恐怕还是要对别人的国家加以观察。

写到这里,还想再引证一段别人的论述,来加强和佐证包华石的论证,——它同样说明了中国发明的科举制,在当年的世界上确乎曾是最为"先进"的:

> 如果中国已经这么久以来保持稳定,那么当欧洲的大帝国凄凉得无法维持稳定的局面时,是否中国可以为西方提供一个模仿的模式呢?
>
> 许多人认为,这是可行的。被雷纳尔所称的"中国的称颂者",坚持认为中国的稳定是源自于其严格遵守"本性的法则"。这是一个被仁慈的皇帝统治的国家;不像欧洲精英一样因出身而被选择,而是通过著名的、艰难严苛的考试系统选拔出的并经过训练的管理阶层。那些高深莫测、干瘦贫弱、博闻广识的达官贵人,不同于欧洲类似的人物,构成了一个真正的精英政治。在这个国度,古老的贵族逐渐让步于精于服务的贵族,让步于最终将形成的"中产阶级",这样的世界景象有强烈的感染力。在中国,最智慧的人掌握权力,因此他们也必然为社会的整体利益而工作。然而并不奇怪,当欧洲势力剑拔弩张、由渴求权力的暴君统治并将所有的资源浪费在相互争斗中时,中国成功地保持了稳定。[41]

---

41 安东尼·帕戈登:《启蒙运动:为什么依然重要》,王丽慧等译,孙小淳校,上海:上海交通大学出版社,2017年,第310页。

"文明二分"造成的"飞去来器"

最后还必须提及的是，一旦谈起"西中有东"的历史事实，恐怕凡是亲身游历过欧洲的人，即使只是行色匆匆地跟着旅行团，都会模糊记起落实在"中国园林"中的那类"影响"。不过，如果认真计较起来，这类"影响"却又会是一把双刃剑，反而会让人往往大而化之地误以为，即使把圆明园或颐和园整个地搬过去，也不过是证明了中国人的奢靡腐化。而这样一来，就算中国的造园艺术表现得再"先进"，也无非证明了中国人太会享受了，且贪恋和沉迷在这样的享受中。于是，此类萎顿和腐化的生活态度，尽管表现为一种畸形的"美丽"，却也正好解释了他们日后的沉沦。不过，如果能把问题看得更深，我们却可以进一步去发问：即使任何人都希望去"享受"生活，可一旦说到"享受"的具体内容，则又要取决于他们的文化"前理解"。由此一来，正像那些主张茹素的印度教徒们——即使中国人总是对此津津乐道——并不会觉得东坡肉和花雕酒能算什么"享受"一样，如果让一位惯于养尊处优的中国人——哪怕他正巧就是圆明园里的那位主人——走进过于严整划一的欧洲皇家花园，他也未必会觉得能算得上什么"享受"。最起码的，他也不会在逛完了花园的这一边以后，还有兴致再去逛逛它的另一边，因为如此拘谨、呆板的镜像对称，说穿了只意味着无聊的、数学意义上的重复。当然了，他更不会觉得把园中的花草树木，全都给修剪得整整齐齐、光光秃秃，呈现出呆滞的、"反自然"的几何形状，又能够给自己带来几多的"享受"。

所以，只有当心底存留了这类的疑问，才能体会到包华石的过人之处。作为一位专业的美术史家，他通过对于历史材料的独到开掘，指出了中国园林的文化内涵，乃至于中国美术的精神底蕴；由此，他也就从另一个不为人知的侧面，验证出了中国文化当年的势能。事实上，如果不去强调独立而独特的人格，那就不会去强调个性及其变化；而如果不是强调个性的独立，那就不会形成从事"写意"的主体；如果不是强调个性的发展与分布，那也不会导致既错落又有致的园林。——所以凡此种种，全都源出于当年对于人性的"理性"理解："因为个人才华并不能通过传统群体成员关系来预测，所以我们得出结论，每一个人都将具备某些独一无二的个体品质。这些品质可能会对社会有用，但这些品质本身也是有价值的，就像陶渊明、白居易、司马光、苏东坡和吕祖谦他们都表明过的那样。"[42]

也正因为这样，有点儿出乎意料的是，偏偏是在显得不那么"理性"的中国园林那里，而不是在显得如此"理性"的欧洲皇宫那里，包华石看出了它那种内在的"理性"基础。换句话说，他是从中国园林的表面"物性"背后，追溯到了造园艺术的内在"人性"，乃至于这些艺术家对于自身的理解，以及他们对于整个世界的基本预期："……我们已经探讨了中国的官僚理论与错落参差的庭园之间深层次的联系。这种联系是建立在这样一种理解上的，即贤能才干与个人能力都是属于个体的，并且不能从传统群体的成员关系中推测出来。这种理解带来的结果是，不应该只根据一种方式来审视世界，或是欣赏庭园。如果不同的人可以贡献出源自他们自己的贤能才干，那么，这个世界必定会确实地为这些多元的视角提供栖身之所：如果自然秩序能够容纳大量有才能的人与观点，那它必定具备了一定程度上的不确定性。同样地，不论东方与西方，被看成是自然之微缩模型的庭园，在其设计中也必定包含了多重视角的可能性。"[43]

由于一直在讨论"正义""平等"或"启蒙"之类的观念，弄得我还没有什么机会来向大家说明，这本书的作者并非来自政治或历史专业，相反他毕生的职业都是在专攻"中国美术史"。对于这一点，我们究竟应该怎么说呢？是说这无非属于一位美术史家在跨界"玩儿票"呢，还是说，一位美术史家原本就应当知道这么多，——不然的话，他就连自己的专业也照样参悟不透？

42　包华石：《西中有东：前工业化时代的中英政治与视觉》，第266页。
43　包华石：《西中有东：前工业化时代的中英政治与视觉》，第282页。

四、当秋千又荡回中国之后

我们在前文中，借助包华石列出的大量史实，寻绎到或挖掘出了一种发人深省的可比性。——这种历历在目的可比性意味着，在这块被我们共居的欧亚大陆上，无论是从中国文明的方面来看，还是从欧洲文明的方面来看，都跟对方有着由来已久的交流与互动，而且，这种文明之间的自然而然的共鸣，之所以到了我们这个时代，反在舆论中成为"超乎想象"和"闻所未闻"的，又要归因于摆在文明之间的那架天平，在十九世纪以来的社会心理中，朝着那个"西方"急剧地偏斜了过去。

也正是冲着这种可比性的日渐"超乎想象"，或者说，是冲着后世的人为掩盖和失忆，我才在以往的著作中反复指出，如果从深层的学理来考虑，所谓"启蒙与救亡"（李泽厚）的对立是并不确切的，而且当代儒学的使命也并不在于"反思启蒙"（杜维明）。——这是因为，早从"先秦理性主义"被奠定的那一刻起，就决定了儒学话语只要传到了欧洲，就势必会被解释成或转译为"启蒙话语"。于是，在这样的意义上，也完全有理由跟着认定，实则儒学话语的本质恰恰是"启蒙话语"："如果从'启蒙与儒学'的深层内在关联而言，就它们对于宗教神学的共同拒绝而言，就它们对于蒙昧巫术的共同祛除而言，就它们对于知识本位的共同坚守而言，就它们对于人类理性的共同坚持而言，就它们对于现世生活的共同执着而言，就它们对于死后世界的共同悬置而言，就它们对于永久和平的共同憧憬而言，就它们对于成熟状态的共同追求而言，就它们对于人类潜能的共同肯定而言，儒学不仅曾经在过去的历史中，切实充当过启蒙运动的先驱者，而且可以在当今的世界上，继续成为启蒙思想的同情者，乃至应当在未来的发展中，仍然可能成为启蒙事业的后继者。"[44] 也正是基于这样的判定，我才又在以往的论著中不断指出，还是

---

[44] 刘东：《天边有一块乌云：儒学与存在主义》，第413页。

基于儒学话语的这种初始立场，它在当今国际学术界所发出的声音，并不是人云亦云的"启蒙反思"，倒是一反潮流地要来"拯救启蒙"。

只可惜，像这种齐头并进的、相互支撑的可比性，在后世的烟尘中竟被遗忘殆尽了。这不仅导致了上述的那种"人云亦云"，也即跟从着西方宗教思想的回潮，反把"不语怪力乱神"的儒学，也改扮成了某种"类宗教""准宗教"或"半宗教"；而且，这也导致了对于自家传统的遗忘或改装，转而又把据认为只存在于西方的"启蒙话语"，也同时说成了这个文明的主要优势所在。由此不无悖谬的是，就像安徒生童话中的那位老太婆，闭着眼也非要讲"老头子总是对的"，——不管他此刻是要来"启蒙"，还是要来"反思启蒙"，甚至，即使他此刻是既要"启蒙"，又反过来还要"反思启蒙"。

相应的错觉正是由此产生的。本来，由于信息总要在文明之间传播，所以中国当年对于西方的那些"影响"，也总会不知不觉而潜移默化地转化为西方人自己的文明观念，转化为他们修正历史的"内生"动机。正因为这样，几乎只需要一眨眼的功夫，曾经如此对立的"中国"与"西方"，就在西方人心里变得不分轩轾，甚至"此心悠同"了。——而且，那些原本看起来如此"中国"的东西，由于已经不再有原则区别和心理隔阂，也就被看成"理所当然"乃至"天经地义"的事情，不会再生出任何"疏离"与"生分"之感了；甚至进一步，它们还会在后来的学者那里，被视作西方古已有之，乃至天生有之的。

我们从包华石这本书的追述中，可以清晰回溯到这个过程。比如在十八世纪的英国，当塞缪尔·约翰逊从杜赫德的《中华帝国全志》中，了解到只需凭学问就可以打开通往"贵族身份"（施政权力）的道路时，特别是当他由此更进一步地了解到，通过科举产生的官僚还会去尽力维护民意的反馈时，鉴于这在英国政坛尚属于"大逆不道"的或"犯上作乱"的，自然会把这种规则归咎于遥远的"中国特色"：

（读者的）惊讶将会因为以下的关系而加深：在这本书里，他将会遇到许多可能看上去诚实得难以置信的官僚，在中国的君主政体中可以不止一次地看到这些官僚，并且倘若帝王脱离了他们国家律法，或者帝王行为有可能会威胁自己以及人民的安全与幸福，这些官僚就会大胆地告诫君主。读者将会读到，当这些帝王被如此责备的时候，他们既不会狂怒咆哮，也不会威胁恐吓，不会驱逐这些官僚，更不会顽固地在错误中坚持自己的威严。这些中国帝王确实有伟大的心智，他们愿意让自己的行为接受理性、律法以及道德的检视，而且他们不屑运用自己的权力来为没有论据支撑的行为辩护。

在这里，约翰逊的核心论点为，理性与事实应该胜于高贵的身份。在约翰逊之前，这样的论点并不常见，但这在18世纪晚期激进分子的著作中则相对普遍。约翰逊在1738年写出了上述著作，他认为，这种观念并不普及，并把它归功于中国。约翰逊并没有捏造这事情。汉代与中古之后的中国奏章尤其直率坦白，并且普遍诉诸事实与理性。[45]

又如在十八世纪的美国，当美国的开国元勋杰斐逊提出，政治上的"贤能才干"不仅应包含才智与能力，还应包含美德和公德的时候，他显然也是呼应了孟子两千多年前提出的标准。对于这一点，如果我们能够循此而联想到，中国的包含了《孟子》在内的"四书"，的确构成过那个"超验主义俱乐部"的阅读背景，而且也正因此，林肯才会把爱默生形容为"美国的孔子"[46]，也就足以领会此间的"共变关系"了。——无论如何，正如包华石敏感地意识到的，这种"举贤任能"和"任人唯贤"的公平标准，并不是从欧洲那块地方"土生土长"出来的：

杰斐逊关于知识在国家中的作用的理解与英国及欧洲传统的理

---

45 包华石：《西中有东：前工业化时代的中英政治与视觉》，第359—360页。
46 参阅钱满素：《爱默生和中国：对个人主义的反思》，北京：生活·读书·新知三联书店，1996年。

解全无任何相同之处，传统理解将施政权力视为"贵族身份"，而且教育的第一目的是为了向贵族和平民大众同时反复灌输要信仰国家的宗教教义和既有的社会秩序。这也是为什么纽霍夫、普芬道夫、A.D.约翰逊以及那些第一批接触到中国对于个人品质之理解的欧洲学者，会将其看成是完全新颖的东西，而且很是频繁地表示难以理解。然而，对杰斐逊而言，理解中国的贤能才干既涵盖对行政管理的能力和学问的需要，又包括对公众福祉和民众幸福的考量，将不会有任何困难。因此不禁要问，杰斐逊也许是西方世界能够完全理解举贤任能的逻辑暗示、认识论影响和政治意义的第一人吗？[47]

然而，毕竟转瞬间已是时过境迁。一方面，可被视为"正常"或"合理"的是，此后便在西方那边出现了"政府公仆"的概念，不再把政治职位当成世袭的特权，甚至当成可以出租或出售的家产了。另一方面，显然又不够"正常"或"合理"的则是，正如包华石在书中一再揭示的，正因为这一切显得再"正常"与"合理"不过了，反而使后来的西方人简直难以想象：难道此外还能有什么堪称"文明"的政治规则吗？也正因为这样，前文中所讲的"文化政治"策略，就在这种"有意遗忘"中大行其道了。——也就是说，他们在拒不承认曾被中国"影响"的前提下，仍从善如流地接受了这种"影响"；或者反过来说，他们是在默默地"拿来"了别人的文化发明之后，却又铁嘴钢牙和一脸无辜地一概予以否认。

再来回顾一下本文第一节的内容，如果不是这样，杰克·古迪又怎会认定他们是在"偷窃历史"呢？由此可知，包华石也是在同样的意义上，通过对于历史文本的仔细分析，揭发了他那些同胞当年的"盗窃"行为，——比如具体而言，是塞缪尔·普芬道夫的"盗窃"行为："与传教士李明一样，普芬道夫对于中国的实践印象深刻。但与李明摒弃中国

---

[47] 包华石：《西中有东：前工业化时代的中英政治与视觉》，第226—227页。

的成就以此证明中国不如欧洲（如拥有真正的宗教比拥有规模庞大的城市更好）的做法不同，普芬道夫带着仰慕之情接受了中国的模式，并且想象欧洲人也能够按照同样的做法来践行。与李明的酸葡萄心理相比，这种'装作是中国人'的策略是一种同化方法，允许某个人在接受其他人的做法的同时，还能维持自己的颜面。"[48] 天可怜见，这又使我们想起了那本《中国人的特性》，它的作者明恩溥居然言之凿凿地偏偏把中国人"爱面子"这一条，列在他们最为独特的"民族性"之首，由此还衍生出了鲁迅笔下的阿Q形象，以及他那种基于别家误解的、对于自家"国民性"的以偏概全的判定。[49]

这就更让我们领悟到，仍要归因于西方的"文化政治"策略，一旦原本是来自中国的这种"影响"，又在欧洲那边得到了增效与蜕变，再以脱胎换骨的样貌回弹到中国，正因为它已属于大为"现代化"了的，或者说是2.0版的格式，也因为当年的"影响"痕迹已被欧洲人所抹煞，更因为中国文明又在外来的冲击下大为倒退，就拖累得反而连中国人自己也不明就里了。也就是说，就连他们自己到了后来也不知自家的原貌了，更不知中国曾经在什么地方领先过了，又哪里还谈得上去争夺什么文化上的"发明权"，或者像包华石这样去计较其间的"是与非"？——当然话又说回来了，也正是鉴于这种普遍的"历史失忆"，才使得包华石的这种"为中国人民声辩"，尤其在中文语境中凸显了新意，它让我们远隔着地理空间和地理实践，看出某种既隐晦又清晰的、拓扑学或系谱学上的对应关系。

当然，还是不要忘了赶紧来寻找平衡；而且这样的平衡，还应在下述的"反比"关系中去保持。从一个方面看，尽管正如我一再指出过的，包华石有关中国和英国——乃至欧洲或西方——的对比，由于往往只是选取了中国历史的这个侧面来强烈地反衬英国——乃至欧洲或西方——

48　包华石：《西中有东：前工业化时代的中英政治与视觉》，第200—201页。
49　参阅刘东：《多重误读下的国民性话语：以汉学史中的明恩溥为主线》，《中国学术》第三十一辑，北京：商务印书馆，2012年。

刘　东

历史的那个侧面，也就难免存在着相应的主观性或相对性；可即使如此，我们还是应当平心地指出，他这种独出心裁的反向对比，由于总还是凸显了曾被无意遗忘或刻意抹煞掉的那些侧面，就仍然有助于恢复历史本身的复杂性。只可惜，再从另一个方面看，还是以上述的检验标准来衡量，又可以发现到剧烈的中西碰撞之后，近代中国人自己所进行的文化对比，就不光是根本未曾想到要呈现这样的复杂性，反倒要尽量地忽视任何的复杂性，从而让所谓"中与西"的对比框架，越是一目了然和高下立见就越好，遂也就直接等同于"旧与新"，甚至"劣与优"了。

这使我们不禁想起了本尼迪克特·安德森，他曾回顾过自己对于何塞·黎刹的小说《不许犯我》的阅读经验："年轻的梅斯蒂索主人公，长期旅居欧洲之后，最近返回了1880年代的殖民地马尼拉。他从马车车窗望出去，看到了市政的植物园，而且发现他也是——可以这么说——处在倒转的望远镜的末端。这些园囿自然而然地……躲无可躲地隐没到它们在欧洲的姐妹园子的意象当中去了。他不再能够真真切切地体验到它们，却近在咫尺同时又远在天边地看着它们。"[50] 此情此景，突然勾起了藏在作者心中的一件往事，他当时"头一回被邀约着仿佛透过倒转的望远镜来看我的欧洲"，由此在心里突然蹦出这样一个说法——"比较的幽灵"！

无可讳言，到了近代欧洲的强势扩张之后，这种无处不在的、魔咒般的"比较的幽灵"，或者这架朝向西方的"倒转的望远镜"，恰恰是被殖民地区中最为通行常见的，也惟其如此，才导致了刻意要让所有的非西方世界都"相形见绌"的特定"比较"。我在自己开设的悲剧课程中，曾多次引证过中国人当年的相应说法，比如五四时代的陈独秀就曾说过："再说比较的文学研究，有两个益处：（一）悲剧的观念——中国文学最缺悲剧观。中国剧有团圆的迷信。悲剧意味深长，感人最烈，发人猛

50　本尼迪克特·安德森：《比较的幽灵：民族主义、东南亚与世界》，第3页。

省。"[51] 再如五四时代的胡适也曾说过:"中国文学最缺乏的是悲剧的观念。……有这种悲剧的观念,故能发生各种思力深沉、意味深长、感人最烈、发人猛醒的文学。这种观念乃是医治我们中国那种说谎作伪、思想浅薄的文学的绝妙圣药。"[52]

不过,如果严格追溯起来,真正在这方面开了"比较"先河的,还要数被推为近世"中国西学第一人"的严复。我也曾在各种场合反复指出过,虽说严复仅凭几本翻译过来的、原属于别人的作品,就占据了如此显赫的文化"名人"位置,这看起来简直是不可思议的,至少也是不可重复的了,可即使如此,这位翻译家对于现代中国的"影响",恐怕迄今为止都还是被大大低估了。甚至,他的这种"影响"即使到了当代中国,仍自完好存留在大多数人的潜意识中,从而构成了某种无可回避的、极其顽固的"路径依赖"。——那么,严复这种令人生畏的"影响"究竟体现在哪里?如果从深层的方法论而论,恐怕首先就体现在他对"中西"的截然二分法中:

> 自由既异,于是群异丛然以生。粗举一二言之:则如中国最重三纲,而西人首明平等;中国亲亲,而西人尚贤;中国以孝治天下,而西人以公治天下;中国尊主,而西人隆民;中国贵一道而同风,而西人喜党居而州处;中国多忌讳,而西人众讥评。其于财用也,中国重节流,而西人重开源;中国追淳朴,而西人求欢虞。其接物也,中国美谦屈,而西人务发舒;中国尚节文,而西人乐简易。其于为学也,中国夸多识,而西人尊新知。其于祸灾也,中国委天数,而西人恃人力。若斯之伦,举有与中国之理相抗,以并存于两间,

---

51 转引自刘东:《悲剧在中国的诞生》,《世纪大讲堂》第4辑,沈阳:辽宁人民出版社,2003年,第213页。
52 胡适:《文学进化观念与戏剧改良》,《胡适论文学》,夏晓虹选编,合肥:安徽教育出版社,2010年,第36—38页。

> 而吾实未敢遽分其优绌也。[53]

虽然他在文末也敷衍了一句："吾实未敢遽分其优绌也"，然而这句话显然是言不由衷的，甚至是有点欲盖弥彰的，因为严复所总结的这段文字，其倾向性是再明显不过了；而且，他的读者也从未对此误读过，那就是中西之间绝对要"优绌"立判，否则他也就不会造成如此之"影响"了。这一点原本不在话下，在此就不必多费笔墨了，而真正值得略加分辨的，倒是他这番对比的思想来源。如果还有谁会误以为，构成上述"二分"的那十二组"对待"，即"中国怎么样……西人怎么样……"，都是来自严复本人的匠心独运，那他也未免太过天真烂漫，或者视界狭小了。事实上，在现代世界的严峻结构下，并没有给任何微小的个体留下太多的自由发挥的空间，对此我们等一下还要再来回顾。而这也就意味着，即使就连严复本人都有可能觉得，他在上文中讲出的那番文化对比，是出于自己独立的观察和独运的匠心，他仍要被这种倾斜的宏观结构所决定，从而只能作为西方文化的"代言人"，反过来泰山压顶般地"影响"中国。

有意思的是，其实最为白纸黑字的证明，就印在约翰·穆勒的那本《论自由》中，而众所周知，那正是严复译出《群己权界论》的底本。事实上，回顾一下前文中的叙述，我们很容易恍然大悟，发现这位英国人正好就生活在十九世纪，——也即那个刚刚从前此的"中国热"，转变成为当时之"中国冷"的世纪。也正因为这样，即使穆勒毕生都未曾获得过中国经验，在他心里也仍可装有负面的"中国形象"，因为那已然成了当时欧洲人的共识：

> 欧洲何以至今不至遭此命运？欧洲各兄弟民族何以成为人类的

53　严复：《论世变之亟》，《严复集》第一册，王栻主编，北京：中华书局，1986年，第3页。

进取之群，而不为静止之邦？不是由于他们之中有着更为优秀的卓越品质，这种品质即便有，也是结果而不是原因；而是由于他们的性格与教养异常歧异多元。个人、阶级和民族，彼此之间都极为不同：他们开拓出大量各种各样的道路，每一条之通向都有其可贵之处；尽管在每一时期那些走上不同道路的人们彼此都曾不相宽容，每个人都认为最好是迫使其余所有人都走上他那一条路，不过他们阻挠其他人自我发展的企图几乎没有获得过持续的成功，而每个人也总是能够随时在忍耐之余，接受别人提供的好处。依我的判断，欧洲之所以能有其进步与多方面的发展，完全归功于多种多样的路径。但是它所拥有的这种益处，却已开始有相当程度的减少。**它显然正在日益向千人一面的中国理想趋近**。托克维尔在他最后一本重要著作中指出，今天的法国人甚至已经比上一代的彼此相像更为严重了。同样的批评也许可以在更为厉害的程度上用于英国人。[54]

在我看来，穆勒之所以举出了中国的"反面教材"，无非是要让自己的国人避开这个"覆辙"，至于这种"中国形象"到底是对是错，他对于这一点既没有专业知识，也没有学术兴趣，不过是在人云亦云地加以引申罢了。——为了验证我的这个判断，还可以再举出赫尔岑的相关说法，这位俄国人当时正好流亡到了英国，亲耳听到了穆勒的那一番"可怪之论"："按照穆勒的说法，**那时英国便可能变成中国**（当然是在更完美的形式中），同时保存自己的一切商业活动，一切自由，改进自己的法律制度，那就是随着遵守法律的习惯的形成（这是比一切法庭和刑罚更能扼杀意志的）减少法律的强制性。这时法国便可能走上波斯生活的美丽的军事道路，因为文明的中央集权政治授予执政者的权力已为它扫除了一切障碍；为了补偿失去的各种个人权利，它对邻国展开了光辉的征伐，

---

54 约翰·穆勒：《论自由》，孟凡礼译，桂林：广西师范大学出版社，2011年，第85页，黑体为引者所加。

把其他民族束缚到了中央专制政权的命运上……这时它的雇佣兵面貌便更符合亚洲的类型，不再是欧洲的类型了。"[55]

更有意思的是，我们从更广的背景中还可以发现，这种只凭道听途说就敢大发议论的传统，在穆勒的家族中还是其来有自的，比如约翰·穆勒的父亲詹姆斯·穆勒，也是压根儿就没去过遥远的印度，却写了长篇大论来挞伐那个糟糕的、因而注定应当被殖民的国度："詹姆斯·穆勒的《英属印度史》不只是19世纪后期意义上的历史著作，前500页系统描述着前殖民时代印度教的印度文明。书中大部分内容，都在正面攻击印度文明，认为此一文明毫无价值，无法改造，因而穆勒至今在印度声名狼藉……由于他的印度知识来自二手或三手资料，穆勒事实上应该表现得小心与谦虚。据安奎特-杜培宏的标准与启蒙运动后期的旅行理论来看，他缺乏对异国文明做出判断的各种前提条件。然而，穆勒未有任何谦卑的悔悟，反而调转矛头，质疑旅行者与东方学者的判断能力。他表示，当地的旅行者及观察家与东方编年史及手稿的译者，全都陷入某种当局者迷的盲目中。他们只见到小部分的真实情况，却草率作出以偏概全的推论。就算是位仔细的观察家，在长年逗留期间，靠着优秀的外语能力收集到有关印度的信息宝藏，亦毫无资格从更高的立场来下判断……"[56]

可无论如何，在这方面真正可怕的，并不是一位外行发出的"可怪之论"，而是接下来居然又有人，而且是一位比约翰·穆勒更了解实情的、土生土长的中国人，反而把他的这一番"可怪之论"，视作出自权威之口的"不刊之论"。当然我们也应当平心地承认，这位传播者的动机并非自毁长城；恰恰相反，很可能正是穆勒说法的刺激才使得严复暗自感到了锥心之痛，也才促使他把这本"警世"之书译出来，以便唤醒尚在

---

55 赫尔岑：《往事与随想》下册，臧仲伦译，南京：译林出版社，2009年，第65页，黑体为引者所加。
56 于尔根·奥斯特哈默：《亚洲的去魔化：18世纪的欧洲与亚洲帝国》，刘兴华译，北京：社会科学文献出版社，2016年，第202页，文中译名为取一致有所改动。

"酣睡之中"的、业已大难临头的国人，从而达到他那个"寻求富强"的救国目的。——不过，问题的关键毕竟不在这里，而在于所谓"比较的幽灵"的无情缠绕。这样一架"倒转的望远镜"，从其本质的构造上就决定了：如果从这头往那头看，观察的东西必然要放大；可如果从那头再往这头看，观察的东西又势必要缩小。正因为这样，在如此倾斜的"可比性"之下，尽管文明之间的传播仍属于"双向"的，然而这种"双向"互动的效果，却又只能是大相径庭的，或者是恩将仇报的。甚至还不如说，这对中国简直就像个"飞去来器"，真等到互动的效应再传回自己这边时，反而被原属于自己的东西给无情地割伤了。

既已说到了约翰·穆勒的论调，要是此刻再来顺便回顾一下，就可以一目了然地发现：前述的那种来自澳洲学者的"挑战"（provocation），即所谓"'中国思想'总是呈现出一个单一文明的形象。尽管它包含了诸多哲人个体的努力，却总是整合统一于中国文字之下。而'西方思想'则从不忌讳其内部的分裂，它本演化自多元的学术传统、从不休止的对话，甚至喧嚣的争议。在当代的西方学界，这些传统既得进一步的滋养与发展，也同时受到不时的质疑和挑战，并进行自我反思"[57]，当然是并不新鲜、其来有自的。——说穿了，出于自家的"文化政治"策略，而去千方百计、搜肠刮肚地寻找理由，来说明中国到底有多少"坏处"，以及它究竟为何如此"失败"，不过是为了证明自家的"优势"罢了。这正如以往出于同样的策略，曾经专门挑着中国的"好处"讲，同样是为了激发本国的发展，也跟中国的自身"优势"关系不大。

无论如何，如果"文化间性"从来是上升的阶梯，那么，尤其在西方已经显出了如此强势或曰如此"先进"的情势下，我们就更不能去故步自封地"闭关锁国"了，而只能伸张强身健体的"拿来主义"。这方面的道理，正如本院（清华国学研究院）的梁启超教授所指出的："今日不

---

[57] 黄乐嫣、白杰明、齐慕实：《放长眼，量宇内：展望思想中国的未来》，孙万国译。

欲强吾国则已。欲强吾国,则不可不博考各国民族所以自立之道,汇择其长者而取之,以补我之所未及。今论者于政治、学术、技艺,皆莫不知取人长以补我短矣,而不知民德、民智、民力,实为政治、学术、技艺之大原。不取于此而取于彼,弃其本而鶩其末,是何异见他树之蓊郁,而欲移其枝以接我槁干,见他井之汩涌,而欲汲其流以实我涸源也。故采补所本无以新我民之道,不可不深长思也。"[58]——只不过,由此导致的空前复杂的情势,又正如我曾经多次分析的:"近代中国的真正尴尬之处,还不在于无论人们是否情愿,都必须向空前的外来压力应战,而在于他们进退维谷地发现:这一回,居然连用以接受挑战的武器,也必须学自发出挑战的对手!"[59]

甚至,即使沿着包华石书中的文脉,让我们更富于历史感地发现,人家竟是在你早先的启发下,才从善如流地走到了前头,你也同样要既由衷地加以赞许,又虚怀若谷甚至正中下怀地,向别人借鉴和讨教。——我说"正中下怀"的意思,是指在这样的学习过程中,发生在近代欧洲的政治实验,也就作为一个遥远的信息源,更加验证了中国思想的价值,和越发明确了中国历史的方向。无论如何,即使孔子、孟子当年还无法具体地想象,希腊人到底能创造出怎样的制度基因,这种制度至少照今天的眼光看,都是更符合儒学基本原则的。所以,原本来自西方的政治实践,也就正好支撑了国人的接续努力,让我们能以更加充足而周备的理由参验着近代西方的成功经验,更彻底地贯彻儒家的价值。这样一来,在这块彼此共居的"欧亚大陆"上,在这个"不断启蒙"的文明赛道上,无论是中国还是欧洲乃至西方,就都足以借助于"文化间性",你追我赶,争取齐头并进了。

只可惜,在那架"倒转的望远镜"下,早年的严复实在是太过急切,

---

58 梁启超《新民说》,《饮冰室合集》专集四(第一册),北京:中华书局,1989年,第6页。

59 刘东:《美国汉学的传教之根》,《道术与天下》,北京:北京大学出版社,2011年,第246页。

"文明二分"造成的"飞去来器"

也太过稚嫩了——其实他晚年深感懊悔,却又慨叹悔之晚矣——竟至把别人的"文化政治"策略,也原封不动地照搬过来。所以,如果任何一个社会共同体都难免会有它的"文化策略"和"文化利用",那么,严复当年所应用的"文化策略"却只属于别人家,从而属于错置了的"文化策略",属于"倒持太阿"的"文化策略"。而追根究底,严复这种既断裂又倾斜的"二分法",则又是因为他未曾考究过比较的方法,从而过分夸大了中西的"相异"和"差别",同时也过分忽略了文明的"相通"和"共鸣"。——正如我在以往的文章中指出的:

> 我们可以把值得比较的对象,形象地画成两个圆圈,它们互相之间必得有部分重叠,且又只能有部分重叠……这种简略的图示初看无甚奥妙,但只怕所有比较家们的争论焦点,全都凝聚在这两个圆圈的相交处了,也就是说,究竟如何判定从两个文本到两个文明的异同,端赖他们如何测定那个重叠部分的大小——往里边缩一缩,把相切的部分夸大了,就有可能认定东海西海此心悠同,往外边抻一抻,把重叠的部分缩小了,就有可能把人类之间看得比人兽之间差别更大。[60]

此后,尽管严复后来为之懊悔不迭,可正是沿着他早年从西方引入的,作为一种"文化策略"的文明"二分法",已在中文语境中形成了一套话语;换言之,它已经可以自我重复与自行增生了,也不再受严复本人的约束与控制了。我们在前文中已经分析过,这种源自西方的"文明比较"的话语,原本就是要让所有的非西方文明都"相形见绌"的。——也正是这个缘故,"相形见绌"这个中文成语自然要从陈独秀的笔下流出来:"自西洋文明输入吾国,最初促吾人之觉悟为学术,相形见绌,举国所知矣;其次为政治,多年来政象所证明,已有不可守缺抱残

---

[60] 刘东:《比较的风险》,《读书》2001年第1期,第135页。

之势。继今以往，国人所怀疑莫觉者，当为伦理问题。此而不能觉悟，则前之所谓觉悟者，非彻底之觉悟，盖犹惝恍迷离之境。吾敢断言曰：伦理的觉悟，为吾人最后觉悟之最后觉悟。"[61]

就此还想再举一个例子，也是这样的高下立判、相形见绌，那就是罗家伦当年的类似说法——此公竟还当过我们清华的校长："现在大家既然知'非人'的文学不好，必定要求一种文学出来，能够把人生充分的抄写出来，以满足大家的欲望和要求。而且现在有许多新的道理，新的事实，断不能用已死的文字表现在来的；所以大家更不能不另换材料，另辟蹊径，以求适应人的生活。兼之西洋近代文学的潮流，大家不能不感觉一点；两两对照，觉得他人的文学对于人生是何等浓馥，何等活泼何等真实；我们的文学是何等干燥，何等死闷何等虚伪。比较的结果，于是创造新文学的材料和路径那能不会决定呢？有这两种关系，所以新文学的勃兴，乃是人生觉悟后应乎时势所万不能免的。"[62]

无可否认，历史发展到了他们那个时代，中国的"落后"已属于不争的事实了。正因为有了此等的"事实"来垫底，那么，面对着这个公认"失败"的、显然具有"劣势"的中国案例，莱布尼茨和伏尔泰当年表现出的热情，也就到了狄德罗和康德等人那里，转变为避之犹恐不及的冷眼。如果说，这些密纳发的猫头鹰们，只是到了黄昏之后才起飞，或者只能去当个"事后的诸葛亮"，那么他们当时的思想任务，也就只限于在"事后"去解释一下——就算这些解释显得相当随意，相互之间也未必能自洽，可结论却总是铁定在那里了——中国到底为什么才这般"落后"和如此之"失败"：

  尽管拥有这些精细栽培的技巧、漆器、陶瓷和丝绸、手工艺品

---

[61] 陈独秀：《吾人最后之觉悟》，《独秀文存》卷一，合肥：安徽人民出版社，1987年，第41页。

[62] 罗家伦：《近代中国文学思想的变迁》，《新潮》1919年第2卷第5期，第879页。

和毋庸置疑大量的人口，还有无论被孟德斯鸠如何评价的"道德"，狄德罗说，中国"几乎就是一个野蛮的国家"。他补充道："或者，更糟糕地说，一个半文明的国家。"中国人对其习俗的顽固依附，统治者的漠不关心，以及"阻止他们离开国家的法则"，创造了中国人在智识上和道德上瘫痪的状况，"必须经过不知多少个世纪才能修正（这个国家的）这一现状"。然而，如何才能"向一个自认为智慧的人传授智慧呢？如何才能将一个自认为完美的人变得更完美呢？"正如我们一次又一次看到，文明和启蒙是历史的结果，是人类与时间独特的关系，是未完成的过程。中国人错在认为人类历史的发展会有一个终结，而他们自以为已经终结。这个结果并不是中国的仰慕者所声称的"永生"，而是"停滞"。康德甚至认为，汉语多少个世纪以来从未和其他语言接触的事实意味着，尽管中国人已经是"有教养的"，他们永远不可能得到启蒙，他们的观念只能是有限的。顺理成章地，文明很大程度上依赖于语言，而语言是需要交流的。他说，所有西方世界都崇拜古希腊，而其文学上的成功，准确地说，实际上融合了凯尔特语、色雷斯语、弗里吉亚语和"或许是叙利亚语，才最终成为希腊语"。[63]

顺便又要再来回顾一下，尽管康德从未离开过哥尼斯堡一步，更不要说真正去了解那个遥远的中国了，可我们从他刚才的那番议论中，还是可以看出来自澳洲学者的前述议论，也不过是老调重弹和旧瓶新酒吧？不过，就算他们拿来"说事儿"的解释可以这般随意，我们作为具有切肤之痛的当事人，给出的解释却不应当如此轻率吧？就算中国已然是"一步赶不上"了，那么这到底是出于怎样的缘故，会不会让中国从此就"步步赶不上"了，这是我们哪怕搔光了头发、想破了脑袋，也仍然要坚持去思考的问题。再说得具体些，现代中国的这种"停滞"乃至"落

63　安东尼·帕戈登：《启蒙运动：为什么依然重要》，第326页。

后",究竟是因为太过忠实地贯彻了孔子的思想,还是因为从未全心全意地这么做过?这一点在我看来是相当关键的,乃至唯此为重的,因为它涉及了究竟应当去中断故国的历史,承认这几千年的文明无非是"一场大错",还是应该去延伸固有的理路,从而完成先哲们未竟其功、却功在千秋的伟大事业,以继续追求中国历史的不断进步。正如我曾经从别的方向指出的:

> 即使是在这个制度文化的问题上,也同样不能忘却自家的主体性。要平心静气地看到,在常常被遗忘的历史时间中,儒家曾经沿着它的价值关切,创造出很多具体的善政标准,比如轻徭、薄税、尚贤、使能、勤政、爱民、敬天、纳谏、重教、隆礼……——尽管也必须跟着追加一句,它当时当然也只是最大限度地,争取到了能被一个专制政体所接受的程度。但无论如何,正是沿着"人皆可以为尧舜"的理念,才及早地创造出了科举制度,它使得那个时代的中国社会,在向上流动方面是举世最高的;也正是顺着"天听自我民听"的理念,才独创性地设立了监察制度,让言官们专司"挑皇帝毛病"之职。试想,除开这个曾被看扁的"儒家中国"之外,在世界上还有别的古代文明,也曾创造出过类似的制度,让体现着儒学理念的士大夫,去跟专制的君主"共治天下"吗?[64]

当然,即便是引入了"欧亚大陆"的广阔视角,也引入了来自中国的"启蒙话语",并不意味着由此便可故步自封,只顾表白自己当年也"曾经阔过"。恰恰相反,正如孔子当年发出的思想,本身就来自对于所处时代的批判,我们接续孔子进行的现代运思,也理应对他身后的文化历史,坚持进行相应的检讨与批判。只不过,这种批判应是经过深思,

---

[64] 刘东:《仁心一刻也不能断根》,《自由与传统》,北京:北京大学出版社,2015年,第459—460页。

"文明二分"造成的"飞去来器"

从而具有相应高度与自觉的,而不能只是亦步亦趋和人云亦云,甚至只因别人指斥自己"走错了路",就干脆在这路上连下脚都不会了。——再换言之,对于中华文明历程的检讨反思,是必须要去考究应当从"何处下手"的,否则无论那检讨与批判何等激烈昂奋,也只能白白地中断了自家的历史,乃至于把全部文明史都"推倒重来",干脆倒退回野蛮的"石器时代"去了。

从统计学上来看,无论有过多少偶然的中断偏离,但凡获得了价值范导的人类历史,就总会暗中瞄着大体的方向,哪怕它在趋向这个目标的过程中,仍会表现出蜿蜒曲折,甚至倒退顿挫。再进一步说,只能去深入判明了这个方向,并参对着其他文明的历史取向,才能透过表象而看出历史的真相,知道自己眼下应当朝什么地方下力。从这个角度来观察,即使近现代的中国是大大地"落后"了,甚至是令人伤感地"失败"了,然而,究竟它过往的那些轨迹,如果跟西方文明的发展相比,是表现为大致同一方向的呢,还是全然南辕北辙?如果根本就是后者,那难免会弄得迎头相撞、车毁人亡,把一切都倒退回"石器时代";如果只不过是前者,则尽管都在赛道上争先恐后、互有短长,仍不过属于百舸竞发、顺流而下罢了。——无论如何,这方面的极为关键的历史判断,不仅涉及对于过往中国历史的把握,也同样涉及对于当今世界历史的透视,乃至对于今后全球历史的展望与推断。

比如,有一种出于自由主义的议论,认为中国自从步入"大一统",它的历史便再也"不足观"了,因其进入了被"彻底奴役"的阶段。这样的论调显然是在认为,中西历史根本是"二水分流",甚至从这个意义来讲,由此开出的两种历史过程,根本就算不上是"文明与文明"之分,而只能是"文明与野蛮"之分。然而,我们且不忙费力与之辩论,至少可以先来提出一点:看来这种简单省事、高下立判的历史判断,跟本院陈寅恪教授的那个著名判断,即"华夏民族之文化,历数千载之演进,造极于赵宋之世",显然是不可能"同时为真"的,因而也总归会是"必有一假"的,——因为后者强调了作为历史大势的"演进",也就是前文中所讲的那种"历史方向"。

　　这里特别地举出陈寅恪来，却又是因为他那段更有名的议论："先生之著述，或有时而不章；先生之学说，或有时而可商；惟此独立之精神，自由之思想，历千万祀，与天壤而同久，共三光而永光。"⁶⁵ 无论如何，这段被我多次说成是"**清华校魂**"的文字，应当算是现代中国学界的"最强音"，而且，陈寅恪也以其"无出其右"的坚守，为此付出了极为沉重的个人代价。在这个意义上，要是讲陈寅恪是最珍视"独立""自由"的，应当不会有人再提出什么异议吧？可是，既是同样从"自由"的立场出发，他何以就未曾对先秦之后的中国历史，采取一概抹煞的鄙夷或漠视态度，反而从中既看到了其历经的"演进"，也看到了它的作为"演进"之结果的，并推向了空前高度的历史阶段呢？他这种对于中国历史的体察与呵护，跟他对于"独立""自由"的高度珍视，两者之间会不会构成什么矛盾呢？——针对诸如此类的疑问，我们就有必要再来细读他的文字，看看他那个"造极赵宋"的判断，究竟出自什么样的前后文之中：

　　　　吾国近年之学术，如考古历史文艺及思想史等，以世局激荡及外缘薰习之故，咸有显著之变迁。将来所止之境，今固未敢断论。惟可一言蔽之曰，宋代学术之复兴，或新宋学之建立是已。华夏民族之文化，历数千载之演进，造极于赵宋之世。后渐衰微，终必复振。譬诸冬季之树木，虽已凋落，而本根未死，阳春气暖，萌芽日长，及至盛夏，枝叶扶疏，亭亭如车盖，又可庇荫百十人矣。⁶⁶

　　仔细体贴陈寅恪的文心，实不难从他的字里行间，看出至少从他本

　　65　陈寅恪：《清华大学王观堂先生纪念碑铭》，《金明馆丛稿二编》，北京：生活·读书·新知三联书店，2015年，第246页。
　　66　陈寅恪：《邓广铭〈宋史职官志考证〉序》，《金明馆丛稿二编》，北京：生活·读书·新知三联书店，2015年，第277页。

人的角度，在"自由精神"和"造极赵宋"之间，不仅不会构成什么矛盾，反而正是相得益彰、彼此支撑的。也正因此，陈寅恪才会在这篇序文中，紧接着又讲出"后渐衰微，终必复振。譬诸冬季之树木，虽已凋落，而本根未死"，因为这个曾在宋代空前舒展过的文化"本根"，也恰是他在碑文中所讲的"独立"与"自由"。无论如何，即使只是在相对的意义上，也只有在言路空前宽松的宋代，中国的读书人才享有过相对最多的"自由"，从而进行过最舒展自如的创造。在这个意义上，中国史之所以会对后世呈现为"马鞍形"，而以"天水一朝"构成了那架马鞍的顶端——换言之，此后曾出现过大大的倒退——说到底都是由"自由"的"多寡"乃至"有无"所致。

再说得简捷明快些，在陈寅恪未曾道出的心理连接中，恰恰是他所讲的"独立之精神，自由之思想"，才造成了他又讲出的"华夏民族之文化，历数千载之演进，造极于赵宋之世"；也恰恰是他所讲的"宋代学术之复兴，或新宋学之建立"，才有可能在今后的中国历史中，再次显现出"独立之精神，自由之思想"的强大力量，从而把华夏的文明再度推向更高的辉煌。这意味着，至少在迄今为止的历史中，那个"赵宋之世"，那个"天水一朝"，无论还有多少令人遗憾之处，迄今为止都属于落实"自由之思想"的最好时期。也是在这样的意义上，我们就为下面的两段材料——无论它乍看上去多么"风马牛不相及"——找到了内在的逻辑关联：

其一是，相传宋太祖藏于太庙夹室中的誓碑，其中的内容是：

> 艺祖受命之三年，密镌一碑，立于太庙寝殿之夹室，谓之"誓碑"。用销金黄幔蔽之，门钥封闭甚严。因敕有司，自后时享。及新天子即位，谒庙礼毕，奏请恭读誓词。……靖康之变，悉取礼乐祭祀诸法物而去，门皆洞开，人得纵观。碑止高七八尺，阔四尺余，誓词三行。一云："柴氏子孙有罪，不得加刑，纵犯谋逆，止于狱中赐尽，不得市曹刑戮，亦不得连坐支属。"一云："**不得杀士大夫，**

及上书言事人。"一云："子孙有渝此誓者，天必殛之。"后建炎中，曹勋自虏中回，太上寄语云："祖宗誓碑在太庙，恐今天子不及知云。"[67]

其二，是本院王国维教授的独自得出的相同判断：

> 宋代学术方面最多进步亦最著。其在哲学始则有刘敞、欧阳修等脱汉唐旧注之桎梏，以新意说经，后乃有周（敦颐）、程（颢）、程（颐）、张（载）、邵（雍）、朱（熹）诸大家蔚为有宋一代之哲学；其在科学则有沈括、李诫等于历数物理工艺均有发明；在史学则有司马光、洪迈、袁枢等各有庞大之著述；绘画则董源以降始变唐人画工之画而为士大夫之画；在诗歌则兼尚技艺之美，与唐人尚自然之美者蹊径迥殊；考证之学亦至宋而大盛。故**天水一朝人智之活动与文化之多方面，前之汉唐，后之元明，皆所不逮也**。[68]

一旦把话说到了这里，再基于这样的问题意识，去回顾内藤湖南所讲的"唐宋转换期"，回顾迪特·库恩所讲的《儒家统治的时代：宋的转型》，当然也包括包华石在本书中所列举的大量史料，我们也就更容易理解，陈寅恪教授何以独重有宋一代了。——无论如何，只要是具有相应的历史感，我们就不难如实而平心地看出，跟一般人的先入印象正好相反，其实霍布斯时代的英国政治，跟那个儒家统治的宋代政治，两者的地位正好要整个颠倒过来。一方面，正如托克维尔所讲的那样："17世纪初，在欧洲大陆，君主专制政体却在中世纪的寡头政治自由和封建主义自由的废墟上到处取得胜利。大概，在大放异彩和文艺繁荣的这部分

---

67 潘永因：《宋稗类钞》卷一，北京：书目文献出版社，1985年，第1页，黑体为引者所加。

68 王国维：《宋代之金石学》，《王国维文存》，方麟选编，南京：江苏人民出版社，2013年，第748页，黑体为引者所加。

欧洲，权利的观念从来没有像这一时期被人完全忽视，人民从来没有像这一时期更少参加政治生活，真正自由的思想从来没有像这一时期更少占据人的头脑。"[69]

而另一方面，还是从政治思想史的角度来观察，则恰如包华石在这本书中所追述的："在统治者、国家以及人民的相关讨论中，章如愚和霍布斯一样，都认为政府来源于人民要存活于自然的需要，由此也产生了社会组织和领导者的必要性。但与霍布斯不同的是，章如愚的思想体系中，并没有一个至高无上之神明的角色。章如愚将人类的生产生活视为自然过程——所谓'天地'——自然而然的安排。因为人民是天地的一部分，所以天地的自然秉性赋予社会以目标，也就是生活的提升……由于诉诸上帝之可能性的缺席，权力的合法性就只能根据是否符合自然所显示出来的倾向或秉性（即'天地之心'），也就是生产生活来进行证明。如果一个人被国家授予了施政权，并且挪用这种权力来谋取个人私利，那么这种做法就与天地的自然秉性相悖，从而违反了公与私之间的区分。"[70]

还可以接着再来进行一番对比。一方面，人们想必都早已熟知，托克维尔曾经对美国的"民主精神"，给出下述的这种经典归纳："人民之对美国政界的统治，犹如上帝之统治宇宙。人民是一切事物的原因和结果，凡事皆出自人民，并用于人民。"[71] 而另一方面，则如我在一篇近作中指出的，其实如此"民主"的精神，早在中国的周初便已萌生了："如果能从心情上回溯到先秦时代，我们实则并不难去设身处地地想到，当周初的先哲顺应着'人文精神的跃动'，而讲出'天视自我民视，天听自我民听'的时候，恐怕从当时整个世界的范围来看，都没有比中国古人的这句名言，表现得更为激进、前卫和民主的了。虽则说，在那个距今

---

69 托克维尔：《论美国的民主》（上卷），董果良译，北京：商务印书馆，2009年，第52页。

70 包华石：《西中有东：前工业化时代的中英政治与视觉》，第81页。

71 托克维尔：《论美国的民主》（上卷），第71页。

如此久远、祛魅刚刚开始的年代，还不能彻底摆脱代表神意的上苍，可无论如何，它总是把'天命'拉回了六合之内，拉到了可被确切认知的世俗人间，甚至从逻辑上说，它还暗中把'天命'这个说辞，直接就归并到或等同于'民意'了。"[72]——既是如此，那么我们至少也有理由认为，中国的传统并非像以往想象的那般单调吧？

只可惜，又如我在前文中已经分析过的，"现代世界的严峻结构并没有给任何微小的个体留下太多的自由发挥的空间"。那种来自殖民主义的本质主义概念，压制了非西方文化中的多元成分，也压制了它们自谋进取的良性契机，这就使人们对自家的传统视而不见，却又对来自西方的文化压抑习焉不察了。当然，也正因为这样，又正如我在前文中指出的，严复的做法也无非是"并不例外"罢了，因为"即使就连严复本人都有可能觉得，他在上文中讲出的那番文化对比，是出于自己独立的观察和独运的匠心，他仍要被这种倾斜的结构所决定"。走笔至此，就不妨再把严复的那句总结找回来，即所谓"自由既异，于是群异丛然以生"，看看他这番最为"自鸣得意"的见解，如果拿到整部的世界历史中，还能显出几分真正的"独创性"来？——比如，有一位比严复早生了16年的印度作家，即班吉姆钱德拉·恰托巴底亚耶（1838—1894），就曾这样来总结本国会被别国殖民的原因："班吉姆认为有两个重要原因，使得印度受人统治。**第一个就是印度人缺乏一种天生的对于自由的渴望**。有些印度人也许隐隐约约地觉得，自由比臣服好，但这种想法从来没有变成过一种强烈的愿望；多数印度人从来没有为自己的自由抗争过。"[73]于是，"这就直接导向了印度臣服的第二个原因：印度社会缺乏凝聚力……全心全意献身于本国的利益，如有必要不惜牺牲他国利益。毫无疑问这种态度会带来无尽的不幸和惨烈的战争，欧洲史已清楚地证明了这一点。但

---

[72] 刘东：《落实儒学的历史条件》，《国学的当代性》，北京：中华书局，2019年，第128页。

[73] 帕尔塔·查特吉：《民族主义思想与殖民地世界》，范慕尤、杨曦译，南京：译林出版社，2007年，第68页，黑体为引者所加。

这是真正的民族感情和对自由的真正热爱。印度教徒缺乏这种感情，而今天各民族被不同住地、语言、种族、宗教所分隔，在这个多民族国家中，民族凝聚力荡然无存。"[74]

  这跟严复稍晚时又发表的议论，如果尚不属于同出一辙，至少也算是大同小异了吧？因此九九归一，这种骨子里的"缺乏自由"，无论如何都属于殖民地、半殖民地人民的"原罪"；而且，只要是这种"原罪"是可以成立的，那么，不管殖民者犯下了多少罪过，带来了多少血与火，抢掠了多少金和银，也都是可以理解和原谅的，甚至可以免责和脱罪的了。——也正因为这样，我才特别要在自己的这篇文章中，揭示出此等议论的"鹦鹉学舌"之处。也就是说，这无非属于"原创"于欧洲的一种"口实"，而这样的"口实"，又源自对于其他文明的某种"误解"，甚至于这样的"误解"，还来自对于历史事实的、有意无意的抹煞与"遗忘"。

  所幸到了现在，我们不光从包华石所进行的知识考古，而且从本文特别提出的陈寅恪的案例了解到，其实近代西方有关政治自由的观念，不管它经历过怎样的萃取与提炼、更新与递进，仍跟中国儒家一向持守的伦理道德观念，从而跟当年传播到欧洲的早期启蒙观念，存在着哪怕已显得遥远的"家族相似"关系，或者说，是某种拓扑学和系谱学意义上的对应关系。除此之外，陈寅恪的典型案例在当代中国的语境中，所凸显出的独特地位与挑战意义，也同样毋庸置辩地告诉了我们，即使儒家的理想并未在历史中彻底实现，甚至因为外族的入侵或西方的干扰，而大幅度地中断和倒退，然而，这种理想仍不失为伟大的理想，仍在表现为潜在而不可磨灭的、再次对历史进行修正的动力。——也就是说，一旦那种"天视自我民视，天听自我民听"的古语，再次在中华大地上回响与激荡起来，那么，这种理想的积极作用就会被重新唤醒，从而支撑中华民族去继续向上奋力地攀登。

---

74 帕尔塔·查特吉：《民族主义思想与殖民地世界》，第69页。

刘 东

更进一步，且不说那些遥远的历史真相，也不说那些晚近的沉痛教训，即使只从砥砺意气的文化策略来看，也是从"以言语行事"的语言策略来看，都决不应向一个正在争取"自由"的民族讲，你们的最基本、最要害和最不可更改的"民族性"，就是从来不会关切、珍惜和捍卫"自由"，甚至根本就不知"自由"为何物。——说真的，你要是只对一群温顺的绵羊说：你们这个群体千百年来都任人宰割，自始至终都不知道进行反抗，祖祖辈辈也都不会去争取"自由"，那么，这种被你视为先天缺乏"主体性"的动物，还会有奋起赢得"自由"的任何希望吗？

（责任编辑：范利伟）

克洛岱尔1900年的《认识东方》

苏源熙（美国芝加哥大学）

标题中为克洛岱尔的作品集《认识东方》划定的时间，只是为便利起见才写成了1900年。这仅仅相当于一个重心或算术平均数，因为书中的篇目大都在1895到1905年间写成，到后来再版时，克洛岱尔又添加了一些文章，写作时间都在1928年以前。[1] 年代的问题很重要，因为它将诗意的表达方式纳入到所谓的文学时间中，其中包含了一个对话所处的时期、一部作品为体现与其他作品的相似或分歧所做的选择。出版史的视角也很重要，因为如果能设身处地站在《白色评论》或《巴黎评论》（其上首次刊发了部分诗歌）之读者的角度，我们会发现它们与马拉美著名的周二聚会圈子有关，来往者包括纪德、王尔德、于斯曼、德彪西，瓦莱里的《往诗集》（*Album des vers Anciens*）也诞生于此。这个关系网使《认识东方》同游客手记与报告文学拉开了一定的距离。这些体裁上的不同，意味着让读者们不再寄望于借此了解任何有关日本和中国的实情，倒是盼望从中能够读到某种心情的表达。

在1900年前后，对于欧洲的写作者来说，以中国和日本为背景是一个独特的机会。眼下，有不少学者在研究"全球文学"，不管是基于社会

---

[1] Paul Claudel, *Connaissance de l'Est,* Paris: Mercure de France, 1900. 此后几度再版，包括：Victor Segalen ed., *Collection Coréenne,* Beijing: Crès, 1914; Jacques Petit eds., *Œuvre Poétique,* Paris: Gallimard, 1957. 英文版 Paul Claudel, *The East I Know,* Teresa Frances Thompson Benét and William Rose Benét trans., New Haven: Yale University Press, 1914.

学的角度，还是基于文学主题学方面的兴趣。这与1900年的情况并无二致。乔治·伍德伯里在《比较文学杂志》（*Journal of Comparative Literature*）创刊号的开篇社论中写道："开发东方古老文学……将是世界文学史上下一个重大事件。"² 厄内斯特·弗诺罗塞则于1900到1901年，在哥伦比亚大学参加了伍德伯里的研讨会。他是当时为数不多的能够探讨中国和日本诗歌情况的以英语为母语的人，他的笔记后来也成了埃兹拉·庞德的翻译和宣言的基础，其中包括《华夏集》（1915年）和《作为诗歌媒介的汉字》（1919年）。如果没有这两本书，英美的现代主义诗歌几乎不可想象。³ 谢阁兰比克洛岱尔小十岁，他于1909年来到中国，并将生命的最后十年投入中国古代文化中。中国的雕塑、碑文、编史、抒情诗和哲学在谢阁兰的《碑》（*Stèles*）中均得到体现，而在华的外国人这一身份，和作为一个不稳定、不确定的观察叙述者，成了他的小说《勒内·莱斯》（*René Leys*）的关键。从时间顺序上看，《认识东方》要早于这些重要作品，但因为后者对现代主义和跨文化翻译影响广泛，框定了我们对于亚洲写作的预期，也框定了我们对于克洛岱尔的亚洲写作的预期。然而，克洛岱尔的作品集同这些作品有着差异，这不仅是影响问题，更是类型问题，这些差异可以帮助我们更准确地把握亚洲为现代主义所作的贡献。

  谢阁兰的《碑》和庞德的《华夏集》有个共同点，即都以翻译的形式呈现。所谓"以翻译的形式"是指，它们并不是严格意义上的翻译。二者都偏离了本应呈现的文本的用语和含义。不仅如此，它们的偏离也同当时的英国和法国诗歌传统相抵触，且都以不同的方式回应了成书时

---

  2 George Woodberry, "Editorial," *Journal of Comparative Literature* 1 (1903): 3–9, p. 8.
  3 Ezra Pound, *Cathay*, London: Elkin Matthews, 1915; Timothy Billings ed., *"Cathay": A Critical Edition*, New York: Fordham University Press, 2018; Ezra Pound and Ernest F. Fenollosa, *The Chinese Written Character as a Medium for Poetry: A Critical Edition*, Haun Saussy, Jonathan Stallings and Lucas Klein eds., New York: Fordham University Press, 2008.

的情形。

庞德的《华夏集》被公认为彻底打破了英国五步抑扬格诗的形式，摒弃战争爱国诗歌的传统，而后者在1915年，则被鲁伯特·布鲁克的十四行诗《1914》发扬光大。[4] 要便捷地打破这些传统，没有什么比一本译自汉语的书更合适了。既然是翻译，该书就不必顾忌韵律，相应地便可将语气和意象置于首要地位。既然是译自中文，该书便带领读者联想到了另一个帝国，它历经千年的战争和诸多易毁的和平条约，最终（至少1915年的观察者们可以这么说）以一个文化共同体而非一个民族的形式延续了下来。

《碑》也是以翻译的形式，将译者的立场同被翻译文字的立场对照起来进行排版，法语文字与汉语题词并置在一起。对于不了解中国文化和历史的读者来说，汉语看起来很像是纯粹的装饰图画，可认识题词且能将其语境还原的读者则很容易意识到，汉语下面的碑体诗通常与原文的意思相反，或者带有讽刺，又或是谢阁兰创造了一个说话者，好对原文发表自己的意见。这些诗以碑文、铭文的形式呈现，来自久远的过去并含有不朽的深意，这一点对于谢阁兰的法语发言者的表现尤为重要，因为他们经常怀疑那些纪念碑文的特殊用意。例如下面的这首诗，它讲述了北京城里一块特殊的石头。

> 真正的名称……不在宫殿里，不在花园中，也不在岩洞中，却藏匿在渡槽拱顶下我畅饮的流水中。
> 只有当大旱来临，枯水的冬天劈啪发响，极低的泉水结成贝状冰块，
> 只有当内心变空，心内变空，连血都不再流动，只有这时才能在那可以达到的拱顶下采撷名称。

4　参见 Haun Saussy, "Contagious Rhythm: Verse as a Technique of the Body," Ben Glaser and Jonathan Culler eds., *Critical Rhythm*, New York: Fordham University Press, 2018, pp. 106–127。

> 但宁愿坚冰消融，生命泛滥，毁灭的激流奔腾，也不要"认知"。[5]

谢阁兰所说的石头，乃是辽代（公元十世纪左右）遗迹，那是该城市名称最古老的物质证据，即北京或"北都"。由于常年被旁边的河道淹没，那石头很难被发现。谢阁兰把石头的不可触及，同中国习俗中的词汇禁忌联系了起来。拥有荣誉和尊贵地位的人（比如皇帝，某人的父亲等），他们的名字不能被言说。正由于石头不能被发现和知晓，它才可以被用来纪念北京。这种联系奇妙地回荡在这首带有铭文图案的诗中，被阿曼多·彼得鲁奇称为"公共场所文章"，而禁忌似乎战胜了铭文的意图。[6]谢阁兰充分利用了这一悖论。这些诗具有自反性：它们将所谓的发言者的主观性，具体化到石头的物质性中，正如一首诗中所说，只有死者才能恰当地阅读它们。而诗歌由于词汇禁忌试图压抑并坚持掩盖的东西，恰恰是"认知"（knowledge）。那么，难道是对东方的认知吗？这并非不可能，谢阁兰在1909年见到克洛岱尔，他一定读过后者诗歌的早期版本，在1914年，正是他再版了克洛岱尔有关中国的作品集，将其纳入了《碑》所属的丛书系列。谢阁兰作品的很多特点，都像是对克洛岱尔早期作品的一种回应，正如谢阁兰短小的美学宣言《异域情调论》所表明的，他曾了解过此前旅行作家如洛蒂和吉卜林所描述的东方，并且进而对此统统否定。在这个特殊的法国传统中，没有比"我讨厌旅行和旅行者"[7]更典型的表达了。

《华夏集》和《碑》确属翻译，但只是特殊意义上的翻译。它们又是改写和对改写内容的局部否定。进一步讲，它们也是一种腹语术。庞德和谢阁兰所呈现的，乃是各种各样的中国他者的声音和主体地位：对于

---

5 Victor Segalen, "Nom caché," in *Stèles* (Beijing: Crès, 1912), n. p.（中译据车槿山、秦海鹰译本）。

6 Armando Petrucci, *Public Lettering: Script, Power, and Culture*, Chicago: University of Chicago Press, 1993.

7 此语为列维-斯特劳斯（Lévi-Strauss）作品《忧郁的热带》（*Tristes Tropiques*）的开场白。

庞德来说，是《长干行》中的妻子，或者是被流放的李白，抑或是"式微"中的兵士。对于谢阁兰来说，其中则有历史学家、清朝官吏、皇帝和"人民之声"。这些假借的声音，让一种全新的疏离的抒情方式在欧洲的诗歌传统中登场。只有在极其间接的感觉上，我们才可以说是庞德或谢阁兰本人在"言说"；这是戏剧性的独白的抒情性，是一种想象的投射行为。通过投射，法国的或美国的现代诗人才借助某种方式，在一首短诗的长度之内，变成一位唐代的家庭妇女，或者丝绸之路上的僧人。一种轻微的迹象，伴随这种投射而产生。对于这种迹象，谢阁兰循着于勒·德·高提耶的说法，称之为"包法利主义"，也即成为别人的欲望：像一个古代中国人一样去生活的欲望，或以一个自己从来都不是的身份来写作的欲望。[8]

这些情况都未在克洛岱尔《认识东方》中出现。书中有很多对中国街道景观、自然风光、动植物风貌、季节和习俗的描述，但观察者从来没有选取或假借某个土生土长的人的口吻来写作。在某种程度上，这是因为克洛岱尔的诗歌不是在翻译，因而也就不必代表他人来言说。此外，不使用腹语术，也让作品少了很多谢阁兰式的反讽，或者庞德式有意为之的幼稚感：克洛岱尔不必使用语气或掩饰，来显示自己与他人的话语的距离。即使在极少情况下出现的寓言，也是解释的而非反讽的寓言。（我同意克里斯托弗·布什的看法，寓言是克洛岱尔的"东方"中常用的技巧，可我并不认为，这部作品集中的寓言与谢阁兰所用的相同。[9]）

因此，正是通过翻译、改写、假借之口、包法利主义和寓言，庞德的《华夏集》和谢阁兰的《碑》，或速或缓地促进了他们各自的现代主义的疏远和革新。（直到以巴黎为中心的文学文化体系崩溃，当爱德华·格

---

8 参见 Jules de Gaultier, *Le Bovarysme*, Paris: Mercure de France, 1902; Victor Segalen, *Essai sur l'Exotisme. Une esthétique du Divers (Notes)*, in Segalen, *Œuvres complètes I*, ed. Henry Bouillier (Paris: Robert Laffont, 1995)。

9 参见 Christopher Bush, *Ideographic Modernism: China, Writing, Media*, New York: Oxford University Press, 2010, pp. 45–46。

里桑让谢阁兰的"异域情调"成为其"关系的诗学"的一块基石时，《碑》的影响才得以全面扩大。[10] 然而，没有了这些惊人的文体改变，克洛岱尔又可以带来什么呢？他又对1895年、1900年、1914年或1928年的文坛，作出了什么贡献呢？

不同于谢阁兰或庞德的作品，在《认识东方》中，那些短小的散文诗的叙述者，不是一个拥有了外语表达渠道的中文母语者，而是一个实实在在的外国人，他在中国进行着观察和记录。众所周知，从1896年到1909年，克洛岱尔在中国居住了十四年，却从未学习过汉语口语和文字；谢阁兰为法语读者创造了一个汉语对话者，但这种方法对克洛岱尔是行不通的。不过，在《认识东方》的大部分诗作中，并没有强调欧洲观察者的解释主导地位。

这种始终如一的观察角度，可以通过比对克洛岱尔同时期的另一部作品来进行证实，即戏剧《第七日的休息》（写于1897年，初版于1901年）。在这本书中，作者随意地运用腹语术、改写和寓言技巧。当一位朝代不详的皇帝将其成千上万的子民交由基督教堂照管时，克洛岱尔让他表达出仿佛出自儿童版《圣经》的台词，与此同时，作者也从圣经索隐派的角度出发，为几个汉字做出了严格的注解。

> 诸位请看！这便是我所带回的！我手中所持是庄严且有益健康之木！【十、王】
> ……
> 你们称之为伏羲的那个人？
> 他和妻子一起，走出拱门，其中藏着一切生物的种子。
> 还带着他的三个儿子及儿媳。
> 正是由此产生了汉字"船"，它表示八口。【船】

---

10 Édouard Glissant, *Introduction à une poétique du divers*, Paris: Éditions Gallimard, 1996.

出来以后，他向天帝献出一份祭品。[11]

克洛岱尔在这部作品中，没让中国人去言说，虽然他在其他情况下，也肯定写过戏剧性的对话。克里斯托弗·布什曾将这部戏剧和1926年的《西方表意文字》并置，称其代表了克洛岱尔在陌生写作手法上的冒险，这种写作有望重新建立在形式与意义间一直存在着的稀薄联系。克洛岱尔的文字与弗诺罗塞、庞德和谢阁兰对于符号的疑问，有着相同之处；这些都可以部分地算作现代主义为统一视听所作的努力。不过在我看来，《休息》的重要性却在于，它用一切主要的手段阐明了《认识东方》中的空缺。

当我们剔除掉翻译、腹语术、寓言和包法利主义之后，中国变成了什么呢？作为中介的观察者，在其中发现了一种功能性的空虚和标记的缺席，无论是在陆地还是水上。

> 中国到处都表现出人们崇尚以"空"为本的形象。《道德经》上说："尚空，空授轮毂以用，授琴以谐和。"我们看到，在同一城区内，跟这些废墟和空地并存的是十分稠密的人群，精耕细作的沃土旁边就是这些荒芜的山坡和广袤的坟地，这些并不能把一种虚无的意识纳入人们心中……[12]

> 水流……汇拢，没有分叉和支流；我们溯流而上，白白地等了那么多天，也没有碰到河汊，在我们面前总是这壮阔汹涌的一片巨浸，从中一分为二地划开了土地，隔断了两岸的地平线。[13]

11　Claudel, *Théâtre 1* (Paris: Gallimard, 1967), 844, 812, cited in Yvan Daniel, *Paul Claudel et l'Empire du Milieu* (Paris: Les Indes Savantes, 2003), 374, 380.

12　Claudel, *Connaissance de l'Est*, in *Oeuvres poétiques*, p. 105（中译据徐知免译本）。

13　Claudel, *Connaissance de l'Est*, 87.

正如谢阁兰将其对于中国山地的探险称为一场"前往**真**的国度的旅行",克洛岱尔也在此发现了"土地的土地"。

这个外部视角很有益处。布莱希特和巴特曾对亚洲戏剧做过争议性的描述,他们将之与亚里士多德的戏剧对照,并强调在中国和日本的戏剧表演中没有错觉概念,不论是演员对于角色还是观众对于演员,都没有移情式的身份认同。[14] 他们觉得这样的戏剧,正是西方人所习惯的舞台呈现中一切的反面,也便沿着几条对比的线索,组织了他们对于中国或日本演员的看法:自然的与人造的、内容与形式、灵魂与肉体,并总是认可每对概念中在欧洲语境中占有劣势的那个。可当克洛岱尔描述一个中国戏剧表演时,他却非常冷静,如同一个没有被任何争辩推动的人:

> ……头上戴着金珠,身上穿着所扮角色的衣裳,整个面部都隐藏在脂粉和脸谱下面,只剩下动作和手势。皇帝因国事哭泣,公主为逸侍所伤逃匿到巨人和蛮方异域,两军列阵前进,互相交锋,动作的年代和距离都已消失,老人们争论不已,还有神仙下凡,妖魔从一个罐子里面涌现。但从来没有……一个人物……出场不是紧按节奏、应和音乐的,音乐用来调节剧情的进展。[15]

强调节奏上和音乐上的连贯性,而不是人工感,这使克洛岱尔的理解成了苏联戏剧人对于梅兰芳戏剧的预期,他们曾在1935年被梅兰芳的表演所震撼。[16] 外在观察者的立场,则让中国演员成为类似自然现象的事物,如瀑布或蚁冢;它应该被观察而非阐释;诸如表演是否拟真,或

14　Bertholt Brecht, "Verfremdungseffekte in der chinesischen Schauspielkunst" (Alienation effects in Chinese acting), in *Gesammelte Werke* (Frankfurt am Main: Suhrkamp, 1967), 7: 619–31; Roland Barthes, *L'Empire des signes* (Paris: Skira, 1974), 82–84.

15　Claudel, *Connaissance de l'Est*, 35.

16　参见 Lars Kleberg, *Zhiv'ye impul'sy iskusstva*, Isskustvo kino, 1992(1): 132–139。

克洛岱尔1900年的《认识东方》

动机是否可信的考虑都无关紧要，因为观察者无法知道表演动作的含义。这里的戏剧很像汉字的书写，克洛岱尔也从一个只能看不能读的人的角度描述过后者：

> 罗马字母连接起来构成了词，而笔划经过搭配乃成汉字。我们不能想象，比如说，横划是表示类别的，竖划表示个体，倾斜的笔划在各种不同的笔势中是表示属性的总和与给予整体以意义和能量，点，悬于空白之中，这是含蓄地表示某种关系吗？……符号就是生命，根据这一普遍存在的事实，所以它就成了神圣的事物……这就是文字的宗教，在中国尤其如此。[17]

描述和揣测符号使用行为，以及符号使用者的行为，却不知道符号的含义或使用者说了什么，这听起来像是个文学上的缺点。但这正是《认识东方》使用的方法，我认为这种方法是克洛岱尔从马拉美那里学来的。再看一遍关于汉字书写的描述。它在用词和修辞方面似乎脱胎自马拉美的《骰子一掷》，该诗于1897年5月4日问世。

> 按照这般流火而造成的
> 　　　倾斜……
>
> 在某个空虚而至上的表面
> 　　连续撞击
> 　　　　最终幻成
> 星声的数点。[18]

---

[17] Claudel, *Connaissance de l'Est*, 35.
[18] Stéphane Mallarmé, "Un Coup de dés," in *Oeuvres complètes*, ed. Henri Mondor and Georges Jean-Aubry (Paris: Gallimard, 1945), p. 459（中译据葛雷、梁栋译本）。

当然，克洛岱尔当时与马拉美相隔半个世界，不过我们可以想象，马拉美的谈话会涉及与这首名诗相同的话题。也许只是偶然，然而这类偶然却总是留给有准备的人，一旦"意识的宫殿"将观察者置于一个自觉的几何学状态，从而在无形中吻合了《骰子一掷》中对于"地点"的思考。在中国的游荡者体验了这样的地点，它的意义通过其方向和对称性——而非通过一些轶事性或历史性的特殊个例——来体现。

我是不是可以把展开在我面前的这片层峦叠嶂、云环雾绕的风景比作一朵花呢，那花心就是奥秘的中心？是不是这精确的一点，由于他自己的心灵，这里，和谐的结构才获得了生命，居住在这里的人在他精神的静观中才能把一条线和另一条线连结在一起呢？[19]

这非常像《骰子一掷》："除了地点，什么都不会有……也许除了一个星座。"

无需太多想象，我们即可把这本中国旅行见闻讲演看作写给马拉美的一封长信，是对其教诲的反馈。因为克洛岱尔后来曾在别处提到："马拉美是第一个将自己置于外部之前，却又不像是面对一台演出，或面对一个法语命题作业，而是面对一个文本，并带着如下的问题：'这意味着什么？'"[20] 一切外部皆为文本。对于克洛岱尔而言，马拉美是一个"以关注为教程的老师"。[21] 实际上，在《认识东方》中有不少描写中国街道、城市和人群的段落，都曾作为初稿或为请求阅读反馈，而出现在克洛岱尔写给马拉美的信中。[22]

后来，克洛岱尔对于马拉美的理解，便摇摆于他少年的仰慕与近乎

19　Claudel, *Connaissance de l'Est*, 56.
20　Claudel, "Mallarmé: La catastrophe d'Igitur," (1926), in *Oeuvres en prose*, p. 511. 也可参看该书514页（1913年注）。
21　Claudel, "Mallarmé: La catastrophe d'Igitur," p. 511.
22　Henri Mondor, "Mallarmé et Paul Claudel," *La Revue des deux mondes* (1948): 395–418. 例如，芒多尔在412页摘录的信件与《认识东方》33页的内容紧密相关。

轻蔑的否定之间。因为在1926年，当克洛岱尔宣布二十世纪的新的世界观战胜了机械论学说这一穷途末路的十九世纪的实证主义时，他写道，马拉美代表过去的世纪中的一切无用且不完整的东西。马拉美，或他的化身，是"一个室内的人，意识到他只是被物件所包围，而这些物件的作用是表现他被囚禁在符号的牢狱中……算了吧！但冒险因此结束，十九世纪也随之结束……我们已经走出这致命的麻木，这精神面对物质的被碾压的态度，这数量的蛊惑"。[23] 对于神学思想家克洛岱尔来说属于缺陷的，对于《认识东方》中的观察者来说，却是一种方法，一种发现的途径。

也许这些方面可以合为一体。也许对一种伟大的象征的接受，使得克洛岱尔的观察性诗意得以游荡中国，而不必使用寓言、拟人、腹语术和比喻，则使他得以看待字母而不把它们当作词语，看待事物而不把它们当作人类愿望的影子，并且把土地看成土地。正如庞德在意象派宣言中所说："直接对待事物，无论以主观或客观的态度。"

马拉美之后诗歌传统的匮乏感，让谢阁兰，或许也包括庞德，转而借助别人的声音，并且声音越远越好。那么对于欧洲人来讲，还有什么比中国更远的地方吗？克洛岱尔的做法与马拉美的遗产不同：他在亚洲让象征主义与现实主义杂交，正是在那里，巴黎人将两者对立起来的争吵，已不再起效。

（孟瑶 译）

（责任编辑：黄娟）

23　Paul Claudel, "Mallarmé: La catastrophe d'Igitur" (1926), *Oeuvres en prose* (Paris: Gallimard, 1965), 510, 512.

工作队：苏联经验的中国化

裴宜理（美国哈佛大学）

一、跨越城乡鸿沟

无论在传统时代还是现代，治理任何复杂的大型社会，都需要连接、沟通城市与乡村的有效渠道。当政府官员与武装力量都集中在城市中心时，国家不能必然保证具有向偏远农村传达与实施政策的能力。然而，跨越城乡鸿沟对于政权有效而长久的统治至关重要。中华帝国——世界史上最长寿的政治体制——就曾采取多种方式来实现城乡联结。例如，乡约作为一种基层治理方式，通过奉官命的乡村管事人，将基于皇城发出的朝廷律令而形成的行为规范向农民广而告之。乡约最初是一种意识形态教化的方式，后来逐渐被赋予了监控、防卫等其他重要职能。[1] 到中华民国时期，尽管通讯技术有了长足发展，联结城乡的挑战依然存在。对于短命的国民党政权，其强国梦的破碎可以部分归结于它没有能力构筑跨越城乡鸿沟的桥梁。[2]

从建党初期开始，中国共产党也面临如何沟通城市与乡村的问题。

---

1 Kung-chuan Hsiao, *Rural China: Imperial Control in the Nineteenth Century*, Seattle: University of Washington Press, 1960, pp. 184–205; Zhengyuan Fu, *Autocratic Tradition and Chinese Politics*, New York: Cambridge University Press, 1993, pp. 101–102.

2 Hung-mao Tien, *Government and Politics in Kuomintang China*, Stanford: Stanford University Press, 1972; Lloyd Eastman, *The Abortive Revolution: China under Nationalist Rule*, Cambridge: Harvard University Press, 1974.

工作队：苏联经验的中国化

由于中共主要由城市知识分子创立，其指导思想马克思主义聚焦工人无产阶级，以及效仿俄国革命的先例，因此，这个新生政党最初将其组织力量都集中在主要工业城市的产业工人身上。[3] 尽管像彭湃、毛泽东这样有远见的共产主义革命家认识到了中国农民所具有的潜力，但是，对于如何最有效地将农民组织起来这一问题，他们很难从苏联经验中获得启发。布尔什维克革命的社会基础主要局限于莫斯科和圣彼得堡的工人，而后续苏维埃政权在农村的扩张却引发俄国农民的愤慨与大规模反抗。[4] 如果想取得农村动员任务的成功，中国共产党需要另寻他途，找到能更好抚慰农民感情的办法。

在中共有别于苏共的诸多实践中，最大的差别或许是前者与农村的联系更为紧密。[5] 从革命年代至今，中国共产党的干部通过多种多样的渠道沟通、联络那些远离主要城市的村落。对于实现有效治理而言，在这些城乡联络机制中，可以说没有哪种方式比派驻工作队（或工作组）的做法更为重要与关键。然而，或许因为工作队介于正式制度与非正式制度之间——虽然由党政机构来授权和运作，但往往没有出现在官方的组织架构图中——所以，研究中国政治的学者很少对工作队进行系统分析。诚然，学界在对中华人民共和国历次重大运动的论述中，对工作队有所着墨，但是针对工作队的起源、运作机制与影响效果，却缺乏深入、全

3　Elizabeth J. Perry, *Shanghai on Strike: The Politics of Chinese Labor*, Stanford: Stanford University Press, 1993.

4　Victoria Bonnell, *Roots of Rebellion: Workers' Politics and Organizations in St. Petersburg and Moscow,* Berkeley: University of California Press, 1983; David M. Mandel, *The Petrograd Workers and the Fall of the Old Regime,* New York: St. Martin's Press, 1983; Diane Koenker, *Moscow Workers and the 1917 Revolution,* Princeton: Princeton University Press, 1981; Lynne Viola, V.P.Danilov, N.A. Ivnitskii, and Denis Kozlov, eds., *The War Against the Peasantry: The Tragedy of the Soviet Countryside,* New Haven: Yale University Press, 2005; Lynne Viola, *Peasant Rebels Under Stalin: Collectivization and the Culture of Peasant Resistance,* New York: Oxford University Press, 1996.

5　Benjamin I. Schwartz, *Chinese Communism and the Rise of Mao*, Cambridge: Harvard University Press, 1951; Lucien Bianco, *Origins of the Chinese Revolution,* Stanford: Stanford University Press, 1974.

面的探究。

　　工作队是为了完成某项具体的使命,由高级别的党政机构指派和领导的临时性组织。在有限的时间内,他们被派驻到基层,通过动员群众的方式来执行任务。对于解放战争与新中国成立初期"土改"政策的实施,以及在之后的数次运动中,工作队都发挥了关键作用。时至今日,为了实现促进经济发展、处理突发性危机、宣传官方意识形态、监督与巡查基层干部等目的,向农村派驻工作队的做法,始终是中国共产党最普遍和有效的治理方式之一。[6] 本文研究了工作队的起源与演变过程(从二十世纪二十年代到六十年代初),旨在揭示中国共产党如何构建了这一联结城乡的实用而又灵活的机制。

　　中国的工作队从俄国革命的土壤中移植而来,然而这一经验做法能够"茁壮成长"、发扬光大,其实归功于中共的创造性栽培,得益于其在革命战争与和平年代的长期实践探索。将城乡机动队(urban-to-rural mobile units)这一苏联经验成功转化为中国独特的治理模式,毛泽东和他的同志们应该得到肯定。工作队机制的中国化,不仅仅是中国共产主义革命胜利的关键因素之一,它对于发展与管控中国农村,直至当前的精准扶贫和反腐败运动,都发挥着重要作用。作为弥合城乡分野的一种有效手段,工作队有力增强了现行体制的韧性。

二、革命性的起源

　　中国式工作队的诞生至少可以追溯到二十世纪二十年代初期。一方面,得益于与国民党结成的统一战线的庇护,另一方面,受到苏联顾问的指导,此时的中共开始探寻农村动员的系统性战略。广州农民运动讲

6　Elizabeth J. Perry, "From Mass Campaigns to Managed Campaigns: 'Constructing a New Socialist Countryside'," in Sebastian Heilmann and Elizabeth J. Perry, eds., *Mao's Invisible Hand: The Political Foundations of Adaptive Governance in China*, Cambridge, MA: Harvard University Press, pp. 30–61.

工作队：苏联经验的中国化

习所于1924年夏天成立，属于国民党的官方机构，向国民党农民部汇报工作。在讲习所，中共的组织者彭湃和毛泽东给怀抱革命热情的青年授课，并向他们委派任务。这一方式成为了后来工作队机制的雏形。在接受了几个月时间密集的课堂与实地训练，以及最基本的军事能力指导后，一定数量的农运讲习所优秀毕业生将作为"特派员"被派往乡村，他们的任务便是鼓动农民参与革命。农运讲习所前五期讲习班共计毕业454人，其中三分之一被选拔为特派员。选拔的标准部分参考他们的学习、训练成绩，部分基于讲习所检查委员会的推荐。这个委员会负责监督学员各方面的行为。虽然绝大部分学员毕业后回到了他们的老家，但那些被选拔为特派员的，通常被派往农民部认为最需要他们的村庄。[7]

就如下几方面而言，特派员的部署为之后工作队的运作方式勾勒出了大致轮廓：特派员由官方正式机构（国民党农民部）指派，在特定、有限的时间内，通过与民众进行密切接触，来完成某项具体由中央制定的群众动员任务。然而，特派员与工作队又有所不同，他们往往被单个派遣下乡，而非以团体的形式行动。特派员的驻村时间每天不得少于六小时，在此期间，他们需要开展调查、宣传与组织工作。按规定，他们应该每周向农民部提交工作报告，并在每次任务完成后，回到农民部位于广州市的总部报到，等待有关下次农村任务的指令。[8]

特派员的作用让人联想起中国古代的钦差大臣——皇帝委派自己的亲信去处理地方上的棘手事务，他们所能行使的临时权力超过了常规官僚制所赋予的权力。但是，二十世纪二十年代农民运动讲习所培训出来的特派员，相较而言，其实与苏联俄国——而不是中华帝国的钦差——的渊源更为直接。广州农民运动讲习所是在米哈伊尔·鲍罗廷和其他苏联驻华代表（sovetniki）的建议下成立的，他们也在讲习所教授如何进行

---

[7] 《广州农民运动讲习所资料选编》，北京：人民出版社，1987年，第35—40页。

[8] 同上书，第27页。

鼓动与宣传的俄国革命策略。[9]

在当时布尔什维克所使用的政治宣传手段中,最重要的就有所谓的"全权代表"(plenipotentiary)和"特使/专员"(emissary),他们在1917年十月革命及后续的俄国内战中起到了关键的动员作用。这一做法最早由列宁提议,在其1902年出版的革命宣传册《怎么办》(*What is to be Done*)中,列宁呼吁,由精心挑选与培训出来的专业人员组成一支先锋队,充当革命的鼓动者。[10]直到1917年俄国革命,在列宁居于领导地位期间,他用法国大革命的历史经验来说明布尔什维克向基层派驻专员的合理性——法国大革命时期,由中央任命的特使(被称为"特派议员"[représentants en mission])起到了力挽狂澜、扭转时局的作用。[11]在斯大林治下,从城市派驻农村的队伍规模被大幅扩展。二十世纪二三十年代,苏联依靠各种各样的特派组织,包括苏联共青团大队、"二万五千人大队"、突击队和其他临时性的派遣队伍,在农村推行残酷的农业集体化和去富农化运动。

在中国共产主义革命早期,俄文词语"*полномочный*"通常被译为中文的"全权代表"一词,但不久之后,更为普遍的译法变成"特派员"。这可能是由于共产国际初创时期的驻华代表,比如维经斯基(Grigori Voitinsky,中文名为吴廷康)与鲍罗廷都以新闻记者作为身份伪装,而"特派员"一词带有特别通讯员与特别代表的双重含义,因此获得青睐。在对其驻华活动的中文描述中,维经斯基有时被称为"全权代表",有时则被称为"特派员"。1920年3月,他受共产国际远东支部的指派,率领

---

9 Dan N. Jacobs, *Borodin: Stalin's Man in China,* Cambridge: Harvard University Press, 1981, pp. 152-154. 艾伦·怀挺(Allen Whiting)曾指出:"对于1924年到1927年间中国革命的成功,或许没有人比鲍罗廷所做的贡献更大。"Allen S. Whiting, *Soviet Policies in China, 1917-1924,* New York: Columbia University Press, 1954, p. 245. 此外,与此同时,数百名中国"左翼"人士在莫斯科中山大学接受培训。参见 Alexander Pantsov, *The Bolsheviks and the Chinese Revolution, 1919-1927,* Richmond: Curzon Press, 2000, pp.164-169。简言之,当时存在将苏联动员经验与策略介绍到中国的多种渠道。参见 C. Martin Wilbur and Julie Lien-ying How, *Missionaries of Revolution: Soviet Advisers and Nationalist China, 1920-1927,* Cambridge: Harvard University Press, 1989。

10 V.I. Lenin, *What is to be Done?* Oxford: Clarendon Press, 1963.

11 Christopher Read, *Lenin: A Revolutionary Life,* New York: Routledge, 2005, p. 188.

一支共产国际工作组来华筹备中国共产党的创立工作。[12] 与此类似，鲍罗廷在广州的公开身份是苏联国家通讯社塔斯社的驻华特派员，而其真实身份是共产国际派驻孙中山身边的"永久性全权代表"。中共成立之后，这些称呼被无差别地使用在中共特工人员，以及共产国际委派的驻华俄国代表与其他国代表身上。在第一次国共合作时期，中方的特派员都是在国民党的正式机构领导下开展工作，然而，根据中共广东区委1926年6月的报告显示，"国民党中央党部农民部的特派员差不多百分之九十九是我们同志"[13]。尽管由国民党正式委派，但特派员其实是共产党的干部。

历史学家王奇生将工作队的起源归结于北伐战争前后，中共所依赖的、由农民运动讲习所培养的特派员。王奇生解释道："特派员机制，本是中共尚未掌握政权情况下的一种群众动员机制，而后的多次群众运动中，以'工作队'的形式继承下来并发扬光大。"[14] 但是，王奇生没有将该机制与苏联的先例联系起来，也没有考察二十世纪二十年代的特派员制度如何演变为三十年代及其后的工作队机制。

尽管特派员是以个人形式被派往乡村，但早在二十世纪二十年代中期，中共就开始利用各种各样的小规模团体，在农民中进行革命宣传与动员。[15] 例如，广州农民运动讲习所的指令之一是，把学员编成四人一

12　李佳威、田聿：《维经斯基：默默无闻的共产国际特派员》，《档案春秋》，2011年6月；王洁：《李大钊北京十年》，北京：中央编译出版社，2015年。

13　刘宝东：《中国特色革命道路的开辟》，载中国共产党新闻网，2011年5月26日，http://dangjian.people.com.cn/GB/136058/221814/14750481.html。

14　王奇生：《革命的底层动员：中共早期农民运动的动员、参与机制》，王建朗、黄克武主编：《两岸新编中国近代史（民国卷）》，北京：社会科学文献出版社，2016年，第268页。

15　1924—1925年，由中共创立的广东农民协会开始在其最具政治觉悟的骨干成员中组建"十人团"，在全省发起反抗税收、租赁的活动。这些团体也被称之为"贫人党"，他们显然受到了曾经深深植根于此的秘密会社——三合会的影响。除了使用暗语和密码，其成员还要通过豪饮鸡血酒的入会仪式来彰显他们对无产阶级事业的忠心。参见：叶佐能：《彭湃与海陆丰根据地》，北京：中央党校出版社，2011年，第99—101页；刘林松、蔡洛编：《回忆彭湃》，北京：人民出版社，1992年，第160页；海丰县委党史研究室编：《海陆丰革命根据地简史》，北京：中共党史出版社，2011年，第11页。

组的小队，下派到乡村进行调研，为成立农民协会做前期准备。[16] 其他地方也开展了将积极分子小组从城市派往农村的类似活动。1923年冬，中共党员董必武把家乡黄安县（今红安县）赴武汉求学的十二名大中学生组织起来，成立党团工作组奔赴黄安，在农村兴办平民教育。[17]

在1926年农民运动讲习所关闭前夕，中共制定《农民运动议决案》，对其之前数年所积累的、在广东开展农运的经验教训进行了总结。在其总结的经验方法中，首先强调的注意事项就是入乡随俗、贴近农民的重要性："做农民运动工作的人，必须注意先使他自己的言语行为生活服饰农民化，而后始能接近农民，使农民接受宣传。"[18] 与入乡随俗同等重要的是，中共意识到了知识分子与城里人所能带给革命事业的特殊资源。就在党员干部与农民群众打成一片时，中央建议他们吸纳有更好教育背景和城市生活经历的人成为同志："应利用乡村小学教师或本乡同志，城市中的本乡工人，假期回里的学生等，去发起组织，尤其是乡村小学教师是农村中天然的指导者，当努力取得这部分人。"[19] 迎合乡土风俗人情，并依靠志同道合的知识分子（他们中很多人生活在城区）开展工作——对这两方面的重视成为了日后工作队运作的一个主要特点。

将工作队作为一种群众动员的方式加以更系统的部署，主要是在红军成立时期。1927年11月，毛泽东（他在数月之前被党中央任命为特派员，领导湘赣边界秋收起义）总结了红军这支中共武装力量的三大任务：打仗消灭敌人、打土豪筹款子和做群众工作。其中，第三项任务是革命

16　《广州农民运动讲习所资料选编》，第56页。

17　"播火人——缅怀董必武同志早期在红安的革命活动"，中国网，2007年9月17日，http://www.china.com.cn/aboutchina/zhuanti/zgzyldz/2007-09/17/content_8898268.htm；《中共湖北省黄冈地区组织史资料》，第1卷，武汉：湖北人民出版社，1992年，第9页。

18　Wilbur and How, *Missionaries of Revolution*: 749. 译者注：中文原文出自《农民运动议决案》，《中共中央文件选集》，第2卷，中文马克思主义文库，https://www.marxists.org/chinese/reference-books/ccp-1921-1949/02/042.htm。

19　同上。

工作队：苏联经验的中国化

军队作为工作队的主要工作。[20] 1928年初，红军组建了旗下首支宣传队，开展农村动员，这些队伍最终成为红军架构中的永久组成部分。[21] 在1929年底的古田会议上，毛泽东在其报告中指出了红军政治工作的重要性。他强调，军队有责任通过戏曲和其他方式，在农民群众中扩展革命宣传。[22]

1931年中央苏区成立之后，下派各种机动队的做法，从军事文化宣传领域扩展成为了一种普遍的治理方式，服务的目标更为广泛。新的苏维埃政府在地处江西一隅的城市——瑞金成立后不久，就实施了巡视员制度。根据1931—1932年颁布的规章制度，巡视员必须是党龄在三年以上，并担任地方党务职务的中共党员。他们的职责就是充当党中央的眼睛、耳朵和臂膀："巡视员是中央对各地党部考查和指导工作的全权代表。"在执行任务前，不管是以单人还是小组的形式，巡视员需要准备详细的行动方案，并获得党中央的批准。下派到地方后，他们要保留好工作日志，并且至少每隔一周向中央汇报情况。[23] 他们也被称为特派员。在地方上，"巡视员兼全权代表兼特派员"被赋予了极大的权威，尽管并非手握无限制的权力。例如，他们只有在得到高层授权之后，才能展开逮捕行动，除非在紧急突发事态下，比如确信反革命分子在图谋反攻，或是借机逃跑。[24]

此外，中华苏维埃政府设立了工农检察部，受中央委员会的领导。检察部肩负着监督苏区内国办企业和国家机关的责任，向法庭通报贪污

20　刘金海：《工作队：当代中国农村工作的特殊组织及形式》，《中共党史研究》2012年第12期，第50页。

21　Brian James DeMare, *Mao's Cultural Army: Drama Troupes in China's Rural Revolution*, New York: Cambridge University Press, 2015, pp. 28–29.

22　王健英：《中国共产党组织史大事记实》，第2卷，广州：广东人民出版社，2003年，第510页。

23　中共中央组织部、中共中央党史研究室、中央档案馆编：《中国共产党组织史资料》，第十三卷，北京：中共党史出版社，2000年，第401—404页。

24　张启安：《共和国摇篮：中华苏维埃共和国》，西安：陕西人民出版社，2003年，第455页。

受贿、铺张浪费和其他罪行、案件。在检察部之下，控告局负责组织突击队，突击队由普通工人和农民组成，对国家机关与企业展开突击性巡查。[25] 控告局的干部主要从可靠的农民中选拔录用，他们在经过特别培训后，被派往乡村，收集村民们对于当地官员的抱怨与不满。[26] 每支突击队最少有三名成员，具体组成人员会根据每次派驻情况而变动，成员在他们的空余时间执行任务。在队伍解散前，突击队需向派遣他们的党政机关提交一份书面报告。[27] 学者金一平（Ilpyong Kim）解释道，这种做法本质上就是，"党和中央政府通过这一特殊机制，试图加强对地方官员的政治控制"。[28] 控告局还负责在工农生活密集区设立"投诉箱"，鼓励他们举报官员的不良行为。而后，在没有提前通知的情况下，突击队会被派下来调查这些指控。这是对国家经济部门工作人员贪腐、浪费行为的一个重要制衡手段。[29]

1933年，当中华苏维埃政府开展查田运动、合作社运动和经济重建运动后，工农检察部的职能急剧扩张。伴随着这些群众运动，瑞金的中央政权派遣工作团和工作组到其下辖地区调查腐败行为，发动群众斗争。[30] 在1933年夏，毛泽东对派驻壬田区的中央工作队予以了肯定，表扬了工作队所取得的一系列"革命成就"："壬田区的查田运动在中央政府工作团帮助之下，五十五天中发动了全区的群众，彻底消灭了封建残余，查出了地主富农三百家，枪决了群众所谓'大老虎'的十二个反革

---

25 其他部门也有自己的通讯员队伍与轻骑队，由青年志愿者组成，向苏维埃政府报告官方机构、企业和公司的违法违纪行为。但这些队伍更多属于自下而上的群众性监督。参见《共和国摇篮：中华苏维埃共和国》，第458—460页。

26 Ilpyong J. Kim, *The Politics of Chinese Communism: Kiangsi under the Soviets*, Berkeley: University of California Press, 1973, p. 164.

27 余伯流、凌步机：《中国共产党苏区执政的历史经验》，北京：中共党史出版社，2010年，第280页。

28 Kim, *The Politics of Chinese Communism*, p. 80.

29 李小三：《中央革命根据地简史》，南昌：江西人民出版社，2009年，第204页；余伯流、凌步机：《中国共产党苏区执政的历史经验》，第273—274页。

30 Kim, *The Politics of Chinese Communism*, p. 21.

命分子，镇压了反革命活动。"[31] 1933年11月，由中执委下派的工作组对瑞金县政府进行了"突击查账"，挖掘出县政府官员公款吃喝等严重贪腐行为。[32]

抗日战争期间，中共部署、派驻工作队的范围和种类都有了进一步扩展。1937年8月，党中央出台文件，鼓励各军事单位设立民运工作组，加强纪律监管、动员当地居民。[33] 两年后，党中央建议，为了协调行动、吸收更多群众加入抗日建国事业，各种官方妇女团体的会员与非会员，都应该被组织到战时工作队中。[34] 在受到日本人与国民党军队袭击的地区，中共创立了武装工作队（即武工队），由军人与政治干部组成。武工队在深入敌后、动员群众方面贡献卓著。[35] 1945年春，中央要求武装工作队转变为"政治工作队"。他们由经验丰富的党政干部领导，这些人有能力在不利条件下灵活施政。中央期望武工队在其驻守的地区与村民一道投入农村生产生活，赢得当地的支持和保护，减轻农民的经济负担，提升群众的生活水平。工作队有权使用多种多样的方法，包括隐蔽的手段，在敌后建立亲共据点。[36] 然而与游击队不同的是，武工队并不是主要的战斗部队。他们的使命不在于抗击日本军或国军，而是发动与组织农村群众。

在抗日战争中，作为一种沟通与管控城乡的关键渠道，中共的工作

---

31 毛泽东：《关于查田运动的初步总结》（1933年8月）in Stuart Schram, ed., *Mao's Road to Power*, vol. 4: 505. 中文原文出自《毛泽东思想万岁》（1968年武汉版）https://www.marxists.org/chinese/maozedong/1968/1-072.htm。——译者注

32 《毛泽东支持1933年苏区肃贪：敢开刀我绝不手软》，载中国新闻网，2014年4月28日，http://www.chinanews.com/mil/2014/04-28/6112544.shtml。——译者注

33 《中央组织部关于改编后党及政治机关的组织的决定》（1937年8月），中央档案馆编：《中共中央文件选集》第11卷，北京：中共中央党校出版社，1991年，第316页。

34 《中共中央妇委关于目前妇女运动的方针与任务的指示信》（1939年3月5日），《中共中央文件选集》第12卷，第36页。

35 《中共中央文件选集》第14卷（1943年7月2日），第58页；第14卷（1944年1月31日），第161页；第14卷（1944年4月11日），第219页；第14卷（1944年12月15日），第417页。

36 《中共中央文件选集》第15卷（1945年6月16日），第210—211页。

队形成了自己独特的形式，并在1949年后得以延续。战时工作队的一项重要进展是将青年知识分子，特别是女性知识分子，纳入中共领导的农村工作队中。这些工作队负责实施一系列进步性的经济政策。[37] 历史学家陈永发对这一时期的中共根据地总结道，"根据极为有限的历史资料，我猜测绝大多数的群众工作者都是年轻的城市学生，他们受到爱国主义的鼓舞，投身抗日救国事业"。[38] 在加入之前，这些预备队员都将经过培训，培训的内容除了政治思想教育，还包括指导他们如何隐藏自己的城市生活习惯，在衣食住行、言行举止上更贴近农民。[39]

1941年，江苏盐城工作队采取的做法后来被迅速推广到中共在华北的根据地。群众动员的"盐城模式"包括以下几个步骤：首先，根据动员成功的可能性大小，以及实现政治影响与扩散最大化的潜力（这取决于乡镇的战略地理位置），选出若干乡镇；其次，派出大约30—40名干部到县政府所在的县城，由这支工作队组建预备委员会，并以地方农协的名义，在主要政府办公区域的外墙上张贴有关经济政策的通告、规定。除四五位工作队员留在县政府，其余队员均被派驻基层。在每个乡镇，五到六名群众工作者集中在同一地点。到达村里后，他们将介绍信交给当地的保甲长，保甲长受命协助工作队召集会议、向群众宣讲阐明政策。驻村首日，工作队员就挨家挨户展开调研，详细记录所有居民的阶级身份。翌日，他们同各个村民小组开会，了解大家的苦难冤屈，发现积极分子。第三天，他们召开村民大会，在会上通过决议，并正式成立农民

---

37 作为1942年整风运动的一部分，在延安经过培训的学生与知识分子被下派到乡村（他们中的很多人最初来自上海、北京和其他主要大都市），这一方面是为了协助农民，另一方面的目的在于，克服他们自身被指控的精英主义倾向。Mark Selden, "The Yenan Legacy: The Mass Line," in A. Doak Barnett, ed., *Chinese Communist Politics in Action*, Seattle: University of Washington Press, 1969, pp. 122-123. 在整风运动之后，这一做法仍旧得以延续。在国共内战期间，中共西北局号召青年知识分子组成大型工作队去动员民众。参见《中共中央文件选集》，第16卷（1946年4月28日），第141页。

38 Yung-fa Chen, *Making Revolution: The Communist Movement in Eastern and Central China, 1937-1945*, Berkeley: University of California Press, 1986, p. 165.

39 Ibid: p. 166.

协会。之后，举行民众集会，到选定的几户地主家门口游行示威，要求减租以及实现其他的经济诉求。完成了对特定目标的公开斗争之后，人们敲锣打鼓、高举胜利标语，举行游街庆祝，将本村的消息传递到相邻的村落。这整个流程一般持续10天左右。[40]

工作队的组成最终变得更加标准化：两名男性队员负责调查与宣传工作，一到两名女性队员处理妇女事务，一名青少年队员专注于组织村里的孩童。年轻的知识分子被认为是沟通、澄清党的方针政策的最合适人选。虽然工作队的一项重要职责是针对那些被细心挑选出来的斗争对象，筹划与"导演"群情激愤的斗争场景，但是队员们被告诫，他们自己不宜在斗争集会上表现得过于突出。[41] 毕竟，斗争的目的在于，把他们动员工作所取得的显著成果，以一种农民自觉自发、自下而上的阶级行为展现出来。

尽管工作队的人员构成与运作方式日益变得系统化，但工作队的核心特征——临时性与任务目标的具体性一直保持不变。分配的任务永远是暂时性的，队员们在完成使命后，将回到他们之前的工作岗位。个别干部虽然很有可能在他们的职业生涯里，甚至是一次运动中，被委派到多个工作队，但每次他们都将与一批不同的干部共事。此外，每次开始执行新的任务前，有关他们所要着手的具体工作，队员们都将接受针对性的培训与指导。

三、1949年后的发展

解放战争胜利在望之际，毛泽东号召"把军队变成工作队"，他指示在解放区的部队，将他们的工作重心从军事斗争转向占领接管与民众动

40　Ibid: pp. 168–170.
41　Yung-fa Chen, *Making Revolution: The Communist Movement in Eastern and Central China, 1937–1945*, Berkeley: University of California Press, 1986, pp. 170–191.

员。⁴² 一些由军队改编的工作队在华北平原的农村实施土地改革，其他部队组成"南下工作队"前往广州、上海和南方其他主要城市。无论华北还是南下的工作队，除了部队官兵，知识分子、党政干部与基层积极分子也参与其中。⁴³ 至1949年7月，县立特别培训中心遍及全国，由经验丰富的干部领导，向派驻当地的工作队提供针对性的指导和帮助。⁴⁴

这一时期，无论是负责"土改"还是城市接管的工作队，都兼有监督征借与分配粮草物资以供城市消费使用的任务，这与俄国内战和之后农业集体化运动中苏联机动队的做法类似。在有保甲长等地方官员可以依赖的情况下，粮秣工作队通过当地保甲长来筹粮；若无保甲长可利用，则由工作队直接征用粮草，再转交给地方接管部队。无论哪种情况，都要求工作队对粮秣收支的账目做好详细记录，以备军政干部随时检查。⁴⁵

与战时类似，工作队的人员组成与培训受到了特别关注。很多队员都是农民出身，他们通过热情参与之前的本村群众运动，获得了党员干部的青睐。在接受了县政府的集中强化培训后，这些农村积极分子被派到周边村庄，进一步推广他们掌握的动员方法。"土改"工作队的其他成员来自军队、共青团以及（多数位于城区的）中学和高校。具备基本读写算术能力的"知识分子"也被招募进来，以确保有人能够编纂、整理必要的记录与汇报材料。⁴⁶ 工作队也包括一些家庭背景相对优渥的成员，甚至包含一部分地主，这些人被认为对新政治秩序比较友好。据报道，1952年广西的一支工作队有71%的成员来自中上社会阶层：地主13%，

42　1949年2月8日毛泽东电报《把军队变成工作队》，《毛泽东选集》第4卷，北京：人民出版社，1991年，第1405页。

43　刘金海：《工作队：当代中国农村工作的特殊组织及形式》，《中共中央文件选集》第18卷（1948年2月8日），第125页。

44　《华东局关于新区农村工作给浙江省委的指示》，《中共中央文件选集》第18卷（1949年7月19日），第390页。

45　《中央关于新区筹粮的规定》，《中共中央文件选集》第18卷（1949年3月21日），第188页。

46　Edwin E. Moise, *Land Reform in China and North Vietnam: Consolidating the Revolution at the Village Level*, Chapel Hill: University of North Carolina Press, 1983, p. 112.

富农5%，中农20%，资本家9%，小资产阶级24%。[47] 在广东，当地的教员与学生虽不是工作队的正式成员，但他们仍然参加了"土改"，协助队员们扩散消息、分发宣传资料。[48] "土改"工作队在离开村庄前要负责建立农民协会，确保农协能够真正进行土地和其他资产的再分配。[49]

作为乡村的外来者，工作队与地方利益没有牵连，因此，即便面对来自地方的阻力，他们依然能够推行中央的政策。然而，工作队的内在属性——作为派驻特定地点的临时性机动队——使得其努力成果在他们离开后，容易被逆转、推翻。为了避免这种情况发生，1951年末，中共开始采取突击、连续地派遣"回头看"工作队的做法，以确保先前工作队所实施的政策得以贯彻、维持。因此，中南地区的大部分乡村在接下来的一年半时间内，连续接待了至少四轮的"土改"工作队。[50]

尽管每一轮"土改"工作队的人员安排都会经历重组，但是其运作模式基本保持一致。在进行蹲点，并与农民实行"三同"（同吃、同住、同劳动）的过程中，上级要求工作队扎根基层、识别骨干、走村串联。虽然工作队是村庄的编外人员，其工资与福利由派出单位承担，他们的原单位往往是政府部门和教育机构，位于远离其派驻村庄的城区，但他们仍然需要在下派地点长期居住，才能赢取当地居民的信任，并得以充分掌握和评估当地的真实情况。通过与普通村民同吃、同住、同劳动，组织上希望工作队发现潜在的运动积极分子（所谓"土改根子"）——指望这些人能像工作队员一样，满怀激情地执行党的命令，并在需要的时候，向其他村子宣扬推广他们的经验。[51] 通过超越常规的行政等级秩

47　Ibid: p. 113.
48　Ibid: p. 123.
49　Ibid: pp. 131-135.
50　Edwin E. Moise, *Land Reform in China and North Vietnam: Consolidating the Revolution at the Village Level*, Chapel Hill: University of North Carolina Press, 1983, p. 144.
51　张英洪：《"土改"：革命专政和暴力再分配——以湖南溆浦县为例》，《当代中国研究》2008年第3期。在线地址：http://www.modernchinastudies.org/cn/issues/past-issues/101-mcs-2008-issue-3/1063-2012-01-05-15-35-31.html。

序，工作队在北京的中央政权与乡村社会之间建立了直接联系。[52] 这一运作机制（包括用以描述它的特定词汇）不仅仅是"土改"运动的标准操作程序，也在农业集体化和"四清"运动中延续下来，并且经过一定的改良与修正，近年来还被沿用。

尽管工作队的动员方法与话语体系大同小异，但是根据中央政策与政治氛围的变化，工作队运作的具体内容与风格会发生相应调整。"土改"（以及同时期的"镇反"运动）中，最为人熟知的就是情绪化的"诉苦"——受苦的农民在工作队指导下，向地主和其他压迫阶级发起控诉，以此拉开激烈的斗争大会的序幕。由此导致的敌对情绪时常超出被允许的界限。例如，一位工作队队长回忆1951年冬湖南农村一次斗争大会的情形：

> 有一次，我在曹家溪村，领导一次反霸斗争大会。一个恶霸地主站在台上被斗，贫雇农一个个上台诉苦斗争。一个苦大仇深的雇农，诉苦诉得大哭起来，走过去就将那地主的右耳朵咬下一半，"呸！"一声吐在台上，台下的群众骇了一跳。他又准备去咬地主的左耳，我马上制止他。[53]

处置权本应该由军队掌控，工作队或劳苦大众都无权正法罪犯，然而，诉苦却使得群情激愤，且场面常常发展到失控的地步。[54] 为什么要向同一村庄派驻一轮又一轮的工作队？一方面是由于代表地方权力的反革命势力卷土重来，另一方面则是因为这些被煽动起仇恨、满腔怒火的农民的过激行为。

---

52 李里峰：《工作队：一种国家权力的非常规运作机制——以华北"土改"运动为中心的历史考查》，《江苏社会科学》2003年第 3 期，第207—214页。

53 郭静秋：《流放者之歌》，2000年8月，第101页。转引自张英洪：《"土改"：革命专政与暴利再分配》。

54 Elizabeth J. Perry, "Moving the Masses: Emotion Work in the Chinese Revolution," *Mobilization*, 7, no. 2 (2002): pp. 111–128.

工作队：苏联经验的中国化

自"土改"以来，工作队的基本运作模式大体保持稳定，但是在后续的农村运动中，为了尽量避免民间的暴力行为，中共用心良苦。对比苏联的经历，土地改革的激烈与残酷为日后更为温和的中国版农业集体化铺平了道路。就苏俄而言，在农业集体化中，没收富农的财产，并将他们从自己的村庄驱逐，是为了将革命年代以前的地方精英清除干净。但在中国，这一过程已经在"土改"中完成。有学者认为，之所以苏联的农业集体化遭到更大的抵抗，是因为苏联政权想同时实现若干艰巨的目标：对村庄的政治控制，对农业生产的经济控制，以及用农村来哺育城市。[55] 而在中国，"土改"已经确立新的农村领导结构，旧式乡村精英已被取代，因此，集体化旨在完成控制农业生产这个单一目标。

"土改"与集体化都旨在重塑中国农村的政治经济，而1962年开始的"四清"运动想实现的目标——整治基层干部滥用权力等不端行为——看似没有那么宏大。尽管如此，这仍是一项浩大的工程，并产生了重大后果。在"四清"运动中，超过350万工作队成员被下派到农村，他们肩负着调查基层干部造假、贪污、浪费和其他渎职行为的任务。在蹲点与实行"三同"的过程中，工作队扎根串联，发掘能够动员周边民众的骨干分子。工作队挨家挨户走访、举行小组讨论、召集全村大会，曝光和查证基层领导的不当行为。这一过程往往充满张力，地方派系、对手之间相互检举揭发对方的腐败、滥权行为。然而，与"土改"相比，"四清"运动的展开方式更为克制。工作队不仅要发动群众，也要注意把握运动的"火候"，以防失控。[56] 农村的武装民兵负责在必要时维持秩序。

"四清"运动的相对温和性也得益于工作队成员在下派前所接受的全

---

55 Thomas P. Bernstein, "Leadership and Mass Mobilization in the Soviet and Chinese Collectivisation Campaigns of 1929-30 and 1955-56: A Comparison," *China Quarterly*, no. 31 (July-September 1967): p. 47.

56 王海光：《"桃园经验"研究——从民众史的视角考查》，第五届中国当代史研究工作坊，2016年12月3—4日，21ff.。

面培训（有的持续了数月之久）。由于许多队员来自城市，因此派驻前培训项目的一大重点在于，让这些人员熟悉农村的基本情况与风土习俗。与"土改"工作队类似，相当一部分队员为高校学生与教授。在某些省份，几乎所有的高年级大学生都参与其中。他们的教育背景使他们能胜任如下任务：收集调查材料，撰写工作队报告，以及编辑所驻地方的"四史"。[57]

在"三年困难时期"之后不久就下派的"四清"工作队，肩负着维护政权稳定的重大任务，他们需要修复和提升受损的政权合法性。除了找到地方上的责任人来为农民的苦难负责，"四清"工作队也为强化队员本身的工作投入与政治忠诚提供了平台。在为准队员提供的长时间培训中，所引入的详细纪律规定参照人民解放军的实际做法。旷日持久的训练过程还包括仔细考察学员的阶级地位、家庭背景、政治前景以及基本行为举止，以便决定他们能否胜任工作队一职。考量的关键在于，确保那些先前鲜有农村经验的人员能够适应严酷的乡村生活。这些考察内容，包括学员们一遍遍写下的坦白书与自我批评，最终会决定哪些学员因为表现优异受到嘉奖，哪些因为严重违规违纪而接受惩罚。[58]

对工作队成员行为的密切监督一直持续到他们的下派过程中。那些表现优异、值得嘉奖的，被授予"五好队员"称号，并在公开发行的简报中予以表彰。[59] 在执行任务的同时，队员们仍需参加每周在县城举行的进修班，学习领会中央下达的新指示，听取关于周边地区成功工作经验的报告，复习规章纪律，参与誓师大会等等。省级党委还会派出检查组，在未事先通知的情况下，对工作队进行巡查。所有这些培训、指示和检查的效果都在于，促使工作队员产生高度的政治觉悟，从而使他们

57　刘彦文：《四清工作队工作机制研究》，中国人民大学硕士论文，2009年，第22、32页。

58　同上，第48—56页。

59　同上，第58—60页。

对上级的命令保持极度敏感。[60]

考虑到"四清"工作队内有众多的学生、教授以及来自不同行政层级的干部，在紧随"大跃进"之后的这一段动荡不安的时期，能够保证队员们对党政指令的立即服从是一项重大成就。此外，虽然"四清"运动对基层干部渎职滥权的整治可能使得很多村民对地方官员抱有长期的怀疑态度，但是工作队所传达的高层领袖对农民疾苦的关切，仍然有助于强化他们对党中央的忠诚。[61]

工作队在推行新中国成立初期的一系列重要运动中发挥的成效，使得其日后成为了一种备受青睐的政策实施方式，尤其是服务于农村的发展、变革与转型。尽管直到"文革"之前，毛泽东本人对工作队机制颇有微词，他认为不应该过分依赖由党控制的工作队，而忽视了更为直接、无中间媒介的群众参与模式，[62]但是，之后的领导人依然不断倚重工作队，如在执行计划生育政策、社会主义新农村建设、精准扶贫等项目中皆有延续。除此之外，工作队也被一次次派遣下去推广宣传党的意识形态、促进公共卫生与环境保护、平息突发事件维护稳定、提供赈灾援助等等。

四、中苏模式的比较

发轫于俄国革命土壤的中国工作队在很多方面与先前苏联的经验有相似之处。在中苏两国，无论是国家政权巩固之前还是之后，特派员（plenipotentiaries）都在向偏远农村传达与推行共产党的政策方面起到了关键作用。然而，在一些重要方面，尤其是在政权各自建立之后，中共

---

60 刘彦文：《四清工作队工作机制研究》，第57—69页。
61 同上，第76页。
62 毛泽东：《关于四清运动的一次讲话》（1965年1月3日），载《毛泽东思想万岁》（1968年武汉版），第5卷，第140号文件，https://www.marxists.org/chinese/maozedong/1968/。

的模式与苏联前期、同期的做法存在差别。虽然，毫无疑问，新中国成立初期的粮秣工作队仿照苏联内战和集体化时期的征粮队，但在人员构成、纪律与成效方面，中、苏模式均有不同。就苏俄而言，征粮分遣队从起源和成员上看，具有彻底的城市属性，且绝大部分由产业工人组成。就在十月革命后的几个月内，城里的工厂将特派员与工人小分队派往乡村，为他们的职工筹措粮食。1918年5月，列宁号召圣彼得堡的工人到农村收集粮食，由此拉开了大规模派遣征粮队的序幕。在接下来的三年里，大约25万城市居民参与粮食征集，其中一半为产业工人。在这一"为了在农村确立无产阶级专政的坚实努力"中，主要由产业工人担任的特派员有权力为了执行征粮政策而凌驾于地方政府机构。[63] 他们从之前的贫农协会手中获得粮食，而贫农协会"憎恶外人干涉他们的事务"。历史学家对这一时期的研究表明，农民们对这些来自城市的队伍充满敌意，这使得整个征粮任务以失败告终。[64]

尽管不是什么令人愉悦的经验，但当十年后推行农业集体化运动时，内战中的征粮做法却被当作了外来团体干预农村事务的范本。[65] 据 R.W. 戴维斯（R.W. Davies）观察，"集体化正是在特派员和工作队对农村进行大规模干涉的情况下完成的"[66]。每一级党政机关向其下属一级发动"特派员闪电战"——在细化、实施和执行政策方面，负责集体化的专员在村与村之间相互较量着。[67] 琳内·维奥拉（Lynne Viola）对这一过程有如下描述："推行集体化的队伍带着上级的全权授权涌向农村，他们在村里短暂停留，让农民在加入集体农场的协议上签字画押。"[68] 希拉·菲茨

63　Lynne Viola, *The Best Sons of the Fatherland: Workers in the Vanguard of Soviet Collectivization,* New York: Oxford University Press, 1987, pp. 11–14.

64　Lynne Viola, *Peasant Rebels under Stalin: Collectivization and the Culture of Peasant Resistance,* New York: Oxford University Press, 1996, p. 16.

65　Viola, *The Best Sons of the Fatherland,* p. 16.

66　R.W. Davies, *The Industrialization of Soviet Russia: The Socialist Offensive,* New York: Palgrave, 1989, p. 208.

67　Viola, *The Best Sons of the Fatherland,* p. 77.

68　Viola, *Peasant Rebels under Stalin,* p. 28.

工作队：苏联经验的中国化

帕特里克（Sheila Fitzpatrick）对集体化运动也有类似的论述："该运动的一大特征就是对城区的共产党员、共青团员、工人以及学生的大范围动员……以农民的视角来看，这些人无疑是彻头彻尾的'外来者'。其中有一些人肩负长期性重任，比如'二万五千人大队'——由来自大型工厂的工人志愿者组成……而另一些人明显是来添乱的。"[69]征收粮食与清算富农都由外来的专员执行，他们很少顾及当地的实际情况来因地施策。这些机动队实际上手握大权，对抗和批判那些他们认为粗鲁、腐败的基层官员。[70]其结果很可能是灾难性的：例如，1930年1月，一支由11人组成的队伍到达安娜区（Anna Raion）后，明目张胆地恐吓当地民众，[71]导致俄罗斯农民不时奋起反击。[72]

同样，在中国，"土改"和集体化工作队一般也包括相当数量的城里人（如党员干部、企业家、知识分子等），然而，大部分队员为农民积极分子与基层干部。并且，中国农村工作队的成员需接受密集的培训，这些培训课程旨在增进他们对农民的理解与同情。几乎所有这些工作队都不包含工厂工人，在这方面，中国的做法与苏联显著不同。在人员组成上，苏联所用的全权代表、二万五千人大队、突击队及其他类似的队伍，全部都偏重工人无产阶级的成分。尽管苏联模式被列宁和斯大林所推崇，因为它符合"无产阶级专政"的政治正确的表达方式，但是，中国的做法却更契合农村的实际情况。在中国，农村治理的权宜之计不是要按照"先进"的无产阶级意志来改造"落后"的农民，而是赢得农村的民心，促使农民积极参与实现共产党的目标。耕耘中国农村三十年的革命经验

69　Sheila Fitzpatrick, *Stalin's Peasants: Resistance and Survival in the Russian Village after Collectivization,* New York: Oxford University Press, 1996, p. 50.

70　Viola, *The Best Sons of the Fatherland,* p. 147.

71　Lynne Viola, V. P. Danilov, N. A. Ivnitskii and Denis Kozlov, eds., *The War Against the Peasantry, 1927–1930: The Tragedy of the Soviet Countryside,* New Haven: Yale University Press, 2005, p.217.

72　Gail Kligman and Katherine Verdery, *Peasants under Siege: the Collectivization of Romanian Agriculture, 1949–1962,* Princeton: Princeton University Press, 2011, p. 75.

使毛泽东和他的同志们认识到，让农民自己成为主人翁对于推进党的事业具有多大的价值。

在苏联，国家政治保卫总局（缩写为OGPU）在鼓动、策划征粮和去富农化运动中扮演的核心角色，进一步加剧了农民的敌意。1929年，中央委员会命令OGPU加强对粮食产区的镇压活动。[73] 1930年2月，在OGPU领导下成立的"三人行动小组"（operational troikas）负责对富农进行驱逐、流放。

在"大清洗"的白色恐怖之下，贯穿整个二十世纪三十年代，特派员与"三人行动小组"清洗、迫害了党内外无数无辜的干部、群众。[74]然而，这群不受约束的专员常常喝得酩酊大醉、放荡无度，他们的恶习使得俄罗斯农民和地方干部的愤懑与抱怨堆积如山。农民痛恨这些来自城市的特使的专制独裁，他们的专断行为常常包括随意拘禁、殴打以及其他形式的体罚，而基层干部则对这些外来势力绕过正常的行政渠道、采取非常规官僚制的干预手段感到恼怒。[75]

斯大林去世后，这种闪电战式治理风格被严厉批判，被指责为是对常规党政程序的侵蚀、破坏。由此，临时性特派员的部署频率减少，他们的专断权力被削弱。1953年的一份政府报告显示，"在现阶段的经济与政治运动中，地区党委向集体农庄派遣所谓特派员的行为变得更加克制、谨慎。当区里的党内积极分子小组（Party aktiv）到集体农庄后，他们主要通过基层党支部开展活动。在区党委的密切关注下，比起五花八门的特派员，基层党支部在各项事务中发挥着更大的影响力"。[76]赫鲁晓夫和其继任者们都倾向于用更加常规的官僚治理模式来取代这一残存的革命做派。

73　Viola, et.al., *The War Against the Peasantry*, p. 120.

74　Roy Aleksandrovich Medvedev, *Let History Judge: The Origins and Consequences of Stalinism*, New York: Columbia University Press, 1989, p. 612.

75　J. Hughes, *Stalinism in a Russian Province: Collectivization and Dekulakization in Siberia*, New York: Palgrave, 1996, pp. 110, 128; Robert F. Miller, *One Thousand Tractors*, Cambridge: Harvard University Press, 1970, p.204.

76　Robert F. Miller, *One Thousand Tractors*, p. 205.

工作队：苏联经验的中国化

在中国，尽管中央已经从延安的窑洞迁到北京的中南海，工作队机制仍然继续在其政策实施工具箱中占据着重要位置。当同时期的苏联正在摈弃对临时性机动队的使用，1947—1953年的全国大规模"土改"则见证了工作队在中国的部署，其精细化和标准化程度，都达到了一个新的高度，并且延续至今。尽管中国的"土改"工作队派自省会城市和其他城市中心，但他们比苏联的特派员在乡村驻扎的时间更长，与农村居民建立的联系更紧密。比起苏联的队员，中方的队员经过上级政府的培训，通过实践与当地村民"同吃、同住、同劳动"，在争取农民大众积极参与实现共产党变革农村的宏图大业方面，取得了更大的成功。

在中国"土改"过程中，工作队激发了群众的热情，一时难以控制。因此，在之后的运动中，工作队员所收到的指示不仅有关于如何鼓动民众参与，同时也包括如何避免群众暴力。通过"土改"在农村成功树立权威、扎牢权力基础之后，至少直到"文革"前，中共始终支持将群众动员控制在一定程度内，以确保不对新的政治秩序造成破坏。当中共政权再一次着力推行农村变革时，这些在"土改"中确立的村级领导干部就成为重要的支持来源与制约激进行为的力量。

综合考虑，中国的农业集体化要比在苏联进行的暴力程度低得多。尽管从表面上看，中方所派驻的工作队与苏联的工人大队、特派员和三人小组相似，但实际上，中方有着与苏联大不相同的运作方式。托马斯·伯恩斯坦（Thomas Bernstein）在有关中苏农业集体化的比较研究中总结道，两国运动的一个主要差别就在于，中国的工作队与农民和基层干部都建立了更为融洽的关系：

> 中方的工作队与苏联的工人、"特派员"和"三人小组"截然不同。中国共产党具有在农村开展运动的长期经验。比如，在"土改"期间，工作队经过仔细的培训，被派往那些还没有开展组织工作的乡村，与贫苦农民实行"三同"。这意味着，这些外来者与他们一起生活、劳作，并逐渐赢取他们的信任。"土改"之后，区、县党委仍

然不断派驻工作队下乡，领导各种政策、项目的实施。他们必须与那些履新不久的村级领导配合、协作，教授他们正确的工作方式、方法，而不是绕过这些人，或者直接向乡长发号施令……很难想象在全国大多数地方工作队会牢牢控制着地方领导干部。[77]

对比苏联，中共有能力训练和管制工作队，这有力解释了中华人民共和国为何能够长久而有效地利用这种革命年代的治理方式。正如我们所见，就在二十世纪五十年代中国推广工作队的应用，并进一步对之规范管理的时候，苏联已经开始摈弃他们自己开创的派遣机动队下乡的长期做法。

结 论

城乡机动队在苏联与中国的命运反差，表明农民运动在两国革命道路中的重要性迥然相异。列宁以城市为斗争中心，快速取得了十月革命的胜利；与此不同的是，毛泽东通过农村包围城市赢得了跨越近三十年的革命的胜利。在这漫长的斗争历程中，中国共产党深入渗透到中国绝大多数偏远内陆地区。毛泽东和他的同志们懂得了要对苏俄的革命斗争方法加以改造，使其更加适合中国农村的实际。在这一过程中，最重要的元素之一就是对工作队机制的采纳与调适，将其打造为农民动员与政策实施的一枚利器。在党的最高领导层已经离开农村、返回主要城市很久以后，他们基于革命经验，依然维持着与偏远内陆地区的密切联系。

中国对工作队的持续依赖，为其能够在广袤农村地区的最深处推行天翻地覆的变革提供了助力。虽然斯大林的继任者们沉迷于日益常规化、具体化的国家机器，但在中国，毛泽东之后的领导人仍然保留了超越僵

77　Thomas P. Bernstein, "Leadership and Mass Mobilization in the Soviet and Chinese Collectivisation Campaigns of 1929-30 and 1955-56: A Comparison," *China Quarterly*, no. 31 (July-September 1967), p. 32.

化的常规官僚制的选项，他们所青睐的是一种回应性更强、更灵活的治理模式。这一做法曾在"文革"时期城市知青的大规模下乡中得以体现，如今则体现在由城市干部与高校教师广泛参与的驻村扶贫工作队中，他们肩负着在2020年前完成农村脱贫的任务。

欧洲共产主义政权的垮台一般被归咎于他们普遍失效的政治制度和机构。[78] 然而，在苏联解体超过25年后，中华人民共和国依然屹立不倒。中国的政治体制不仅避免了崩溃，还运转得卓有成效——从毛泽东时代的公共卫生、农村教育到改革开放时期开创的世界史上绝无仅有的高速持续经济增长与减贫成效，接二连三地打造了令人瞩目的经济、社会发展奇迹。毋庸置疑，常规的行政体制在取得这些成就的过程中扮演了中心角色。但是，工作队也同样功不可没，其作为对官僚惰性的有力制衡，以及基层民众参与的推动剂，持续发挥了重要作用。

政治学家罗伯特·帕特南（Robert Putnam）在其研究意大利和美国的经典著述中指出，市民团体和社会组织"使民主运转起来"——它们让意大利和美国的普通民众积极参与公共生活。[79] 在中国，尽管政治体制截然不同，但工作队似乎扮演了一个类似的角色——通过促使人民群众投身于党的宏图伟业，"使共产主义运转起来"。尽管工作队远非中国领导层用来弥合城乡分野的唯一治理工具，但工作队持续发挥着不可估量的价值——将城市的专业知识技能引入农村，继而鼓舞基层热情，为一系列国家重点政策目标铆足干劲。

（赵寒玉 译）

（责任编辑：郭金华）

78　Valerie Bunce, *Subversive Institutions: The Design and Destruction of Socialism and the State,* Ithaca, NY: Cornell University Press, 1999.

79　Robert D. Putnam, *Making Democracy Work: Civic Traditions in Modern Italy,* Princeton: Princeton University Press, 1993; Robert D. Putnam, *Bowling Alone: The Collapse and Revival of American Community,* New York: Simon and Schuster, 2000.

基督教与宗教自由的发现

哈特穆特·莱平（德国法兰克福大学）

一、引言

在现代社会里，宗教宽容是一个规范性的概念，对现代社会的自我认识至关重要；宗教自由也被列在《人权宣言》之中。这两个概念都是建立在欧洲传统之上的具有全球意义的概念。但是我们很难界定宗教宽容概念的规范性后果。如果我们采用最小化的定义，那么宽容就意味着某一特定社会的成员，尤其是拥有权力的阶层，在面临一些根本性的分歧时，同意不去使用暴力或压迫的手段。一些现代哲学家也许会补充说，宽容可以建立在或应该建立在相互尊重（respect），甚至相互敬重（estime）之上。[1] 宽容作为一种对待不喜欢的人的原则，与宗教自由的观念有着深刻的联系，尽管宗教自由是一项个人权利。这两个概念之间复杂和相互纠缠的历史是现代西方历史编纂学中的一个重要主题。我们会看到，古希腊罗马文化在宗教宽容概念的形成过程中，扮演了至关重要

---

[1] Peter Garnsey, "Religious Toleration in Classical Antiquity," in W. J. Sheils, ed., *Persecution and Toleration*, Oxford: Blackwell, 1984, pp. 1-27. 与 Garnsey 意见相左的是 Rainer Forst, *Toleranz im Konflikt, Geschichte, Gehalt und Gegenwart eines umstrittenen Begriff*, Frankfurt: Suhrkamp, 2003（英文版：*Toleration in Conflict*, Cambridge: Cambridge University Press, 2013），他在分析宽容概念从古典到现代历史的过程中，强调尊重和敬重的重要性；关于这个概念的历史，另参见 Gerhard Besier and Klaus Schreiner, "Toleranz," *Geschichtliche Grundbegriffe*, Stuttgart: Klett, 1972-1992, vol. 6, pp. 445-605; Gisela Schlüter and Ralf Grötker, "Toleranz," in *Historisches Wörterbuch der Philosophie*, Basel: Schwabe, 1971-2007, vol. 10, pp. 1251-1262。

基督教与宗教自由的发现

但是错综复杂的角色。

我先来很简单地概括一下我们熟悉的主导性叙事（master narrative）：中世纪"黑暗时代"的形成，就是因为基督徒压迫一切他们眼中的异端，有时候甚至用非常残暴的手段。宗教改革兴起后，一些人开始主张信仰自由，同时也需要为它进行斗争。经常被描述成残忍暴力的宗教战争爆发。在几个世纪的冲突、压迫和很多寻求解决方案的失败尝试之后，随着启蒙时代的到来，宽容的观念和个人宗教自由的概念走上了前台，并且发展成直到今天依然塑造着欧洲认同的基本概念。[2] 这就是为什么说个人的宗教自由、国家对个体与宗教团体的宽容都属于欧洲历史长久以来通过学习获得的成就，每一个想要加入欧洲共同体的国家都需要保证它们。

这个主导性的叙事也会偶尔提到，另外一些社会"早已"非常宽容，比如公元前三世纪阿育王（Ashoka）治下的印度；又比如十六世纪阿克巴（Akhbar）治下的莫卧儿帝国，而那时的欧洲正遭到宗教战争的撕裂。另一个例子，就是基督教之前的古希腊罗马时代，通常被解读为欧洲历史的第一个阶段。当宗教宽容走上前台时，人们赞美古希腊罗马时代，那个时代的自由、多元、丰富多彩，与幽暗的基督教时代形成了强烈的对比。在毫无宽容可言的一神论背景下，多神论的宽容显得光彩夺目。

异教世界看起来确实是宗教自由的代表。任何一个现代的旅行者造访这些古代城市时，都会被各种宗教崇拜场所震撼，它们被献给朱庇特（Jupiter）、朱诺（Juno）、塞拉比斯（Serapis）、地母神（the Great Mother），以及很多其他的神祇。祂们似乎无比和睦地共存。更令人惊讶的是，罗马人接受和吸纳了不少往昔敌人的宗教信仰，比如对伊西斯

---

[2] Moritz Csáky, *Kaiser und Gott. Herrscherkult im römischen Reich*, Stuttgart: Teubner, 1992; Hans-Michael Heinig, "Religionsfreiheit," in *Handbuch der politischen Philosophie und Sozialphilosophie*, Berlin: De Gruyter, 2008; Tartmann Tyrell, "Katholische Kirche und Religionsfreiheit. Christentumsgeschichtliche und differenztheoretische Überlegungen," in K. Gabriel, et al. eds., *Religionsfreiheit und Pluralismus. Entwicklungslinien eines katholischen Lernprozesses*, Paderborn: Ferdinand Schöningh, 2010. pp. 197-260.

（Isis）的崇拜，这位埃及女神是可憎的克莱奥帕特拉（Cleopatra）的崇拜对象。罗马人甚至也不禁止对波斯神密特拉斯（Mithras）的崇拜，尽管波斯帝国在好几个世纪里都是罗马的首要敌人。³

在这个背景下，罗马帝国的基督教化似乎成了决定性的转折点：古代崇拜的多样性消失了，圣所被毁掉或被教堂替代，一种排他性的基督教文化在地中海世界扩展开来。唯一的宗教取代了古老的多样性，这种宗教宣称自己拥有普遍的真理。⁴中世纪由此开始，按照传统的叙事，它也是不宽容的开端。

因此我们似乎有理由将宽容⁵，至少是容忍（forbearance），视为古希腊罗马异教的标志，它似乎赋予所有人信仰自由。但实际上，这种把古典时代当作自由社会典范的阐释，比乍看上去要成问题得多。宽容的实践可以达到让各种崇拜共存的程度，只要没有理由去压迫它们，但是在古代并没有明确的宽容概念。出于种种理由，基督教无法与其他崇拜共存，只是随着基督教的传播，宽容的问题才被概念化了，并且带来了两个后果：一方面，宗教自由最终成为人的一项基本权利；另一方面，罗马帝国偶尔给予宗教宽容。在这段不长但十分重要的历史时期，形成了

3　关于古代宗教的研究汗牛充栋，比如可参见 Daniel Ogden, ed., *A Companion to Greek Religion*, Malden: Blackwell, 2007; James Rives, *Religion in the Roman Empire*, Malden: Blackwell, 2007; John Scheid, *La religion des Romains*, Paris: Armand Colin, 1998 (2nd ed., 2010); Bernhard Linke, "Antike Religion," in *Enzyklopädie der griechisch-römischen Antike*, München: Oldenboug, 2014。

4　关于基督教化（Christianisation）的概念，参见Hartmut Leppin, "Christianisierungen im Römischen Reich," in *Zeitschrift für Antikes Christentum*, vol. 16 (2012), pp. 247–278。

5　Maijastina Kahlos, *Forbearance and Compulsion: The Rhetoric of Religious Tolerance and Intolerance in Late Antiquity*, London: Duckworth, 2009 提供了关于古典晚期宗教宽容讨论的丰富综述，本书对于任何有关这一主题的研究（包括本文）都十分重要。Kahlos将"容忍"（forbearance）界定为"对不赞同的观点、做法和人采取忍耐的姿态"，从而与"预设了分歧不可避免地持续存在"的"宽容"做出区分。参见Anneliese Felber, et al., ed., *Toleranz und Religionsfreiheit 311–2011*, Hildesheim: Olms, 2012; Bernhardt Kötting, *Religionsfreiheit und Toleranz im Altertum*, Opladen: Westdeutsche, 1977。

一些重要的概念，它们丰富了很多世纪之后欧洲的论辩。[6]

二、对酒神崇拜的镇压

毫无疑问，罗马的信仰自由是有限制的。我在此仅举两例说明所谓的异教宽容的问题。第一个例子来自公元前186年，那时罗马已经成为地中海世界的支配性力量。整个意大利都在罗马统治之下。希腊被征服了，成功的罗马将军昆克提乌斯·弗拉米尼努斯（Quinctius Flamininus）授予它自由。事实上，这意味着罗马的控制，因为在自由的标签之下，每个希腊城邦都是独立的，但被禁止结成可能挑战罗马的同盟。此外，塞琉古帝国（Seleucid Empire）的国王安条克三世（Antioch III the Great）在公元前188年被打败，欧洲的地中海沿岸再没有其他能和罗马抗衡的势力。

我们或许会认为，尊贵的罗马元老们从此可以高枕无忧了。然而，当他们得知在坎帕尼亚（Campania）发生的一些怪事时，还是沉不住气了。这片地区有好几个繁荣的城邦，它们与罗马结过盟，但事实上依附于罗马。让元老们感到不安的事件被称作酒神崇拜（Bacchanalia）。酒神巴库斯（Bacchus）对应于希腊的酒神狄奥尼索斯（Dionysus），后者也被当作罗马的传统神祇利贝尔（Liber）。坎帕尼亚的混乱状况迫使元老院着手干预，对这种崇拜颁布了新的法令。这些法令被刻在铜板上从而幸

---

[6] 在古代，拉丁词 *tolerare* 及其派生词的意思并不是"宽容"；*tolerantia* 指坚韧顽强地忍受的能力；参见 Hubert Cancik, "Religionsfreiheit und Toleranz in der späteren römischen Religionsgeschichte (2. bis 4. Jahrhundert n.Chr.)," in H. Cancik and J. Rüpke eds., *Die Religion des Imperium Romanum. Koine und Konfrontation*, Tübingen: Mohr Siebeck, 2009, pp. 335-379。值得指出的是，德国宪法在指出人权与宗教自由的重要性时（尤其是 GG Art. 4, Abs. 1 f.），没有使用 *Toleranz* 一词。1958年法国宪法采取了不同的角度："法兰西是一个不可分割、世俗、民主、社会的共和国。共和国保障所有公民不分出身、种族、宗教信仰，在法律面前一律平等。共和国尊重一切信仰。共和国的结构组织为地方分权。"（摘自李姿姿、赵超主编：《世界主要政党规章制度文献·法国》，北京：中央编译出版社，2016年，第3页。——译者注）

存下来，在坎帕尼亚的小城蒂里奥洛（Tiriolo）被人们发现。[7]

从现代人的视角来看，元老院插手这件事可能有些令人惊讶；但是这对于罗马社会来讲却不足为奇，毕竟罗马人从来没想过要保护宗教免于政治干涉。一个城邦的公民也是一个宗教共同体，而宗教组织依赖政治组织。公共崇拜仪式（public cults, sacra publica）是由国家维持的，而元老院是国家的中心。负责仪式的祭司由国家机构提名。大祭司同样是高级行政官员，对他们来说，通过宗教职务镀金是他们职业生涯的一个重要阶段。专业的神职人员并不存在，宗教和政治领域的精英存在极大的重叠。[8]

事实上，维持与神的和平（pax Deorum）是政治精英的义务，这对于国家的福利（salus rei publicae）来讲至关重要。[9] 与神保持和平，首先

---

[7] 来源：*Corpus Inscriptionum Latinarum* I2 581 (*Inscriptiones Latinae Selectae* 18)；参见西塞罗：《论法律》2.37。此事亦录于李维：《罗马史》39.8-19，其叙述受奥古斯都时代精神的影响较强，并不完全可靠。关于李维的解读，参见A. Dubourdieu, "La définition de la norme religieuse dans l'affaire des Bacchanales," in B. Cabouret and M. O. Charles-Laforge eds., *La norme religieuse dans l'Antiquité*, Lyon: Centre d'Etudes Romaines, 2011, pp. 1-24。相关的研究非常丰富，比如Jean-Marie Pailler, *Bacchanalia. La répression de 186 av. J.-C. à Rome et en Italie. Vestiges, Images, Tradition*, Rome: Ecole française de Rome, 1988; Mary Beard et al., *Religions of Rome, Vol. 1: A History*, Cambridge: Cambridge University Press, 1998, pp. 91-96; Sarolta A. Takács, "Politics and Religion in the Bacchanalian Affair of 186 B.C.E.," *Harvard Studies in Classical Philology*, vol. 100 (2000), pp. 301-310（本书强调了当时的政治背景）；关于宗教背景，参见John Scheid, "Le délit religieux dans la Rome tardo-républicaine," in G. Crifò, et al. eds., *Le délit religieux dans la cité antique*, Rome: Ecole française de Rome, 1981, pp. 117-171; Oliver de Cazanove, "Some Thoughts on the Religious Romanization of Italy before the Social War," in E. Bispham and C. J. Smith eds., *Religion in Archaic and Republican Rome and Italy: Evidence and Experience*, Edinburgh: University of Edinburgh Press, 2000, pp. 71-76; Stefan Krauter, *Bürgerrecht und Kultteilnahme. Politische und kultische Rechte und Pflichten in griechischen Poleis, Rom und antikem Judentum*, Berlin: de Gruyter, 2004, pp. 297-304（本书十分正确地强调，多神教的社会也有可能进行宗教迫害）。

[8] 公共崇拜仪式的重要性并不排斥其他崇拜中的个体化，例如参加秘教。

[9] 关于这个概念，参见Karl Leo Noethlichs, "Revolution from the Top? Orthodoxy and the Persecution of Heretics in Imperial Legislation from Constantine to Justinian," in C. Ando and J. Rüpke eds., *Religion and Law in Classical and Christian Rome*, Stuttgart: Steiner, 2006, pp. 115-125。

就是由正确进行公共崇拜仪式保证的，元老院需保证仪式的妥善举行。一些团体和个人的不当做法可能对此造成妨害。坎帕尼亚的酒神崇拜似乎就被视为这类妨害。这就是为什么元老院不得不采取干预措施。

就宗教宽容问题而言，这意味着，除了公共崇拜仪式之外，其他崇拜都处于不稳定的状态之中，因为它们都有受到元老院干预的可能性。酒神崇拜的信徒无法宣称他们得到过进行这种崇拜的许可，也不能说他们有这样做的基本权利。他们的做法先前被容忍了，此后则要服从元老院的法令，这就是古希腊罗马世界公民宗教的特点。

元老院颁布了怎样的法令呢？主要的条文如下：

> 任何人不得拥有酒神的神龛。如果有人宣称拥有酒神神龛至关重要，他们须到罗马城市大法官（urban praetor）处，元老院须对此通过一道法令，商议此事时至少有一百名元老出席。[10]

这里的第一句话似乎表达了一种彻底的禁止，但下一句话则有所缓和。元老院规定了一套程序，承认有可能给酒神崇拜保留一个位置。法令的开头是关于地点的规定，这一点并非偶然。对大多数古代宗教来讲，地点都是一个核心原则。某些神只能在某些特定的场所崇拜。

下一段里提到的相关人群（我没有在此引用）也非常典型：罗马公民、拥有拉丁公民身份（低于罗马公民身份）的人或者同盟，不同的人群以不同的方式参与罗马复杂的政治组织。元老院并不打算给所有人强加同一套规定。宗教活动与公民身份紧密相连，而公民身份又以极大的多样性表现出来。

接下来的段落明确表达了法令的中心思想：

10　L. 3-9；参见 Beard, et al., *Religions of Rome, Vol. 1: A History*。（译文参考了张强、张楠译注：《希腊拉丁历史铭文举要》，北京：商务印书馆，2016年；有改动。——译者注）

> 任何人不得为祭司。所有人，无论是男性还是女性，不得出任（该组织的）首领。任何人不得拥有公共资金。任何人不得任命任一男性或女性为首领或代行首领。此后，任何人不得相互协谋、共誓、相互立誓或许下承诺，亦不得相互表达忠诚。任何人不得秘密举行祭仪。任何人不得或以公众名义，或以个人名义，或在城外举行祭仪，除非他到城市大法官处且后者根据元老院法令准许该行为，商议此事时至少有一百名元老出席。[11]

这一段与前一段遵循相同的结构：以普遍性的禁令开头，随后的说法减弱了禁止的口吻。这些考量表明元老院将不会接受新的宗教组织。传统秩序将被维持下去，不止在性别方面（某些崇拜中女性的位置可能引起问题），还在政治组织方面。秘密祭仪在罗马一般都是禁止的，其他崇拜活动都需要得到元老院的许可。[12]

罗马用 *superstitio* 一词指宗教上的异常情况，英语中的"迷信"（superstition）就是从这个词来的。这个拉丁词语表达的是对神的极端恐惧，也包括了对陌生宗教的贬低。陌生的宗教可能被当作对整个社会的威胁而受到压迫。[13] 然而，元老院的法令并没有使用这个词去打压酒神崇拜。元老院颁布法规，并不是因为认为它是错误的——这里还没有"真正的宗教"的概念。元老院仅仅考虑特定崇拜可能给社会带来危险。因此，没有迹象表明有元老想要废除酒神崇拜；全部措施都是限制

11　L. 10–18.
12　关于引入新的崇拜时必要的元老院许可，参见西塞罗：《论法律》2.19。
13　西塞罗：《论神性》1.117；A. A. Nagy, "Superstitio et coniuratio," *Numen*, vol. 49 (2002), pp. 178–192（对于基督徒而言）；Jörg Rüpke, *Aberglauben oder Individualität? Religiöse Abweichung im römischen Reich*, Tübingen: Mohr Siebeck, 2011, pp. 9–14, pp. 49–76. 关于法律扮演的角色，参见马可·奥勒留：《文摘》(*Digesta*) 48.19.30。关于对凯尔特人的德鲁伊教的压迫（参见普林尼：《自然志》30.15；苏维托尼乌斯：《恺撒传》255）应置于此背景之下加以阐释。塔西佗在《编年史》14.30中叙述的神庙被毁与德鲁伊祭司支持抵抗军队相关联。

性的。[14]

  这也是罗马宗教中很典型的情况。我们知道很多对宗教实践的禁令。然而，我们的资料在提到它们的时候，从来没有表现出任何愤慨，而是将它们看作在某些情境下发生，甚至必然发生的情况。[15] 这些措施仅止于确立限制，却从没有想要铲除异常的宗教团体。我们或许可以举出一个著名的例外：公元70年，耶路撒冷的圣殿在韦斯帕芗（Vespasien，69—79年在位）治下被毁。然而，没有什么证据表明这位皇帝想要根除犹太人的崇拜活动，相反他还支持这些活动。韦斯帕芗很可能只是想要毁灭这个圣所，以这种方式宣告他取得了压倒性的胜利，同时也摧毁一座曾经用作军事堡垒的建筑。[16]

  元老院关于酒神崇拜的法令还有更多细节，我就不再赘述了，因为整体的情况已经很清楚了：罗马元老们通过的法令，考虑的是对罗马宗教来说重要的东西。此外，元老们还成功地表明，他们干涉意大利此类

---

  14 托勒密四世（公元前222/221—前205/204）关于狄奥尼索斯崇拜的法令（*Corpus des ordonnances des Ptolémées* 29 = *Berliner Griechische Urkunden* VI 1211 = *Sammelbuch* III 7266）是否与此事相关，尚无定论。参见 Werner Huss, *Ägypten in hellenistischer Zeit 332–30 v. Chr.*, München: C. H. Beck, 2001, pp. 454–456。

  15 比如参见 Sarolta A. Takács, *Isis and Sarapis in the Roman World*, Leiden: Brill, 1995, pp. 56–70; M. D. Donaldson, *The Cult of Isis in the Roman Empire: Isis Invicta*, Lewiston: Edwin Mellen Press, 2003, p. 120 以下和 p. 131 以下; O. F. Robinson, "Repressionen gegen Christen in der Zeit vor Decius – noch immer ein Rechtsproblem," *Zeitschrift für Rechtsgeschichte: Romanistische Abteilung*, vol. 112（1995）, pp. 352–369, 在 pp. 357–358 分析了对于一些崇拜的其他限制。J. Rüpke, "Regulating and Conceptualizing Religious Plurality. Italian Experiences and Roman Solutions," in M. Jehne, et al. eds., *Religiöse Vielfalt und soziale Integration. Die Bedeutung der Religion für die kulturelle Identität und politische Stabilität im republikanischen Italien*, Heidelberg: Vandenhoeck & Ruprecht, 2013, pp. 275–295 讨论了元宗教概念（meta-religious concepts）用来分析罗马共和国时期的宗教多样性。

  16 James Rives, "Flavian Religious Policy and the Destruction of the Jerusalem Temple," in J. Edmondson, et al. eds., *Flavius Josephus & Flavian Rome*, Oxford: Oxford University Press, 2005, pp. 145–166。

事件的权力，这对于政治有着至高的重要性。¹⁷ 他们确实可以对此感到骄傲。

关于酒神崇拜的法令准许进行特定的宗教崇拜仪式。但这种准许不属于个体权利，而是政治性的让步。但是元老院也发现很难以适当的方式表述这种许可。法令以一条普遍的禁令开头，让步紧随其后：可以向城市大法官请愿，元老院可以准许例外情况。这种因时因地制宜的处理方式很可能是必需的：显然，从原则上讲人们有完全的自由去组织宗教活动。但这一点从未被明确表述，也没有被定义为一种由法律或机构保证的权利，因此元老院可以随时废除它，也可以准许例外。

颇有反讽味道的是，酒神信徒的处境似乎因此得到了显著改善：既然得到了元老院的批准，他们就可以宣称拥有举行祭仪的权利。莱纳·福斯特（Rainer Forst），一位深受法兰克福学派批判理论影响的哲学家，区分出宽容的四种观念。¹⁸ 其中最弱的（可能也是历史上最重要的）是许可式的宽容（tolerance of permission）。这意味着当权者或多数派准许少数派按照自己的信仰生活，只要后者不给政治秩序带来麻烦。历史上最著名的例子是1598年的南特敕令（Edict of Nantes）授予胡格诺派信仰自由，直至1685年枫丹白露敕令（Edict of Fontainebleau）将其废除。这种很弱的宽容形式在公元前186年已经实现了，不过有趣的是，禁止先于准许。这与欧洲在现代早期所理解的宽容大相径庭。但是另一方面，对于由国家或个人引入的外来崇拜和新崇拜，罗马也没有普遍禁止。¹⁹ 随着社会变得越来越复杂，罗马人可以在公民崇拜活动之外，选择一些

17　S. A. Takács,"Politics and Religion in the Bacchanalian Affair of 186 B.C.E.";O. de Cazanove,"I destinatari dell'iscrizione di Tiriolo e la questione del campo di applicazione del senatusconsulto de Bacchanalibus," *Athenaeum*, vol. 88 (2000), pp. 59—69（关于此语境下盟众［foederati］的含义）。

18　Forst, *Toleranz im Konflikt*, pp. 42—48.

19　参见《文摘》47.22.1.1（马西亚努斯［Marcianus］）。

其他崇拜，有人将这比作一个市场。[20] 一个人可以将好几种崇拜结合在一起：他们可以崇拜几位神祇，参与几种崇拜活动，而无需表明哪一种是他最信奉的。我们所说的"宽容"就没能达到这种程度。人们没有宗教自由的权利，也没有法律保证不同的崇拜都能得到宽容。

三、对基督徒的迫害

我们这里不可能展现这个问题的全部复杂性[21]，让我们从有关酒神崇拜的法令往后跳过四个多世纪，来到公元250年。罗马帝国在发展变化，共和国已转变为稳定的君主国，有关宗教的大部分共和国传统似乎都保留了下来。但是彼时，在三世纪中叶，罗马各个方向的边境都受到了威胁，国家急需采取行动。250年，德西乌斯皇帝（Decius，249—251年在位）统治的第一年，佩特雷斯（Peteres）之女奥雷利娅·贝利亚斯（Aurelia Bellias），以及她的女儿卡皮倪斯（Kapinis），来到埃及城市泰奥德尔菲亚（Theadelphia）负责祭品与牺牲的委员会面前。她们保证一直在向神献祭；她们在委员会眼前泼洒了祭酒，杀死了一只祭畜并吃了它的肉，最后，她们要求为她们开具一份证明。由奥瑞利乌斯·赛瑞努斯（Aurelius Serenus）和奥瑞利乌斯·赫尔马斯（Aurelius Hermas）组成的委员会完成了他们的任务，用莎草纸开具了证明。我们今天仍能看到赫尔马斯的签字，这份莎草纸上的文件在埃及沙漠的特殊气候环境中保存了下来。[22]

---

20 关于市场模型及其局限，参见 John North, "The Development of Religious Pluralism," in J. Lieu, et al. eds., *The Jews among Pagans and Christians in the Roman Empire*, London: Routledge, 1992, pp. 174-193。

21 Valentina Arena, "Tolerance, Intolerance, Religious Liberty at Rome," in G. A. Cecconi and C. Gabrielli eds., *Politiche religiose nel mondo antico e tardoantico*, Bari: Edipuglia, 2011, pp. 147-164. 在罗马"自由"（*libertas*）概念的背景下对共和国晚期宗教的限制问题做出了很好的概述。

22 *Papyrus Oxyrynchus* IV 658.

此类证明书只存在于德西乌斯统治期间，这位皇帝似乎命令所有公民为异教神祇举行牺牲仪式。这些仪式以一种非同寻常的形式见证了罗马宗教历史的重要发展。我们并不确切知道德西乌斯敕令的内容，但毫无疑问的是，这些牺牲仪式被认为能够安抚诸神，恢复与神的和平。[23]由于在公元三世纪人们面临着军事危机，而且他们通常将危机视为神明愤怒的表现，所以他们很自然地认为有必要在崇拜活动上做出回应。

我们不知道德西乌斯是否有意迫害基督徒，或许他只想采取一套能够震慑人心的措施。但是基督教徒不能不将其理解为迫害：众所周知，基督徒因为他们的信仰而拒绝献祭牺牲。他们只信仰唯一的真神，这个神禁止他们崇拜其他任何神灵。他们要求凭自己决定哪个信仰是真的，而不依赖任何传统和政治权威。在此之前，已经有基督徒因为拒绝参与传统宗教活动而受到惩罚，但一直没有过系统的迫害活动，只有几次地方性的迫害，比如马可·奥勒留（Marcus Aurelius，161—180年在位）在位期间在里昂发生的情况。[24]德西乌斯统治期间，大量基督教徒——但不是全部——拒绝举行牺牲仪式，并因此受到惩罚，通常都是死刑。这场风暴持续的时间不长，德西乌斯251年逝世，强制性的牺牲仪式似乎也就结束了。

对这个事件的解读一直众说纷纭：即便德西乌斯颁布的敕令有迫害基督徒的意图，我们至少可以确定，德西乌斯采取这些措施的目的并不是根除基督教。他唯一的要求就是基督徒向传统神祇奉上牺牲。他没有毁坏基督教建筑，没有系统性地把神职人员投入监狱，没有焚毁圣经，这些手段是之后的统治者使用的。他甚至可能没有意识到他的法令在基

23　J. Rives, "The Decree of Decius and the Religion of Empire," *Journal of Roman Studies*, vol. 89 (1999), pp. 135–154; Bruno Bleckmann, "Zu den Motiven der Christenverfolgung des Decius," in K. P. Johne, et al. eds., *Deleto paene imperio Romano. Transformationsprozesse des Römischen Reiches im 3. Jahrhundert und ihre Rezeption in der Neuzeit*, Stuttgart: Steiner, 2006, pp. 57–72 强调，此类牺牲仪式同样与对皇帝的忠诚有关。

24　尤西比乌（Eusebius）：《教会史》（*Historia ecclesiastica*）5.1。

督徒眼中有多严酷，因为过去就有基督徒参与公共节庆活动，而这本身就有异教的味道。[25]

德西乌斯关于牺牲仪式的法令不仅在古代基督徒眼中令人发指，从现代视角来看也是如此——人们被迫进行一种宗教仪式。但是这种参与公民崇拜活动的义务在古典社会中才是惯例，因为他们需要维持与神的和平。我们知道一些希腊化时代城邦的法律，它们要求所有公民都要参与某些游行仪式和节庆。有一些甚至规定了参与者的着装。[26]但这些也应该放在公民宗教的背景中进行阐释。参与这些活动是保有公民身份的结果。当公民身份被视为一种荣誉，就不会有限制的问题了。或许有些人对此漫不经心，宁愿待在家里，他们使得这样的法律成为必要的措施。但是毫无疑问，公民作为宗教共同体一员，有义务参加这种节庆；法律仅仅是唤起了公民的义务。对于非公民来说，这些法律与他们毫无关系。

在帝国时期，罗马宗教遇到了新的挑战。随着帝国的扩张，国家包含了几百个城市，事情也逐渐起了变化。原则上，帝国所有居民都得参加牺牲仪式，尽管并不存在国家级的仪式组织。基督教徒在这方面的拒绝是人尽皆知的，哪怕他们可能因此丧命。小普林尼（Pliny the Younger）曾给图拉真皇帝（Trajan，98—117年在位）写过一封焦虑不安的信，这位比提尼亚（Bithynia）和彭图斯（Puntus）的行政长官显然被

25　这一点看起来是德尔图良在《论偶像崇拜》（*De Idololatria*）13暗示的，但是德尔图良并没有公开谴责基督徒参与这些祭祀活动。

26　比如可参见 *Inscriptiones Graecae* XII. 9.192 = *Sylloge Inscriptionum Graecarum*3 323, 5–6 = Sokolowski, Supplément 46.6–8 = *Supplementum Epigraphicum Graecum* 40.75810–13 (Eretria, 3./2. c. BCE): *Orientis Graeci Inscriptiones Selectae* 219.20f. = *Inschriften von Ilion* 32.30–32 (Ilion, 3./2. c. BCE: cf. *Supplementum Epigraphicum Graecum* 41.1053): *Inschriften von Priene* 507 = *Orientis Graeci Inscriptiones Selectae* 222 = *Inschriften von Erythrai* 504.34–36 = *Supplementum Epigraphicum Graecum* 41.988 (Clazomenai 268–262 BCE): *Inschriften von Priene* 11.21 以下（约297 BCE）。这也适用于罗马的公共祈祷仪式（*supplicationes*），参见 F. H. Hahn, "Performing the Sacred. Prayers and Hymns," in J. Rüpke ed., *A Companion to Roman Religion*, Malden: Blackwell, 2007, p. 238. 更普遍地，关于元首制以前希腊罗马宗教中的强迫性问题，参见 Krauter, *Bürgerrecht und Kultteilnahme*, pp. 230–325, 以及 Eftychia Stavrianopoulou, "Rezension zu Stefan Krauter: Bürgerrecht und Kultteilnahme," *Sehepunkte*, vol. 7, p. 9 中十分重要的综述。

激怒了，他的信展示了对付那些坚决拒绝所有牺牲的人有多么困难。皇帝下令将那些固执之徒处以死刑，但是命令不要彻底搜寻所有的人。[27] 尽管皇帝反对有组织的强制措施，但每个人依然有义务参与牺牲。

元首制的创立带来了一种新的宗教现象：在奥古斯都时代，有多重源头的皇帝崇拜诞生了，重要性不断增长。这是一种普世崇拜（oecumenical cult），因为它由帝国的全体居民构成，甚至奴隶也应该参与。[28] 此外，不同的崇拜活动和仪式开始产生相互接近的趋势。结果就是人们开始说到"帝国宗教"（imperial religion）。[29] 这种现象的兴起应该放在罗马化的背景下分析，在帝国的和平气氛之中，凭借出色的沟通，罗马城市的法规传播开来，各种崇拜的传播同样得以加强。这一切都导致了宗教在一定程度上的同质化。不过，"帝国宗教"从未形成坚实的教义系统，也不存在为帝国整体而设的圣职。诚然，皇帝是大祭司长（pontifex maximus），但这项职务只与各种罗马崇拜有关。"帝国宗教"没有国家层面的组织；它是一个同化过程的结果，其根源不独在罗马，而是来自帝国的各个部分。

卡拉卡拉（Caracalla，211—217年在位）颁布的《安东尼努斯敕令》（*Constitutio Antoniniana*）将公民权授予罗马帝国境内几乎全部的居民，帝国变成了一个城邦。因此，他要求所有新公民像他一样参与传统宗教

---

27 普林尼：《书信》（*Epistulae*） 10.96-97: Robinson, "Repressionen gegen Christen in der Zeit vor Decius – noch immer ein Rechtsproblem" 依然是基础性的研究。

28 Duncan Fishwick, *The Imperial Cult in the Latin West: Studies in the Ruler Cult of the Western Provinces of the Roman Empire*, 3 vol., Leiden: Brill, 1987-2004; Ittai Gradel, *Emperor Worship and Roman Religion*, Oxford: Oxford University Press, 2002; Hubert and Konrad Hitzl, eds., *Die Praxis der Herrscherverehrung in Rom und seinen Provinzen*, Tübingen: Mohr Siebeck, 2003; Manfred Clauss, *Kaiser und Gott. Herrscherkult im römischen Reich*, Stuttgart: De Gruyter Saur, 1999 强调了将皇帝视为神。

29 J. Rüpke, "Reichsreligion? Überlegungen zur Religionsgeschichte des antiken Mittelmeerraums in der römischen Zeit," *Historische Zeitschrift*, vol. 292 (2011), pp. 297-322.

仪式。[30] 罗马帝国变成了一个巨大的崇拜共同体，除了一些顽固的基督教徒和犹太教徒之外，而这些人仍然享受着帝国带来的好处。[31] 这种形式的异教思想，影响着整个有罗马公民居住的广袤领土，我们可以说它是这个时代的普世异教（oecumenical paganism）。[32]

四、关于宗教自由

如果在这个意义上理解，这种普世的异教并没有消除宗教的地方性原则，而是超越了地方性和具体崇拜的局限。宗教的概念因此扩大了，也拥有了更普遍的特征。在这样的历史背景下，出现了有关宗教自由的讨论，宗教自由（libertas religionis）这个词组在历史上首次出现，更准确地说是"首次得到见证"。就我所知，这个拉丁词组在希腊语中没有任何先例；事实上，它似乎是一个拉丁语文化的发明。

第一个使用"宗教自由"这个词组的是德尔图良（Tertullian），他是一名迦太基基督徒，受过极好的法学教育，也是一位多产的作家。他并没有在教会担任职务。他的威望来自几篇修辞上非常出色的文章，这些文章讨论了基督徒和他们所处社会环境之间的关系，目的是强化基督教徒与异教徒之间的障碍。197年，即《安东尼努斯敕令》颁布的十几年

---

30 *Papyrus Gissensis* 40.I.3-8. 塞维鲁时代的作家卡西乌斯·迪奥（Cassius Dio）曾将一段演讲归给梅赛纳斯（Maecenas），这段演讲实际上是关于君主制的理论。在他看来，皇帝应该强制臣民崇拜传统宗教，禁止外来崇拜（52.36.1以下）；关于塞维鲁时代背景，见 Bernd Manuwald, *Cassius Dio und Augustus*, Wiesbaden: Steiner, 1979, pp. 21-25。

31 参见 Umberto Roberto, "Le Chronographiae di Sesto Giulio Africano. Storiografia, politica e cristianesimo nell'età dei Severi," *Augustinianum*, vol. 52 (2012), pp. 552-558。

32 此处我使用了 *oikoumenikos*，这个词与古希腊竞赛（*agônes*）中将运动员集合起来有关；参见 Fergius Millar, *The Emperor in the Roman World: 33 BC- 337 AD*, London: Duckworth, 2001, pp. 456-463; Elmar Schwertheim and Georg Petzl, *Hadrian und die Dionysischen Künstler. Drei in Alexandria Troas neugefundene Briefe des Kaisers an die Künstler-Vereinigung*, Bonn: Rudolf Habelt, 2006; 另参见 Aelius Aristides, *In Rome*, 10以下。

前，他给一位罗马长官写了一份申辩书，抱怨对基督徒的攻击。他先是论证了异教神祇不过是一些魔鬼，接下来以一种表面看来相当开明的方式说道：

> 请允许这个人崇拜上帝，允许那个人崇拜朱庇特；请允许这个人向上天举起双手，允许那个人面朝祭坛；请允许这个人在祈祷时数云彩（如果你这样想），允许那个人数天花板上的格子；请允许这个人将他的灵魂献给上帝，允许那个人献上一只山羊的灵魂。要小心别让这成了无信仰（irreligiositas）的指控：终止宗教自由，禁止选择自己的神，不允许我崇拜我所愿的，强迫我崇拜我不愿的。没有谁，哪怕是人，想要接受被迫的崇拜。[33]

德尔图良谈到了宗教自由，它体现在多种多样的宗教活动中，也可以称它为"崇拜的自由"。它不是国家特许的一项权利，而是诸神的愿望，他们希望以恰当的方式被人们崇拜。[34] 德尔图良在这里没有讨论对基督教徒来说很典型的教义问题，但这并不意味着他没有意识到这个难题。但在这个段落中，他谈到了在他的生活环境中流行的现象，亦即一些传统的宗教仪式。德尔图良观察到了很多在他看来有些奇怪的崇拜仪式，并要求基督徒拥有与他人同样的崇拜他们上帝的自由。

宗教自由的观念不可能是全新的。德尔图良认为他的读者明白他想

33　德尔图良：《护教篇》（*Apologeticum*）24.5。参见 Tobias Georges, *Tertullian Apologeticum*, Freiburg: Herder, 2011, pp. 409–411 的详细注释；关于德尔图良作品的背景，参见 Rodrigue Bélanger, "Le plaidoyer de Tertullien pour la liberté religieuse," *Studies in Religion*, vol. 14 (1995), pp. 281–291；关于"自由"概念的含义参见 Valentina Arena, "Tolerance, Intolerance, Religious Liberty at Rome," pp. 160–163；与犹太教观念的对比，参见 Guy G. Stroumsa, "Tertullian on Idolatry and the Limits of Tolerance," in G. G. Stroumsa and G. N. Stanton eds., *Tolerance and Intolerance in Early Judaism and Christianity*, Cambridge: Cambridge University Press, 1998, pp. 173–184。

34　Tyrell, "Katholische Kirche und Religionsfreiheit. Christentumsgeschichtliche und differenztheoretische Überlegungen," p. 212 强调说这个问题是由需求一方决定的。这篇论文出色地介绍了西方现代早期宗教自由的复兴（尤其是第242—248页）。

要表达的意思。人们普遍认为，只有自愿进行的崇拜才会被神接受。这条原则可以回溯到斯多葛学派的观念，认为道德行为的前提是自主性。[35]但德尔图良是我们所知的第一位将此原则用作论据支持普遍意义上的宗教自由的思想家。他希望基督徒能得到允许去做任何他们认为在宗教上正确的事。在五年后（212年）撰写的论文中，尽管德尔图良没再使用"宗教自由"这个说法，但他用了同样的论据来论证宗教应该在自愿的情况下践行，并认为它是一项 ius humanum（人的权利）。"人的权利"这种翻译具有一定暗示性（本身并没有错），但它制造了一种错觉，让人以为德尔图良的论断建立在对人权的整体考量之上——这种看法是很久之后才出现的。不管怎样，这种想法表达的是一种政治控制范围之外的权利，这一点已经得到了很多讨论。[36]

德尔图良提出的另一个请求（在宗教问题上不要将基督徒与其他人区别对待）不算新鲜。一代人以前，马可·奥勒留治下的基督教护教者雅典的阿忒那哥拉（Athenagoras）就已经指出，帝国中所有的民族都被准许遵循他们各自的传统，唯独基督教徒除外。[37]他呼吁一种传统意义上的宽容，基督徒应该被视为一个民族（ethnos）或者国家，就像犹太人那样。[38]我们此时可以称这种宽容为"民族宽容"。这种做法的必要性在

35　H. Cancik, "Die frühesten antiken Texte zu den Begriffen ›Menschenrecht‹, ›Religionsfreiheit‹, ›Toleranz‹," in K. M. Giradet and Ulrich Nortmann eds., Menschenrechte und europäische Identität. Die antiken Grundlagen, Stuttgart: Steiner, 2005, pp. 94-104, p. 98以下。

36　德尔图良：《反斯卡普拉》（Ad Scapulam）2.2；参见 L. Dattrino, "La liberté religieuse dans l'Ad Scapulam de Tertullien," Lateranum, vol. 73 (2007), pp. 357-377; Cancik, "Religionsfreiheit und Toleranz in der späteren römischen Religionsgeschichte," 2009。

37　J. Rives, "Diplomacy and Identity among Jews and Christians," in C. Eilers, ed., Diplomats and Diplomacy in the Roman World, Leiden: Brill, 2009, pp. 99-126; Kahlos, Forbearance and Compulsion, p. 21以下；G. Aragione, Les chrétiens et la loi: Allégeance et émancipation aux iie et iiie siècles, Genève: Labor et Fides, 2011, p. 21以下。

38　参见大马士革的尼古拉斯（Nicolaus of Damascus）在阿格里帕（Agrippa）面前为犹太人的信仰权进行的成功辩护（Flavius Josephus, Antiquitates Judaicae 16.31-57，尤其是35以下和41以下）。关于面向犹太人的宽大，参见 Khalos, Forbearance and Compulsion, pp. 14-19。

古代社会已经显而易见。希罗多德就已思考过不同族群的崇拜之间的差异性与相似性。这些崇拜中的大部分都可以相互包容，就像希腊文明与罗马文明之间可以相互转译那样。犹太人却与众不同。即使犹太人可以诉诸他们传统的悠久，但基督徒也认为他们有权要求相似的地位。

以超越民族概念的普世异教主义为背景，交易的条件已经发生了变化。因此德尔图良不得不让他的诉求更具有普遍性，所以才会用宗教自由的方式表达出来。在这个事件中有一件事让我们想到之前的酒神崇拜：宗教自由看起来是完全存在的。这种自由可以被剥夺（adimere），但这意味着忤逆神意。德尔图良在这里并不关心保护个体免受宗教方面的强迫；他想提出的是一个反问句：神明是否乐意人们被迫崇拜他呢？这意味着，祭仪是无效的。那么，剥夺宗教自由就是渎神或者不信神。德尔图良确实用了无信仰（irreligiositas）这个很可能是他发明的词。[39] 德尔图良关注的是宗教活动的成功，而不是个人的自由。此外，这个概念并不是他论证的核心，甚至不是顶点，他此后还进一步说明，埃及和其他国家的崇拜活动那么荒谬，都得到了允许，而对他信奉的唯一真神的崇拜却得不到允许。

在极端情况下，我们可以提出一种更为激进的解释，它乍一看可能有些愤世嫉俗：迫害行为指明了一条更为激奋人心的道路——殉道，因此宗教自由对于基督教徒便不再是很有吸引力的选择了。因为信仰而被处决的基督徒被认为是神圣的。从严格的基督徒的视角看来，这比继续苟活更好。因此，德尔图良的请求并不完全是一份为思想自由而做的辩

---

[39] 普林尼：《书信》4.1.5使用了无信仰的（irreligiosus）一词，用来指祭祀仪式举行中的一个（潜在的）失误。还可参见如普林尼：《书信》9.35.1；阿普雷乌斯（Apuleius）：《变形记》（Metamorphoses）11.15；塔西佗：《编年史》2.50.2。关于irreligiositas, irreligiosus这两个词，参见TLL词条。无信仰（irreligiositas）一词在爱任纽（Irenaeus）《驳异端》（Against Heresies）2.16.3的拉丁译文中也出现过，但年份难以判断，仅可以确定写作于公元421/422年之后；参见Adelin Rousseau, "Introduction," in Irénée de Lyon. Contre les hérésies livre IV, Paris: Cerf, 1965, p.16n.4; Sven Lundström, Die Überlieferung der lateinischen Irenaeusübersetzung, Uppsala: Academiae Ubsaliensis, 1985, p. 7。

护书，就像席勒（Schiller）的《唐·卡洛斯》（*Don Carlos*）中波萨侯爵所做的那样；它更像是一套修辞技巧，目的是表明他那个时代异教的宗教政治存在内在的不一致。但宗教自由的观念得到阐明本身还是很重要的，因为这个观念将很快为大众所知，并能够以更普遍的方式被人们使用。

这样看来，这个在未来前景远大的"宗教自由"概念就不是古代的一个革命性概念。德尔图良使用这个词组只是一个孤例：从那时起过了很长时间，作家们都没再提起它。直到几十年之后，在四世纪初，另一位基督教思想家拉克唐修（Lactantius）才讨论了宗教自由的问题。尽管他没有用"宗教自由"（*libertas religionis*）这个说法，但是多次在讨论宗教的背景下说到了自由（*libertas*），强调只有自愿的和非强迫的信仰才是真正的宗教。拉克唐修比德尔图良说得更详细，但是他也没有将宗教自由本身视为一种价值，而仅仅用来论证在信仰领域运用暴力毫无用处。[40] 像这样的篇章可以用来为宗教多样性辩护，即使拉克唐修坚信只存在一种真正的宗教。他的诉求首先还是反对当时基督徒所受的宗教迫害，而不是一个旨在创建宽容社会的宏伟计划。在古代也没有人继承他的精神。

五、开放的迹象

在拉克唐修撰写他的著作之时，基督徒已经度过了几十年的和平时光，瓦勒良（Valerianus，253—260年在位）在257年发起的迫害已成回

40　拉克唐修：《神圣原理》（*Institutiones divinae*）5.19-21，尤其是19.11（cf. 5.13 关于迫害对基督教起到的推动作用）；《神圣原理概要》（*Epitome*）49；Depalma Digeser, "Lactantius, Porphyry, and the Debate over Religious Toleration," *Journal of Roman Studies*, vol. 88 (1998), pp. 129-146，尤其是 p. 142 以下；Jochen Walter *Pagane Texte und Wertvorstellungen bei Lactanz*, Göttingen: Vandenhoeck & Ruprecht, 2006, pp. 306-319。相似的论证也出现在同时代的阿诺比乌斯（Arnobius）：《驳异教》（*Adversus nations*）2.65（但他没有使用"宗教自由"一词）；参见 Kahlos, *Forbearance and Compulsion*, p. 48。

忆。德西乌斯采取反基督教措施的意图仍然不清楚，但瓦勒良的迫害却是有意冲着基督徒去的，针对他们的集会场所、基督徒官员，以及皈依基督教的上层人物。[41]仅仅过了三年，瓦勒良就被波斯人俘虏——对于一位罗马统治者来说这是奇耻大辱，他的儿子加里恩努斯（Gallienus，260—268年在位）即位，停止了迫害，表面上准许所有人按照各自的传统行事（ta ex ethous epitelein）。由于传统是定义民族身份的基础，皇帝似乎是表达了对"民族宽容"的赞同。教会历史学家尤西比乌（Eusebius）说这个结果是自由（eleutheria），但他的评论仅限于归还基督徒的财产一条。[42]

大约四十年之后，戴克里先（Diocletien，284—305年在位）发起了一场针对基督徒的系统性迫害，这场迫害持续了好几年。这正是拉克唐修提出"宗教自由"概念的时间。在这场迫害的末尾，即311年，这个时候戴克里先已经退位，共治的四位皇帝颁布了一项法令，以拉克唐修为首的基督徒认为伽列里乌斯（Galerius，305—311年在位）是这项法令中的关键人物。下面我们来仔细看看这项法令：

> 在我们为国家利益而采取的一切措施中，我们曾决定按照罗马人古老的法律和公共的规范来让一切事物达到和谐，并使抛弃祖先宗教的基督徒重新恢复理智，因为这些基督徒出于某些原因固执己见、冥顽不化，拒绝服从古代的制度——这些制度很可能是他们自己的先祖确立的，他们全凭一己之愿，创造了自己遵守的法律，并且在不同地方引诱各式人群。

---

[41] Karl-Heinz Schwarte, "Die Christengesetze Valerians," in W. Eck ed., *Religion und Gesellschaft in der römischen Kaiserzeit*, Köln: Böhlau, 1989, pp. 103-164; Toni Glas, *Kaisertum und Reformansätze in der Krisenphase des Römischen Reiches*, Paderborn: Ferdinand Schöningh, 2014.

[42] 尤西比乌：《教会史》7.13。

行文至此，我们还处于一句很长的拉丁文的中间，不过我还是得冒昧地稍作打断，因为伽列里乌斯在这里描述了基督教最重要的特色：基督徒声称由自己做出选择，即使他们的选择与传统相悖。[43] 与加里恩努斯的规定不同，在这里的基督徒没有被视为某种传统的代表。伽列里乌斯继续他有力的指责：

> 最终，我们颁布法令要求他们遵循古代的制度，很多人因为害怕而臣服，也有很多人被杀死。但由于大多数人决心不移，而且他们不仅不向诸神献上应有的仪式和尊敬，也不崇拜他们自己的神；考虑到我们无尽的宽恕与原谅一切人的习惯，我们决定让他们立刻受益于我们的仁慈，因而他们能够再次成为基督教徒，进行集会，只要他们不违反良好的秩序。我们会另外致信地方长官，告诉他们应该做些什么。作为对我们仁慈的回应，基督徒应向其神祈求我们的安全，国家的安全，及他们自己的安全，从而保证国家不会在任何方面受到伤害，让他们也能在家中安宁生活。[44]

这项法令并没有宣扬一种普遍的宽容，而仅仅是针对基督徒的一种仁慈的特许。在个体层面上，它完全不是作为个人权利的宗教自由，即使基督徒从此拥有了向他们的神祈祷的自由。皇帝的推理非常引人注目：迫害最好的结果是所有的基督徒都回到古老的习俗上来。但是如果这是不可能的，他们至少可以崇拜他们的神，这种考虑显然建立在维持与神的和平的概念之上。并且，伽列里乌斯为了保存颜面，强行要求基督徒**做点什么**：为皇帝和国家祈祷（无论如何，他们宣称会这样做）。就像元

---

43 此处没能涉及的摩尼教徒也提出了相似的问题；参见戴克里先颁布的反对摩尼教的法律（*Mosaicarum et Romanarum legum collatio*, 15.3.3 = *Fontes Iuris Romani Anteiustiniani*, II2 580）。

44 拉克唐修：《论迫害者之死》（*De mortibus persecutorum*）34；希腊语版本见尤西比乌：《教会史》8.17.6–10。

老院在五百年前做的那样，伽列里乌斯认为自己有权规定（用我们的话来说）宗教团体内部的规章制度。因此伽列里乌斯并没有宣扬宗教自由的价值，而是接受了看起来不可避免的东西；他甚至可能感到有必要在传统主义者面前为他采取的措施进行辩护。

两年后的313年，伽列里乌斯去世，君士坦丁大帝（Constantine the Great，306—337年在位）与李锡尼（Licinius，308—324年在位）成为帝国的主人；他们在米兰会面，讨论迫害结束后的一系列事项。他们协议（写给一位地方长官）的开头使用了一种庄严的语调：

> 凭着可喜悦的吉兆，我，君士坦丁·奥古斯都和我，李锡尼·奥古斯都分别来到米兰，就关于安全与公众利益的各种事项进行磋商。我们认为，在这些在我们看来有益于大部分人的事项中，最具优先性的是确保对诸神的尊重与敬畏，也就是说，把自由给予基督徒和其他所有人，让他们可以遵循各自喜欢的崇拜形式；这样一来，所有天上的神灵就能有利于我们，以及所有生活在我们职权之下的人们。因此，我们怀着有益而正直的意图，特此做出如下决定：人人都有权将自己的心智献给基督徒的崇拜形式或其自认为适合的崇拜形式，这不得加以否认；这样一来，我们以自由心智崇敬的最高神灵就可能会在一切事情中向我们展示他惯常的恩惠与仁慈。因此，尊贵的阁下应当注意到，在阁下先前收到的敕令中，关于基督徒的种种限制性规定均应废除；凡是与我们的仁慈不符或相左的规定，也应取消；而且，现今每位渴望遵守基督教崇拜形式的人，都应被允许不受任何干扰地这样做。我们认为应向勤勉的阁下就此做出详尽解释，以便让阁下知晓，我们已给予这些基督徒完整而充分的许可，使他们可以践行自己的崇拜形式。当注意到我们授予了他们这项权利时，忠心的阁下将会明白，其他那些想要遵循自己惯例或崇拜仪式的人，也得到了同样的许可，这与我们时代的安宁协调一致，这样一来，人人均有权践行他自己希望的任何形式的崇拜仪式。我

们之所以这样做，乃是因为不想显得对任何崇拜或仪式加以限制。此外，关于基督徒社团的事项，以下是我们认为应该决定的：关于从前基督徒惯常聚会的场所，阁下先前收到的敕令亦曾做出特别指示，凡有人以国库或任何其他名义购买过这些场所，须将其归还原先的基督徒所有者，不得索要钱款，不得提出任何补偿要求，不得有任何欺诈或模棱两可的行为。倘若有人因为收礼而得到这些场所，他们也不得耽搁，须将其归还原先的基督徒所有者。此外，倘若有人购买或收礼得到这些场所，他们又恳求我们慷慨待之，他们可向当地官员申请，这样他们也可能受益于我们的慷慨仁慈。你们当热心行动，毫不拖延，好让所有这些财产能够即刻移交到基督徒社团手中。众所周知，这些基督徒不但有自己的聚会场所，而且还拥有其他一些不属于个人而属于群体的财产。所有这样的财产，你们应当下令，遵守上述法律的规定，将一切财产毫无疑义地归还基督徒，也就是说，还给他们的社团和协会；而且，再一次，倘若有人如上所述毫无补偿地归还财产，可以因我们的慷慨仁慈获得补偿。在所有这些事项中，你们当为上述基督徒群体的利益不遗余力，当全速贯彻执行我们的命令，好让我们的仁慈促进公共社会的稳定。这样一来，正如早先提到的，神的关爱将继续保证我们事业的成功与国家的繁荣，我们以前曾在严峻的情况下体会过这种关爱。为使我们宽厚的法令众所周知，阁下当下令公布我们所写下的，并在各处张贴，以便引起所有人的注意。这样一来，体现我们仁慈的法令才不会不为人所关注。[45]

这是历史上第一次有统治者明确授予人们普遍而毫无保留的宗教自

45　拉克唐修：《论迫害者之死》48；希腊语版本参见尤西比乌：《教会史》10.5.1–14（有几处细微差异）。引文参考了尤西比乌：《教会史》，保罗·梅尔英译、评注，瞿旭彤译，北京：生活·读书·新知三联书店，2009年，第457—460页，略有改动。——译者注

由[46]，虽然与加里恩努斯的法令听起来有些相似。这道敕令充满了自由与决定的修辞，但还远远不是现代的宗教自由。统治者授予自由的主要原因是和平，而不是认为信仰自由是个人的基本权利。正如君士坦丁和李锡尼所说，这关系到国家的和平；这不是建立在基本规范上的法律，而是回应当前问题所需要的一份协议。

在实践层面，米兰敕令为迫害导致的财产纠纷提供了一些解决方案。这道敕令也标志着罗马人在政治上可以将宗教自由推到的极限。值得注意的是，它没有成为古代晚期国家的基本原则。它是一个孤例，后世的人们比它的同时代人更重视其价值。

在帝国的东部，马克西米努斯·戴亚（Maximinus Daia，308—313年在位）是四位共治皇帝中的一位，似乎支持过一场异教崇拜的复兴[47]，在伽列里乌斯法令颁布之后，马克西米努斯开始对基督徒采取宽容政策，但有所限制。其中的一项限制引起了我们的注意：他决定回应一些对基督徒的指控（他声称是自己征集的），规定在某些地方，基督徒应该与城市及其属地分隔开来。[48]在这种情况下，宽容可能就意味着隔离。但实际上，如果禁令同样涉及乡村的话，基督徒能退避到哪儿去呢？因此，基督徒认为这种安排与迫害无异也就不足为奇了。另一方面，他们的处境似乎取决于不同地方的情况：即使有些城市被帝国鼓励驱逐基督教这

46　尤西比乌：《教会史》10.5.2；拉克唐修：《论迫害者之死》48.2。

47　Wolfgang Kuhoff and Kay Ehling, "Maximinus Daia"(Daza)词条，*Reallexikon für Antike und Christentum*, Stuttgart: A. Hiersemann, 2011, pp. 501-504; Nicole Belayche, "La politique religieuse ›païenne‹ de Maximin Daia. De l'historiographie à l'histoire," in Cecconi and Gabrielli eds., *Politiche religiose nel mondo antico e tardoantico*, pp. 235-259。

48　参见拉克唐修：《论迫害者之死》36.3；尤西比乌：《教会史》9.2-4；9.7；*Inschriften von Kleinasien* 48.12 (*Année Épigraphique* 1988, no. 1046f；*Tituli Asiae Minoris* II 3.785; *Corpus Inscriptionum Latinarum* III 12132)。Stephan Mitchell, "Maximinus and the Christians in A.D. 312. A New Latin Inscription," *Journal of Roman Studies*, vol. 78 (1988), pp. 105-124详尽地重构了与基督徒的宗教自由相关的一系列法令。

个污点，它们也没有被强迫这样做。⁴⁹ 假如这种策略占了上风，那就说明宗教地方化的古老原则以一种有趣的方式重现了。米尔维奥桥（Pont Milvius）战役后，马克西米努斯似乎被迫授予了基督徒更多的权利：他最终颁布了一条法令，准许基督徒（和其他人）参与到他们所希望的崇拜活动中去；他甚至遵循米兰敕令的要求，下令归还基督徒的财产。⁵⁰

六、从被迫害者到迫害者

众所周知，宽容或容忍，以及宗教自由，并不是这个基督教帝国的特征。正相反，异教徒和异端很快开始遭到迫害：基督教徒宣称掌握着与每个人息息相关的真理。所有人都应该皈依真理，否则将失去永恒的生命。从教牧的视角看，很难想象有人会拒绝上帝给予人的东西。因此，那些还没接受真理的人需要被说服，甚至有些人会想，这种说服可以采用任何手段。⁵¹ 让臣民皈依基督教是基督徒皇帝的一项重要义务，而这必然导致一种极端不宽容的政策（即便不以如今的标准衡量）。

49　Gaetano Arena, "Città ›premiate‹ e città ›punite‹ nell'Asia minore tardo-antica. Pagani e cristiani tra promesse e minacce imperiali," *Mediterraneo Antico*, vol. 11 (2008), pp. 229–250强调了这一点。

50　尤西比乌：《教会史》9.9a，尤其是4–9；关于更为普遍的法规，参见《教会史》9.10.7–11。

51　关于 *Heilssorge*（关心得救）可能是基督教不宽容的根源，参见Perry Schmidt-Leukel, "Ist das Christentum notwendig intolerant?," in R. Forst ed., *Toleranz. Philosophische Grundlagen und gesellschaftliche Praxis einer umstrittenen Tugend*, Frankfurt: Campus, 2000, pp. 177–213；另参见 G. G. Strousma, "Interiorization and Intolerance in Early Christianity," in Jan Assmann ed., *Die Erfindung des inneren Menschen. Studien zur religiösen Anthropologie*, Gütersloh: Gütersloher Verlagshaus G. Mohn, 1993, pp. 168–182及G. G. Strousma, "On the Roots of Christian Intolerance," in F. Prescendi and V. Y. Volokhine eds., *Dans le laboratoire de l'historien des religions*, Geneva: Labor et fides, 2011, pp. 193–210. Arnold Angenendt, *Toleranz und Gewalt. Das Christentum zwischen Bibel und Schwert*, Münster: Aschendorff, 2008以超越时代的视角讨论了这一问题。Wolfgang Speyer, "Toleranz und Intoleranz in der Alten Kirche," in I. Broer and R. Schlüter eds., *Christentum und Toleranz*, Darmstadt: Wissenschaftliche Buchgesellschaft, 1996, pp. 83–106讨论了同样的问题，并给出了带有个人视角的综述。

此处我无法详述古代晚期反对异端和反对异教措施的全部后果，以及零星的宽容行为。[52] 我只想指出两个基本的发展：与异端的论战中出现了一个新的问题，即教义问题，因为不同的基督教团体就基督教真理的确切表达发生了很多争论。主教会议和皇帝随后颁布的法律加强了某些教派的力量。与异教崇拜不同，统治者不能独自决断宗教事务。这些决定的根据需要由教会机构来提供，或是通过主教会议，或是通过权威的基督教人士，如主教等。[53]

相比异教徒，针对异端分子的迫害要更为持久，而犹太教徒得到了更大的容忍。反对异端分子的法律走在反对异教徒的前面。尽管如此，仍有一条法律显示出对异端分子某种形式的宽容。这是一封由君士坦丁写给非洲的主教们和教民的信。这封信标志着皇帝为铲除多纳图斯派（Donatists）所做的数次努力的终结，此教派称自己与其他基督教派不同，经历了戴克里先的迫害而依然完好无损。[54] 君士坦丁在信中很不情愿地接受了现实。他的首要论据是宽容比压迫风险更小；在这方面，这封信很像伽列里乌斯所谓的"宽容法令"。然而，与伽列里乌斯不同的是，君士坦丁称基督教具有如爱好和平、信赖上帝的最终判决等美德，因而将宽容嵌入了新的背景之下。君士坦丁于324年战胜李锡尼后，向东方行省的居民用慷慨且宽泛的词句赞美了宽容，甚至是对犯错者的宽

---

52 关于此问题，有一些有益的研究，比如 Karl Leo Noethlichs, *Die gesetzgeberischen Maßnahmen der christlichen Kaiser des vierten Jahrhunderts gegen Häretiker, Heiden und Juden*, Diss. Cologne, 1971; K. L. Noethlichs, "Heidenverfolgung," *Reallexikon für Antike und Christentum*, vol. 13 (1986), pp. 1149–1190; *Kahlos Forbearance and Compulsion*, pp. 56–233。Polymnia Athanassiadi 在 *Vers la pensée unique. La montée de l'intolérance dans l'Antiquité tardive*, Paris: Les Belles lettres, 2010 中分析指出，人们的心理状态在这一时期经历了由以人为中心向以神为中心的演变。

53 我在 Hartmut Leppin, "Kaisertum und Christentum in der Spätantike. Überlegungen zu einer unwahrscheinlichen Synthese," in A. Fahrmeir and A. Imhausen eds., *Die Vielfalt normativer Ordnungen. Konflikte und Dynamik in historischer und ethnologischer Perspektive*, Frankfurt: Campus, 2013, pp. 197–224 一文中就此问题进行了更为详尽的论述。

54 Optatus of Mileve, *De schismate Donatistarum adversus Parmeniarum*, Appendix, 9. 此文本中 *toleremus* 的意义与"宽容"（tolerance）相近。

容。[55]然而他的追随者寥寥无几。在随后的几个世纪里，打压异教徒和异端分子的法规变得越来越重要和严苛。[56]

在宗教政策方面，基督教有一个极端的创新：不只是惩罚和矫正偏离正道的基督徒和异教徒，还要威胁彻底铲除他们的习俗。狄奥多西大帝（Theodosius the Great，379—395年在位）针对异教徒的法律就充分说明了这一点，尽管它直到世纪末才被公布。一条在392年颁布的法律中的这样一段可以作为例证：

> 所有人，无论其出身贵贱，地位高低，无论其拥有公职还是结束了任期，无论其因出身偶然享有权势，或因血统、身份、命运而处境卑微，不得在任何场所或任何城市，向无知觉的塑像献上无辜的牺牲，亦不得采取更为隐蔽的方式，以火焰祭家神，以酒祭物灵，以香氛祭灶神，不得点灯、焚香、悬挂花环。[57]

此处针对的是所有被基督徒视为异教的崇拜行为。

很自然，此后就轮到异教徒求助于信仰自由了。[58] 384年，罗马的行政长官叙马库斯（Quintus Aurelius Symmachus）在一篇精心写作的献给皇帝的演说中，请求在罗马恢复某些异教崇拜。与他的基督徒前任们不同，他请求的根据并不是宗教自由的概念，而是传统的力量，他指出，

---

55 尤西比乌：《君士坦丁传》（*Vita Constantini*）2.56以下，以及Kahlos, *Forbearance and Compulsion*, pp. 59-62。

56 关于这一点，见 M. F. Baslez, ed., *Chrétiens persécuteurs: destructions, exclusions, violences religieuses au ive siècle*, Paris: Albin Michel, 2014，特别是其中收录的Maraval, "Le devoir religieux des empereurs: de la tolérance à la répression," pp. 37-62。

57 *Codex Theodosianus* 16.10.12。

58 关于此方面，尤利安（Julien，361—363年在位）曾称，诸神在他的治下将自由授予异教徒；参见《书信》61c Bidez-Cumont = 36 Wright (423 C)。

既然有不同的传统，至高的存在就可以用不同的方式来沟通。[59]

此外，在异教徒中普遍认可"信仰不能是被迫的，只能是自愿的"这一原则，它被用作论证来反对基督徒。一个例子足以说明情况：利巴尼俄斯（Libanios），一位来自东方的安条克的著名演说家，批评那些拆毁庙宇的官员和僧侣，因为毁掉圣所从不曾使任何人转变信仰。[60]君士坦丁堡的官方演说家忒米斯提乌斯（Themistius）在一篇演讲中也用到了相同的推论。这是古代保存下来的最详尽的一篇关于宽容的辩护词。全套论据建立在政治考量（皇帝对于强加宗教信仰的无能为力）、人类学（信仰不能被强迫）与伦理学（宽容与暴力截然对立）之上。[61]这些论述都是为了说明宗教暴力必将徒劳无功，而非对个体权利的有力诉求。然而，它们证明了一种观念的持续性：宗教信仰不能被强加于人。

而在基督徒看来，这一点并不那么显而易见，即使不少颇具影响力的主教，如亚历山大的亚塔那修（Athanasius of Alexandria，约296—373）和米兰的安布罗斯（Ambrose of Milan，约340—397），都曾指出真理不能强加于人，只能通过论证。[62]但正如我先前指出的，基督徒们可能会认为（而且很多人确实认为），自己有义务出于爱使尽可能多的人皈依基督教，以拯救他们的灵魂，而他们现在有了这样做的权力。基督教对于宗教自由的态度模糊不清，这一点在希波的奥古斯丁（Augustine of Hippo，354—430）的作品中表现得很清楚。这位神学家感到自己对那些没追随真正信仰的人负有责任，并且真诚地希望使他们得到救赎，而救

59　Symmachus, *Relatio* 3.8；关于叙马库斯与忒米斯提乌斯的学术背景，参见 Clifford Ando, "Pagan Apologetics and Christian Intolerance in the Ages of Themistius and Augustine," *Journal of Early Christian Studies*, vol. 4 (1996), pp. 171-207; M. Kahlos, "Rhetoric and Realities: Themistius and the Changing Tides in Imperial Religious Policies in the Fourth Century," in G. A. Cecconi and C. Gabrielli eds. *Politiche religiose nel mondo antico e tardoantico: orientamenti di governo, forme del controllo, idee e prassi di tolleranza*, pp. 287-304。

60　Libanius, *Oratio* 30.26.

61　Libanius, *Oratio* 18.122; Themistius, *Oratio* 5.67b-68c。

62　可参见亚塔那修：《阿里乌斯派的历史》（*Historia Arianorum*）33.2-3；安布罗斯：《书信》5.17。

赎只有在他的教会中才有可能。另一方面，出于那些众所周知的理由，他又在原则上反对强迫信仰。因此，奥古斯丁在青年时期对于基督教最终取胜深信不疑，从而为宗教宽容辩护；他的宽容来自他看待教牧的态度，而不是出于对其他信仰的尊重。

事实上，一旦有必要，他就会轻易转变观点。之后，由于他不再只是一位神学家，也是要在异端面前显示自己权威的主教，他开始强制异端分子皈依他的教派，因为这些人与异教徒不同，他们可以认识真理。我们看到，当罪人拒绝敞开心灵的时候，基督教对待教牧的态度，基督徒对罪人的爱，就会导致他们采取强制手段。为了他的利益，必须让他加入奥古斯丁的教派，即使并非心甘情愿。[63]

七、结论

古罗马的宗教自由问题一定要置于一种特殊的背景中去理解，即普世的异教主义与普世的基督教之间的张力。仅仅建立在宽容的多神论与不宽容的一神论之间的对立是不够的。异教的罗马曾经实施过宗教宽容，但是他们很少反思这种宽容，而且宽容也从未被当作政治上的指导方针。[64]

一神论的基督教从一开始就既是普世的又是排他的。基督徒起初论证他们应该得到与其他宗教或民族相同的待遇。然而，在与普世的异教

---

63 这里只能简单归纳奥古斯丁的复杂论证；关于这一点，可参考 Besier and Schreiner, "Tolerenz," pp. 452-454; Forst, *Tolerenz im Konflikt*, pp. 58-73; Pamela Bright, "Augustin im donatistischen Streit," in V. H. Drecoll, ed., *Augustin Handbuch*, Tübingen: Mohr Siebeck, 2007, pp. 171-178; Kahlos 2011, "Rhetoric and Realities," pp. 111-133; Horace E. Six-Means, *Augustine and Catholic Christianization: The Catholicization of Roman Africa, 391-408*, New York: Peter Lang, 2011, pp. 177-190。

64 Jan Assman, *Die Mosaische Unterscheidung oder der Preis des Monotheismus*, München: Carl Hanser, 2003 的阐释很有名，他认为，宗教上的不宽容与暴力是一神论宗教自恃掌握普遍真理的结果；亦可参见 Stroumsa, "On the Roots of Christian Intolerance," pp. 197-203。

主义对抗的过程中，一些基督徒创造了一条普遍原则，即宗教自由，甚至强调那是每个人的根本权利。这种观念在罗马世界的产生，与帝国以及整个帝国对皇帝的崇拜有关，在塞维鲁王朝时期得到了加强，这个王朝将帝国作为一个城邦来统治。此后便难以简单定义基督徒这个概念，他们无法作为一个民族，像犹太人那样要求传统特权。在德西乌斯统治时期，普世的异教主义带来的致命后果显现出来，尽管德西乌斯不一定有意对基督徒公然开战。[65] 阐明了宗教自由原则的德尔图良，首先想要揭露普世的异教主义中包含的自相矛盾的特征。但他在这样做的时候，表达出的宗教自由思想，却产生了远超出他想象的影响。

宗教自由的表达和概念传到了后世。但是在古代，宗教自由从来没有在法律中被珍视，也没有被当作个人的基本权利。相反，它是"宗教信仰不能强迫而来"这样一个观念和经验导致的结果。基督教的排外态度甚至导致了清除其他宗教的措施，而随着罗马精英阶层逐渐皈依基督教，这种措施出现得愈加频繁。[66]

因此，基督教一方面唤起了宗教自由的观念，另一方面也导致了宗教上的排他。早期基督教的辩证法，既引入了信仰自由的观念，也带来了系统化的宗教压迫。这份留给欧洲的带有规范性的遗产，既珍贵又有毒。

这种模糊性持续了几个世纪，其间有血流成河的战争，有令人心碎的为自由的辩护。正如现代研究指出的，原始伊斯兰教中有基督教与古代晚期文化的成分，在这一文化领域中，我们有必要查探宗教自由观念

---

65 Athanassiadi, *Vers la pensée unique. La montée de l'intolérance dans l'Antiquité tardive*, pp. 56–60 提出了敏锐的论证，将德西乌斯视为君士坦丁的先行者。

66 关于基督教采取暴力行动的问题，参见 Johannes Hahn, *Gewalt und religiöser Konflikt. Studien zu den Auseinandersetzungen zwischen Christen, Heiden und Juden im Osten des Römischen Reiches* (von Konstantin bis Theodosius II.), Berlin: Akademie Verlag, 2004; Michael Gaddis, *There is No Crime for Those Who Have Christ: Religious Violence in the Christian Roman Empire*, Berkeley: University of California Press, 2005; Harold A. Drake, "Intolerance, Religious Violence, and Political Legitimacy in Late Antiquity," *Journal of the American Academy of Religion*, vol. 79 (2011), pp. 193–235。

的形成过程。这不仅是欧洲史里面的问题，也关系到地中海沿岸的历史。

  有种看法认为，异教代表宗教宽容，这种看法有它自己的历史影响。以古典的眼光看来，这证明了多样性是可能存在的。本文引用的这些关于宽容的思考，在欧洲现代早期都是广为人知的。毫无疑问，这些思想促成了宗教自由观念在欧洲的建立，并将它确定为一项个人权利，即便这不是它们的本意。像很多时候一样，在传递一种被视为"古典的"传统的过程中，欧洲人沿着古人指出的其他道路，看到了当下能够采取的方向。

（周凌然 译；刘玮 校）

（责任编辑：刘玮）

西西里的狄奥多罗斯与五十年时期的年代问题[1]

P. J. 罗德斯（英国杜伦大学）

在唯一一处提及其他史家的地方，修昔底德写了很著名的一段话，说他的前辈们主要书写波斯战争与较早的希腊史，只有赫拉尼科斯（Hellanicus）[2]在《希腊史纪》（*Atthis*）写到了五十年时期（*pentekontaetia*，约公元前478—前432年），但是"他的记载简略且编年失准"（βραχέως τε καὶ τοῖς χρόνοις οὐκ ἀκριβῶς）。而这个评价恰恰是我们想对修昔底德有关五十年时期记载所做的批评。[3]

在记叙伯罗奔尼撒战争的开篇，修昔底德写道：它是依各事件发生的时序，由夏季到冬季来书写的（γέγραπται δὲ ἑξῆς ὡς ἕκαστα ἐγίγνετο

---

1 本文是为2014年6月在俄罗斯彼尔姆（Perm）高等经济学院举行的学术会议写作的。感谢邀请我参会并与我讨论的人士，同样感谢那些参与本文中文发表工作的人士。

2 本文专名以及古典文献引文的翻译主要参考了如下几本中文著作：黄洋、晏绍祥：《希腊史研究入门》，北京：北京大学出版社，2009年；修昔底德：《伯罗奔尼撒战争史》，何元国译，北京：中国社会科学院出版社，2017年；唐纳德·卡根：《雅典帝国的覆亡》，李隽旸译，上海：华东师范大学出版社，2017年。——译者注

3 Thuc. 1.89 - 118.2 在97.2的 οὐκ ἀκριβῶς 并不是"错误"的意思，而是"不精确"。比较在5.20.2修昔底德批评通过官职信息确定年代的方法，因为它是不准确的，一个事件可能发生在其任职期的开始，或者中间，或者其他某个时刻（οὐ γὰρ ἀκριβές ἐστιν, οἷς καὶ ἀρχομένοις καὶ μεσοῦσι καὶ ὅπως ἔτυχέ τῳ ἐπεγένετό τι）。我在其他地方讨论过相关问题，参见 Rhodes, *The Athenian Empire*, Oxford: Clarendon Press, 1985, pp. 12-21, 46-50; "Thucydidean Chronology," *Acta antiqua Academiae Scientiarum Hungaricae*, vol. 49 (2009), pp. 353-358。

西西里的狄奥多罗斯与五十年时期的年代问题

κατὰ θέρος καὶ χειμῶνα)⁴；而他有时也在叙事中插入一些短的段落，描述大略同时发生在别处的事情。⁵ 曾经有一段时期，学者们认为严格遵循编年次序是修昔底德不变的习惯，并且认为在批评赫拉尼科斯后，他自己必定会按编年次序，仔细描述五十年时期的事件；然而，正是这种想法引起了许多问题。尤其在第三次莫塞涅战争（Third Messenian War）的十年，行文以单一线索展开，始于雅典对塔索斯（Thasos）开战，终于雅典与麦加拉（Megara）结盟、与埃及开战，以及第一次伯罗奔尼撒战争。但是根据我们的其他证据，这段时间容不下一场十年的战争，因此许多学者将"十（年）"修改成更小的数字。⁶ 而且，即便在伯罗奔尼撒战争的叙事中，修昔底德有时也会因为叙事便利，在编年次序之外提起某个事件，或者将故事推迟讲述，从而在必要的时候对他笔下的记载提供背景；或者将某事提前，从而完成他对某一情节的叙述。⁷ 我们没有理由认为，他未对五十年时期的记载做上述处理，也正因为如此，当他将笔墨从一件事情转向另一件时，经常不用诸如ἔπειτα这种表示"之后""接下来"的时序连词。我赞同当前的解释倾向，即认为修昔底德为了提供较为连贯的叙事，将许多事件都组织到了五十年时期中。因此我们可

---

4 Thuc. 2.1，对比 5.26.1。

5 例如，有关东北方事务的记载参见 Thuc. 4.7，其中有关皮洛斯（Pylos）的记载参见 2-6，8-23；关于麦加拉事务的记载参见 4.109.1，而 102-108，109.1-116 与东北地区有关。

6 关于塔索斯战争的开始，参见 Thuc. 1.100.2-101.1；关于第三次莫塞涅战争的开始，参见 1.101.2；关于塔索斯战争的结束，参见 1.101.3；雅典参与第三次莫塞涅战争的记载参见 1.102；第三次莫塞涅战争的结束参见 1.103.1-3（δεκάτῳ ἔτει，"在第十年"，103.1）；雅典与麦加拉结盟，参见 1.103.4；埃及战争的开始参见 1.104；第一次伯罗奔尼撒战争的开始参见 1.105-6。对"在第十年"的修订意见有：τετάρτῳ（"第四年"，Krüger），ἕκτῳ（"第六年"，Gomme），πέμπτῳ（"第五年"，Lewis，但他后来接受了抄本里的说法：David Lewis, *Sparta and Persia*, Leiden: Brill, 1977, p. 46, n. 135）。

7 例如，在后面的记载中，一起发生在科罗蓬（Colophon）的事件在前427年被提到，但却被编在前430年，Thuc. 3.34.1；被科林斯人在绪玻塔（Sybota）抓获的科西拉人被释放的记载参见 3.70.1；早先还有一段关于斯巴达在赫剌克勒亚（Heraclea）建立殖民地后历史的记，载见 3.93.2—3；一个雅典使团在阿塔薛西斯（Artaxerxes）去世之后到达波斯的记载参见 4.50.3。

以相信第三次莫塞涅战争持续十年，而不接受这十年始于雅典对塔索斯开战之后，终于雅典的埃及战争和第一次伯罗奔尼撒战争之前。[8]

完成了有关雅典与塔索斯之战、斯巴达第三次莫塞涅战争的叙述后，修昔底德将第一次伯罗奔尼撒战争与埃及战争的记载编织到了一起。[9] 我们可以合理地推论，两场战争存在部分重叠，而非没有交集的顺序相接。而由相互交织的写作方式来看，这两场战争横跨了同一段历史时期，大约同时开始，同时结束。

为了给五十年时期定年，我们需要回到公元前446/5年签订的《三十年和约》。[10] 伯罗奔尼撒同盟对阿提卡的入侵发生在这之前，也就是前446年。[11] 如果雅典同伯罗奔尼撒人的五年和约在这时刚刚到期，我们就可以推定和约签订于前451年。[12] 而这又在修昔底德编织在一起的两组事件结束三年之后。他还说到埃及战争持续了六年。[13] 因此那两组事件大约发生在公元前460—前454年间。这契合把对塔索斯的战争定在公元前465/4—前463/2年的论点[14]，并符合斯巴达遣返来支持斯巴达对抗莫塞涅人的喀蒙（Cimon）及其士兵的事件[15]，这也关乎埃菲阿尔特斯

8　这是最传统的看法，例如 G. Grote, *History of Greece*, Ch. XLV, London: Murray, 1869/84, vol. V, pp. 171–173, 189。这个看法后来得到了重申，比如 P. K. Walker, "The Purpose and Method of 'The Pentekontaetia' in Thucydides, Book I," *Classical Quarterly*, vol. 7 (1957), pp. 27–38; D. W. Reece, "The Date of the Fall of Ithome," *The Journal of Hellenic Studies*, vol. 82 (1962), pp. 111–120。

9　Thuc. 1.103.4–112.1.

10　Thuc. 2.2.1, 对比 1.115.1。

11　Thuc. 1.114.2.

12　Thuc. 1.112.1.

13　Thuc. 1.103.4–112.1；长达六年的记载参见 110.1。

14　前465/4年的论点参见 schol. Aeschin. 2. *Embassy* 31 (67a Dilts): 抄本记载吕西克拉特斯（Lysicrate, 前453/2年）；吕西忒乌斯（Lysitheus, 前465/4年）是三位连续担任雅典执政官中名字以"吕西"开头的最后一位，而安菲波利斯（Amphipolis）的殖民是在公元前437/6年（schol. 67b Dilts）。Thuc. 4.102.2-3 暗示在"九路"（Ennea Hodoi）建立殖民是在前465/4年（1. 100. 3），由米利都人阿里斯塔戈剌斯（Aristagoras of Miletus）领导的殖民是在前496/5年（Hdt. 6. 124-6）。战争在第三年结束的记载参见 1.101.3。

15　Thuc. 1.102.

西西里的狄奥多罗斯与五十年时期的年代问题

（Ephialtes）在雅典取得政治胜利的推论，《雅典政制》将埃菲阿尔特斯民主改革的时间确定为公元前462/1年。[16]

关于五十年时期，我们还有另一份记载，来自西西里的狄奥多罗斯（Diodorus Siculus，公元前一世纪）的历史作品[17]，这是一份编年史，将地中海世界不同地区发生的事件按年份记录。然而，雅典岁首由七月的奥林匹亚运动会开始，而罗马这一时期的岁首则是三月。还有一个复杂的问题是，狄奥多罗斯在这时段的罗马执政官年次比标准的"瓦罗年表"（Varronian chronology）晚几年，因此瓦罗年表中公元前484年的执政官，会被狄奥多罗斯编在前478/7年，依此类推。[18]偶尔有人指出，在五十年时期的问题上，较之修昔底德，我们从整体上应该偏爱狄奥多罗斯的编年[19]；更多人则试图将两人的记载结合起来。但梅格斯在《雅典帝国》中，对狄奥多罗斯的编年提出了坚定的质疑。[20]

目前公认，狄奥多罗斯写作这一时段的希腊历史时，主要素材来自埃弗鲁斯（Ephorus）。我们知道埃弗鲁斯不按年代组织材料，而是按活动的范畴展开。[21]因此狄奥多罗斯自己重新将这些材料按纪年架构组织。如果我们想要确定五十年时期的纪年问题，就要考察狄奥多罗斯如何工作，以及他的成果在多大程度上可靠。

我们最好从五十年时期的最后几年入手，这时修昔底德和碑铭材料

16　*Ath. Pol.* 25.2.

17　Diod. Sic. 11.38–12.37.

18　Diod. Sic. 11.38.1等；在他写作五十年时期历史的过程中还有许多谬误，参见 G. Perl, *Kritische Untersuchungen zu Diodors römischer Jahrzählung*, Berlin: Akademie-Verlag, 1957.

19　J. H. Schreiner, *Hellanikos, Thukydides and the Era of Kimon*, Aarhus: Aarhus University Press, 1997，这份研究建立在之前一些论文的基础上，利用狄奥多罗斯的作品和其他一些材料，试图构建"有关五十年时期历史的反修昔底德研究"，作者认为这可以成为取代赫拉尼科斯的另一种叙事。

20　R. Meiggs, *The Athenian Empire*, Oxford: Oxford University Press, 1972, pp. 452–457.

21　Ephorus, *FGrH* 70, T11 (= Diod. Sic. 5.1.4)：比较 G. L. Barber, *The Historian Ephorus*, Cambridge: Cambridge University Press, 1935, pp. 17–48。

可以让我们有所依据地推定日期。这些记载中的最后一个事件是雅典对萨摩斯（Samos）的战争，修昔底德将其爆发的时间定在《三十年和约》后六年，即公元前441/0年——如果他是以雅典官方纪年推算伯罗奔尼撒战争前的事件。[22] 有关这场战争的其他材料都存在争议，但大都暗示这场战争持续了两个雅典年，即公元前441/0年和前440/39年。[23]

针对导致伯罗奔尼撒战争的事件，叙述从科西拉（Corcyra）和厄庇丹诺斯（Epidamnus）事件开始。我们不知道厄庇丹诺斯的民众（demos）何时驱逐了贵族（dynatoi），但随后贵族与当地的"野蛮人"联合并开始袭击厄庇丹诺斯，民众向科西拉求助未遂（可能因为科西拉人与流亡的贵族有更强的联系）。[24] 民众向德尔菲神庙求得神谕，并向科林斯求援；科林斯做出回应，承认对厄庇丹诺斯的责任并向其派遣增援，而科西拉则派远征军支持贵族。随后科林斯派出更多部队，[25] 结局却是科西拉人在勒乌喀墨（Leucimme）战胜了科林斯人，厄庇丹诺斯向科西拉投降。[26] 若从修昔底德对伯罗奔尼撒战争前几年的叙事末尾算起，我们发现此事必定发生在公元前435年。

在那个夏天的其余时间里，各方相安无事。[27] 在战斗后的一整年和第二年（τὸν δ' ἐνιαυτὸν πάντα τὸν μετὰ τὴν ναυμαχίαν καὶ τὸν ὕστερον），科林斯人着手准备另一场战役而使科西拉人愈发忧心，以至于他们派遣使节到雅典要求联盟，科林斯人则派遣使节反对他们。[28] 这导致了雅典与科西拉的联盟，以及在绪玻塔的战争；科林斯人最初在那里取胜，但

22　Thuc. 1.115.2-117（定年在115.2）。

23　Androtion, *FGrH* 324, F38 以及 *IG* i3 363 + 454 and 48：例如 Lews, in *The Cambridge Ancient History*, Cambridge: Cambridge University Press, 1970-2004, vol. II, p. 502。

24　Thuc. 1.24.

25　Thuc. 1.25-29. 2.

26　Thuc. 1.29.3-30.1.

27　Thuc. 1.30.2-4.

28　Thuc. 1.31.1-3.

西西里的狄奥多罗斯与五十年时期的年代问题

在雅典第二批的六艘船抵达后，他们没有继续扩大战果而选择了撤退。[29] 希腊语中"年"（eniautos）这个词，可表示任何一种年份，不一定是官方历法用的纪年。无论修昔底德是否指他从公元前431年启用的季节年，我们说的都是科林斯人在公元前435年和前434年的其余部分进行备战，并派遣使团赴雅典，随后在公元前433年打响了绪玻塔战争。这些记载由一条铭文证实，它记录了在公元前433/2年第一次主席团会议期间，雅典金库为两个舰队付账的信息。[30]

紧接着（μετὰ ταῦτα δ' εὐθὺς），波忒代亚（Potidaea）事件开始。[31] 雅典顾虑科林斯和马其顿的珀耳狄卡斯（Perdiccas），并在科西拉海战后立刻（εὐθὺς μετὰ τὴν ἐν Κερκύρᾳ ναυμαχίαν）——即前433年——向波忒代亚提出要求。[32] 波忒代亚派遣使节前往雅典和斯巴达；珀耳狄卡斯也联络了斯巴达和科林斯，并说服沿海的卡尔喀狄刻人（Chalcidians）移居俄吕恩托斯（Olynthus）。[33] 一支将被派往马其顿的雅典探险队也受命处理波忒代亚事务。修昔底德的这些叙述及其余的相关记载——内容涵盖第一次战斗，还有随后（χρόνῳ ὕστερον）由波耳弥翁（Phormio）送赴战场的雅典军队，必定都在公元前432年。[34] 此外，公元前432年在斯巴达还进行了第一次辩论（或许在雅典人将波耳弥翁派到波忒代亚前；修昔底德可以很容易地在转向斯巴达的会议前，先完成对波忒代亚事件的叙述[35]），以及伯罗奔尼撒联盟正式的代表大会[36]，但伯罗奔尼撒人没有

29　Thuc. 1.31.4–55.
30　IG i3 364. 对比雅典在公元前433/2年与赫瑞癸翁（Rhegium）和勒翁提诺（Leontini）更新了同盟关系，这时雅典人正期待一场西方人参与的战争。Thuc. 1.36.2, 44.3: IG i3 534。
31　Thuc. 1.56.1.
32　Thuc. 1.56.2–57.1.
33　Thuc. 1.57.2–5.
34　Thuc. 1.57.6–66（第一次战争的记载在62–63，关于波耳弥翁领导的雅典增援力量的记载在64）。
35　比较 A. W. Gomme, *A Historical Commentary on Thucydides*, Oxford: Oxford University Press, 1945, pp. 224, 421。
36　Thuc. 1.67–88, 118.3–125.1.

准备好立即开战。[37] 公元前432/1年的冬天，是各方进行使节交换和政治宣传的时期。[38] 伯罗奔尼撒战争始于公元前431年春天忒拜（Theban）袭击普拉泰亚（Plataea），及伯罗奔尼撒人入侵阿提卡。[39]

狄奥多罗斯是如何进行推测的呢？他正确地将《三十年和约》定在公元前446/5年。[40] 他将雅典对抗萨摩斯的战争定于公元前441/0年，修昔底德则视此为战争开始的年份。[41] 然而，他在公元前439/8年开始叙述科西拉的事情[42]，将勒乌喀墨之战和厄庇丹诺斯投降放在公元前438/7年[43]，科林斯人和科西拉人之间的备战定于公元前437/6年[44]，与雅典的接触和绪玻塔战争则定于公元前436/5年。[45] 在公元前435/4年，他记载了波忒代亚事件，即修昔底德所说的第一场战争。[46] 其后两年的记载与这些事情毫无关联；然而在公元前432/1年，他记载了波耳弥翁远征波忒代亚，[47] 以及一条提示，说这是修昔底德所述战史的开端。[48] 因此就我们可考的部分而言，狄奥多罗斯对整段科西拉事件和波忒代亚事件的大部分定年过早了。这让我们难以信任他对五十年时期之前部分的纪年，毕竟这部分我们无法轻易查核。而他对《三十年和约》的正确定年，及将萨摩斯战争的开始定在与修昔底德相同的年份，也许只是他碰巧做对了，而非有坚实依据的选择。狄奥多罗斯正确地宣称修昔底德在公元前432/1展开对伯罗奔尼撒战争的叙述，这绝非巧合[49]，

37　Thuc. 1.126–46.
38　Thuc. 1.125.
39　定年参见Thuc. 2.2.1。
40　Diod. Sic. 12.7.
41　Diod. Sic. 12.27–28.
42　Diod. Sic. 12.30.2–5.
43　Diod. Sic. 12.31.2–3.
44　Diod. Sic. 12.32.
45　Diod. Sic. 12.33.
46　Diod. Sic. 12.34.1–4.
47　Diod. Sic. 12.37.1.
48　Diod. Sic. 12.37.2.
49　对比Thuc. 2.2.1。

西西里的狄奥多罗斯与五十年时期的年代问题

但他却错误地在公元前431/0年才开始记述战争。[50] 当没有其他证据时，我们无法相信狄奥多罗斯给出的日期是正确的。

问题出在哪里？狄奥多罗斯缺乏足够的材料。关于希腊的事情，他记载了一些修昔底德没有的细节，但并没有添加修昔底德未提及的事件。采用编年体例写作的历史学家需要每年都安排一些材料，而不是承认"这一年中没有发生任何事情"，因此在很大程度上狄奥多罗斯为每年都分配了一个主要的故事。如果我们从五十年时期的开头开始梳理，他呈现的是：

前478/7年，西西里岛的事情及雅典城墙重建[51]；

前477/6年，忒弥斯托克勒斯（Themistocles）的雅典海军政策、泡萨尼阿斯（Pausanias）领导的海战，及他在雅典建立提洛联盟后遭遇的羞辱[52]；

前476/5年，西西里的历史[53]；

前475/4年，斯巴达人重申爱琴海领导地位的计划流产（未见于任何其他材料）[54]；

前474/3年，叙拉古和伊特鲁里亚人[55]；

前473/2年，意大利的一场战争[56]；

前472/1年，西西里[57]；

前471/0年，在前476/5年之后首次记述希腊，内容为忒弥斯托克勒斯垮台的整个故事[58]；

前470/69年，喀蒙领导提洛联盟的数次行动，从伊昂（Eïon）到厄

50　Diod. Sic. 12.38.1
51　Diod. Sic. 11.38, 39–40.
52　Diod. Sic. 11.41–3, 44–7. Diod. Sic. 11. 63–4（十年时间，64. 4）。
53　Diod. Sic. 11.48–49.
54　Diod. Sic. 11.50.
55　Diod. Sic. 11.51.
56　Diod. Sic. 11.52.1–5.
57　Diod. Sic. 11.53.
58　Diod. Sic. 11.54–9.

乌律墨冬（Eurymedon）战役[59]；

前469／8年，斯巴达地震和第三次莫塞涅战争[60]；

前468／7年，阿耳戈斯（Argos）与迈锡尼（Mycenae）的战争[61]；

前467／6年和前466／5年，西西里历史[62]；

前465／4年，波斯的薛西斯（Xerxes）去世，阿塔薛西斯即位[63]；

前464／3年，回到希腊，雅典对塔索斯和埃癸娜（Aegina）的战争开始[64]；

前463／2年，巩固波斯王位和埃及叛乱开始。[65]

除了需要说明狄奥多罗斯在公元前460／59年记述了埃及战争结束之外，我不需要再继续罗列这个清单了。[66]在主要故事线外，狄奥多罗斯还标记了特定年份发生的其他事情：

前478／7年（瓦尔罗年表的前484年），罗马人的一次成功战役[67]；

前476／5年，斯巴达的勒俄堤喀得斯（Leotychidas）和赫瑞癸翁（Rhegium）的阿那克西拉斯（Anaxilas）死亡[68]；

前472／1年（瓦尔罗年表的前484年），另一场罗马人的战争[69]；

前471／0年，伊利斯（Elis）发生城市合并（*synoikismos*），赫瑞癸

---

59 Diod. Sic. 11.60-2.
60 Diod. Sic. 11.634（十年时间，64.4）。
61 Dio d. Sic. 11.65（此事未见于修昔底德的记载）。
62 Diod. Sic. 11.66, 67-68.
63 Diod. Sic. 11.69.
64 Diod. Sic. 11.70.
65 Diod. Sic. 11.71.
66 Diod. Sic. 11.77.1-5.但是在前450／49年，他记载了喀蒙在塞浦路斯（Cyprus）的最后一次战斗之后，离开了一段时间（βραχὺν χρόνον διαλιπόντες, 12.3.2）。
67 Diod. Sic. 11.40.5.
68 Diod. Sic. 11.48.1.
69 Diod. Sic. 11.53.6.

翁在意大利建立了一个殖民地[70]；

前466／5年（瓦尔罗年表的前471年），罗马的平民保民官数量增为4名[71]；

前460／59年，雅典的埃菲阿尔特斯改革。[72]

一般认为，这些记载来自一些独立于狄奥多罗斯叙事材料的年表。这不意味它们必然准确：如果我们考虑执政官的名字而非狄奥多罗斯所做的希腊对应，上面提到的罗马事件在其他材料中都有相同的定年。但是对公元前五世纪斯巴达厄乌律庞提德（Eurypontid）家族国王的定年，狄奥多罗斯的定年都早了七年。且勒俄堤喀得斯之死显然应该是公元前469／8年，而非前476／5年[73]；狄奥多罗斯将雅典的埃菲阿尔特斯改革定于公元前460／59年，但跟据《雅典政制》是在前462／1年。[74] 即便如此，相比他对主要叙事的定年，这些记载还是值得我们严肃对待的。

在主要叙事中，狄奥多罗斯的一些编排也许有他的理解。对于西西里岛，他给出了僭主统治的时间长度，如果考虑此处年份或许并非始于仲夏的雅典纪年，那么我们似乎可以接受他的叙事编年。尽管他可能重组了某些材料，从而将某些事件正确地分配给那些未记载任何西西里事件的年份。[75] 至于波斯帝国方面，薛西斯驾崩和阿塔薛西斯即位确实发

70　Diod. Sic. 11.54.1；59.4.

71　Diod. Sic. 11.68.8.

72　Diod. Sic. 11.77.6.

73　在大约于公元前491年就职后的二十二年发生（虽然我推测导致他流放的塞萨利战役，根据希罗多德《历史》6.72的记载，可能与泡萨尼阿斯在前478年的海战情况类似）。

74　对比前文注释15。

75　W. S. Barrett, "Pindar's Twelfth *Olympian* and the Fall of the Deinomenidai," *Journal of Hellenistic Studies*, vol. 93 (1973), pp. 23-35, 30-33；有关如何重组，对比 D. Asheri, in *The Cambridge Ancient History*, vol. II, p. 147 n. 1.

生在狄奥多罗斯记载的年份，即公元前465／4年。[76]

但是狄奥多罗斯对希腊事件的定年问题更大。我们应该认为泡萨尼阿斯领导的海战和雅典建立提洛联盟，是紧接在公元前479年的事件后，而且按照《雅典政制》的记载，提洛同盟建立的确切时间也是公元前479年。[77]忒弥斯托克勒斯垮台的整个故事必定延续了数年，狄奥多罗斯说忒弥斯托科勒斯被陶片放逐或被定罪的时间是公元前471／0年，我对这个时间持怀疑态度。提洛联盟从伊昂到厄乌律墨冬的战争，必定分散在几年间，且爆发时间应在提洛同盟建立后不久。一位埃斯基涅斯（Aeschines）的注释者告诉我们，伊昂陷落后发生在"九路"的灾难时间为公元前476／5年。在评论一份雅典人自斯库罗斯（Scyros）回收忒修斯（Theseus）遗骨的神谕时，普鲁塔克（Plutarch）给出了相同的定年。[78]雅典和塔索斯的战争最可能始于公元前465／4年，而非狄奥多罗斯说的前464／3年。[79]如果雅典对埃癸娜的战争与对塔索斯的战争同时开始，那么修昔底德就犯了多数人不愿意接受的严重误记；但在一处看似"重复"的地方（即在别处重复相同材料），狄奥多罗斯再次将雅典与埃癸娜的战争定在公元前459／8年，就像修昔底德一样定在第一次伯罗奔尼撒战争开端。而且这次狄奥多罗斯完整地写到雅典取胜的结局；他前文的定年可能仅仅是一个错误。[80]后面的记载应是战争开始的正确年份，但修昔底德只在玻俄提亚（Boeotia）事件后提到埃癸娜投降，因此这件事在公元前457或前456年。[81]

---

76 R. Parker & W. H. Dubberstein, *Babylonian Chronology, 626 B.C.-A.D. 75*, Providence: Brown University Press, 1956, pp. 17–18; 对比 Lewis, in *Cambridge Ancient History*, vol. II, p. 13 以及注47。

77 Ath. Pol. 23.5.

78 Schol. Aeschin. 2. *Embassy* 31 (67a Dilts); Plut. *Thes.* 36. 1. 这一年的执政官是斐多（Phaedon），我这里省略了一个细节，Diod. Sic. 11.63.1 处的抄本告诉我们公元前469/8年的执政官名字是帕俄（Phaeon），而其他所有地方的记载都是阿普塞庇俄（Apsephion）。

79 比较前文注释15。

80 Diod. Sic. 11.78.3–4；比较 Thuc. 1.105.2–4，战争的结束参见108.4。

81 Thuc. 1.108.4：有关玻俄提亚事件，对比下文的论述。

西西里的狄奥多罗斯与五十年时期的年代问题

在公元前465/5年有一件格外有趣的例子。在叙述了雅典人托耳弥德斯（Tolmides）领导的海战后，（根据修昔底德的记载，此事发生在玻俄提亚的塔那格拉［Tanagra］和俄诺皮塔［Oenophyta］战役之后），狄奥多罗斯补述托耳弥德斯驻扎于科林斯湾北的瑙帕克托斯（Naupactus），这里还有斯巴达在第三次莫塞涅战争后准许离开莫塞涅的莫塞涅人。[82] 而狄奥多罗斯对第三次莫塞涅战争的叙述，则排在公元前469/8年，他和修昔底德一样都把战争的长度定为十年[83]；但到前456/5年已经超过了十年。但是如果我们根据修昔底德的记载，从公元前465/4年开始算十年，正好是前456/5年。虽然修昔底德没说瑙帕克托斯与托耳弥德斯远征有关，但是他确实提及莫塞涅战争结束时雅典人将莫塞涅人安置在瑙帕克托斯，"这是他们最近从奥佐利亚的罗克里斯（Ozolian Locrians）俘虏的人"。[84]托耳弥德斯远征显然是这次获俘的契机，那位埃斯基涅斯的注释者也证实了狄奥多罗斯将远征定为公元前456/5年。[85]因此，正如修昔底德所说，战争确实极有可能从公元前465/4年持续到前456/5年，而狄奥多罗斯在主要叙事中将战争提前了，但他简短提及的战争结尾时间是正确的。[86]

82　Diod. Sic. 11.84.1-7（对比 Thuc. 1.108.5）和 Naupactus 7-8。
83　Diod. Sic. 11.64.4.
84　Thuc. 1.103.3.
85　Schol. Aeschin. 2. *Embassy* 75（160 Dilts）.
86　我会简要提及其余的一些争议，但不再具体展开讨论。一位 Ar. Lys. 1144 的注释作者将地震、战争和雅典撤离的时间定年为公元前468/7年，但是雅各比（F. Jacoby）认为这一推论错误推算了普拉泰亚（Plataea）战斗后的年份（commentary on Philoch. *FGrH* 328 F 117）；Plut. Cim. 16. 4 将地震定年在阿尔喀达摩斯统治（Archidamus）的第四年，如果我们从前468/7年开始计算的话。以对勒俄堤喀得斯的去世的正确定年为基准，之后的一年实际是前465/4年。（前引书，p. 11 及 n. 72；尽管阿尔喀达摩斯在勒俄堤喀得斯被流放之后就实际开始统治；对比雅各比的说法）；Paus. 4.24.5 将战争定年在前452/3年。普鲁塔克同样记载了喀蒙支援斯巴达人的两次远征：Cim. 16.8-17. 2, 17.3。N. G. L. Hammond, "Studies in Greek Chronology of the Sixth and Fifth Centuries B.C.," *Historia*, vol. 4 (1955), pp. 371-411 at 371-381 = *Collected Studies*, i (Amsterdam: Hakkert, 1993), pp. 355-65，其他一些学者接受了狄奥多罗斯定年在前469/8年的叙述，并且认为修昔底德的十年说要从一个没有明确提及的起点开始计算。

在托耳弥德斯和莫塞涅人定居后，狄奥多罗斯在前455／4年提到了伯里克利（Pericles）攻打俄尼阿代（Oeniadae）失败的海军战役。根据修昔底德的记载，这是五年休战前的最后一个行动。[87] 他们两人之后都叙述了五年休战，但狄奥多罗斯说是在第二年（公元前454／3年），而修昔底德说是在三年之后。[88] 如果像修昔底德说的，停战是在公元前451年，并且如果喀蒙未被提前召回，而是被放逐了满十年，那么休战很可能与喀蒙的回归有关[89]，狄奥多罗斯就是这样认为的。狄奥多罗斯在公元前454／3年的其余记载，主要涉及西西里岛，及其后的前453／2年记述了伯里克利的第二次海军战役。[90]

在托耳弥德斯的远征前，修昔底德提到了在玻俄提亚的塔那格拉和俄诺皮塔的两场战斗，第一次雅典人战败，但第二次则取得了胜利。而且为了强调雅典的坚韧，他说第二次战斗发生在第一次战斗后的第62天。[91] 按照狄奥多罗斯的记述，塔那格拉的第一场战斗发生在前458／7年；他记载了战后的休战，但为期并非两个月，而是四个月；[92] 然后在第二年，即前457／6年，密洛尼得斯（Myronides）先在某处赢得一场光荣的胜利，然后他席卷玻俄提亚，并赢得了在俄诺皮塔的战斗，最终控制除忒拜外的所有玻俄提亚城市。[93] 显然在前457／6年，我们看到了狄奥多罗斯的另一次重复，两次记载了俄诺皮塔之战及随后的事件；[94] 有

---

[87] Diod. Sic. 11.85；Thuc. 1.111.2-3.

[88] Diod. Sic. 11.86.1；Thuc. 1.112.1. 一些学者反对修昔底德所谓停战前存在三年空隙的说法，并支持狄奥多罗斯，参见 Gomme, *Historical Commentary on Thucycdides*, vol. I, pp. 325-326, 此文尝试对此进行论证。

[89] 有关提前召回的说法参见后文中的注释94。

[90] Dio. Sic. 11.88.1-2.

[91] Thuc. 1.108.1-3.

[92] Diod. Sic. 11.80（和约信息见80.6）。

[93] Diod. Sic. 11.81-82.4；82.5；83.1；83.1.

[94] 有关狄奥多罗斯对"重见"手法运用的一份研究就将此作为讨论起点，参见 A. Andrewes, "Diodoros and Ephoros: One Source of Misunderstanding," in J. W. Eadie & J. Ober eds., *The Craft of the Ancient Historian: Essays in Honor of Chester G. Starr*, Lanham: University Press of America, 1985, pp. 189-197。

西西里的狄奥多罗斯与五十年时期的年代问题

学者困惑于他在不同年份重复提到塔那格拉和俄诺皮塔战斗，有意接受塔那格拉之战发生在公元前458／7年末，而俄诺皮塔之战发生在前457／6年初。⁹⁵事实上这有可能是对的，如果修昔底德能记住62天的间隔，狄奥多罗斯就有可能记住不同的日期，但是如果狄奥多罗斯完全搞错了俄诺皮塔的事件，我不认为他能有很好的理由将塔那格拉和俄诺皮塔战役定到不同年份。

狄奥多罗斯记载密洛尼得斯征服玻俄提亚后，在同一场战役中进攻了俄浦斯（Opuntian）的罗克里斯（Locris）、波喀斯（Phocis）及忒萨利（Thessaly），这些还是在公元前457／6年。⁹⁶在玻俄提亚被征服之后，修昔底德也提到了罗克里斯，波喀斯很可能也是同一个事件，因为雅典人在忒萨利战斗时，玻俄提亚人和波喀斯人被当作雅典人的同盟。但是之后，在远征忒萨利之前，他提到埃癸娜投降、托耳弥德斯的远征和埃及战争的结束；在忒萨利战役之后，他写到了伯里克利指挥的海战。⁹⁷修昔底德的事件顺序很可能是正确的，而狄奥多罗斯将忒萨利与罗克里斯、波喀斯合写，可能是因为他们在希腊的同一区。⁹⁸

近来，有人为狄奥多罗斯的埃及战争定年（公元前463／2—前460／59年）辩护，以反对修昔底德的六年之说，即约公元前460—前454年。⁹⁹

95　例如 Hammond, "Studies in Greek Chronology of the Sixth and Fifth Centuries B.C.," p. 404 = Collected Studies, i. 388（不过这里没有进一步的分析）；比较 A. W. Gomme, *Historical Commentary on Thucycidies*, vol. I, p. 412, 尽管戈姆承认这一论证非常微弱。Theopomp. *FGrH* 115 F 118, 喀蒙被提早从放逐中召回的说法参见 Plut. *Cim.* 17. 48, *Per.* 10. 1-4, 这支持了将塔那格拉事件定在公元前458/7年的做法。

96　Diod. Sic. 11.83.2-4.

97　关于罗克里斯的记载，参见 Thuc. 1.108.3；关于埃癸娜，参见 108.4；关于托耳弥德斯，参见 108.5；关于埃及，参见 109-110；关于忒萨利，参见 111.1；关于伯里克利，参见 111. 2-3。

98　对比 Hammond, "Studies in Greek Chronology of the Sixth and Fifth Centuries B.C.," p. 402 = Collected Studies, vol. I, p. 386。

99　D. Kahn, "Inaros' Rebellion against Artaxerxes I and the Athenian Disaster in Egypt," *Classical Quarterly*, vol. 58 (2008), pp. 424-440, 本文也承认起义结束的时间在公元前460年的说法可能会（因为修昔底德的六年说）被拖延到前458/7年。我的回应见 Rhodes, "Thucydidean Chronology"。

修昔底德记载的是雅典参与的时期，而我乐于承认埃及反波斯的起义或始于薛西斯去世不久，但我不接受埃及文献的记载，说波斯仅仅在公元前464—前461年间没有控制埃及。根据雅典的伤亡名单，一年间出现了塞浦路斯、埃及、腓尼基、哈利斯、埃癸娜和麦加拉的损失记录，这如果定在公元前459年左右最为合理，这一年可以视为第一次伯罗奔尼撒战争的开始，也可以是埃及战争早期形势还比较乐观的阶段。[100]

最后，我的结论是：有关五十年时期的历史写作，狄奥多罗斯的部分定年是准确的，或许是因为他基于可靠的信息，或许仅仅是因为运气；但其余部分肯定是错误的。修昔底德的叙述固然"简略且编年失准"，但没理由认为狄奥多罗斯的事件顺序比修昔底德的更正确；当狄奥多罗斯与修昔底德提示的年份冲突时，也没理由认为前者的判断更精准。

（孙沐乔译，戴震校）

（责任编辑：刘玮）

100　*IG* i3 1147.

莱布尼茨论偶然性与自由

徐向东（浙江大学）

莱布尼茨一生始终关心自由的本质及其可能性。在《论自由》中，他写道："有两个人类心灵的迷宫，一个关系到连续统（continuum）的构成，另一个关系到自由的本质，二者都有同样来源，即无限。"（AG 95）[1] 莱布尼茨之所以格外关心自由问题，大概是出于两个主要缘由。首先，莱布尼茨形而上学的某些根本原则，例如其前定和谐（pre-established harmony）学说以及他对普遍决定论和充分理由原则的承诺，都为自由（不论是上帝的自由还是人的自由）的可能性带来了一些困惑。因此，莱布尼茨既需要说明他对自由的设想如何符合其形而上学的根本原则，也需要面对当时的一些批评来澄清其自由学说。其次，自由问题，

1　鉴于本文的分析主要是立足于对莱布尼茨相关文本的解释，出于方便，我将把引文出处直接标注在正文中。因此我将使用一些缩写来标注相关文献，主要文献如下：

AG: G. W. Leibniz, *Philosophical Essays*, edited and translated by Roger Ariew and Daniel Garber. Indianapolis: Hackett Publishing Company, 1989.

CP: Leibniz, *Confessio Philosophi*, translated and edited by Robert C. Sleigh, New Haven: Yale University Press, 2005.

L: *Leibniz: Philosophical Papers and Letters*, edited by Leroy E. Loemker, Dordercht: Kluwer Academic Publishers, 2nd, 1969.

LC: *G. W. Leibniz and Samuel Clarke: Correspondence*, edited by Roger Ariew, Indianapolis: Hackett Publishing Company, 2000.

NE: Leibniz, *New Essays on Human Understanding*, translated and edited by Peter Remnant and Jonathan Bennett, Cambridge: Cambridge University Press, 1996.

PM: *Leibniz: Philosophical Writings*, edited and translated by G. H. R. Parkinson and Mary Morris, New Jersey: Rowman and Littlefield, 1973.

SLT: *The Shorter Leibniz Texts*, edited by Lloyd Strickland, London: Continuum, 2006.

T: Leibniz, *Theodicy*, edited by Austin Farrer, translated by E. M. Huggard, BibioBazaar, 1985.

作为莱布尼茨成熟的形而上学体系的一个核心部分，在理论上和实践上都与其神正论立场具有重要联系。实际上，正是在《神正论》这部著作中，莱布尼茨对自由的思考才变得成熟。

本文旨在尝试理解莱布尼茨的自由学说。我将从莱布尼茨的偶然性概念入手引出自由问题，然后表明偶然性在什么意义上构成了自由的一个条件。对偶然性概念的分析旨在表明上帝在什么意义上能够是自由的。对上帝的自由的思考暗示了自由与完善的本质联系，这为理解和说明人的自由提供了一个模型。最终，我将简要阐明一个密切相关的问题：恶（evil）的存在以及上帝在人的行动中的"合作"（concurrence），是否既为传统有神论带来了困难，又使得道德责任（moral responsibility）在人类行动者这里变成了一个格外成问题的概念？总的来说，本文旨在表明莱布尼茨对偶然性和自由的理解总体上符合其形而上学的根本原则，因此其自由学说是一致的。

在我看来，莱布尼茨的自由学说有两个重要优点。首先，莱布尼茨在其对普遍决定论的承诺下发展了一种相容论的自由概念。在他对自由的系统阐述中，他对意志自由、理性能动性以及道德责任所提出的理解，既不同于当时的某些相容论立场（例如霍布斯和斯宾诺莎的观点），也比后者要丰富得多。其次，莱布尼茨对所谓"无差别的自由"（freedom of indifference）[2]提出了严厉的批评和抨击，这有助于我们看到某些当代的

---

[2] "无差别的自由"是一个与意志自由论（libertarianism）的自由意志概念相联系的概念。意志自由论者认为，自由意志要求我们的选择不是被先前的条件所决定的；因此，在面临一些可能的取舍时，如果我们的选择都不是由支持任何一个选项的充分理由所决定的，那么我们的选择就是自由的，在这种情况下我们具有自由意志。与此相比，一些理论家（包括莱布尼茨）认为，我们的选择是由理由来决定的，一般来说，我们会选择我们判断为最好的东西，或者我们最有理由做的事情。法国哲学家布里丹（Jean Buridan）持有这个观点，但是，其他人试图设想一个反例（即"布里丹的驴子"）来反驳其观点：一头驴被置于两堆对它具有同样吸引力的草的正中间，它没有更多的理由走向这堆草而不是那堆草，因此，按照布里丹的理论，这头驴将会饿死。这个反例被认为暗示了一种"无差别的自由"。莱布尼茨反对这种形式的自由，并将它广泛地理解为一种不按照理性根据来随意选择的自由。当我们在这个广泛的意义上来使用这个概念时，我们有时也将它译为"随意选择的自由"。值得指出的是，研究理性选择的理论家并不认为无差别的自由是可能的，例如，阿玛蒂亚·森指出，这个反例是不可靠的，因为虽然这头驴不可能理性地在两堆草之间做出选择，但它可以在饿死和吃草之间做出选择。见 Amartya Sen, *On Ethics and Economics*, Oxford: Blackwell, 1991, pp. 67–68。

意志自由论理论为什么是不可取的或是有误导性的，因此可以为发展和捍卫一种合理的相容论立场（自由意志与决定论能够是相容的）提供一些思想资源。

一、偶然性之谜

在莱布尼茨的形而上学体系中，偶然性概念占据了一个核心地位。它既是莱布尼茨理解和阐明人的自由的关键，也为人的自由的可能性带来了困惑。因此，这个概念不仅在当时就引起了热烈争议，后来也成为莱布尼茨学术研究中的一个重要论题。之所以如此，大概有三个主要原因。首先，在莱布尼茨的单子论的形而上学中，偶然性的来源是一个令人极为困惑的问题；其次，这个概念与莱布尼茨的自由学说具有本质联系：尽管莱布尼茨一生都关心自由问题，但他并没有对自由提出任何单一的系统论述，他对自由的理解散布在不同时期发表的论著中，在某些方面不仅不相一致，而且往往被其神正论学说所掩盖；[3]再次，为了恰当地理解莱布尼茨的偶然性概念，我们必须理解他对各种必然性的论述，但是，如何解释莱布尼茨的必然性概念本身就是一个有争议的问题。系统地阐述莱布尼茨的偶然性概念不是本文的目的；我们只是旨在阐明这个概念与莱布尼茨自由学说的本质联系，尤其是阐明如下问题：在莱布尼茨这里，自由究竟要求什么样的偶然性？

偶然性概念在莱布尼茨这里之所以成为一个"问题"，是因为其上帝创世论好像没有为偶然性留下任何余地。[4]莱布尼茨认为，在所有可能世界中，上帝是选择自己认为最好的可能世界来实现的。如果上帝必然实

---

3 参见 G. H. R. Parkinson, *Leibniz on Human Freedom*, Studia Leibnitiana, Sonderheft 2. Wiesbaden: Franz Steiner Verlag, 1970, pp. 1-2。

4 莱布尼茨在传统有神论的意义上来理解"上帝"：上帝是全能、全知、全善的存在者；上帝能够做一切形而上学上可能的事情，能够知道世上所发生的一切，而且只意愿自己判断为最好的事情。

现最好的可能世界，那么实际世界中存在的一切看来都是必然的。我们或许认为，尽管上帝已经决定实现最好的可能世界，但是，既然他是自由的，他本有可能创造另一个世界。因此，在上帝的自由选择及其完美（perfection）之间似乎就存在一个张力：如果上帝是完美的，那么他必然选择最好的可能世界来实现；另一方面，如果他必然这样做，那么其自由似乎就受到了威胁。无论如何，我们都需要寻求一种方式来理解上帝的自由。⁵ 这个张力在人类行动者这里实际上也会出现：如果一切有理智的被造物都是上帝为了实现完美而创造出来的，其所作所为也是为了实现或促进完美，那么看来他们就不可能是自由的。当然，为了在直观上保全上帝的自由，我们可以假设他本有可能创造其他的世界，因此，相对于无限多的可能世界来说，实际世界是偶然的。但是，即使一个世界在总体上是偶然的，其中的一切在某种意义上说也都是必然的，因为上帝在创世时已经决定了它存在的根据。莱布尼茨的"概念包含谓词"（predicate-in-notion）原则就很好地例示了我们在偶然性概念上所面临的困惑。按照这个原则，每一个个别实体（individual substance）都有一个完备的概念。这样一个概念是完备的，是因为它包含了对于该实体来说已经发生或即将发生的一切事情。莱布尼茨对个别实体的理解显然要求或蕴含这个原则，因为说一个东西是一个个别实体，就是说它凭借自身的本质得以与所有其他东西独特地区别开来——能够对它断言的一切属性都独一无二地属于它。例如，在《论形而上学》中，莱布尼茨写道："一个个别实体或者说一个完备的存在物的本质，就在于有一个如此完备的概念，以至于该概念足以包含一切允许我们从中推出而且能被赋予主体的东西。"（AG 41）按照这个说法，个别实体所具有的一切属性都已经**完备地**包含在其概念中。

---

5 上帝在按照完美原则来决定实现所有可能世界中最好的那个世界时是否是自由的，这个问题其实就是解决偶然性疑难的一个关键。正如我们即将表明的，如果上帝创世的必然性得到恰当解释，那么这种必然性与上帝的自由可以是相容的。

对个别实体的这种理解令阿尔诺极为困惑。[6]莱布尼茨指出,"既然恺撒将成为共和国永恒的独裁者和主人,将推翻罗马人的自由,这个行动就被包含在恺撒的概念中,因为我们假设一个主体的完备概念本质上要包含一切东西,以至于谓词包含在主词中（ut posit inesse subjecto）"（AG 45）。从日常观点来看,这个说法确实很令人困惑：即使我们假设一个个别实体必定具有某些**本质**属性,以便独特地与其他实体区分开来,但是,我们怎能确信某个**未来**的事件或行动将**必然**来自这样一个个别实体？阿尔诺问道：如果对于阿尔诺这个个体为真的一切事情都已经包含在其完备概念中,以至于他将成为一位神学家就是这个概念的一部分,那么,要是他已经决定结婚并成为医生而不是神学家,他就不再是阿尔诺这个个体了。然而,阿尔诺,这个正与莱布尼茨通信的个体,显然能**够设想**自己本有可能是医生而不是神学家。既然未来是不确定的,一个人将是什么样子好像就不是被预先决定的,但直观上说他仍然是他现在所是的那个个体。阿尔诺的困惑似乎是这样产生的：如果一个个体的概念已经完备地包含对他来说已经发生、正在发生以及将要发生的一切事情,那么他就不可能自由地行动——在他身上发生的一切似乎都是被决定好的。但是,这个结论至少不符合两个直观认识：第一,我们可以自由地选择自己的行动,或者,我们至少具有自由行动的体验；第二,莱布尼茨认为,对于"S是P"这样一个命题来说,只有当谓词被包含在主词的概念中时,它才是真的,但是,某些命题（例如我们现在所说的"偶然命题"）是否为真取决于某些外在于它们的经验事实。因此,阿尔诺的困惑实际上也是我们的困惑。然而,面对阿尔诺提出的异议,莱布尼茨回答说,"阿尔诺是一个医生"这个命题不仅是假的,而且包含一个矛盾。其理由是：是一个医生这件事本来就不可能发生在阿尔诺这个特

---

6 在莱布尼茨与阿尔诺的通信交流中,很大一部分都是围绕"主词包含谓词"原则展开的。关于莱布尼茨自己对这个原则的说明,可参见《论形而上学》第13节。对于阿尔诺表述这个异议的方式,参见 Stuart Brown, *Leibniz*, Minneapolis: University of Minnesota Press, 1984, pp. 122–124。

定个体身上——假若某个个体已经是一个医生，他就不再可能是阿尔诺。莱布尼茨更明确地指出：

> 如果在某人一生中甚或在整个宇宙中，某个事件是用一种与其实际上发生的方式不同的方式发生的，那么仍然不会有什么东西阻止我们说，这就是另一个人或者上帝已经选择的另一个可能宇宙了。在这种情况下，那将是一个真正不同的个体。（L 335）

这个说法意味着，如果某个个体要仍然是一个特定个体，他就不可能用一种背离其完备概念的方式行动——他不可能在保持其同一性的情况下采取不符合其完备概念的行动。因此，如果我们采取了一种意志自由论的自由概念，即认为自由要求行动者有能力采取与其**实际上**所采取的行动不同的行动，那么概念包含谓词原则似乎就意味着我们不可能有这种自由。[7]

在莱布尼茨这里，偶然性问题并不是偶然出现的，因为其根源就在于其形而上学的根本原则。[8] 从以上论述中不难看出，概念包含谓词原则与充分理由原则具有重要联系，实际上可以被理解为后者在概念分析层面上的应用。不管莱布尼茨最终如何理解自由及其可能性，他被广泛地

---

[7] 当然，这并不意味着我们不可能具有一种相容论意义上的自由。实际上，本文试图表明莱布尼茨的自由概念本质上是相容论的，尽管他对人的自由的理解比某些当代相容论观点要复杂得多。

[8] 在1695年最终提出单子论之前，莱布尼茨对个别实体的本质持有一些不同看法。不过，无论是在谈论个体实体还是在谈论单子，莱布尼茨都保留了他对"实体"所持有的某些核心观念，因此，即使其实体概念经历了一些发展，这也不会在实质上影响我们对其偶然性概念的讨论。关于莱布尼茨的实体概念的发展，参见 Robert C. Sleigh, *Leibniz & Arnauld: A Commentary on Their Correspondence*, New Haven: Yale University Press, 1990, pp. 96–101; Christia Mercer, *Leibniz's Metaphysics: Its Origins and Development*, Cambridge: Cambridge University Press, 2002, Part Two。亦可参见 Daniel Garber, *Leibniz: Body, Substance and Monad*, Oxford: Oxford University Press, 2009。

认为至少是一个物理决定论者,[9]即相信一切物质实体的存在和变化都有充分原因——为了理解某个东西为何存在或者某个变化为何发生,我们必须为存在或变化寻求一个理由。这样一个理由必须**完备地**说明某个存在或变化——一个充分的理由是不能不将其结果产生出来的理由。因此,每一个东西都有一个完备的理由或根据(ratio)。按照莱布尼茨对个别实体的定义,这个原则意味着,每一个实体都表达了一个完备的概念,以至于只要我们充分地理解了这个概念,我们就可以从中推出属于该实体的一切性质。换句话说,每一个个别实体的概念都一劳永逸地包含了能够对它发生的一切事情。莱布尼茨由此断言,假若某个谓词不是被包含在某个个别实体的概念中,它就会"摧毁"那个概念。

  充分理由原则的根据就在于莱布尼茨的形而上学本体论。对莱布尼茨来说,上帝是按照其创世蓝图(特别是完美原则)来创造世界以及其中的一切。被造物将永恒地存在——唯有上帝才能将其摧毁(假若他出于某些考虑决定这样做的话)。因此,在自然界中,一切真实变化都只能是样态变化(modal change),即在实体的状态或形态上的变化。莱布尼茨进一步认为,个别实体发生变化的根本原则已经被"嵌入"每个实体中,因此每个个别实体都具有一种自发性,即能够按照上帝设定的原则**积极地**发生变化,即使世界的总体状况是被预先决定的。所有个别实体(或者莱布尼茨后来所说的"单子")都是独立的存在,尽管上帝已经让每个实体设法"反映"其他实体乃至整个世界的存在状况,以在理想状态下维护一种预先确立的和谐秩序。莱布尼茨由此认为:

  假若我们考虑到对每个实体发生的事情都只是其完备观念或概念的结果,因为这个观念已经包含它的一切谓词或事件并表示整个宇宙,那么,严格地说,尽管不是按照通常的说法,我们就可以认

---

9 例如,见 Robert M. Adams, *Leibniz: Determinist, Theist and Idealist*, Oxford: Oxford University Press, 1994, Part I。

为，一个特定实体绝不会对另一个特定实体施加作用，也绝不会被后者所作用。事实上，除了思想和知觉外，没有什么东西能够对我们发生，而且，我们的一切未来的思想和知觉都只是我们先前的思想和知觉的结果（尽管是偶然的结果），以至于假如我能够明晰地考虑此时对我发生或者对我显现出来的每一件事情，那么我就可以在其中看到即将对我发生或显现出来的每一件事情。（AG 47）

莱布尼茨显然对实体（包括有理智的实体）的变化持有一种决定论观点。进一步说，如果上帝间接地参与了变化的原因，那么一切变化的根源都至少可以部分地归因于上帝。事实上，莱布尼茨认为，上帝不论是对永恒真理还是对偶然真理都具有不依赖于时间的先验知识（AG 28, 100-101）。因此，在选择一个个体来实现时，如果上帝已经在其中包含了每个可能应用于它的谓词，那么，在不"摧毁"其同一性的情况下，该个体好像就不可能以其他方式行动，而如果自由要求以其他方式行动的能力或可能性，那么个体好像就没有自由。这就产生了一个问题：莱布尼茨形而上学的根本原则是否允许偶然性（人类因此自由）的可能性，抑或只能导致某种形式的命定论？

二、偶然真理与必然真理

莱布尼茨不是没有意识到这个问题。实际上，他自己很清楚这个问题是如何产生的。例如，在《论形而上学》中，他写道：

我们已经说过，一个个别实体的概念一劳永逸地包含了对它可能发生的一切事情，因此，通过考虑这个概念，我们就能在它当中看到能够真正地对它断言的每一件事情，正如从一个圆的本质中我们能够看到可以从它推出的一切性质。但是，这好像排除了偶然真理和必然真理的差异，人类自由好像没有任何地位，一种绝对的命

定论将排除我们的行动以及世界上的其他事件。(AG 44-45)

为了解决这个难题,莱布尼茨首先做出两个区分:一方面将绝对必然性(absolute necessity)和假设必然性(hypothetical necessity)区分开来,另一方面将必然的东西和确定的(或者不可错的)东西区分开来。但是,就人类自由的可能性而论,首先需要解决的问题是:上帝选择最好的可能世界这件事究竟是不是必然的?若是,在什么意义上是必然的?莱布尼茨似乎认为,这个世界的现实性是偶然的,因为其他世界就其本质而言仍是可能的,即使就它们与上帝的创世命令的关系而论,它们不是**现实地**可能的。不过,在某些地方,莱布尼茨认为"上帝选择最好的可能世界"这件事情是必然的。这个主张似乎意味着,这个世界的现实性以及其中所包含的一切也都是必然的。因此,为了弄清莱布尼茨的形而上学原则是否根本上排除了人类自由的可能性,我们至少需要进一步考察两个问题:第一,我们究竟应该如何理解莱布尼茨的必然性概念及其对偶然性的论述?第二,即使上帝选择最好的可能世界来实现在某种意义上是必然的,这种必然性是否根本上排除了人类自由?

为了便于讨论,我们不妨以爱德温·科里在莱布尼茨这里鉴定出来的一个"两难困境"为起点。[10]科里声称,对莱布尼茨来说,"'这个世界是最好的可能世界'大概是一个必然事实。……如果这个世界的存在确实就在于它是最好的可能世界,那么其存在同样是必然的"(Curley 1972:94-95)。如果我们把这里所说的"必然性"理解为一种形而上学必然性(这个概念稍后会得到说明),那么莱布尼茨就没有为偶然性和自由留下任何余地。另一方面,如果我们认为上帝是出于良善和智慧而决定选择最好的可能世界来实现,那么在实际世界(即上帝决定实现的世界)中所存在的一切都依赖于上帝的决定,因此在这个意义上是偶然的。

---

10 E. M. Curley, "The Root of Contingency," in Harry Frankfurt ed., *Leibniz: A Collection of Critical Essays*, New York: Anchor Books, 1972, pp. 69-98.

在这种情况下，偶然性就得以保全。然而，科里认为这会产生一个"困境"：如果上帝的善意是偶然的，那么，只要我们需要诉诸进一步的理由来说明上帝为什么会有这样一个善意，我们的说明就会陷入无穷后退。科里断言，"莱布尼茨似乎不仅接受这种后退，还加以强调"（Curley 1972：95）。因此，科里鉴定出来的"困境"是：在尝试解释莱布尼茨的有关学说时，不管我们是不是把上帝的创世行为解释为必然的或偶然的，我们都会面临一个"巨大困难"（Curley 1972：95），即要么否认偶然性以及自由的可能性，要么面临科里所说的"无穷后退"。

我们果真面临这样一个"困境"吗？莱布尼茨自己并不这样认为。在《论偶然性》中，他提出这个问题并写道："我们可以问'上帝选择最好的'这个命题是不是必然的，或者是不是他的一个自由命令——实际上，其首要的自由命令。"（AG 29）但是，哪一个可能性才是回答上述问题的关键呢？要在二者之间做出选择并非易事，因为莱布尼茨有时候断言上帝**不能**不选择最好的，甚至说"必然地，上帝选择最好的"（AG 30）。另一方面，在某些其他地方，例如，在《论自由和可能性》中，他又告诉我们："要把上帝的自由行动与其必然行动区分开来。因此，上帝爱自己，这是必然的，因为这可以从上帝的定义中得到证明。但是，上帝创造最完美的东西这一点是不可证明的，因为对立的东西并不蕴含一个矛盾。"（AG 20）因此，为了澄清莱布尼茨形而上学的根本原则是否允许偶然性，我们就需要弄清楚上帝究竟是出于什么样的必然性而决定选择最好的可能世界。

偶然性概念在莱布尼茨这里之所以成为一个问题，主要是因为莱布尼茨的个别实体概念及其对上帝的知识状况的理解。在尝试解决这个问题时，莱布尼茨利用了一系列微妙的区分，并尝试从两个不同角度来阐明这些区分。[11]第一个角度涉及如下主张：一切可能存在的东西都是因其自身的本质而成为可能的；第二个角度关系到他对必然真理和偶然真理的逻辑分析。对莱布尼茨来说，如果一个命题"能够被分析为同一命题，或者其否定蕴含一个矛盾"，那么它就是逻辑上必然的或绝对必然的（PM 96）。用目前的术语来说，这种命题是分析命题，因此是可论证的。进一步说，如果这样一个命题是真的，那么它在所有可能世界中都是真的，因此不依赖于上帝的自由命令而为真。所有这样的真命题构成了莱布尼茨所说的"永恒真理"，几何定理是其中的一类典型例子。相比之下，一切涉及存在和时间的命题，例如"地球围绕太阳运转"这个命题，都是偶然的，因此对于有限的心灵来说是不可论证的（参见AG 19，28-30，44-46）。莱布尼茨往往按照数学类比来说明这个区分（参见AG 28-30，94-98）。在他看来，一个必然真理就是这样一个真理：我们可以在有限的步骤内把用来表示它的陈述（或者其否定陈述）归结为某个同一性陈述。在这个意义上，必然真理被认为是可论证的。与此相比，在一个偶然命题中，尽管谓词包含在主词概念中，但任何有限的心灵都不能在有限的步骤内将它归结为同一性陈述。在《必然真理与偶然真理》一文中，莱布尼茨如此阐明了偶然性与无限分析的关系：

> 一些命题关系到本质，其他命题则关系到事物的存在。关于本质的命题是可以通过解析措辞来论证的，这些命题是必然的，实际上是同一的，因此其否定是不可能的，实际上是矛盾的。这些命题的真理是永恒的；它们不仅在世界依然存在的时候有效，而且，即使上帝以另一种方式创造了世界，它们也仍然有效。存在命题或偶

11　评论者们普遍承认，莱布尼茨从这两个角度对偶然性问题提出的回答构成了两个不同的理论。但是，对于二者之间的关系，他们有不同的理解。例如，亚当斯认为，这两个理论是相容的，但同时也是分离的，也就是说，二者之间没有本质联系。其他一些评论者则试图表明，这两个理论在莱布尼茨那里具有一种统一性。我倾向于支持后一种观点。关于前一种观点，见 Adams 1994，第1章。

然命题全然不同于这些命题。它们的真理（truth）是只有无限的心灵才能先验地理解的，不能通过任何解析来论证。这些命题在特定的时刻才是真的；它们不仅表示了与事物的可能性相关的东西，也表示了实际上存在的东西，或者说，在某些事情得到允许的情况下（比如说，我现在活着，或者太阳正在照耀）就会偶然存在的东西。这是因为，即使我说太阳此时正照耀着我们这个半球，因为它此前的运动具有这样一个特点，即只要它继续下去，这个事件肯定就会随着发生，但是，它的运动此前是这样，这同样是一个偶然真理，而对这个真理又必须寻求一个理由。这样一个理由是不能完整地给出的——除了作为对宇宙各个部分的完备知识的一个结果外，而这是所有被造物都不能完成的一项任务。这是因为，物质中没有哪一个部分不能被实际上细分为其他部分；因此，任何物体的各个部分实际上都是无限的，这样，不论是太阳还是任何其他物体都不是被造物能够完全知道的。即使我们寻求每一个被推动的物体的推动者，又去寻求那个推动者的推动者，我们也还是不能达到分析的尽头；因为我们总是在没有尽头的情况下达到更小的物体。但是，上帝不需要从一个偶然事物转移到另一个在先的或更简单的偶然事物，这是一种不可能有尽头的转移。毋宁说，上帝从每一个个别实体的概念中把握到了其一切偶然变化的真理，而无需召集任何外在的东西；因为每一个偶然变化都以自身的方式涉及所有其他偶然变化，由此涉及整个宇宙。这样，一切涉及存在和时间的命题都有整个事物序列作为一个构成要素，除了相对于事物彼此间的关系外，绝不能在"此时"或"此地"得到理解。因此，这些命题不允许有论证，即不允许有可以将其真理显示出来的某个最终解析。被创造出来的个别实体的所有偶然变化也同样如此。实际上，即使某人能够知道宇宙的完整序列，他也不能对之给出一个理由，除非他将这个序列与所有其他可能事物相比较。由此可见，不管我们将概念的解析继续多远，我们也不能发现对一个偶然命题的论证。（PM 97—99）

我们充分引用这段话，是为了表明，在莱布尼茨这里，偶然性概念确实与无限分析的观念具有本质联系——实际上，无限分析的观念说明了某个东西究竟在什么意义上是偶然的。莱布尼茨首先是按照本质与存在的区别将必然真理和偶然真理区分开来。偶然真理之所以是偶然的，不仅是因为它们表示了与事物的可能性有关的东西，也是因为它们表示了实际上存在（或者在某些假设条件下将会存在）的东西。偶然性概念因此就与"假设必然性"的概念产生了联系，正如我们即将看到的。莱布尼茨并不认为事物的本质是上帝所创造的：一切可能事物都是因其自身的本质而是可能的，尽管只是在上帝决定创造世界后，其中一些才变得现实地存在。例如，上帝不可能创造一个方的圆，因为这样一个东西究其本质而论是不可能的。只要一个东西本质上不涉及矛盾，它就是可能的，否则就是不可能的。不过，在可能事物中，有些事物由于其本质或定义而是必然的。例如，"三角形有三条边"或"7+5=12"是一个必然真理：我们可以通过数学论证表明它是真的，其否定在某种意义上蕴含矛盾。与此相比，"恺撒跨过卢比孔河"这一命题的真值就不能以这种方式来确定了：从"恺撒"和"卢比孔河"的不完备概念中，我们无法证明这个命题是否为真。为了确定其真值，我们不仅需要探究两个被认为是真实存在的事物之间的关系，也需要探究它们与有可能存在的事物之间的关系。但是，这不是有限的人类心灵所能做到的：

> 在偶然命题中，人们通过推理将分析继续到无限，但是不会得到一个完备的论证。虽然一个真理归根结底是有一个理由的，但只有上帝才完整地理解这个理由，只有上帝才能在思想的一瞬间穿越无限的序列。（AG 28）

有限的心灵之所以不能对偶然命题提出无限分析，也是因为这种命题涉及实际上存在的事物的**时间秩序**。一切真实存在的东西必定是能够在时间上存在的。实际上，正如莱布尼茨明确指出的，这种东西的存在和变化不仅取决于时间，也取决于地点或空间位置。因此，与必然真理"永恒地存在"相比，偶然存在的东西在"整个事物序列"（即真实存在的秩序）中是有时间和空间位置的。既然偶然事物一方面与其他可能存在的事物相联系，另一方面在其存在上又有时间性，偶然命题的真值就不是有限的心灵所能论证的。我们至多只能按照经验来认识某个偶然事物及其变化，认识它与其他偶然事物的关系，而且，我们的认识本身就是在时间上展开的，因此必定是有限的，绝不可能达到完备状态。相比较而论，上帝不仅具有无限的认知能力，也是按照自己的创世蓝图来决定创造世界，因此，只有上帝才能够"立即把握无限的东西，能够看到一个东西如何在另一个东西中，能够先验地理解偶然性的完备根据"（PM 97）。

不过，就**逻辑可论证性**而言，偶然真理与必然真理的差别只是一个深层差异的表面反映，即上帝的知识和人的知识之间的差异。莱布尼茨经常提到，上帝对**偶然**真理具有直观上不可错的知识（AG 95），这种知识对上帝来说是先验的：

> 上帝的直观几乎不应被看作一种经验性的知识（就好像他是在与自己不同的事物中看到某个东西），而应被看作先验知识，即从真理的根据中得来的知识，因为他是在自身当中（*ex se ipsā*）看到事物，通过考虑自身的本质而看到可能的东西，通过进一步考虑其自由意志和命令而看到现存的东西。其中最重要的是，每件事情都是以最好的方式、出于最好的理由而发生的。（AG 97–98）

与此相比，有限的心灵只能对偶然真理具有经验知识，不可能纯粹通过论证而把握事物的完备概念，因为"每个实体在上帝那里都有其原因，因此就有了某些无限的东西，也就是说，有了某些全能全知的痕迹"（PM 77；也见 AG 42）。换句话说，既然每个实体都体现了上帝创世的意志，每个实体就必定会按照其自身在宇宙中的位置、从其观点来表示整个宇宙，因此可以用无限多的方式与其他实体相联系。这样，在用一个命题来描述一个实体的某个方面时，为了决定该命题是否为真，我们就需要比较世界的无限多的方面。如果上帝是出于自己的良善、按照完美原则来选择实际世界中的事物，那么他确实可以对偶然真理具有完备知识。但是有限的心灵不可能具有这种知识，因为"即使某人能够知道宇宙的完整序列，他也不能对之给出一个理由，除非他把这个序列与所有其他可能的东西相比较"（PM 99）。这就类似于说，即使我们观察到了整个宇宙，我们还是无法理解它为什么存在而不是不存在，或者为什么正是这个世界存在而不是某个其他世界存在。这是因为，在存在无限多的物理蓝图的情况下，既然上帝决定选择最好的可能世界来实现，他就对实际世界中存在的一切具有直观的先验知识，但是，我们不可能发现哪一个可能世界是最好的，或者，在尝试这样做时，我们就会面临无限多的复杂性。因此，**从认知的角度来看**，人类心灵的有限性不仅成为偶然性的一个来源，而且好像也是自由的一个条件，正如我们即将看到的。

如果上述论证是可靠的，那么，在莱布尼茨这里，偶然性概念就与无限分析的观念产生了内在联系。为了进一步阐明这个联系，我们不妨首先看看一些评论者对它所提出的怀疑。斯图亚特·布朗认识到了"概念包含谓词"原则与某种命定论的关联，也承认我们或许可以通过区分偶然真理和必然真理来说明偶然性。然而，他论证说，即使对某个东西的分析产生了一个无限序列，这也不足以表明那个东西就是偶然的。例如，π 的小数扩展涉及有限的心灵无法把握的无限序列，但这无损于如下事实：出现在该序列中的任何东西都必然地出现于其中（Brown 1984：125）。布朗由此断言无限分析不是偶然性的保证。他进而论证说，为了对阿尔诺的异议寻求一个更有希望的回答，我们必须转到莱布尼茨的直接答复。这个答复取决于区分两种思考或设想事物的方式，即莱布尼茨用"*sub ratione generalitatis*"和"*sub ratione possibilitati*"这两个拉丁术语来指称的那两种方式。前一个术语指的是用一种一般的或不完全确定的方式来思考一个个体，这种思想方式是有时间性的。后一个术语指的是用一种确定的、独立于时间的方式来思考一个个体。上帝对其所知觉或设想的东西具有完备的、确定的知识，但是人的知识并不具有（实际上也不可能具有）这个特点。对于我们来说，只有在已经知道恺撒**事实**上跨过了卢比孔河时，我们才能知道"跨过卢比孔河"这个谓词包含在恺撒的概念中，因此我们的知识就包含了一个时间要素，而在上帝的视角中，这样一项知识是先验的、无时间的，因为上帝知道一个完备的概念所包含的一切。由此来看，解决偶然性问题的关键，就是要追问上帝的先验知识是否符合偶然性，例如，上帝先验地知道某事是否意味着那件事不可能是偶然的。

正如我们即将看到的，这其实就是莱布尼茨阐明偶然性的基本思路。然而，布朗并未采纳这条思路，反而将偶然性问题归结为个人同一性问题（Brown 1984：125-129）。按照上述区分，布朗鉴定出两种个人同一性。首先，有一个把处于两个不同时间的个体鉴定为同一个个体的问题，布朗认为这是阿尔诺所持有的同一性概念。其次，莱布尼茨所关心的个人同一性问题，在布朗看来，涉及如下思想：每一个个体都是绝对独特的。这两种个人同一性概念之间的差异，是在**有限**被造物的内在经验和上帝的内在经验之间的差别。因此，这个差异仍然反映了上述两种知识的区分，而后者对于阐明偶然性问题才是关键的。不过，布朗声称，通过将思考一个个体的两种方式调和起来，我们就可以摆脱命定论。其要点可以概述如下：用一般的方式来考虑一个个体，是要从时间秩序外而不是从一个早期的观点来看待事物。如果一个人用这种方式来看待事物，那么就没有什么东西对自由选择是开放的，就好像一切都是按照确定的理由发生的。然而，大概只有在生命的最终时刻，一个人才能完全用这种方式来看待自己。当我们仍然在过自己的生活时，我们不可能用这种方式来看待自己，反而认为有很多东西仍有待于确定。布朗的想法是直观上可理解的，但是，它不仅让莱布尼茨的相容论变得不太有意义，也没有为恰当地理解其偶然性学说提供实际帮助。对这个学说的任何恰当理解，无疑都需要与莱布尼茨对存在和完美的看法结合起来。命定论不可能像布朗所声称的那样，只是混淆了"看待个体的两种不同方式"（Brown 1984：129）。因此，布朗对命定论的消解至多只是表面上合理，实际上并未触及偶然性的根源，因为后者确实与"无限分析"的思想相联系。

与此相比，科里对偶然性问题有更深的理解，他对这个问题的分析**大体上**也是可接受的。然而，他也奇怪地持有一个与布朗相似的见解，即"涉及无限分析不太可能是偶然性的一个充分条件"（Curley 1972：95）。因此，"莱布尼茨怎么可能已经思考［无限分析］仍然是个谜"（Curley 1972：93）。科里对偶然性问题的分析开始于罗素对这个问题的看法。[12] 罗素正确地推断说，充分理由原则等同于断言终极原因的存在。但是，科图雷后来按照更详细的文本资料对莱布尼茨的解释让罗素的观点陷入麻烦。[13] 罗素与科图雷之间的分歧主要涉及对存在命题的解释。在考察了这个分歧后，科里断言，莱布尼茨按照无限分析的思想对偶然命题的论述是成问题的。他论证说，自然规律不应该要求一种无限分析，因为就像必然真理一样，自然规律往往只涉及完全普遍的谓词（参见Curley 1972：74-79）。然而，正如我在下一节即将表明的，通过引入假设必然性概念，莱布尼茨可以轻而易举地消除这个异议。而且，值得指出的是，正是通过以完美原则为中介，假设必然性概念才会与无限分析的思想发生实质性联系。不过，科里仍然坚持认为，莱布尼茨按照无限分析的思想对偶然性的论述完全是错误的。莱布尼茨确实强调说，存在命题之所以是偶然的，是因为对它们的先验证明对于有限的心灵来说是不可能的。但是，我想强调的是，莱布尼茨也提出了一个形而上学见解（即完美原则）来充当其**逻辑分析**的根据。科里无视这个联系，因此断言

12　B. Russell, *A Critical Exposition of the Philosophy of Leibniz*, London: Routledge, 1900; second edition, 1937, pp. 29-46.

13　L. Couturat, "Sur la métaphsique de Leibniz," *Revue de Métaphsique et de Morale*, 10(1902), p. 12.

偶然性问题与如下事实"完全无关"：任何完备的概念都涉及有限的心灵在逻辑上无法实施的无限分析。就像布朗一样，科里完全否认无限分析的思想与偶然性概念具有任何联系。

然而，科里和布朗用来否认上述联系的例子都不是结论性的，因为莱布尼茨在某些地方明确承认数学类比是不完美的。虽然我们可以用其他方式算出数学中某个无限序列的值，但是，对于莱布尼茨来说，这并不意味着我们也可以对偶然命题提出类似说法。莱布尼茨的真正理由是，如果一个命题的真值取决于存在的和不存在的东西，那么它必定是偶然的。简单地说，一个命题的偶然性在于它与世界上其他可能事物的关系，根本上说在于如下事实：上帝本来就有可能创造出与他目前所选择的事物序列不同的事物序列。这样一来，虽然某个个体在实际序列中已被选择，但是，它与其中其他事物的关系，仍有可能不同于它与未被实现的序列中其他事物的关系。莱布尼茨确实把无限分析的思想看作其偶然性学说的一个核心概念，因为他不仅在说明偶然性和自由的时候多次使用这个思想，而且（这一点更为重要）也把它与其完美原则及其对存在的分析联系起来。若不考虑这个联系，就无法恰当地理解莱布尼茨对偶然性与无限分析之关系的论述。下面我将表明，为了对莱布尼茨形而上学原则提出一个融贯的解释，我们需要把上帝对最好的可能世界的选择解释为道德上必然的，而不是形而上学上必然的。

三、形而上学必然性与道德必然性

莱布尼茨指出，与所有必然真理都依赖于矛盾原则相反，一切关于偶然事物或存在的真理都取决于完美原则（AG 19）。在我看来，这个主张才是理解偶然性概念的关键。为了阐明这一点，让我首先考察一下莱布尼茨对存在（尤其是完美原则）的说明。按照这个原则，上帝将选择这样一个世界来实现，以至于其中"存在着最大的多样性以及最大的秩序"(AG 210)。[14] 因此，只要一个实体已经被选入最好的可能世界中，它就被要求从其自身的观点、按照完美的标准去反映整个宇宙。这样，它不仅必须与所有被选择出来的其他实体相共存，也需要以某种方式优化世界的完美。五角形没有被选择在实际世界中得到实现，不是因为它是绝对不可能的，也不是因为它蕴含一个矛盾，而是因为它"与含有更多完美的其他事物不相容"(AG 21)。莱布尼茨由此断言，"完美或本质是存在的一个推动力（*exigentia existentiae*），存在实际上是由这个推动力本身产生出来的，但不是必然地产生出来的，而是通过否认还有另一个更完美的东西阻止其存在"(AG 20)。换句话说，即使一切可能事物都因其自身的本质而是可能的，但是，其中某些事物之所以得以存在，是因为：在上帝对它们的**概念**的理智把握中，只要它们实际上得到实现，就可以造就一个完美而和谐的世界。换句话说，它们是因为完美原则而得以存在，因此其存在就取决于上帝的意志。存在的东西不同于不存在的东西，不只是因为它们具有不同的本质，更重要的是因为它们符合总体完美的程度。存在因此就有了一个后果的特征（consequential characteristic）：某个东西是否存在，取决于上帝决定选择哪个可能世界来实现。偶然性因此也有一个双重特点：一方面是相对于上帝可能选择的事物序列而论的，另一方面是相对于一个事物所要表达的完美程度而论的，正如莱布尼茨在《论自由和可能性》中更明确地指出的：

> 上帝不是必然地产生最好的东西，而是因为他意愿（wills）最好的东西。实际上，如果有人问我上帝是否必然地意愿，我将要求他进一步说明必然性究竟意味着什么。……我将回答说，上帝当然不可能自愿地意愿，否则就会有一个进行意愿的意志，直到无穷。毋宁说，上帝是通过其本性而意愿最好的。你会说，"因此，他是必

---

[14] 关于对莱布尼茨的完美原则的解释，参见 D. Blumenfeld, "Perfection and Happiness in the Best Possible World," in N. Jolly ed., *The Cambridge Companion to Leibniz*, Cambridge: Cambridge University Press, 1995, pp. 382-410。

然地意愿。"而我则会站在奥古斯丁一方说，这种必然性是神圣的。"但是，由此可见事物是通过必然性而存在。"怎么会呢？因为上帝意愿存在的东西不存在蕴含一个矛盾？我否认这个命题是绝对为真的，因为否则上帝并不意愿的东西就不是可能的。这是因为，即使上帝并不选择事物，它们仍旧是可能的。实际上，即使上帝并不意愿某物存在，其存在也是可能的，因为就其本性来说，假若上帝意愿它存在，它就能存在。"但是上帝不可能意愿它存在。"我承认这一点，不过，这样一个事物就其本质来说仍是可能的，即使相对于上帝的意志来说它不是［现实地］可能的，因为我们已经把本身并不蕴含任何矛盾的东西定义为就其本质来说是可能的，即使它与上帝的共存在某个方面可以被认为蕴含一个矛盾。……因此，在我看来，一个可能事物是具有某个本质或实在的事物，也就是说，是可以被明晰地理解的事物。（AG 20–21）

很明显，对莱布尼茨来说，事物是因其自身的本质而是可能的，尽管其**实际**存在取决于上帝的意志——上帝是按照完美原则来决定是否要实现某个可能事物。因此，上帝决定实现的世界以及其中的一切事物并不是必然的，因为并不包含那些事物的其他世界也是可能的，而上帝本来就能选择某个其他世界来实现，即使他不愿意这样做。上帝意愿做的事情当然必须是他能够做的，例如，他不能意愿任何形而上学上或逻辑上不可能的事情，另一方面，他能够做的事情未必是他意愿做的。因此，莱布尼茨提醒我们不要将上帝的能力与其意志混为一谈。在指责克拉克将二者混淆起来时，莱布尼茨指出："上帝能够产生一切可能的东西，即任何并不蕴含矛盾的东西，但是他只意愿产生可能事物中最好的"（第五封信76段，LC 54；亦可参见 T 171）。这个区分不仅可以让我们理解上帝为什么不是一个必然的行动者，因此他对最好的可能世界的选择是形而上学上偶然的，而且也可以让我们对"选择"提出一种理解——选择只要求排除形而上学上或逻辑上必然的东西，反过来说，我们只能选择形而上学上或逻辑上可能的事物。可能事物之所以能够成为选择的对象，是因为我们有能力履行我们不想履行的行动，正如上帝可以选择不实现其他的可能世界。总而言之，在形而上学意义上说，实际世界之所以只是偶然存在，是因为其存在取决于某个外在于它的东西（即上帝的意志）以及如下事实：其他世界至少可以潜在地（即使不是现实地）存在。将这一点加以推广，我们就可以说，如果某个事物的存在取决于某个外在于它的东西，而且其本身就有其他可能的取舍，那么它就是偶然的。例如，我桌上的咖啡杯只是偶然存在：它在我这里的存在取决于我从某个商店将它买回，而且，我有可能买了另一个咖啡杯，而不是目前放在桌上的那个。

现在，为了进一步阐明对偶然性的这种理解，我们需要考察一下莱布尼茨在形而上学必然性和假设必然性之间所做的区分。按照对偶然性的一个日常理解，说某个东西是偶然的，就是说其产生以某种方式偏离了"正常轨道"。在这个意义上，偶然性往往被等同于机遇或奇迹。但是，机遇或奇迹不太可能是莱布尼茨所设想的偶然性，因为在他看来，没有什么东西，哪怕是某种意义上的奇迹，能够摆脱上帝的意志。实际上，莱布尼茨对充分理由原则的承诺不允许他认为，任何事情在没有充分理由或原因的情况下就可以发生。因此，在莱布尼茨这里，说某个东西是"偶然的"，显然并不是说它是随机地发生的，或者其发生是未被决定的。为了充分理解这一点，我们首先需要像莱布尼茨那样将确定性概念和必然性概念分离开来。一个必然的存在物是其本质就蕴含其存在的东西——它本质上不可能不存在，或者换句话说，你不可能否认其存在而不陷入矛盾。在莱布尼茨对上帝存在的本体论论证中，这个思想占据了一个重要地位。[15] 上帝就其本质来说**必然**存在：他不可能不存在，因为从上帝的概念来看，否认其存在是矛盾的。因此，形而上学上必然的东

---

15 参见 D. Blumenfeld, "Leibniz's Ontological and Cosmological Arguments," in Jolly 1995, pp. 353-382，特别是pp. 354-364。

西是其否定蕴含一个矛盾的东西。莱布尼茨经常把形而上学必然性等同于逻辑的、几何的和算术的必然性（例如T 282），而且有时称之为"盲目的"（T 349），意思是说这种必然性甚至不依赖于上帝的意志或选择，反而对后者施加了约束——甚至上帝也不可能创造形而上学上不可能的东西，例如一个圆形的方形。任何形而上学上必然的东西都不依赖于意志或选择，在这个意义上说，它们是"绝对的"。由此可见，对莱布尼茨来说，形而上学必然性的根据就在于矛盾原则（AG 28）。另一方面，所有被造物，包括世界本身，都是偶然的，因为其实际存在不仅取决于其自身的本质，也取决于上帝的存在及其创世命令。因此，即使某个东西只是偶然存在，这也不意味着它不是确定的：偶然的事情是可以绝对可靠地发生的，尽管只有上帝才确切知道它是如何发生的。实际世界中的一切都是确定的，因为上帝已经预先决定并由此预测到每一个未来的偶然性。有了这个确定性概念，莱布尼茨就可以区分两种必然性概念：

> 我断言，联系或跟随（*consécution*）有两种类型。其否定蕴含一个矛盾的联系是绝对必然的；这种推导出现在永恒真理（例如几何真理）中。另一种联系只有按照假设（*ex hypothesi*）才是必然的，可以说是偶然地必然的，但其自身是偶然的，因为其否定并不蕴含一个矛盾。这种联系不是完全立足于观念和上帝的纯粹理解，而是立足于上帝的自由命令和宇宙的序列。（AG 45）

莱布尼茨对偶然性的理解确实不同于日常的理解，即偶然的事情是用一种不确定的方式发生的。消除这个"错觉"的唯一方式，是将偶然性概念与莱布尼茨关于假设必然性和上帝的自由命令的思想联系起来。莱布尼茨说，"按照预先的决定而发生的一切事情，都是确定的但不是必然的"（AG 45）。在这里，"必然的"这个说法显然是指"形而上学上必然的"，即其发生或存在本身不依赖于任何其他条件的必然性。相比较，一切偶然事物，或者一切存在命题的**真理**，都依赖于上帝的自由命令，因为很多东西就其本身而言都是可能的，只是在上帝按照完美原则来决定创造世界时，它们才变得实际上不可能。

我们可以把莱布尼茨在这方面的想法概述如下。首先，不论是从逻辑上说还是从事实上说，都存在不同的可能世界，上帝是出于对完美的考虑而决定实现其中某个世界。上帝的选择可以被理解为对一套规律和原则的选择，这套规则将制约即将被实现的世界。莱布尼茨写道："上帝的至高无上的智慧已经导致他首先要选择这样的**运动定律**，相对于抽象的或形而上学的理由来说，这些定律得到了最好的调整、是最合适的。……不同于逻辑、算术和几何真理，这些定律并不依赖于**必然性原则**，而是依赖于**适宜性（fitness）原则**，也就是说，依赖于智慧的选择。"（AG 210-211）其次，即使"上帝选择最好的东西"这件事情在某种意义上是必然的，这也不意味着上帝决定实现的世界就是形而上学上必然的，因为上帝本有可能选择一套其他的规律和原则，而不是那套制约实际世界的规律和原则，而这并不是矛盾的，因此是可能的。事实上，莱布尼茨很明确地指出，"虽然人们可以承认上帝必然选择最好的东西，乃至承认最好的东西是必然的，但是，这并不意味着被选择的东西就是必然的，因为无法论证它就是最好的"（AG 30）。不过，只要上帝已经决定选择某个可能世界来实现，那套被选择出来的规律和原则就可以被认为是**物理**上必然的，或者说**假设地**必然的——这种必然性是上帝的创世命令的结果，但其**本身**是偶然的，因为它得以产生的前提是外在于它的，而不是内在于其自身的本质。因此，所有物理必然性都预设了某个其他东西（例如上帝创世的自由命令）的必然性。莱布尼茨对这一点极为明确，例如，他写道："一切关于偶然事物或事物的存在的真理都取决于完美原则。除了上帝自身的存在外，一切存在都是偶然的"（AG 19），因为偶然事物的现实存在取决于上帝在创世时对完美的考虑。不过，尽管每一个立足于上帝的自由命令的真理在这个意义上都是偶然的，但"它们是确定的，因为这些命令并不改变事物的可能性"（AG 46）。因此，"即使上帝总是选择最好的东西这件事情是确定的，这也不妨碍不太完美的东西本身是可能的并依旧是可能的，尽管它不会发生，因为它之所以被拒斥，不是因为它不可能，而是因为它不完美"（AG 46）。由此可见，偶然性的真正根源就在于，偶然真理的原则是完美原则（AG 19，亦可参见《论形而上学》第 13 节）。在与形而上学必然性相对立的意义上，一切实际上存在的事物之所以是偶然的，本质上是因为其存在取决于上帝的智慧和选择。偶然的事物之所以是有限的心灵无法完备地论证的，只是因为"只有上帝才完备地理解［一个偶然事物存在的］理由"（AG 28）。由此可见，无限分析的观念只不过是完美原则的一个自然推论，因此在**认知**的意义上就成为偶然性的一个必要条件。

在这个解释下，我们就很容易理解偶然事物为什么可以是确定的。不过，这个解释也会产生一些问题。一个直接的问题是：上帝实现某个世界的决定是否本身就是必然的？若是，在什么意义上是必然的？一方面，所有被造物都是因为上帝的创世命令而得以存在，因此只是"假设地必然的"，即只是相对于某个特定的假设才是必然的，例如如下假设：上帝是按照智慧和善的原则来决定要实现哪个可能世界（T 174）。[16] 另一方面，莱布尼茨的某些文本似乎暗示了某些形而上学必然性也被注入世界中。例如，在《论事物的根本起源》中，莱布尼茨指出：

> 我们观察到，世上万物都是按照永恒为真的法则而发生，这些法则不仅是几何的，也是形而上学的，这就是说，世上万物不仅按照物质必然性（material necessities）发生，也按照形式理由（formal reasons）发生。这个说法不仅在很一般的意义上是真的，也就是说，在我们对这个世界为什么存在而不是不存在、为什么这样存在而不是那样存在的说明（ratio）中是真的，而且，在下降到具

---

16 当然，在这个意义上，甚至形而上学上必然的东西也只具有假设必然性，因为其必然性取决于如下假设：矛盾原则是成立的。不过，莱布尼茨很可能是按照必然的东西得以成立的前提的**普遍性程度**来划分几种不同的必然性。如果矛盾原则具有最高的普遍性，那么形而上学必然性就是最高的必然性。

体事物时，我们也看到，原因、力量（power）和作用（action）的形而上学法则如何奇妙地在整个自然界中有其地位，此外，我们还看到形而上学法则胜过物质的纯粹几何法则。（AG 152）

在这里，"物质必然性"大概指的是物理必然性，即由上帝在世界中所设立的自然法则来支配的必然性。这种必然性相对于上帝的创世命令来说是偶然的，尽管世上万物（不仅包括纯粹的物理对象，也包括具有灵魂或心灵的个别实体）都受制于这种必然性。但是，如何理解世上万物的存在和变化也取决于"形式理由"？又如何理解"形而上学法则胜过物质的纯粹几何法则"这个说法？在莱布尼茨这里，形而上学上必然的东西是可能的东西的一个子类，其本质特征在于其否定蕴含一个矛盾。因此，可以设想的是，如果上帝决定实现的世界在某种意义上是完美的，那么它就不可能包含在广泛的逻辑意义上自相矛盾的东西。换句话说，甚至上帝的创世活动也必须满足形式理由的基本要求。实际上，在莱布尼茨这里，说某个东西是"形而上学上必然的"，就是说它独立于上帝的自由命令、在所有可能世界中都是真的。因此，如果莱布尼茨所说"形式理由"同样适用于上帝可能决定实现的**每个**世界，那么这样一个世界仍然是形而上学偶然的，因为得到实现的每个世界都包含了同样的形式理由的要素，却不同于另一个也可能被实现且包含同样要素的世界。在莱布尼茨对永恒真理的承诺下，我们或许假设，不管上帝决定实现哪个可能世界，他都会利用同样的逻辑和数学工具，这就是说，每一个可能被实现的世界都必须满足形而上学必然性和形式理由的要求。因此，即使形而上学必然性和形式理由被注入上帝决定实现的世界中，这也不意味着实际世界**总体上说**就是形而上学上必然的，因为上帝对最好的可能世界的选择根本上是由智慧和善的原则来决定的。就此而论，莱布尼茨见解毋宁是，最好的可能世界的存在只具有假设必然性，因为否定其存在并不蕴含一个矛盾。

现在，我们可以回答科里提出的所谓"困境"。科里论证说，如果上帝的存在是必然的，那么从这种必然性中产生出来的任何东西（实际世界及其所包含的一切）也都是必然的，因此莱布尼茨就没有为偶然性留下余地。科里由此断言，"只有当我们可以合理地认为**上帝的选择是偶然的**时候"（Curley 1971：95，我的强调），莱布尼茨才能为事实真理的偶然性留下余地。[17] 但是，正如我们已经看到的，上帝并不是出于形而上学必然性而选择实现最好的可能世界，而且，就实际世界中存在的一切都取决于其自身的本质以及上帝的意志而论，它们是偶然的。莱布尼茨在这方面显然并没有陷入科里所说的"困境"。实际上，早在1673年撰写的《哲学家的忏悔》中，莱布尼茨就意识到了类似异议。在这部对话体著作中，莱布尼茨意识到对话者会提出这样一个推理："上帝的存在是必然的；包含在事物序列中的恶是由此而来的；从某个必然的东西中产生出来的一切东西本身都是必然的；因此，恶是必然的。"（CP 56）莱布尼茨对此提出了如下回答[18]：

> 我回答说，如下说法是假的：从某个必然的东西中产生出来的一切东西本身都是必然的。确实，除了为真的东西外，没有什么其他东西是来自真理；不过，既然一个特殊命题可以来自完全普遍的命题，……那么，某个偶然的东西（或者，在假设另一个东西的情况下才是必然的东西）为何不可以来自某个必然的东西呢？不过，我将从必然性概念本身来确立这一点。我已经将必然的东西定义为其否定不能被设想的东西；因此，事物的必然性和不可能性要在其自身的观念中来探求，而不是在它们之外来探求；是要通过考察它们能不能被设想或者是否蕴含一个矛盾来探求。因为在这个地方，

17　这个"困境"的另一个方面说的是，如果我们假设上帝的善意是偶然的，那么，鉴于一切偶然事物的存在都需要一个理由来加以说明，因此，假若我们仍然需要进一步说明上帝为什么会有这样一个善意，我们就会陷入无穷后退。实际上，正如我们后面会看到的，这是对莱布尼茨观点的误解。

18　格里芬对莱布尼茨的回答提出了一个详细分析：Michael V. Griffin, *Leibniz, God and Necessity*, Cambridge: Cambridge University Press, 2013, pp. 59–68。

我们只把本身就是必然的东西，即本身就具有其存在和真理的理由的东西，称为必然的。几何真理是必然的。但是，在存在的事物中，只有上帝才是必然的；从被预设的事物序列中——也就是说，从事物的和谐或上帝的存在中——产生出来的所有其他东西，自身都是偶然的，只是假设地必然的。……因此，如果一个事物的本质是可以被设想的（只要它是被清楚明晰地设想的），那么它必定已被认为是可能的，其否定就不是必然的，即使其存在可能与事物的和谐以及上帝的存在相对立。（CP 56—57）

莱布尼茨的回答是我们可以预料到的：世上万物并不只是因为自身的本质而得以存在，因此其存在不是**形而上学**上必然的。不过，即使上帝并不是出于形而上学的必然性而决定实现世界，但他确实是出于自己的本性而决定实现最好的可能世界。因此，批评者可以进一步论证说，即使上帝实现最好的可能世界这件事情不是形而上学上必然的，但是，他意愿最好的东西这件事情是形而上学上必然的：上帝**不能不**出于自身的本性而**意愿**最好的东西，而且，既然上帝的一个本质属性就在于他总是按照智慧和善的原则来行动，他就不是因为任何其他东西而具有这个意愿。这样，如果上帝意愿最好的东西这件事情是形而上学上必然的，那么，作为其意愿的结果而产生的一切也都是**形而上学**上必然的。为了反驳这个进一步的异议，莱布尼茨只需表明，即使上帝意愿最好的东西这件事情是形而上学上必然的，最好的可能世界的存在也不是形而上学上必然的。在1706年写给皮埃尔·贝尔的一封信中[19]，莱布尼茨对其主张提出了如下说明：

不错，"上帝意愿与其智慧最相称的工作"这个命题是必然的。

19　皮埃尔·贝尔（Pierre Bayle, 1647—1706）：法国哲学家，加尔文教派清教徒，作为怀疑论者颇具影响力，莱布尼茨在《神正论》中的很多论述都是针对贝尔的观点提出来的。

但是，"他必然意愿这项工作"这个命题并不是真的，因为"这项工作与其智慧是最相称的"这个命题不是一个必然真理，而是一个不可论证的偶然事实。我相信我们可以一般地说，"他的意志将按照最大的倾向来行动"这个命题是必然的。但是，由此推不出他的意志将必然行动。（SLT 114）

在这里，莱布尼茨明确否认"上帝意愿最好的东西"这一命题是**形而上学**上必然的，其理由是，这个意愿取决于智慧和善的原则，而不是取决于矛盾原则。上帝有可能选择不实现最好的可能世界，而且，即使他选择实现某个不太好的可能世界，这也不违背矛盾原则。

为了进一步阐明这一点，我们需要考察一下莱布尼茨的意志概念。对莱布尼茨来说，每一件事情的发生都有一个原因，而且，在一件事情发生的原因都已经具备的情况下，它必然会发生。人的行动是在世界中发生的事件，因此其发生也是有原因的。不过，我们所采取的大多数行动是意向性的，也就是说，我们是为了实现某个目的而采取行动。在某些复杂的情形中，我们需要经过一番规划来思考如何才能实现某个目的。在思考如何将我们的计划转化为行动时，我们就会有一些中间的精神行为，莱布尼茨将这样一个精神行为称为"意愿"（volition），即意志的一项活动。例如，如果我们发现我们需要采取一些手段来实现某个目的，那么我们必然会意愿作为必要手段的那些东西。因此，大体上说，行动涉及三个阶段：首先是**持有**某个行动计划，然后是通过意志来**决定**实现该计划，最终是通过身体运动来**落实**该计划。对莱布尼茨来说，这三个阶段之间的联系是因果的，而且涉及有效原因（efficient causes）。正如我们稍后就会看到的，莱布尼茨把意志理解为一种关于善恶的实践判断，因此，意志的努力（即具体的意愿活动）总是指向一个人在某种意义上认为是好的东西，总是避开一个人在某种意义上认为是糟糕的东西。莱布尼茨认为心灵是按照其动机来行动，并进一步将动机定义为行动的倾向。在这个定义下，"意志总是按照最大的倾向来行动"几乎就是一个概念真理。换句话说，我们实际上采取的每一个行动都是来自我们当时具有的最大倾向。但是，即使"我们的意志将按照最大的倾向来行动"这件事情是必然的，这也不意味着我们的意志必然会如此行动。从我们对自己行动的反思中，我们不难看到这一点。实际上，既然我们也是具有感性欲望和感性冲动的行动者，我们的行动有时候就不会遵循理智对于意志的决定。上帝确实是出于自己的本性而意愿与其智慧相称的工作，例如创造最好的可能世界，但是，他是按照智慧和善的原则而必然这样做，也就是说，是出于一种道德意义上的必然性而这样做。[20] 因此，尽管上帝的存在是形而上学上必然的，他选择最好的可能世界来实现这件事情并不是形而上学上必然的，因为这种必然性是"来自智慧针对终极原因而做出的自由选择"（T 349）。

因此，莱布尼茨很明确：即使上帝对这个世界的选择是**道德上**必然的，这也不意味着其中的一切都是必然的。实际上，我们可以在一个更深的意义表明，被选择的东西为什么不是形而上学上必然的。这个意义不仅与我们对自由的讨论特别相关，也与莱布尼茨对存在和偶然性之根源的说明具有密切联系。对莱布尼茨来说，每个可能的东西都有自身的本质，这个本质是永恒的，不依赖于上帝的自由命令。因此，存在并不取决于本质。这个思想是莱布尼茨形而上学体系的一个基本预设。在这个预设下，我们可以说存在着无限多的可能事物，上帝只是按照完美原则从中选择一个（仍然可能是无限的）子集来加以实现。哪些事物能够得到实现，取决于它们是否比其他事物有更多的理由，或者更明确地说，

---

20 在莱布尼茨这里，"道德必然性"至少具有两个含义：在一种狭窄的、法理学的意义上指的是义务；在一种更加丰富的形而上学意义上指的是道德上的"应当"。简而言之，道德上必然的事情就是道德上好的行动者应当做的事情。对这个概念的进一步讨论，参见 Robert M. Adams, "Moral Necessity,"in Donald Rutherford and J. A. Cover eds., *Leibniz: Nature and Freedom*, Oxford: Oxford University Press, 2005, pp. 181-193, 尤其是 pp. 182-183; R. C. Sleigh, "Moral Necessity in Leibniz's Account of Human Freedom," in Samuel Newlands and Larry M. Jorgensen eds., *Metaphysics and the Good: Themes from the Philosophy of Robert Adams*, Oxford: Oxford University Press, 2009, pp. 252-271。

取决于它们是否比其他事物更有利于促进世界的完美。正是在这个意义上，在《论自由和可能性》中，莱布尼茨指出：

> 一切关于偶然事物或事物存在的真理都取决于完美原则。……而且，某个特定的偶然事物而不是其他偶然事物存在的理由（*causa*），不应该只是在其定义中来寻求，而应该在与其他事物的比较中来寻求。这是因为，既然有无限多的可能事物，而它们又不［实际上］存在，所以，正是这些事物存在而不是那些事物存在的理由（*ratio*），就不应该在其定义中来寻求，而是要从某个外在的来源中寻求，即从如下事实中来寻求：实际上存在的事物比其他事物更完美。（AG 19）

因此，某个可能事物的存在是一个相对事实，这就说明了偶然性的根源为什么在于完美原则（AG 20）。换句话说，一个可能事物的实际存在是由其自身的本质和上帝对完美的考虑来共同决定的。这意味着上帝只是按照完美原则来设想和组织他即将创造的世界，而无需干涉每一个特定事物的行为。当然，我们必须把后面这一点与一个认识论要点区分开来，即上帝先验地知道自己所创造的每一个个别实体的本质。由此我们就很容易理解，在莱布尼茨的绝对必然性概念的意义上，为什么决定并不意味着必然化。因此，莱布尼茨关于存在的思想充分符合其前定和谐学说。此外，鉴于莱布尼茨将运动或变化的具体原因置于事物本身当中，对他来说，上帝只是对世界的终极原因负责，因为上帝"已经决定创造所有可能世界中最好的世界，一个由形而上学原则来制约的世界，这些原则决定了世上万物所遵循的运动定律"。[21]

事实上，如果一切被造物都只是假设地必然的，即形而上学上偶然的，那么，认为上帝的创世行为是形而上学上必然的就是不连贯的，因

21　D. Garber, "Leibniz: Physics and Philosophy," in Jolly 1995, p. 325.

为上帝是出于对完美的考虑，按照其智慧来创造世界。他或是必然地这样做，或是自由地这样做。如果他是必然地这样做，那么不仅其自由会被摧毁，作为其创世活动的结果而发生的每件事情也都是必然的。这个结论显然不符合莱布尼茨对偶然性的理解。另一方面，如果上帝是自由地这样做，那么，只是在道德意义上（即上帝是出于良善和智慧而履行其义务），上帝的自由才能得到合理说明，否则我们就必须寻求一个充分理由来说明上帝创世的自由行为，而这会导致无穷后退。从形而上学必然性的概念中，我们也能得出类似结论。按照定义，"'上帝选择最好的东西'是形而上学必然的"这个命题意味着，"上帝选择最好的东西"这个命题在所有可能世界中都是真的。但是，这个结论对**上帝**来说极为古怪，因为上帝无需审视这个命题在所有可能世界中是不是真的——他只是出于自己的本性而选择最好的东西。一些评论者之所以把上帝的创造活动理解为形而上学上必然的，很可能是因为他们未能将上帝**存在**的形而上学必然性与上帝**创世**的道德必然性区分开来。从认识论的角度来看，前者是从实质性的假设必然性中推出的。从莱布尼茨对上帝存在的本体论论证中，我们可以清楚地看到这一点。简单地说，任何存在都需要一个充分理由来说明它为什么存在。鉴于世上万物都是偶然的，存在的序列作为一个整体也是偶然的，因此自身不可能包含其存在的充分理由。因此，必定有一个必然的存在，它处于被创造出来的世界之外，为其中一切偶然存在提供根本的和终极的理由，正如莱布尼茨所说：

> 终极根据必定存在于某个具有形而上学必然性的东西中，一个存在物的理由必须来自某个实际上存在的东西，因此，必定存在某个具有形而上学必然性的实体，即一个就其本质来说必定存在的实体。（AG 150）

因此，莱布尼茨可以承认上帝的存在是形而上学上必然的。但是，形而上学必然性只是一个逻辑概念，与之相比，道德必然性具有更丰富的内涵。上帝存在的形而上学涵义本身是来自关于上帝的道德禀性的考虑：正如世上万物是因为上帝的智慧和良善而得以存在一样，相对于上帝所创造的世界来说，上帝也是因为其智慧和良善而必然存在。实际上，声称"一切存在都是形而上学上必然的"并不符合莱布尼茨的一个主要见解，即所有可能的东西都有可能存在，因此，在一个个别实体和在它身上所发生的事情之间，就存在一种不依赖于上帝之自由命令的内在联系。例如，莱布尼茨针对亚当的情形提出了如下评注："亚当和人类事件之间的联系，并不是不依赖于上帝的所有自由命令，但也不完全依赖于这些命令，以至于一个事件只是因为对它做出的特定命令才有可能发生或被预言"（AG 71）。尤其是，如果概念本身是可能的，那么它们就不依赖于上帝的自由命令，因为每个可能的东西本身都是可能的，尽管在与上帝的某个命令的关系中，它或许变得不可能。在《神正论》中，莱布尼茨进一步解释说：

> 在谈论一个事物的可能性时，我们不是追问能够导致或阻止其实际存在的原因，否则我们就改变了术语的本质，让可能的东西和现实的东西之间的区分变得无用。……这就是为什么当一个人问一个事物究竟是可能的还是必然的，并引入关于上帝意愿什么或选择什么的考虑时，他就改变了论题。这是因为，上帝是在可能事物之间进行选择的，因此他是自由地选择，并没有受到强制；要是只有一个可能的方案，就不会有选择，也不会有自由。（T 235）

上帝的选择是由关于其存在和本质的事实来决定的，就此而论，其选择在道德的意义上是被必然化的。一旦上帝决定创造世界，即将出现在世界中的一切也都会必然地出现于其中，但这只是一种假设必然性——世上万物只是相对于上帝的创世命令而必然出现在世界中。因此，它们的存在是双重的偶然的：第一，它们本身（也就是说，在上帝决定创世之前）只是可能的，而不是形而上学或逻辑上必然的；第二，上帝有可能选择不包含它们的事物序列。因此，即使上帝的选择是道德上必然的，这也不意味着实际世界中的事物本身就是必然的。

实际上，如果实体就是能够维持自身存在的东西，也就是说，一个东西是因为自身含有一个运动原则而成为实体，那么上帝只是预先决定了宇宙的总体秩序与和谐，而不干预**每个**实体的特定活动。莱布尼茨要求所有个别实体都应该用一种**机械论**的方式得到说明，但是他补充说，运动定律必须在形而上学上予以说明："机械论的源泉本身不是单独来自物质原则和数学理由，而是来自某个更高的源泉，即形而上学源泉。"（AG 157，参见 126—127）当上帝允许所有存在物都有**自身的**规律并按照这些规律来运作时，上帝也要求自己具有最充分的自由："即使世上万物都是决定地发生的，世界的作者也可以是自由的，因为他是出于一个**智慧或完美的原则**而行动。"（AG 151，我的强调）在按照智慧或完美的原则来行动时，上帝也给予他所创造的每个实体以偶然性和自由。如果我们将上帝理解为世界的终极原因或者最根本的动因，那么他要对世界所承担的责任将是道德的而不是形而上学的。在莱布尼茨对霍布斯和斯宾诺莎的自由概念的批评中，这一点得到了明确阐述。霍布斯和斯宾诺莎都否认存在与上帝的意志具有本质联系，因此认为世上万物都是按照一种"没有理智、没有选择"的"盲目的必然性"来运作的。莱布尼茨如此批评霍布斯和斯宾诺莎的必然论："我认为我们只能责备霍布斯和斯宾诺莎的追随者摧毁了自由与偶然性，因为他们认为只有发生的事情才是可能的，而且必定是通过一种无理性的几何必然性而发生的。霍布斯让一切都成为物质性的、使之只受制于数学法则；斯宾诺莎也剥夺了上帝的理智和选择，只让上帝具有一种将一切事物必然地产生出来的盲目力量。"（T 371）莱布尼茨确实把形而上学必然性和物理必然性理解为"盲目的"（在它们不是按照"智慧和选择"来运作的意义上），并因此将它们与道德必然性相对立，但是，他始终强调，就上帝所创造的世界而论，上帝同样是按照完美原则来选择在其中运作的形而上学法则和物理法则。在《神正论》中，他写道：

理性真理有两种：一种是所谓的"永恒真理"(*Eternal Verities*)，它们完全是必然的，因此其否定蕴含矛盾。逻辑上、形而上学上或几何上必然的真理都是这种真理，我们不可能否定它们而不陷入矛盾。其他真理可以被称为"正面的"(positive)，因为它们是（或者取决于）上帝乐于给予自然的法则。我们或是通过经验（即后验地）了解到它们，或是通过理性、先验地了解到它们，即通过考虑令它们得到选择的那些事情的适宜性(fitness)。这种适宜性也有其规则和理由，但它是上帝的自由选择，不是一种几何必然性，而正是上帝的自由选择产生了对适宜的东西的偏爱并使之存在。因此我们就可以说，物理必然性建立在道德必然性的基础上，也就是说，是建立在与一个人的智慧相称的选择的基础上；物理必然性和道德必然性都应当与几何必然性区分开来。正是物理必然性制作了自然界中的秩序，在运动规则以及上帝在让事物存在时乐于为事物制定的其他一般法则中体现出来。因此，很明显，上帝不是无理由地给出这些法则，因为他不是随意选择什么东西，宛如偶然地或完全漠不关心地选择它们；但是，在某些情形中，促成上帝进行选择的善和秩序的一般理由可以被一种具有优越秩序的更强的理由所克服。(T 2)

在莱布尼茨这里，形而上学上必然的东西是最普遍的，它们为一切可能事物设定了最低标准：凡是在形而上学意义上不蕴含矛盾的东西都是可能的。因此，这种真理（例如几何真理）必然出现在上帝所创造的世界中，正如它们必定存在于任何可能世界中。但是，物理法则并不具有这种最高的必然性：实际世界中存在什么物理法则取决于上帝对完美的考虑。这就是说，在所有可能的物理法则中，上帝只是选择其中一些法则在实际世界中存在。在这个意义上，物理原因及其运作也取决于上帝的意志，或者换句话说，有效原因的存在及其运作取决于目的论的终极原因。这是莱布尼茨形而上学体系的一个基本主张。在《单子论》中，莱布尼茨更简洁地指出:"灵魂是按照终极原因的法则,通过欲望(appetition)、目的和手段来行动的。物体是按照有效原因的法则即运动定律来行动的。这两个王国是彼此和谐的。"(AG 223)换句话说,尽管世上万物都受制于上帝在创世时所设立的形而上学法则和物理法则,但是,当实际世界总体上按照终极原因来运作时,在日常意义上具有思想和知觉的实体也明确地按照道德规则来运作或行动,也就是说,其运作或行动或多或少地敏感于上帝在世界中所确立的价值观念,以便满足完美原则的要求。按照这种理解,道德必然性并不是与上帝在创世时所引入的形而上学必然性和物理必然性相对立的,反而是后者在世界中得以存在的根据。形而上学法则和物理法则在世界中的**存在**不是形而上学上必然的,而是像其他事物一样取决于上帝的智慧和意志。因此,对莱布尼茨来说,偶然性的根源就在于智慧和善的原则,而莱布尼茨之所以将偶然性设想为自由的一个条件或要素,恰好是因为偶然性概念表达了他对事物所固有的一种目的论的承诺。正是因为莱布尼茨承诺了这种以上帝的智慧和良善为中介的目的论,他的自由学说才在本质上不同于他所要批评的那种由盲目力量来主宰的必然论。[22]

四、自发性、变化与行动

莱布尼茨之所以关心偶然性问题,归根到底是为了理解自由的可能性。鉴于莱布尼茨对充分理由原则的承诺,总的来说他相信自由与必然性是相容的。即使上帝是出于**道德**必然性而决定实现最好的可能世界,其选择也是自由的,不仅因为上帝不选择实现最好的可能世界仍然是形而上学上可能的,更重要的是因为上帝是出于自己的良善和智慧而决定实现最好的可能世界。同样,如果世界中所存在的一切在形而上学意

---

[22] 莱布尼茨在《神正论》及其附录中对这种必然论提出了详细批评。相关的讨论,参见 Griffin 2013:58-82。

上都是偶然的，那么自由对人来说就是可能的。莱布尼茨写道："我们的自由以很多方式受到了限制：我不能自由地像鹰那样飞翔或者像海豚那样游泳，因为我的身体缺乏必要的装备。我们的心灵在很多方面也受到了限制，因此，严格地说，我们绝不会有一个完全自由的心灵。但这并不妨碍我们具有野兽所不具有的某种程度的自由，即按照事物是如何向我们显现出来的来进行推理和选择的能力。"（AG 112）因此，不论是在上帝那里还是在人这里，自由的可能性都在于莱布尼茨明确地鉴定出来的三个基本条件——自发性、理智以及偶然性："自由……就在于理智（这涉及对慎思对象具有清晰的认识）、自发性（我们凭借它而做出决定）和偶然性（也就是说，排除逻辑的或形而上学的必然性）。"（T 288）

为了阐明这三个基本条件，让我首先简要地说明偶然性对于自由来说为何是不充分的——也就是说，偶然性**本身**为何不足以保证自由。正如前面已经充分表明的，说"X是偶然的"就是说：第一，X的存在取决于某个外在于它的东西，例如上帝；第二，存在对X的其他可能取舍，例如在如下意义上，要是上帝已经选择另一个可能世界来实现，X就不会现实地存在。在莱布尼茨这里，对偶然性的强调是否意味着自由要求我们"本来就能采取其他行动"（could have done otherwise），这是一个需要进一步分析的问题。[23] 对于逻辑上或形而上学上必然的东西，不论是我们自己还是上帝都没有取舍。如果"2+3=5"是逻辑上或形而上学上必然的，那么我们就不能使得"2+3"不等于5。我们无法自由地选择这种东西。由此可见，如果偶然性仅仅被设想为与逻辑必然性或形而上学必然性相对立的东西，那么偶然性只是为自由选择的可能性设定了一个负面条件。进一步说，既然任何可能的东西都是因其自身的本质而是可能的，那么，即使上帝已经决定实现某个可能事物或事态，然而他并未选择的东西究其本质而论仍是可能的，因此其对立面并不是必然的。

---

23 这就是为什么某些评论者认为莱布尼茨至少具有一种意志自由论倾向。我将在本文第六节讨论这个解释。

如果上帝对某个可能事物或事态的选择排除了某些其他事物或事态的实际存在，那么其选择在这个意义上就不是形而上学上必然的，就此而论是自由的。偶然性只是排除了我们在形而上学意义上被必然化的可能性，因此只是自由的一个必要条件，其本身对于自由来说并不充分。

同样，自发性本身也不足以保证自由。[24] 在莱布尼茨这里，说某个东西是自发的，就是说其运动和变化的原则或根据都是来自其自身。在《神正论》中，莱布尼茨写道，"当一个行动的来源（principle）在采取行动的行动者当中时，该行动就是自发的"（T 301）；在《一个新的自然体系》中，他更进一步指出，"上帝原来就以这样一种方式创造了灵魂（以及任何其他统一体），以至于一切事物必定都是通过自身的深度（fonds）、通过一种与自身相关的完全的自发性而产生的"（AG 143）。从前面论述中不难看出，自发性学说其实是莱布尼茨的形而上学原则（特别是"概念包含谓词"原则和前定和谐学说）的一个自然推论：前定和谐学说意味着事物之间不可能有真正的因果作用，一切变化都只能是事物在样态上内在地发生的变化，因此，变化的根本原则必须被"嵌入"每一个个别实体中。这个联系在下面这段话中得到了明确阐述：

> 真正的自发性对于我们和所有简单实体来说都是共同的，在有理智的或自由的实体那里，这成为对其行动的一种掌控。我几年前提出的前定和谐体系对此提供了更好的说明。在那里我指出，每一个简单实体本质上都有知觉，其个别性就在于某个永恒法则，这样一个法则导致了被赋予那个实体的知觉序列，这些知觉自然地相继产生，它们表达了被分配给它的物体，并通过其工具作用表达整个宇宙，而且，这是按照那个简单实体特有的观点来进行的，因此那

---

[24] 正如我们即将看到的，莱布尼茨区分了自发性的几个含义，或者更确切地说，他认为自发性在程度上是有差别的。莱布尼茨是在自发性概念的最一般的意义上认为自发性是自由的一个必要条件，不过，他后面会把自由鉴定为一种理性自发性，即把自由看作自发性的最高表现。

个实体就不需要从物体那里接受任何物理影响。不过，物体也会按照其自身的法则来适应灵魂的愿望，因此只是按照这些法则的提示而服从灵魂。由此推出，灵魂本身就具有一种完全的自发性，其行动只依赖于上帝和自身。（T 291）

个别实体是具有自身的变化原则的东西。在决定创造世界时，上帝只是按照自己的知识和智慧从可能事物中进行选择，以便所有得到实现的事物及其变化都可以反映和促进整个宇宙的和谐。由此可见，莱布尼茨的前定和谐学说要求并意味着，对个别实体的任何状态的完备说明都要被包含在其自身当中。前定和谐学说为"概念包含谓词"原则提供了本体论根据：如果上帝在创世时已经知道每一个个别实体的本质（包括其变化的根本原则），如果上帝是出于对完美的考虑而选择自己即将实现的可能事物，那么他必定也知道每一个个别实体的运动或变化。上帝也需要在被造物的演化历程中为其创世蓝图留下某种"痕迹"。莱布尼茨对此提出了如下说明：

> 既然〔上帝在过去的创世命令〕现在并不存在，那么，除非这个命令那时就留下了某个实际存在的效应，一种甚至在现在仍然持续存在并发挥作用的效应，否则它在现在就不能导致任何东西。……如果上帝制定的法则本身就在事物身上留下了痕迹，如果事物是通过上帝的命令以这样一种方式被形成的，以至于它们变得适合于实现那个命令的意志，那么我们就必须承认，某种效力（efficacy）已被置于事物之中，那就是一种形式或力，一种类似于我们通常用"本质"这个名称来称呼的东西，现象序列正是按照上帝的创世命令的规定来自于这样一种东西。（AG 158-159）

这段话不仅阐明了"概念包含谓词"原则的形而上学根据，而且也表明了有效原因和终极原因之间的关系——有效原因的存在及其运作取决于终极原因。正是这个缘故，至少对上帝来说，能够真实地对一个实体所断言的一切事情都包含在其完备概念或本质中。不过，为了在这个基础上将实体设想为自发的，莱布尼茨还需要排除个别实体之间发生因果互动的可能性。莱布尼茨大概是出于两个考虑而否认个别实体或单子之间能够存在因果互动。首先，前定和谐学说显然使得设定这种因果互动变得毫无必要：如果一个个别实体本身就包含了变化的原则，那么，除了上帝的合作（concurrence）外，其变化就不需要任何外在于它的其他东西来促成。[25]实际上，如果实体之间的因果互动是由与上帝无关的其他原因来产生的，那么和谐就会受到破坏。其次，莱布尼茨实际上否认个别实体之间的因果互动是可理解的。例如，在《单子论》中，他写道："没有办法说明一个单子如何能够被某个其他被造物更改或改变，因为我们不可能将任何东西转置到它自身当中，也不可能设想在它当中能够被激发、引导、补充或削减的任何内在运动……。单子并不具有某个东西得以进入或离开的窗口。"（AG 213-214）这是莱布尼茨对单子的定义的一个自然推论，因为对他来说，单子是最简单的或不可分的实体，具有自身的原则或根据。既然每个个别实体都具有自身的本质或根据，在它那里所发生的运动或变化就不依赖于其他实体。正是在这个意义上，个别实体可以被说成是"自发的"。

　　对自发性的这种理解立即就会产生一个问题：既然在一个实体那里出现的任何变化在上述意义上都是"自发地"发生的，那么我们如何能够将自由的行动与不自由的行动，将我们**所做**的事情和对我们**发生**的事情区分开来？或者根本上说，我们究竟应该如何理解自发性与自由的关系？为了回答这个问题，我们首先需要考察一下莱布尼茨对"变化"的理解。尽管单子或个别实体是独立自足的，但莱布尼茨并不否认实体发生变化的可能性。莱布尼茨在不同时期对实体提出了不同的说法，不过，

---

[25] 当然，上帝的"合作"会带来一个问题：变化或行动是否能够真正地归于个别实体？这个问题后面会加以处理。

他最终倾向于认为个别实体具有原始的作用力（active forces）和受动力（passive forces），它们身上所发生的一切变化都是这两种力作用的结果；相比之下，作为实体的另一个构成要素的实体形式（substantial forms）则是不变的。实体变化有两种基本形式：知觉（perception）和欲望（appetition）。所谓"知觉"，莱布尼茨指的是单子或个别实体表达某个外在事物的内在状态。这种表达能力是内在于一个实体或单子的。知觉可以是明晰的或有意识的，但是，对于有限的实体来说，其大多数知觉是含混的或无意识的：单子对外在事物的表达"就整个宇宙的细节而论只是含混的，只是对于少数事物来说才是明晰的。……它们不是在其对象上受到了限制，而是在它们对于对象的知识的变更上受到了限制"（AG 220-221）。因此，单子只是"宇宙的一面镜子"（AG 221），即只是从自身的观点知觉到宇宙的某个很小的部分。相比较，欲望指的是"导致变化的行动，或者说从一个知觉转变到另一个知觉的内在原则的行动"（AG 215）。莱布尼茨统称为"欲望"的那种东西实际上是在实体那里促成知觉发生变化的内在倾向，而不是日常意义上的"欲望"。换句话说，在一个实体这里，作为一种能力的欲望是产生变化的内在动力，其具体变更才是日常所说的对具体事物的"欲求"。就具体欲望而论，有一个特点与莱布尼茨对自由的论述（以及我们对其自由学说的恰当解释）特别相关：一个实体可以同时具有很多欲望。这一点并不难理解：如果每个单子都在不断地表达宇宙中的一切事物，那么，就整个宇宙具有无限多的复杂性而论，单子在任何时刻就必定具有无限多的知觉，尽管其中很多知觉可能是无意识地持有的；进一步说，如果正是欲望促成了单子从一个知觉状态转移到另一个知觉状态，那么单子在任何时刻必定也有无限多的欲望，或者更确切地说，能够处于无限多的欲望状态，尽管其中很多状态可能也是无意识的。因此，既然任何被创造出来的实体都只具有有限的能力，而且会受到其他因素的妨碍（例如在既具有理智又具有激情或冲动的人类个体的情形中），我们就不难理解莱布尼茨的一个说法，即"欲望不可能总是完备地达到它所促成的整个知觉，但总是得到其中的一些并达到新的知觉"（AG 215）。此外，既然欲望和知觉都可以是含混的，而且某些欲望的出现取决于某些知觉，那么一个个别实体可能同时具有冲突的欲望。在这种情况下，某个特定的欲望未必会取得成功——这样一个欲望是否最终取得成功，取决于竞争的欲望在力度或强度上此消彼长的关系，以至于在特定情形中，只有最强的欲望才会最终胜出。稍后我们会看到，莱布尼茨将这个思想与慎思及其与自由的关系联系起来。

自发性是所有个别实体都享有的一个基本特征，而莱布尼茨对知觉和欲望的论述也说明了实体变化是如何可能的。但是，为了阐明自由的真正可能性，莱布尼茨首先需要表明我们如何将我们所做的事情和对我们发生的事情区分开来，也就是说，他需要表明积极能动性（active agency）是如何可能的。仅仅诉诸最基本的自发性概念（即一切个别实体或单子都分享的那种自发性）并不足以回答这个问题，因为这种自发性并不是能够具有自由行动的实体所特有的：即使一个实体的所有变化都是内在地产生的，而且不是逻辑上或形而上学上必然的，这也不足以表明它就是自由的。实际上，既然莱布尼茨将理智、自发性和偶然性鉴定为自由的三个必要条件，他就不可能认为自由仅仅在于自发性。为了阐明莱布尼茨如何从自发性的基本含义过渡到对它的一种更加丰富的理解[26]，让我们首先看看他对"行动"或"作用"的论述。一般来说，知觉在一个单子那里的产生已经是一种行动，因为它们不是被动地出现的，而是由单子的先前状态加上其内在原则积极地产生出来的。因此，单子的行动就在于知觉状态的产生。但是，这个意义上的行动显然不是我们在谈到"自由行动"的时候所设想的，因为自由行动必定是相对于不自由的或受到约束的行动而论的。这就是说，如果我们希望将自发性概念

---

[26] 唐纳德·卢瑟福将这个基本意义上的自发性称为"单子自发性"（monadic spontaneity），并进一步论证说，除了这种自发性外，还有所谓"行动者自发性"（agent spontaneity）。参见 Donald Rutherford, "Leibniz on Spontaneity," in Rutherford and Cover 2005: 156–178。下面的讨论部分地受益于卢瑟福的论述。

与自由联系起来，我们就需要寻求一种方式来理解"不自由的"或"受到约束的"行动的可能性。与笛卡尔主义者不同，莱布尼茨相信任何被造物都必须通过物体来表达和展现其能动性。[27] 也就是说，任何有形体的实体都是实体形式和某个物体的结合体，内嵌于其中的原始力（primitive forces）和相应的原则是通过物体发挥作用的。因此，"作用力……不应被看作行动或作用的简单的和普通的潜力（potentia）或接受能力，反而涉及一种朝向行动或作用的努力（conatus）或力求（tendentia），以至于只要没有其他东西妨碍它，行动或作用就会产生"（AG 252）。被其他东西所阻碍构成了一种约束，这样，莱布尼茨就可以把受到约束的行动和不受约束的行动区分开来，进而在人类个体那里将对我们发生的事情和我们所做的事情区分开来。在《人类理解新论》中，莱布尼茨按照能力的主动行使和被动行使来界定行动，并将行动与受动（passion）区分开来：

> 在一个严格而论的实体中出现的任何东西，在形而上学的严格意义上，也就是说，在作为自发地出现在该实体中，由于其自身的深度而产生的某个东西的意义上，都是行动的一种情形；因为没有任何被造物能够对任何其他被造物产生影响，因此在一个实体身上发生的一切都是来自其自身（虽然根本上是来自上帝）。但是，如果我们把"行动"看作一种朝向完美的努力，把"激情"看作对立的东西，那么，只有当真正的实体的知觉变得更好地得到发展、更加明晰时，它们才是主动的，正如只有当它们的知觉变得更加含混时，它们才是被动的。……对一个真正的实体来说，我们可以把它得以更加接近自身完美的任何变化看作其"行动"，并将它赋予该实体本身；我们可以把对立的事情在其中发生的任何变化看作其"受动"，并将它归于某个外部原因（虽然不是一个直接原因）；因为在前一种

---

[27] 参见 Leibniz, "On Body and Force, Against the Cartesians," in AG 250–256。

情形中，变化可以通过诉诸实体本身、用一种可理解的方式来说明，而在后一种情形中，则要通过诉诸外在事物来说明。（NE 210-221；参见《单子论》29段：AG 219）

在这里，莱布尼茨首先是按照变化得以发生的原因来区分行动和受动：当一个实体作为行动者促成某个变化时，这样一个变化就可以被看作其行动；当它只是在某个外在原因的作用下消极运作时，在它那里所产生的变化就是被动的——它只是在消极地承受或经受某个变化。这个主张不难理解；我们需要理解的是，为什么莱布尼茨将这个区分与完美的概念联系起来？

对莱布尼茨来说，变化是由原始作用力和派生作用力共同促成的。原始作用力是使得实体根本上具有活动性的东西，它"总是自然地激活某个有活力的物体"（AG 252），因此可以被理解为赋予这样一个物体以其特有的形式。但是，一切变化都是实体样态上的变化，这样一个变化需要有某个东西来导致"某个原始力或行动的原则发生变更"。这种东西就是派生作用力，莱布尼茨称之为"推动力（impetus）、努力（conatus），即指向某个特定运动的力求"（AG 252）。原始作用力说明实体变化为什么会发生，派生作用力则具体地说明了变化**如何**发生。[28] 但是，派生作用力作为有效原因所能发挥的作用，在某种意义上说，是来自实体本身所具有的变化根据，即原始作用力。在个别实体这里，任何变化都是由莱布尼茨所说的"欲望"来促成的。在有心灵的实体这里，欲望性力量本身就可以作为有效原因而发挥作用，但更重要的是，这种实体在理想状态下也是按照终极原因的法则来运作。在反对笛卡尔主义者时，莱布尼茨论证说，物质实体的变化不能仅仅按照原始力来说明，也必须"通过形态（即物质的变更）和推动力（即形式的一种变更）来说明"（AG 254），即按照机械力学的动力学来说明。但是，他也明确指出，运动规

---

28 参见 Rutherford 2005: 164-165。

律本身必须"从形而上学的来源"（AG 255）来加以说明，也就是说，必须诉求关于终极原因的考虑。实际上，甚至单子的活动性本质上也是目的论的——在理想状态下，它们必须反映或表达上帝的创世蓝图，其变化应当维护或促进前定和谐，正如莱布尼茨明确指出的："每个单子都是一面鲜活的镜子，或者说一面被赋予了内在行动的镜子，从自身的观点来表达宇宙，就像宇宙本身那样井然有序。单子中的知觉是通过欲望的法则，即通过善恶的终极原因的法则，彼此产生出来的"（AG 207）。在理想状态下，单子的自发变化或是为了努力获得为它们所指定的最大的善（至少从其自身的观点来看最大的善），或是为了维护或促进彼此和谐。为此，它们必须具有明晰的知觉和正确的欲望。由此我们不难理解莱布尼茨的如下说法："就一个单子具有明晰的知觉而论，我们把行动赋予它；就它具有含混的知觉而论，我们把受动（passion）赋予它。"（AG 219）莱布尼茨似乎认为，被造物在状态上的自发变化，只有在旨在实现上帝为它们所设立的完善时，才能被称为严格意义上的行动，正如他在《关于自由和命运的对话》中所说："就我们遵循自己本性的完善而论，可以说我们是在**行动**，在宇宙的和谐中为其他事物制定规则；就我们是不完善的而论，可以说我们是在**忍受**并受制于外在事物"（SLT 98）。对莱布尼茨来说，经受变化也可以是自发性的一种表现。因此，自由不可能等同于一般而论的自发性，即我们与其他简单实体所分享的那种自发性。

莱布尼茨对行动和完善之间的关系的理解，不仅暗示了他即将对能动性所提出的一种更加丰富的理解，也是我们理解其自由学说的关键。在处理恶的来源问题时，莱布尼茨已经把恶的第一原因追溯到事物本身的缺陷。如果我们自身就是不完善的，不管是由于莱布尼茨所提到的那种原始缺陷，还是由于我们的有限性，那么不论是在知识方面还是在自发性上我们都会表现出不完善（T 288）。莱布尼茨进一步指出了知识方面的不完善的一个主要原因："我们的知识有两种类型：明显的和含混的。明晰的知识，即智慧，出现在理性的实际使用中；但是感官向我们提供了含混的思想。我们可以说，只要我们按照一种明晰的知识来行动，我们就摆脱了束缚，但是，就我们的知觉是含混的而论，我们是激情的奴隶。在这个意义上，我们尚不具有所欲求的完整的精神自由。"（T 289）明晰的知识可以准确地表达事物在世界中的真实存在和变化，因此可以间接地反映上帝所设定的完美。正如我们已经看到的，莱布尼茨把严格意义上的行动与对完善的追求联系起来。相较之下，在受到感性欲望或冲动的影响时，我们是在被动地发生变化，因此并不具有完全的自发性。不过需要注意的是，上帝并不是为了不完善本身的缘故而意愿不完善——不完善是为了整个世界的完美与和谐而被要求。因此，在个别实体这里，主动性和被动性是相互的或互惠的：

> 行动和激情在被造物这里是相互的。因为在比较两个简单实体时，上帝在每个实体那里发现了要求他调整一个实体来适应另一个实体的理由。因此，在某些方面具有活动性的东西，从另一个观点来看是被动的：就在一个实体那里被明晰地知道的东西有助于说明在另一个实体那里发生的事情而论，是主动的。就在一个实体那里发生的事情的理由出现在另一个实体那里被明晰地知道的东西中而论，是被动的。（《单子论》52段，AG 219-220）

这就是说，完善与不完善之间的对应是上帝在被造物那里预先确立的和谐的结果。因此，被动行动也可以是自发性的产物。但是，这种对应只是理想的，即只是出现在上帝的创世蓝图中。如果实体变化不是严格按照上帝为前定和谐所制定的规则来发生的，那么发生变化的实体就没有真正的或完美的自发性。自发性的完美行使要求明晰的知识或智慧，也就是说，要求准确地表达或反映世界的完美以及上帝为每个实体所设定的善。只有在满足这个条件的情况下，不论是主动行动还是被动行动，实体才是真正自我决定的——其变化是真正来自"其自身的深度"。正是在这个意义上，莱布尼茨说"智慧就宛如自由的灵魂，……自由的实体是自我决定的，这符合理智所认识到的善之动机"（T 288）。完美的自发性就在于在理智或智慧的引导下产生变化或做出选择。这种自发性可以被称为"理性自发性"[29]，即一种基于理性和反思的自发性。莱布尼茨在很多地方都明确地指出或暗示了这种自发性。例如，在《神正论》中，他指出，尽管自发性对于我们和其他实体来说都是共同的，但是"在有理智的或自由的实体那里，[自发性]成为对其行动的一种掌控"（T 291）。这个说法表明，有心灵的个体的自发性毕竟不同于那种基本的、形而上学意义上的自发性。实际上，在《单子论》中，莱布尼茨对"心灵"或"理性灵魂"提出的说法已经暗示了理性自发性的概念：

> 对永恒真理和形而上学真理的知识就是将我们与简单动物区别开来、向我们提供了理性和科学的东西，……就是我们在自己这里被称为"理性灵魂"或"心灵"的那个东西。我们也是通过这种知识而上升到反思性的活动，从而可以思考被称为"我"的那个东西，可以考虑在我们当中出现的这个或那个东西。（AG 271）

如果永恒真理包含了关于善恶以及宇宙和谐的真理，那么这段话就意味着，理性既是认识科学真理和实践真理的能力，其恰当行使也是来自对这两种真理的正确认识。当我们因为有了理性而具有反思能力时，我们就变得与纯粹的动物有所不同，就有了自由的可能性。

五、自由与完善

以上我们已经初步阐明莱布尼茨的理性自发性概念：这种自发性就在于通过正确地行使理智来追求上帝所设立的完美，与此相关的行动也

---

[29] 这里所说的"理性自发性"大体上相当于卢瑟福所说的"行动者自发性"（Rutherford 2005：168-169），我只是特别强调这种自发性要求理性慎思和判断，正如下一节即将说明的。

莱布尼茨论偶然性与自由

是严格意义上的行动。我们有理由认为这种自发性与莱布尼茨所设想的自由具有内在联系——实际上，在某些地方，他直接将自由鉴定为理性自发性。现在，为了用一种方便的方式来阐明这一点，我们不妨首先看看莱布尼茨如何设想上帝的自由。在1671年写给法律学者威德科夫（Wedderkopf）的信中，莱布尼茨写道：

> 既然上帝是最完美的心灵，他就不可能不被最完美的和谐所影响，因此不可能不被事物的理想属性（ideality）所决定而必然做最好的事情。这丝毫不会损毁自由，因为被正确的理由推向最好的东西就是最高的自由。不管是谁，只要他欲求任何其他的自由，就是傻瓜。由此可见，一切已经发生、正在发生或将要发生的事情都是最好的，这也是必然的，但是，正如我已经说过的，它们是用一种根本无损于自由的必然性发生的，因为这种必然性并没有从意志和理性的运用中除去任何东西。没有谁具有意愿自己所意愿的东西的能力，即使他有时能够做自己意愿之事。实际上，没有谁想要这种为了自己而意愿所意愿的东西（will what to will）的自由，反而是想要意愿最好的东西的自由。……因此，明显的是，一种并不取决于事物之善（goodness）的绝对意志是很古怪的。（L 146—147）

这段话提出了一些值得关注的问题，其中一些问题在前面已有所触及。最直接的问题是：莱布尼茨为何认为，出于我们的深思熟虑的考虑而决定**必然**采取某个行动"不会损毁自由"？更一般地说，为什么决定（determination）可以与自由相容？当然，莱布尼茨已经把自发性设想为自由的一个条件，因此，对他来说，自由的观念必定与自我决定的观念相联系。我们现在需要追问的是，为什么采取某个行动的必然性"根本就无损于自由"？为了回答这个问题，我们需要进一步考察莱布尼茨对理智与意志之关系的论述。[30]

莱布尼茨持有一个来自经院派哲学的观点，即理智自然地寻求真理，也就是说，理智旨在正确地认识和把握世界的客观状态，包括已经以某种方式存在于其中的价值。如果一切被造物都是为了维护或实现上帝所规划的完美而存在的，那么，在理想状态下，他们会自然地寻求真理，即对上帝的创世蓝图在世界中的具体体现具有明晰的知觉或认识。这种知识与其完美具有本质联系，因此也与其自由具有内在联系。既然"人是为了一种完善而接受自由意志"，那么"自由意志就不仅与约束相对立，也与无知或错误相对立"（SLT 91-92）。之所以如此，是因为对于任何被造物来说，完善取决于它们对上帝所确立的秩序的知觉或认识，但是，如果它们的知觉或认识是错误的或含混的，它们对自发性的行使就会受损，而且，就自由与完善相联系而论，它们的自由也会受损——"我们的自由正比于我们的能力和知识"（SLT 92）。进一步说，既然我们的知觉可以是含混的，我们的认识可以是错误的，为了在成就完善的道路上审慎地行动，我们就需要慎思，而慎思要求理智。就此而论，理智的作用也在于对我们所面临的各个取舍的价值做出判断。因此，"真正的自由就在于我们所具有的那种仔细推究事物、按照我们判断为最好的东西来行动的能力"（SLT 93）。由此我们不难理解莱布尼茨的说法：既然上帝具有最完美的心灵，他就不可能不按照自己判定为最好的东西来行动。莱布尼茨甚至认为上帝"必然"这样做，尽管这里所说的"必然"指的是道德意

30　莱布尼茨对理智与意志之关系的理解涉及理智论（intellectualism）和唯意志论（voluntarism）之争。理智论者认为，只有当意志在某个理性考虑或实践判断的推动下形成一个意愿时，它才能形成一个意愿。与此相比，唯意志论者则认为，意志**本身**就能在一系列可能的行动方案当中做出选择。莱布尼茨并不认为我们有意采取的行动完全是由我们的理性判断来决定的，反而强调我们的意向性行动在很多方面受到了无理性倾向的影响。就此而论，他不是一个严格意义上的理智论者，他对动机的理解更接近亚里士多德的道德心理学。另一方面，鉴于莱布尼茨对充分理由原则的承诺，他坚决反对唯意志论。对这个争论的一个相关说明，参见 Michael Murray, "Spontaneity and Freedom in Leibniz," in Rutherford and Cover 2005: 194-216，尤其是第202—206页。

义上的必然。形而上学上必然的东西不是我们能够自由选择的，这个说法对于上帝来说也成立。例如，在《神正论》序言中，莱布尼茨指出：

> 绝对必然性，也被称为逻辑必然性和形而上学必然性，或者有时也被称为几何必然性……在自由行动中并不存在，因此，自由不仅免除了约束，也免除了真实的必然性。……尽管上帝总是选择最好的东西，但他自己并不是按照一种绝对必然性来行动，而且，他所制定的自然法则是建立在各个事物的适宜性的基础上，这些法则在几何真理、绝对必然的东西和上帝的自由命令之间保持均衡。（pp. 62–63）

实际上存在的东西是可能事物的一个子集，因此不可能与几何真理和形而上学上必然的东西相对立。此外，从正面的角度来说，世界的秩序本身就要求几何真理和形而上学上必然的东西。进一步说，既然上帝要求世上万物满足完美原则的要求，而自然法则制约着实体的变化，因此我们就不难理解它们为什么需要保持莱布尼茨所说的那种"均衡"。由此来看，上帝对最好的可能世界的选择之所以不是形而上学上必然的，不只是因为上帝并不创造可能事物的本质，也不只是因为相对于上帝已经决定实现的事物序列来说，还存在其他可能的事物序列，更重要的是因为上帝是按照自己对完美的考虑而做出选择。对一个行动者来说，在做出一个选择时，如果仍然有一些取舍是他所能得到的，那么其选择在形而上学意义上就没有被必然化。[31] 既然上帝对最好的可能世界的选择在形而上学意义上不是绝对必然的，其选择就是自由的，尽管其自由根

---

31 不过，对于人的选择来说，可能会有这样一个异议：即使上帝是在道德必然性的意义上决定实现最好的可能世界，但是，只要这样一个世界已经得到实现，其中的一切就都是必然存在的，其存在或变化状态大概也是上帝预先设定好的，因此它们实际上不可能有其他选择。后面我会讨论被造物的行为在形而上学的意义上是否是必然的。我将表明，有限的心灵在认知上不可避免地面临的不确定性为自由选择留下了余地。

本上也在于其选择完美地符合他自己的本质——他是按照自己对最好的东西的判断去行动，其意志完全符合其理性判断，不像人类行动者那样可能会受到外在约束或内在强制。正是因为这个缘故，尽管上帝必定是出于自己的智慧和良善而行动，但这种必然性"并没有从意志和理性的运用中除去任何东西"。

上帝的自由就在于其意志完全符合其理智判断，就此而论，上帝具有最完美的自由。自由行动取决于理智的判断，这个主张不仅符合莱布尼茨对充分理由原则的承诺，也说明了他为何反对"意愿要意愿"之类的说法。知识本身并不产生行动：为了行动，行动者必须通过某种精神活动将自己的规划或设想转化为行动。与这种精神活动相关的官能就是意志或欲望的官能。就像理智自然地寻求真理一样，意志自然地寻求善，尽管有可能是在行动者的特定视角下所认识到的善。莱布尼茨持有一种关于意志的"标准理论"，其中不仅涉及意志，也涉及理智、意志和行动之间的关系。[32] 莱布尼茨大致将意愿理解为一种努力寻求善、回避恶的倾向（*conatus*）。因此，每一个意愿都预设了理智对事物的善恶所做出的判断，这一点对于自由来说是关键的，正如莱布尼茨在《人类理解新论》中所说："若没有自由，理智就不会有目的，若没有理智，自由就没有什么意义。如果一个人能够明白什么东西会对他有利或有害，却不能采取行动来追求或回避那个东西，那么，即使他能够明白，这对他来说又有什么好处呢？"（NE 208）假若理智所获得的认识或判断不能在行动中派上用场，那么它就是无目的的；另一方面，如果我们的行动并不遵循理智的认识或判断，那么，即使我们具有随意选择的自由，这种自由似乎也是无意义的。在莱布尼茨这里，理智与意志之间的联系是一种规范联系，也就是说，意志的恰当行使应当遵循理智的判断。实际上，莱布尼茨有时也把意志称为一种与行动的努力相结合、关于善恶的实践判断。

如果意志本质上就是一种按照理性判断来行动的倾向，因此是一种

---

32 参见 G. H. R. Parkinson 1970: 18-34。在这里我将遵循帕金森的说法。

莱布尼茨论偶然性与自由

理性欲望,那么我们就不难理解莱布尼茨为什么认为并不存在所谓"意愿要意愿",即一种没有任何决定根据的"自由意志"。有人或许认为,上帝之所以意愿最好的可能世界,是因为他意愿要意愿这样一个世界——他不需要任何决定根据就可以自由地意愿某事。这种说法看似让上帝的意志变得自由,然而,它不仅会导致意志活动的无穷后退,也不符合莱布尼茨对充分理由原则的承诺。另一方面,既然上帝是完美的,他就不可能不按照自己的理智判断来选择,否则他就是道德上有缺陷的。因此,莱布尼茨的形而上学承诺不允许他断言这种形式的自由意愿,正如他明确地指出的:

> 意愿一个人将意愿一切事物的自由是一种不可能的东西,因为这种自由若是可能的,就会继续到无限;……如果我总是求助于一个新的意志来意愿,那么事情就绝不会有终结,……倒不如说,我们最终不得不达到一个意愿的理由,它不是取自意志,而是取自理智,因为我们并不是由于意愿要意愿而意愿——我们之所以意愿,是因为我们的本性就是要意愿我们相信是最好的东西。而且,这个信念不是来自我们的意志,而是来自事物的本质,或者说来自我们心灵的状态。(SLT 92-93;亦可参见 NE 182)

由此可见,莱布尼茨也没有陷入科里所说的"困境"的另一个方面,即:如果我们假设上帝的善意是偶然的,我们就需要寻求进一步的理由来说明上帝为什么会有这样一个善意,如此一来我们就会陷入无穷后退。但是,科里之所以提出这个主张,不仅是因为他未能清楚地将道德必然性与形而上学必然性区分开来,也是因为他孤立地看待莱布尼茨的一段文本。这段文本是这样说的:"若有人问我为什么上帝决定要创造亚当,我说,因为他已经决定要做最完美之事。如果你现在问我,他为何决定要做最完美之事,或者为何意愿最完美的东西,我回答说,他已经自由地意愿那样做,也就是说,因为他意愿那样做。他之所以意愿,是因为他意愿要意愿，如此无限地继续下去。"[33] 但是，正如亚当斯所指出的（Adams 1994：41-42），包含这段引文的那篇短文是很异常的，因为莱布尼茨从未断言意愿活动的无穷后退，而这篇论文也没有明确提及对偶然性的无限分析。因此，在这篇文章中，莱布尼茨很可能只是在**转述**一个观点。

对莱布尼茨来说，意志是有理智的存在者的努力，其活动（即具体的意愿）是我们可以通过一种内在的感觉而觉察到的。但是，作为有理智的存在者，我们的意愿不可能是无方向的或盲目的——作为一种采取行动的努力，它不仅必须指向某个东西，也必须在行动中具有因果作用。换句话说，我们有意采取的行动必定有意愿作为一个原因。莱布尼茨之所以将意志定义为理性倾向或理智欲望，就是因为意愿活动的根据就在于理智或理性对于善恶的判断，或者我们通过理智或理性而获得的关于善恶的信念。自发性只是个别实体之活动性的基础，但是，一般而论的自发性并不足以说明实体在样态上所发生的具体变化，正如莱布尼茨在《神正论》的一个附录中所指出的：

> 即使一个积极的实体只是被其自身所决定的，这也不表明它不是被对象所感动（moved）的：因为正是在它当中对于对象的表象促成了那种决定。表象不是从外面来的，因此就存在完全的自发性。对象作用于有理智的实体，但不是作为有效的物理原因，而是作为终极的和道德的原因。……当我们说一个有理智的实体是被其对象之善（goodness）所感动时，我们并不断言那个对象必定是一个存在于该实体之外的东西，我们只需认为它是可以设想的：因为它的表象是在实体内部发生作用的，更准确地说，就实体倾向于被这个表象所决定并受到其影响而论，实体作用于其自身。(T Observations 20-21)

---

33 转引自 Curley 1972: 96。

在这里，莱布尼茨确认实体的变化受到了对象的影响。但他强调，对于有理智的实体来说，变化并不是用一种简单地回应对象自身的方式发生的，而是通过实体对于对象的**表象**而发生的——有理智的实体是从其自身的观点、按照它对对象的评价性特点（善与恶）的认识来发生变化，因此在这个意义上是完全自发的。在声称对象是作为终极原因，而不是作为有效原因对有理智的实体产生影响时，莱布尼茨是在表达两个意思：第一，对象对有理智的实体所能产生的影响受制于上帝的创世构想；第二，这种影响并不是直接导致实体发生变化的原因，也就是说，它并不是有效原因。用现代的措辞来说，这种影响是通过有理智的实体自身的价值认知来发生的，而且，某个对象对于有理智的实体能够产生什么影响，或者是否能够产生有效影响，取决于这样一个实体对于该对象的表象与其总体价值观之关系的考虑。正是在这个意义上，莱布尼茨说，对象是作为"终极和道德的原因"而对实体产生作用。因此，完整的自发性实际上要求一种理性的自我决定，甚至等同于这种形式的自我决定。[34]

由此我们不难理解莱布尼茨为何坚决反对某些经院派哲学家所说的"无差别的自由"。对莱布尼茨来说，自由在最基本的意义上只是与形而上学必然性相对立（也就是说，自由要求偶然性），只是与行动者并非自愿地接受的约束相对立："意志的自由也可以在两个意义上来理解：一个意义与心灵的不完善或束缚相对比，这就是一种强制或约束，虽然是一种内在的约束，就像激情所施加的约束那样；另一个意义是在将自由与必然性相对比时所采用的。"（NE 175）不过，这两个意义都可以追溯到如下主张：真正的自由在一种更深的意义上是与行动者对其本质的完善相联系的。为了获得这种自由，行动者就必须知道什么行为有助于完善其本质并按照这种认识来行动——"意愿不过是来自思想（*ex*

---

[34] 正如我们即将看到的，正是这个观念使得莱布尼茨既不同于意志自由论者，也不同于标准的相容论者。

cogitatione) 的努力, 即努力获得我们的思想认为是好的东西" (L 91, 注释11)。如果自由取决于对善恶的认识, 那么, 只要我们能够通过理智确信在我们面前显现出来的东西是好的, 并按照这种认识来选择, 我们就是自由的。反过来说, 我们在这方面的无知可能会导致不明智的选择, 因此, 经过反思, 我们就会承认我们当时并不是自愿地或充分自主地行动, 就此而论我们的行动可能不是充分自由的。莱布尼茨由此认为, "我们越是按照理性来行动, 我们就越自由, 而且, 我们越是按照激情来行动, [在我们的行动中] 就有更多的奴役成分, 因为我们越是按照理性来行动, 我们就越是按照我们的本性的完善来行动, 而只要我们允许自己在激情的驱使下失去自制, 我们就成为作用于我们的外在事物的奴隶" (SLT 94)。这里所说的"激情"指的是我们所经受的被动影响, 它们用一种并不充分符合我们对善恶的理性认识的方式（或者用一种我们无法理性地控制的方式, 抑或二者皆有）来影响我们的选择或行动。就此而论, 被激情所影响的选择或行动在"自愿"这个概念的完整意义上并不是自愿的。我们之所以容易受到被动影响, 不仅因为我们**同时**也是具有感性本质的存在者, 必然会受到感性欲望和激情的牵制, 而且也因为我们的理智能力是有限的, 并非在任何情况下都能明晰地认识到在我们面前显现出来的事物的本质及其关系。实际上, 既然我们是通过事物的感觉性质而认识到它们的, 我们就不可避免地对事物持有含混的知觉或观念。错误的观念或虚假的判断也有其他来源。例如, 在《人类理解新论》中, 莱布尼茨提到, 当我们只是用语词来进行推理、对于它们所表达或指称的事物没有明晰的知觉或充分的敏感性时, 我们的思想就是盲目的, 我们在这种情况下做出的判断可能就是错误的 (NE 185-186)。含混的知觉、虚假的观念和错误的判断都会妨碍我们通过行动或选择来成就自己的完善, 因此妨碍了我们的自由。不过, 莱布尼茨已经将自我反思能力与有理智的存在者的概念联系起来: 通过反思, 我们不仅可以认识到在我们身上发生的事情是不是真正来自我们自己, 也可以获得明晰的知觉和适当的观念。就这种知觉或观念正确地表达了我们对世界（或者至

少其中的某个部分）的认识而论，我们就可以改进自己获得自由的能力。因此，纵然人的自由并不完美，我们是否自由或者能够拥有多大的自由，仍取决于我们的理性认识和意志的质量。

如果自由就是（或者，就在于）一种完善，那么合理性就是自由的一个本质条件，因为在莱布尼茨这里，这个概念旨在把握行动者对世界的正确认识，因此旨在把握行动者在此基础上通过选择和行动来成就完善的努力。自由要求理智，只是因为合理性要求理智。自由与理智的本质联系是莱布尼茨拒斥随意选择的自由的根本原因。在莱布尼茨这里，个别实体通过其自发性而产生的任何变化都是目的论的——在理想状态下，它们旨在实现其自身本质的完善。"若没有做行动所要求的事情的**倾向**，就没有任何行动者能够行动；来自善恶的理由或倾向，就是使得灵魂能够在各个行动方案之间进行选择的倾向。"（T Observations 16）既然任何事情的发生都有一个充分理由，自由的行动也不例外。但是，按照某些经院哲学家对随意选择的自由提出的说法，这种自由就是这样一种东西：在行动者采取某个行动的一切先决条件都得到满足的情况下，行动者可以采取这个行动，但也可以不采取这个行动；其意志是自由的，而且，这种自由恰好就在于不被任何先前的条件所决定——在他的品格、欲望和意图中，没有什么东西为他采取或不采取某个行动提供了说明。鉴于莱布尼茨对充分理由原则的承诺，这种自由对他来说不仅是神秘的或不可思议的，而且实际上说不上是"真正的"自由。如果"自由必定是一种完善"，那么"这种随意（indifference），即在没有任何理由的情况下就拒斥最好的东西（不管这个东西是真正最好的，还是从行动者自己的观点来看是最好的）的能力，毋宁说暗示了一种严重的不完善"（SLT 93）。莱布尼茨将这种随意视为无知的结果，其理由是"一个人越是有教养，就越少对自己不得不做出的选择持有一种无动于衷或不确定的态度；一个人越是习惯于遵循理性，在执行自己判断为最合理的事情上就越坚定"（SLT 93）。如果理性的规范职能就在于引导我们去认识真理和完善，而我们的自由取决于这种认识，那么一种无视我们的选择根据或行动理由的自由不仅不是真正的自由，反而有害于我们完善自己的本质，因此妨碍我们获得真正的自由。

不过，既然我们有时**觉得**我们好像具有"随意选择"的自由，莱布尼茨认为自己有必要对这个现象提出一个说明。他的说明大体上可以归为两个相关的方面。莱布尼茨首先承认，既然我们只具有有限的心灵，我们的行动在某种意义上就是不可预测的，因为在任何时候，我们对整个宇宙的认识都极为有限，所以不可能充分把握影响我们行动的一切因素，甚至完全意识不到其中一些因素。在《神正论》中，莱布尼茨指出："对我们来说，除了知性的判断（对此具有一种明确的知识）外，也有与这种判断相混合的感官的含混知觉，它们产生了我们并不总是意识到的激情以及我们甚至觉察不到的倾向。这些运动经常阻碍实践理智的判断。"（T 310）因此，如果我们的行动不是来自我们明确认识到的理智判断，而是来自我们并不总是意识到的含混知觉，那么它们就不总是可预测的，甚至在某些情况下对我们自己来说也不是充分可理解的。实际上，正是由于这个缘故，我们并不具有唯有上帝才拥有的完美自由。但是，莱布尼茨强调，说我们的行动是不可预测的，并不是说它们不是被决定的：

> 即使我们的自发性是与知识和慎思或选择（它们使得我们的行动是自愿的）相结合的，我们也必须承认，我们总是被预先决定的，而且，除了我们先前的爱好或倾向外，来自对象的新印象也会促成我们行动的倾向，所有这些结合在一起并与对立倾向相抗衡的倾向，绝不会不能形成一个一般的主导倾向。这是因为，既然我们依赖于宇宙，既然我们是在宇宙中来行动的，我们就必定也受到了作用。就我们在发挥作用而论，我们决定自己并且是自由的；就我们被作用而论，我们被外在事物所决定并受制于它们。但是，无论是用哪一种方式，我们都总是在内部或者从外面被决定的。（SLT 96）

一切行动（不论是积极的还是消极的）都是被其先前条件决定的，

莱布尼茨论偶然性与自由

这个主张当然符合莱布尼茨对充分理由原则的承诺。对莱布尼茨来说，如果我们把一件事情发生的所有原因（终极原因、形式原因以及有效原因）都考虑在内，那么因果原则也是说明原则——也就是说，对原因的诉诸足以说明一件事情为何发生以及如何发生。自由的行动只是具有理智和意志的实体发生变化的一种特殊情形，因此，如果一个自由的行动确实发生了，那么其发生也必定有一个充分的理由或原因。但是，就自由行动而论，莱布尼茨也提出了一个著名主张——动机只是倾向于产生某个行动而不是使之变得必然："总是有某些东西让我们有了某种倾向，使我们做出选择，但又不能迫使（necessitate）我们。"（AG 195）这句话出现的语境表明，莱布尼茨在这里所说的"必然性"是一种形而上学意义上的必然性。[35] 形而上学上必然的东西不是我们自由选择的对象，因此，当莱布尼茨谈到行动的决定条件时，他所说的"决定"显然不是要在一种形而上学必然性的意义上来理解，正如他在《人类理解新论》中更明确地指出的：

> 严格地说，必然性不应该与意愿相对比，而应该与偶然性相对比，……决定（determination）不应该与必然性相混淆：各个思想之间存在着与各个运动之间一样多的联系或决定。如果我们不总是注意到决定我们的理由，或者更确切地说，我们用来决定自己的理由，那是因为，当我们试图整理自然置于物体中的一切运行机制时，我们不太能够意识到我们心灵的一切运作及其往往是含混的和觉察不到的思想。如果我们将"必然性"理解为不可避免地被决定，例如可以被一个完美的心灵所预测，该心灵对于在人的内部和外部发生的一切都具有完备的知识，那么，既然思想就像它们所表达的运动一样是被决定的，每一个自由行动［在这个意义上］肯定都是必然

---

[35] 其他文本也表明，莱布尼茨在这里所说的必然性必须被理解为形而上学必然性。例如，参见《论形而上学》第13节；《神正论》43—45、132、280段；《人类理解新论》第2卷第21章相关部分。

的；但是我们必须将必然的东西与偶然的，尽管是被决定的东西区分开来。(NE 178)

在这里，莱布尼茨确实说到了我们的行动在一种意义上是"必然的"：它们可以被一个具有完备知识的完美心灵所预测。但是，这个意义上的必然性不是形而上学必然性，而是表达了这样一个思想：只要某个行动发生的充分条件已经具备，它就必然会发生，而且只能用它被先前条件所决定的那种方式发生，而不能以其他方式发生。偶然事物之间的联系或决定并不是按照形而上学必然性发生的，因为其否定并不蕴含矛盾。进一步说，即使世上万物都必须遵循上帝在创世时决定在世界中实现的自然规律，都必须遵循上帝为了和谐和完美而制定的道德法则，甚至按照这些规律和法则而发生的事情也不是形而上学上必然的，因为上帝本有可能不选择实现实际世界中的事物序列。就此而论，甚至物理的东西和道德的东西也只是"倾向于导致某事而不使之变得必然"(incline without necessitating)。当然，莱布尼茨意识到，就物体所遵循的运动规律是上帝为它们选择出来的而论，只要我们不把"必然的东西与被决定的东西混淆起来"并进而错误地假设"自由的存在者是用一种未被决定的方式行动的"，我们就可以在日常意义上将物体称为"必然的行动者"(NE 179)。总而言之，当莱布尼茨把"没有什么东西是无理由地发生的"看作其形而上学的"根本公理"时，他也认为动机并不具有形而上学上的"必然化"效应。现在我们需要追问两个相关问题：第一，"倾向于导致某个变化而不使之变得必然"这一说法是否符合莱布尼茨对"随意选择"的自由的否认？第二，这个说法是否就像某些评论者所认为的那样，意味着莱布尼茨在某种程度上承诺了一种意志自由论的自由概念？[36]

---

[36] 莱布尼茨的自由概念总体上说是相容论的，尽管他不是一个典型的相容论者。这一点已得到大多数评论者的同意。然而，也有一些学者论证说，莱布尼茨的自由学说包含了一种意志自由论的精神。为了便于论证，这个问题将在本文最后一节加以处理。

莱布尼茨论偶然性与自由

莱布尼茨基本上是在选择的情境中提出"倾向于导致某事而不使之变得必然"这一说法的。在这种情形中,行动者所面临的选项在某种意义上有所冲突,或者处于某种竞争关系中,因此其动机在这个意义上是不相容的,即不可能同时得到实现。莱布尼茨明确指出,在这种情况下,如果行动者确实做出了一个选择,那么他是按照最强的动机做出选择的。在这里,"最强的"这个说法无需在规范的意义上来理解,比如说,"最强的"动机就是行动者在经过理性慎思后认为自己**应当**据以行动的动机。最强的动机可以是行动者**直接**觉得具有最强的冲击的动机,例如,一个行动者可能有不吸毒的动机,但是,与此同时,他也被吸毒的欲望所诱惑,这个欲望对他产生了最强烈的冲击,结果就胜过了不吸毒的动机或考虑。因此,说一个最强的动机只是倾向于让行动者采取某个行动,而不是必然采取该行动,就是说不采取这个行动对他来说仍然是可能的。只要行动者在目前的状况下采取了某个行动,他将采取这个行动这件事情就是确定的。但是,他不这样行动,或者已经采取某个其他行动,在逻辑上或形而上学上仍然是可能的。换句话说,莱布尼茨仍然坚信,我们实际上采取的每一个行动都是来自我们当时具有的最强动机。说这样一个动机只是"倾向于导致某事而不使之变得必然"只不过是说,如此产生的行动并不是形而上学上必然的。

不过,这个解释也会产生一个问题。"一个人总是按照自己最强的动机来行动"听起来像是一个概念真理,而且也符合充分理由原则,但是,它似乎也产生了一种形式的决定论。莱布尼茨固然可以认为,否定"一个人总是按照自己最强的动机来行动"并不涉及任何矛盾,因此这个主张所表达的事情是偶然的。然而,偶然性本身并不足以保证自由。任何物理对象的运动或变化在莱布尼茨的意义上都是偶然的,而且,在缺乏外在障碍的情况下,它们还可以自发地运动或变化,但是,一般来说,我们并不把它们称为"自由的"。所幸莱布尼茨并不认为偶然性或自发性对于自由来说是充分的。除了要求偶然性和自发性外,自由还要求选择或慎思,而后者预设了理智或理性。莱布尼茨之所以把自发性与绝对必然性或强制相对立，是因为二者都会摧毁或损害慎思——正如亚里士多德所指出的，我们并不慎思必然要发生的事情；而在受到强制时，我们的慎思能力和慎思范围会被大大削弱。37 莱布尼茨确认亚里士多德在这个问题上的说法："就我们自身就具有自己行动的根源而论，自发性属于我们。"（T 45）但是，与自由相关的自发性必定是与理性慎思或选择能力相联系的那种自发性，即前面所说的"理性自发性"（或者卢瑟福所说的"行动者自发性"）。因此，即使我们总是按照自己最强的动机来行动，这个事实本身也不意味着我们的行动就是自由的。"我们总是按照自己最强的动机来行动"只是对我们的动机心理的一个描述。但是，在我们最强的动机中，有些动机可能是我们在感性欲望或激情的驱使下直接具有的（也就是说，不加反思就具有的），正如有些动机是我们经过理性慎思而具有的。如果没有前面那种动机，也就不会有意志软弱的可能性，而莱布尼茨显然承认这种可能性——他不仅将意志软弱与我们的感性本质联系起来，与我们有限的心灵不可避免地具有的缺陷（含混的知觉、不适当的观念和错误的判断等）联系起来，还将它与我们追求完善的程度联系起来——"当影响一些实体的某个变化发生时，我们就可以说，任何实体，只要立即转向更大程度的完善或者更完美地表示了上帝的荣耀，它就行使了其能力并积极行动；只要转向更小程度的完善，它就显示了软弱并受损害"（L 313）。因此，真正的自由对莱布尼茨来说实际上是（或者就在于）一种理性的自我决定。这个说法实际上暗示了康德后来对自由的基本设想。结果，"我们的自由，以及上帝的自由和受到祝福的灵魂的自由，不仅免除了胁迫，也免除了绝对必然性，尽管不可能免除决定和确定性"（AG 194）。正是因为我们能够在理性引导下成就自由，我们才能在道德上对自己的行为负责，才值得公正的奖励和惩罚。

---

37 莱布尼茨说道："如果在没有障碍的情况下行动的一切事物都是'自由的'，那么被设定来沿着一个平滑轨道运动的球体就会是一个自由的行动者。但是，亚里士多德已经正确地指出，我们不打算把这样一个行动称为'自由的'，除非在没有受到约束的同时，它也是经过慎思的（*Nic. Ethics* III, I II I b6）。"（NE 175-176）

因此，对莱布尼茨来说，只要恰当地加以理解，决定论（充分理由原则是其中的一个典型体现）不仅与真正的自由是相容的，也是这种自由的一个条件。如果自由就是一种完善，而完善取决于恰当地行使理智和判断，那么自由就与我们对理性的恰当行使以及我们在此基础上对善恶的正确认识不可分离。即使我们的行动是被决定的，然而，正因为我们具有按照理性来慎思和选择的能力，我们的行动就不总是被消极地决定的，而且，我们还可以通过塑造自己的品格而让自己变得更加自由，正如莱布尼茨明确地指出的：

> 虽然就把所有内在状况和外在状况都一并加以考虑而论，我们的特定选择都总是被决定的，虽然我们目前无法改变自己的意志，但是，通过有选择地注意某些对象，通过让自己习惯于某些思想方式，我们在自己未来的意愿上仍然很有力量。这样，我们就能让自己习惯于更好地抵抗印象，让我们的理性表现得更好，结果我们就能促成自己去意愿我们应当做的事情。（AG 195；亦可参见 NE 195-196）

现在，我们可以更清楚地看到莱布尼茨为什么坚决拒斥所谓"随意选择的自由"。莱布尼茨指出，如果我们将这种自由理解为一种与绝对必然性相对立的自由，或者说将随意（indifference）理解为与绝对的形而上学必然性或逻辑必然性相对立的东西（也就是说，理解为偶然性），那么他可以在这个意义上承认这种自由（参见 AG 194；T 302-303）。这个主张其实只是表达了莱布尼茨对自由的一贯想法，即偶然性和自发性是自由的必要条件。但是，莱布尼茨坚决否认自由涉及所谓的"绝对的无差别"或"无差别的均衡"（indifference of equilibrium）。这种"自由"之所以是不可能的或虚幻的，是因为"就一般而论的意志而言，选择总是遵循最大的倾向"（AG 194），不管这样一个倾向在具体情形中是由理性来决定的，还是由感性欲望或激情来决定的。莱布尼茨进一步指出：

世上每一个原因都已经被决定在如此这般的情况下产生如此这般的结果，甚至我们也是被决定去采取慎思在经过权衡后让我们最偏向的那一边。当这发生的时候，我们的行动是自愿的，否则就是未经思量的。因此，虽然这些决定严格地说并不迫使（necessitate）我们，但它们必定会让我们具有某种倾向，我们总是遵循具有最大倾向的那一边：因为一种绝对无差别的情形……是虚幻的，因为两边都完全等同的情形绝不可能发生。（SLT 96–97）

莱布尼茨经常将慎思比作物体所受到的作用力和反作用力的较量，就此而论，绝对无差别的情形之所以不可能发生，大概是因为一个在各个力量上都处于均势状态的实体根本就不可能发生变化。[38] 从形而上学的角度来说，"完全均势的情形之所以不可能，是因为宇宙绝不可能是对半分的，以至于使得一切印象在两边都完全相同"（T 307；参见 AG 195）。因此，在面临竞争选项的情况下，如果我们根本上做出了一个选择，那必定是因为有某些东西让我们倾向于做出选择。绝对无差别的选择"就像没有决定性理由的纯粹运气，……在自然界中绝不会发生"（T 303）。在评论洛克对"欲望的悬置"所提出的说法时，莱布尼茨让其代言人指出，既然理智对意志的决定"不是一个缺陷，而是对我们的本质的一种完善"，这种决定"就远远不是对自由的一种抑制或削减，反而是对自由的一种改进和增益"，因此"如果你假设心灵中有一种完全的和绝对的随意，一种不是可以由心灵对善恶的最终判断来决定的东西，你就

38　帕金森指出，莱布尼茨也可以用"不可分辨的事物的同一性"原则来反对绝对的无差别。这个原则所说的是，如果两个事物在任何方面都是不可分辨的，那么它们是同一的。在布里丹的驴子的情形中，如果驴子所面对的那两堆草在任何方面都是完全一样的，与驴子的距离也是完全一样的，那么我们确实就不知道驴子在什么意义上做出了一个"自由的选择"。反过来说，如果驴子最终确实做出了一个选择，那必定是因为有某个因素（例如某个差异）导致它做出选择。参见 Parkinson 1970: 48–49。

将心灵置于一种极度不完善的状态"(NE 197)。理智和意志都有其**规范**职能,即力求获得真理和实现完善。如果我们对理智的运用和对意志的行使偏离了其规范职能,那么我们就不可能获得真正的自由。

因此,在莱布尼茨这里,我们实际上可以鉴定出一种认知义务论的思想:我们应当形成明晰的知觉、适当的观念和正确的判断,不仅因为这是我们理性行动的根据,更重要的是因为这是我们完善自己的本性、因此成就自己的自由的一个必然要求。无差别自由的倡导者或许认为,如果一个人不是自由地行动,那么他就不值得公正的奖励或惩罚。对于这个异议,莱布尼茨回答说,公正的奖励或惩罚只要求我们的行动是自愿的[39],而不是要求我们对行动或选择的根据无动于衷。事实上,"如果人们是无动于衷的(indifferent),并不倾向于按照原因来行动,那么他们就不会关心惩罚或奖励,就不会通过这些手段而被引向好的东西"(SLT 100)。如果奖励就在于促使人们向善,惩罚就在于抑制人们作恶,那么道德责任所要求的自由就绝不可能是随意选择的自由。道理很简单:如果我们根本就不敏感于我们从对善恶的认识中获得的理由,那么,这不仅意味着我们根本就不在乎我们的行动对自己和他人可能产生的影响,实际上也意味着我们根本就不可能做出有效的选择。洛克曾经说道:"假如我们不是被我们的心灵对行动之善恶的最终判断所决定,我们就不是自由的。"莱布尼茨赞同洛克的说法,并让其代言人说道:"没有什么比这更正确了,寻求某种其他自由的人不知道自己在寻找什么。"(NE 198)

如果无差别的自由就像莱布尼茨所说的那样是虚幻的,那么我们为什么还相信自己具有这种自由呢?莱布尼茨自己预料到了这个问题并给

---

39 在《人类理解新论》中,莱布尼茨对"自愿行动"提出了如下说法:自愿的行动是来自对善恶(或好坏)的某个考虑,而且是行动者能够意识到并加以反思的;他也说道,如果一个行动是在灵魂的引导下采取的,那么它就是自愿的,否则就是不自愿的(NE 172-173)。因此,我们大概可以认为,对莱布尼茨来说,自愿行动就是行动者在没有受到强迫或强制的情况下,按照自己对行动对象的理性认识和考虑而采取的行动。

出一个回答。在他看来，既然我们并不具有"意愿要意愿"的能力，我们的意愿活动就必定是由我们对于对象的认识以及我们的意图和品格来决定的。但是，既然我们的心灵是有限的，我们就不可能完全知道我们的意愿或选择的原因。因此，"我们就相信自己不依赖于那些［我们认识不到的］原因，正如我们散步和跳跃，而不思考这种活动所需的血液循环"（SLT 99）。我们不知道自己的选择或行动的（某些）原因，这种无知让我们觉得我们的选择或行动不是被（充分）决定的，因此就有可能在我们这里诱发一种自由感。但是，这并不意味着我们因此就有了一种随意选择的自由。莱布尼茨立刻指出："经验根本就不确认对一种无差别的均势的妄想；……这是因为，当我在两个看似均衡的行动方案之间做出一个选择时，尽管我并不总是看到让我做出选择的某个倾向的理由，但总是会有某个印象——不管多么难以察觉——决定了我们。只是利用我们对自由的渴望并不会导致我们选择某个行动方案。"（T 306）如果意志不是在理性的引导下开展其活动，那么其一切努力不仅都是徒劳的，也是有缺陷的，因为一种盲目的意志活动不仅无助于我们获得真正的幸福，反而有害于真正的幸福。莱布尼茨由此认为："假若一个人想要［按照这种随意选择的自由］来行动，或者至少在没有恰当原因的情况下似乎在这样行动，那么他肯定会被看作是无理性的。"（T 314）即使这样一个人确实存在，他就类似于一个"尽管不是在没有原因的情况下达到一个决定，但却是在激情而不是在判断的影响下达到一个决定"的人（T 314）。二者是类似的：正如未经反思或不加抑制的激情妨碍了我们的理性慎思，因此妨碍了我们的自由一样（参见 NE 175），在完全无视理性判断的情况下做出的决定或采取的行动，实际上是与真正的自由相对立的。我们对善恶的认识可以是不完备的或有缺陷的，但是，"不管我们对善具有什么知觉，按照理智的判断来行动的努力……形成了意志的本质"（T 311）。

六、上帝的"合作"与人的自由

莱布尼茨是一位决定论者，而按照我们目前对其自由学说的解释，他也是一位相容论者：对他来说，自由之所以与决定论是相容的，不仅因为自由本质上在于一种理性的自我决定，也因为自由是一种完善，而完善要求理性判断对于意志的充分决定。当然，我们的感性欲望和激情可以对我们的理智活动产生影响，在这种情况下，我们可能持有含混的知觉和不适当的观念、会做出错误的判断，因此"判断和意志之间的联系并不像我们可能认为的那样是必然的"（T 311）。但是，恰当地行使我们的理智，尽可能清晰地认识到我们选择或行动的对象及其性质（特别是道德上相关的特点），不仅是我们的义务，也是我们完善自己作为理性存在者之本质的重要方式和必然要求。因此，如果自由就在于完善，那么理性判断对于意志的决定不仅不会损毁我们的自由，反而会促进或增强我们的自由。"如果一个人具有一种不依赖于理性、不依赖于清晰地认识到的对象之性质的自由，那么他就是所有动物中最不听话的，我们绝不可能指望他能够选择正确的行动方案。"（T 313）在《论自由和自发性》中，在**总结**自己的自由概念时，莱布尼茨说：

> 一切行动都是偶然的，或者说没有必然性。但是一切事物也都是被决定的或安排好的，根本就没有无动于衷（indifference）。我们甚至可以说，当实体消除了无差别（indifference）、由自己来决定时，它们就更自由。它们越接近神的完美，它们就越少需要被外在事物所决定，因为上帝也是被自己所决定而去做最完美之事，而他是最自由、最完美的实体。但是，一个人越是无知和无力，他就越是漠然（indifferent）。……既然我们具有智慧，可以按照理性来行动，我们就是被我们自身本性的完善所决定的，因此，当我们具有更少的选择障碍时，我们就更自由。我们的一切完善、所有自然事

物的完善都来自上帝，但是，这远远不是与自由相对立的，反而让我们变得自由，因为上帝将其完善和自由在某种程度上传递给我们。因此，让我们满足于一种值得向往、与上帝的自由相接近的自由，这种自由令我们最倾向于选择善和行善，不去主张一种就像布里丹的驴子那样处于不确定性和一种永恒困境的有害的、幻想的自由。（SLT 95）

这篇文章是莱布尼茨在1690年之后撰写的，因此表达了他对自由问题的成熟思考。按照前面的论述，我们不难理解莱布尼茨在这里提出的说法。莱布尼茨的形而上学体系可以被理解为他对一个传统主张的具体设想和落实，即上帝是按照自己的形象来创造万事万物。对莱布尼茨来说，人的自由的可能性和必要性都在于人有能力在某种程度上"模仿"上帝。例如，在《论形而上学》中，莱布尼茨写道："事实上我们可以说，每一个实体都以某种方式含有上帝的智慧和全能并尽力加以模仿，因为每一个实体都（尽管是含混地）表达了宇宙中发生的一切，不论是过去发生的、现在发生的，还是将来发生的，这与一种无限的知觉或理智有几分类似。而且，既然所有其他实体都轮流表达某个实体，让自己去适应它，那么我们就可以说，那个实体模仿造物主的全能，将其力量扩展到所有其他实体。"（AG 42）此外，"我们之所以在我们的灵魂中具有一切事物的观念，是因为上帝不断地作用于我们，也就是说，是因为每一个结果都表示了其原因，因此，我们的灵魂本质上是对神的本质、思想和意志以及其中所包含一切观念的某种表示或模仿"（AG 59）。单子论的形而上学典型地体现了莱布尼茨对上帝及其所创造的世界的关系的设想。"被造物模仿造物主"这一主张不仅暗示了一切个别实体所具有的自发性与自然目的论的本质联系，也暗示了它们身上发生的一切事情与上帝的关系。只要我们接受了前定和谐学说并考虑到莱布尼茨对目的论的承诺，我们就不难理解他为什么认为被造物在某种程度上模仿上帝：一方面，这种模仿是实现上帝在创世时所设想的完美与和谐的本质方式；

另一方面，实体所固有的自发性使得这种模仿成为可能。因此，如果我们在理想状态下对自己本性的完善就在于维护和促进上帝设定的秩序与和谐，如果我们是因为受到了自己激情的牵绊和外在事物的阻扰而不能充分行使自发性，那么自由确实就在于我们实现完善的程度。正是在这个意义上，莱布尼茨认为人的自由是按照人对上帝的"模仿"来设想的。如果上帝是出于自己的本质（出于智慧和善的原则）而决定实现最好的可能世界并自由地这样做，那么，对人来说，决定按照理性关于善恶的最终判断来行动就可以是自由的。因此，看来正是"模仿上帝"这个说法使得人的自由变得可理解，也使得莱布尼茨的自由概念**总体**上是一种相容论的自由概念。

然而，对莱布尼茨自由学说的这种解释并不是未曾碰到非议。在这里我们只考虑两个主要异议。第一个异议来自一个传统忧虑：即使莱布尼茨声称我们的一切行动都是形而上学上偶然的，然而，按照他自己的说法，上帝不仅能够预知还参与促成我们的一切行动。这就产生了一个问题：上帝的预知和合作（concurrence）是否允许我们能够具有真正的自由？[40] 如果一切行动或变化的原因至少部分地在于上帝，那么我们还

---

40 出于两个主要理由，我将不考虑"上帝的**预知**是否允许人类自由"这一问题（即使以下讨论在某些方面与这个问题相关）。首先是因为篇幅所限，其次是因为莱布尼茨自己并不认可对这个问题的传统解决。为了解决这个问题，某些理论家（在莱布尼茨这里，是路易斯·莫利纳及其追随者）假设，在某些特定情形中，人可以自由地行动；但是，上帝独立于他对自己想要创造的事物的知识，而知道人在特定情形中将如何自由行动，这种知识既不同于他对自己的意志或意愿活动的知识，也不同于他对纯粹可能的事物所具有的直观知识，因此往往被称为"中间知识"（middle knowledge）。这种解决方案似乎既保全了上帝的预知（或者他的全知），又允许人的自由。然而，在莱布尼茨看来，"所谓'中间知识'只不过是对偶然的可能事物的知识"（AG 98），因此我们实际上并不需要诉诸"中间知识"的概念来表明人的自由如何符合上帝的预知。有关的讨论，参见 Griffin 2013: pp.112-164; Sean Greenberg, "Leibniz against Molinism: Freedom, Indifference, and the Nature of Will," in Rutherford and Cover 2005: 217-233。对上帝的预知是否允许人的自由这一问题的一般处理和讨论，参见：Linda Zagzebski, *The Dilemma of Freedom and Foreknowledge*, Oxford: Oxford University Press, 1991; Richard H. Corrigan, *Divine Foreknowledge and Moral Responsibility*, Prism Academic Publishing, 2007; John M. Fischer and Patrick Todd eds., *Freedom, Fatalism, and Foreknowledge*, Oxford: Oxford University Press, 2015。

能不能真正地对自己的行动负责？这个忧虑来自那些否认自由能够与决定论相容的理论家，即所谓的"不相容论者"。第二个异议来自对莱布尼茨的某些文本的解释。某些评论者认为，莱布尼茨至少在某个时期并不相信自由与物理必然性是相容的，因此他对自由的思考含有一种意志自由论的精神。[41] 特别是，在一篇早期的文章《必然真理和偶然真理》（大概写于1678年前后）中，莱布尼茨指出自由要求一种"个人奇迹"（private miracle），而这种奇迹在某种意义上与物理必然性不相容。为了便于论证，我们先来处理这个问题，然后再来考虑上帝的合作究竟是允许还是剥夺了人的自由。在上述文章中，那段关键的说法是这样的：

> 但是，在对上帝的一种模仿中，……自由的或有理智的实体……并没有受到宇宙的任何确定的次要法则（subordinate laws）的限制，反而就像是通过一种个人奇迹、按照其能力的单独创议来行动，而且，通过期盼一个终极原因，它们打断了对其意志产生作用的有效原因的联系和历程。……因为，正如宇宙的历程是由上帝的自由意志来改变的一样，在心灵的情形中，任何足以预测一个心灵之选择的次要法则都是无法确立起来的（而在物体的情形中，这是可能的）。……由此我们可以理解与自由相伴随的那种"随意"（indifference）。正如偶然性与形而上学必然性相对立的一样，随意不仅排除了形而上学必然性，也排除了物理必然性。（PM 100–101）

---

41 是否如此当然取决于莱布尼茨对自由的设想是否根本上符合其形而上学的基本承诺。有些评论者认为，莱布尼茨对形而上学自由的论述确实要求决定论，但是莱布尼茨不可能持有一种心理决定论观点。例如，参见Michael Seidler, "Freedom and Moral Therapy," *Studia Leibnitiana* 18, No.1 (1985), pp. 15–35; Clive Borst, "Leibniz and the Compatibilist Account of Freedom," *Studia Leibnitiana* 24, No.1 (1992), pp. 49–58. 其他一些评论者则直接论证说，甚至就形而上学自由而论，莱布尼茨的某些文本也明确暗示了他对不相容论的承诺。例如，参见Michael Murray, "Leibniz on Divine Foreknowledge of Future Contingents and Human Freedom," *Philosophy and Phenomenological Research* LV, No.1 (1995), pp. 75–108; Murray 2005。

莱布尼茨论偶然性与自由

无需否认，莱布尼茨在不同时期对自由及其条件的理解确实有一些差别。但是，前定和谐学说和充分理由原则始终是其形而上学的根本承诺。此外，如果本文此前的论证是可靠的，那么莱布尼茨只是确认一种与形而上学必然性相对立的"随意"，但总体上坚决反对随意选择的自由。因此，如果莱布尼茨的自由学说确实是建立在其形而上学根本原则的基础上，那么，在《必然真理和偶然真理》这篇文章中，莱布尼茨就不太可能持有一种意志自由论的思想观念。有些评论者已经试图表明，即使那篇文章中的莱布尼茨既不是一个温和决定论者，也不是一位物理相容论者（即相信自由或自由意志与物理必然性是相容的），但他对所谓的"奇迹般的自由"（miraculous freedom）的承诺可以被容纳在其形而上学基本框架中，例如与前定和谐学说和充分理由原则并不矛盾。[42] 我基本上理解这条思路，但是我将引出一个与他们所得出的结论有所不同的结论——我将论证说，在那篇文章中，莱布尼茨旨在表明**日常**所说的"奇迹"在其形而上学体系中如何能够得到说明，进一步说，所谓的"奇迹"是相对于有限心灵的认知能力而论的，因此只是在一种**认知的**（而不是本体论的）意义上才能被称为"奇迹"。因此，莱布尼茨对"奇迹般的自由"的谈论根本就不意味着他有任何意志自由论的承诺，反而符合他在其形而上学原则下对"自由"提出的总体构想。我们将以莱布尼茨在《论形而上学》中对"奇迹"的讨论作为起点。在这篇论著第 7 节中，尽管莱布尼茨将奇迹看作与某些次要准则（subordinate maxims）相对立的东西，但他明确认为所谓"奇迹"仍然符合宇宙的总体秩序：

---

[42] R. Craston Paull, "Leibniz and the Miracle of Freedom," *Nous* 26, No.2 (1992), pp. 218-235. 杰克·戴维森采取了一条略微不同的论证思路：他论证说，在《必然真理和偶然真理》中，莱布尼茨认为人的自由是植根于对上帝之本质的一种模仿；若是这样，那段关于"奇迹般的自由"的论述就不仅没有削弱相容论，反而要求相容论。见 Jack Davidson, "Imitators of God: Leibniz on Human Freedom," *Journal of the History of Philosophy* 36, No.3 (1998), pp. 87-412.

任何不在这个秩序中的事情都不可能发生，因此人们就可以认为，奇迹就像自然的运作差不多也在这个秩序中——那些运作之所以被称为自然的，是因为它们符合我们称为事物之本质的次要准则。因为人们可以说，这个本质（nature）只是上帝的习惯，只要他发现自己有更强的理由不去利用这些准则，他就可以免除那个习惯。至于普遍的或特定的意愿，我们可以说，上帝是按照自己最普遍的意志来做一切，这个意志符合他已经选择的最完美的秩序，但是我们也可以说，他有一些具体意愿，这些意愿对于上述次要准则来说是例外。因为上帝制定的最普遍的法则，即统治宇宙总体进程的那个法则，是没有例外的。（AG 40）

为了理解这段话，我们不妨将上帝在创世时即将为世界设立的法则分为两大类。最普遍的法则就是莱布尼茨所说的"一般秩序的法则"（有时也被称为"上帝的首要的自由命令"或者"事物序列的首要本质法则"），它们表达了上帝在创世时对整个世界的基本构想，例如包含了他对于完美与和谐的考虑。莱布尼茨认为这种法则具有两个本质特点：第一，既然它们表达了上帝创世的目的，反映了上帝的智慧和意志，那么只有上帝才对它们具有知识；第二，既然它们作为创世蓝图确立和确定了整个宇宙的秩序，它们就是真正无例外的，因此可以包含日常意义上的"奇迹"。[43] 但是，在创世时，上帝也需要设立**与其创世蓝图相匹配**的自然法则。哪些自然法则能够存在于实际世界，取决于它们与上帝的创世蓝图（或者他创世的目的）的关系。因此，就实际世界中得到实现的自然法则取决于上帝的目的而论，它们是"次要的"或"附属性的"。莱

43　在与阿尔诺的通信中，莱布尼茨写道："我认为有无限多的可能方式创造世界，取决于上帝可能形成的不同设计方案，而每个可能世界都取决于它所特有的、上帝的某些原则性的设计或目的，即某些首要的自由命令或者说某些关于这个可能宇宙的一般秩序的法则……。一切事物，哪怕是奇迹，都属于一个秩序，即使它们可以与某些次要法则或自然法则相对立。"（L 333）莱

布尼茨将次要法则进一步分为两个子类：在这类法则中，较为普遍的那一类应用于大多数事件，但并不涵盖日常意义上被称为"奇迹"的那些事件；最不普遍的那一类自然法则"彼此作为媒介"，构成了莱布尼茨所说的"物理科学"（MP·99）。这两种自然法则都是物理上必然的，尽管仍然是形而上学上偶然的。上帝可以从一般秩序的法则中推出所有自然法则，因为他对这种法则的知识已经蕴含在其创世蓝图中。相较之下，有限的心灵只能理解（大概通过上帝的启示和恩惠）次要法则。[44] 因此，即使一个被创造出来的有理智的心灵对自然法则以及自然界此前的所有状态具有完备的知识，假若某个其他心灵的活动受到了我们日常称为"奇迹"的某个事件的干预，它也无法准确地预测后者的行为，例如后者如何选择。但是，"这个心灵的未来行动对上帝来说是明显的，……因为他理解包含在这个心灵的概念中的东西"（PM 101）。有人或许忍不住由此认为，人的自由与上帝的全知是相容的，但与自然决定论（即自然法则的决定作用）不相容。[45] 但是，这种解释是值得推敲的。如果上帝对自然法则的选择本来就符合他对世界的一般秩序的基本构想，例如，他不会去选择与其所设想的秩序不相一致的自然法则（参见 AG 210-211，前面有部分引用），那么，对于一个有理智的心灵来说，其行为怎么可能符合一般的秩序，而不符合上帝在其所创造的世界中设立的自然法则？正如我们在前面所说，实际世界的自然法则必须与上帝的创世目的相一致。实际上，莱布尼茨明确承认，我们日常所说的"奇迹"包含在宇宙的一般秩序中。此外，尽管莱布尼茨断言我们称为"奇迹"的那种事件

---

44 被创造出来的心灵能够具有关于自然规律的知识，这既是莱布尼茨的单子论形而上学的一个要求，也是它们能够在某种程度上"模仿"上帝的一个必要条件。例如，在《单子论》83段中，莱布尼茨写道："一般来说，灵魂是被造物的宇宙的活生生的镜子或映像，但是心灵也是神性本身（或者说大自然的作者）的映像，能够知道宇宙系统，能够通过它们对神性的概要表达（échantillons architectonique）而在某种程度上加以模仿，每个心灵在其自身领域中都具有一点神性。"（AG 223）

45 例如，克兰斯顿·保罗由此认为，"《必然真理与偶然真理》一文中的莱布尼茨既不是一个温和决定论者，也不是一个物理相容论者"。（Paull 1992：222）

"可以与某些次要的准则或自然法则相对立"（L 333），但他并没有说一般秩序的法则以某种方式"打断"了自然事件发生的正常历程。为了理解莱布尼茨对"奇迹"的谈论是否必定意味着他承诺了一种意志自由论的自由，我们需要回到他在《论形而上学》16节中对"奇迹"的论述。为了便于论证，此处完整地引用这段话：

> 既然一切事件都只是它们的本质的结果，好像就没有什么异乎寻常的和超自然的事情能够对它们发生，因此我们仍然需要说明上帝有时候怎能用异乎寻常的和奇迹般的合流（concourse）来影响人和其他实体。但是我们必须记住上面我们对宇宙中的奇迹提出的说法——奇迹总是符合一般秩序的普遍法则，即使它们可能处于次要准则的上面。每一个人或实体都像一个表示更大的世界的小世界，就此而论，我们同样可以说，上帝对这个实体的异乎寻常的作用并非未能成为奇迹，只要这样一个作用是由这个实体的本质或个体概念（individual notion）来表示的，尽管被包括在宇宙的一般秩序中。这就是为什么只要我们把它所表示的一切东西都包含在我们的本性（nature）中，就没有什么东西对它来说是超自然的；这是因为，既然一个结果总是表示了其原因，而上帝是实体的真正原因，那么我们的本质就扩展到任何地方。但是，我们的本质更完美地表示的东西用一种特殊的方式属于它，因为这就是其能力所在。但是，既然我们的本质就像我已经说明的那样是有限的，就有很多东西超越了其能力，甚至超越了一切有限本性（limited natures）的能力。因此，更清楚地说，我说上帝的奇迹和异乎寻常的合流具有任何被创造出来的心灵的推理都不可预测的特殊性，因为对一般秩序的清晰把握超越了所有那些心灵。另一方面，一切我们称为"自然的"东西都取决于被造物所能理解的不太普遍的准则。因此，为了让我使用的语词就像我要表达的意思那样无可指责，把某些说话方式与某些思想联系起来就是好事。我们可以把包括我们所表示的一切事情的那

个东西称为我们的本质（essence）或理念（idea）；既然这个本质表示了我们与上帝自身的联合（union），它就没有任何限度，就没有什么东西超越它。但是，在我们当中受到限制的那个东西可以被称为我们的本性或我们的能力（power）；这个意义上，超越了所有被创造的实体之本性的东西就是超自然的。（AG 49）

莱布尼茨在"本性"和"本质"之间所做的区分，对于我们正确地理解他所说的"奇迹"及其自由学说极为重要。莱布尼茨在这里所说的"本质"显然是指上帝在决定创世时对一个即将得到实现的可能事物的完备设想，这个意义上的本质与一个实体的完备概念相对应，其中不仅包含该实体发生变化的根本原则，也以某种方式反映了上帝的创世蓝图的基本构想，因此可以称为"理想本质"（这也是为什么莱布尼茨称之为"理念"）。这样一个本质实际上界定了一个理想的单子（或者莱布尼茨称为"实体形式"的那种东西），因此，至少从上帝自己的观点来看，"它就没有任何限度"，因为它完美地表示了上帝的创世蓝图的一部分。相比较而论，任何实际上存在的实体，因为必须与物体相结合（在人类个体这里，则是与具有感性的身体相结合）并受到外在事物或内在激情的影响，因此在自然界中并不是用一种完美的方式来表达其本质。即便如此，它表达其本质的方式仍然符合自然法则。

这个区分可以帮助我们说明或澄清两件事情。首先，既然莱布尼茨明确承认"奇迹总是符合一般秩序的普遍法则"，也就是说，符合上帝的创世构想。那么，为了理解日常意义上的奇迹为什么可以对一个完全按照自然法则来运作的实体发生（理想本质的不完美行使仍然符合自然法则），我们就只能说，从一个有限心灵的观点来看被称为"奇迹"的事件，实际上已经被包含在其理想本质中。有理智的实体对于自然法则及其运作具有知识，但是，对于在其理想本质中所规定的东西，它们并不具有完备的知识。莱布尼茨说，"人们绝不可能通过任何分析达到绝对普遍的法则，也绝不可能达到个别事物的完美理据，因为这项知识必定只属于上帝"（PM 99-100）。按照前面对偶然事物与无限分析概念之关系的理解，我们不难明白有限的心灵为什么不能通过分析而把握个别实体的理想本质。说被创造出来的心灵不知道一般秩序的普遍法则，大概是说它们不知道（或者不可能知道）上帝的创世构想。莱布尼茨很可能是出于神学方面的考虑而做出这个假定，例如，如果人们有能力知道上帝的创世意图，那么他们大概也可以设法对其"干扰"。实际上，即使我们不考虑这一点，我们也可以认为被创造出来的心灵不可能具有关于自然法则的完备知识。莱布尼茨经常认为，既然我们是有限的，我们的知觉就可以是含混的，我们的观念就可以是不适当的。如果不完善对我们来说是本质上不可避免的，那么我们就不能认为我们对整个宇宙及其法则具有完备的知识。不过，既然有限的心灵能够具有关于自然法则及其运作的知识，这样一个心灵就可以认识到日常所说的"奇迹"——这样一个事件对他来说之所以是奇迹，只是因为相对于他所认识到的自然法则及其运作来说，那个事件是"例外"。但是，从上帝自己的观点来看，奇迹的发生符合一般秩序的普遍法则。上帝知道某个奇迹的发生与一般秩序的关系，因为那本来就是其创世构想的一部分。对于有限的心灵来说，一个事件之所以是"奇迹"，只是因为他对其发生不明所以。既然日常意义上的奇迹符合一般秩序的普遍法则，既然上帝在实际世界中设立的自然法则也必须适应于那个普遍法则，我们就只能认为，奇迹的发生只是"打断"了**从有限心灵的观点来看**事件发生的正常进程。莱布尼茨之所以认为奇迹"处于次要准则之上"（above the subordinate maxims），其理由就在于此。那个说法并不意味着，从上帝自己的观点来看，奇迹打断了自然法则的运作。之所以如此，是因为前定和谐显然包括宇宙中各个层次的和谐，特别是一般秩序的普遍法则与上帝由此引出的自然法则之间的和谐。莱布尼茨对有效原因与终极原因之关系的理解为这个主张提供了一般支持。例如，在《动力学的一个样本》中，他写道：

世上万物都可以用两种方式来说明：通过力量的王国（kingdom of power），即通过有效原因；通过智慧的王国（kingdom of wisdom），即通过终极原因，也就是说，通过上帝。上帝就像一位建筑师，为了其荣耀而管辖物体，将它们作为遵循物理规律或数学的机器来管辖，而且实际上是应灵魂的要求而进行管辖；上帝是为了其荣耀而管辖能够具有智慧的灵魂，将它们作为同胞（即作为某个社会的共同成员）来管辖，就像一位王子（实际上，就像一位父亲）那样，通过善（goodness）之法则即道德法则来管辖它们。这两个王国在任何地方都是相互渗透的，却没有搅乱或打扰它们各自的法则，因此，在力量的王国中获得的最伟大的东西，同时也是在智慧的王国中获得的最好的东西。（AG 126-127）

在这里，莱布尼茨明确指出，被造物是按照上帝设立的自然法则来运作的，这些法则是上帝按照自己对完善与和谐的考虑选择出来的，因此，上帝归根到底是通过**道德法则**来管辖世上万物。同样，在《论形而上学》中，莱布尼茨说道："上帝是按照与被造物的完善程度相称的方式与它们紧密结合，唯有他从外部、通过其影响来决定它们，而且，如果要行动就是要立即决定，那么在这个意义上就可以说，唯有上帝作用于我，唯有上帝才能对我行善或作孽（do good or evil）；其他实体只是通过这些决定来出力。"（AG63-64）如果其他实体对一个实体所能产生的影响是通过上帝的决定、以自然法则及其运作为中介，那么我们显然就不能认为，作为奇迹而发生的事件是对在一个实体身上发生的事情的因果"扰乱"——这样一个事件只是从有限心灵的观点来看才是一种"扰乱"。换言之，日常所说的"奇迹"不可能（从上帝的观点来说，也不应该）扰乱自然法则的正常运作。因此我们可以合理地认为，莱布尼茨所说的"奇迹"只是认知意义上的，而不是本体论意义上的——有限的心灵只是因为无知，才将某个不符合其对自然法则及其运作之认识的事件看作"奇迹"，认为它是"超自然的"。在这个解释下，莱布尼茨对"奇迹"的谈论符合其前定和谐学说以及充分理由原则。

其次，莱布尼茨在本质和本性（或者我们所说的"理想本质"和"实际本质"）之间的区分也有助于说明有限的心灵为什么是不完美的，因此，尽管作为奇迹而发生的事情是任何有限的心灵都无法避免的，但是，这种事情的发生对我们来说未必是好事——如果一个奇迹事件的发生是有限的心灵认识不到的，因此也是无法加以控制的，那么它不仅不会给我们带来自由，反而会损害完美的自由。在讨论灵魂与物体或身体的关系时，莱布尼茨指出，"我们感官的知觉，甚至当它们是清楚的时候，也必定含有一些含混的感受，因为我们的身体从所有其他身体那里接受印象，……而且，即使我们的感官与一切事物相联系，我们的灵魂也不可能特别关注到一切事物；因此，我们的含混感觉是一系列真正无限的知觉的结果"（AG 65）。莱布尼茨所说的本质，即上帝在创世时对个别实体的理想设想，大概是由纯粹的单子或灵魂体现出来的。但是，单子或灵魂需要与物质性的东西相结合才能构成个别实体。对我们来说，我们的身体性存在是我们不能将本质完美地体现出来的一个原因。通过感官而获得的印象之所以可以是含混的，不仅是因为每一个印象实际上都是对一系列无限的印象的表达或反映，而感官无法精确把握一个印象得以产生的所有原因，也是因为灵魂在某些情况下只能含混地知觉到某些印象，例如，当几个知觉产生了一些"几乎具有同样强度的印象"的时候（AG 65）。因此，莱布尼茨所说的"本性"（nature）实际上是指我们作为既有灵魂又有形体或身体的存在者的本性，即我们在自然世界中的本性。我们之所以不能完美地将自己的本质表现出来，乃是因为我们是有身体的理智实体。"按照严格的定义，灵魂在自身当中就有其一切行动的原则，甚至具有其一切激情的原则，……但是，在日常意义上，按照现象来说，我们必须认为，灵魂以某种方式依赖于身体，依赖于感官的印象。"（T 65）这就是说，尽管灵魂在莱布尼茨的意义上表达了我们的理想本质，即上帝在创世时对个别实体之本质的设想，但我们的实现表现是灵魂和身体相结合的结果。如果我们的印象在某些情形中必定是含混的，那么我们就不能清晰地认识到对象的客观价值，就会做出错误的判断或采取错误的行动，我们对自由的行使也因此而变得不完善。[46]

因此，如果我对《必然真理与偶然真理》中那段关于"奇迹"的论述是可靠的，那么莱布尼茨大概是要按照其形而上学的基本原则来说明我们日常所说的"奇迹"究竟是怎么回事——他是在说明某些事情对**有限的**心灵来说为什么被称为"奇迹"。如果我们可以将日常所说的"奇迹"理解为人类心灵的有限性的结果，那么，莱布尼茨在这个文本中对"奇迹"的论述不仅充分符合其形而上学的基本原则，而且也不意味着他根本上持有一种意志自由论的立场。对莱布尼茨来说，人的自由始终是对上帝的自由的"模仿"：如果上帝的自由就在于其意志是由他对各个可能的事物序列的客观价值的知觉来决定的，那么人的自由同样是由行动者从自己的观点对各个可能的行动方案的价值的认识来决定的。差别仅仅在于：人的认知能力是有限的，而且，人的意志也并不总是遵循理智的判断。因此，人的自由总是不完美的，但是，只要我们模仿上帝，我们就可以在一定程度上是自由的。"人的最高完善，"莱布尼茨说，"不仅在于他自由地行动，而且更多地在于他按照理性来行动。二者在很大程度上是同一回事，因为任何人对理性的行使越少地受到情感性因素的强制，他就越自由。"（L 388）[47] 如果我们将情感性因素的影响与消极行动或被动行动的观念联系起来，我们就不难理解莱布尼茨在这里提出的说法，因为对他来说，自由是（或者就在于）一种理性自发性。

46　这个解释可以帮助我们理解莱布尼茨在回应阿尔诺对《论形而上学》第13节的批评时提出的一个说法。在论及亚当及其"原罪"时，莱布尼茨明确指出，"亚当与人类事件之间的联系不是独立于上帝的一切自由命令的。……而是，有一些规定事物进程的自由的首要命令（primitive decrees），即可以被称为'宇宙法则'的那些命令，加上创造亚当的自由命令，导致了那个后果"（AG 71）。很明显，在这里，莱布尼茨并不认为亚当的原罪及其对人类所产生的后果算作奇迹。实际上，稍后他就把所谓的"奇迹"与"上帝的特别运作"相提并论，并指出"这些东西属于一般的秩序、符合上帝的蓝图，因此就被包括在这个宇宙的概念中，而后者是上帝的蓝图的一个结果"（AG 71）。

47　类似地，莱布尼茨写道："一个人越是接近上帝，其自由就越完美，就越是由善和理性来决定的。"（T 318）

然而，上述解决方案也产生了我们在本节一开始提到的那个忧虑。对莱布尼茨来说，上帝对最好的可能世界的选择之所以是自由的，是因为上帝本来就能（或者本来就有可能）选择其他可能的事物序列来实现。这似乎暗示了一个观点：为了自由地行动，行动者必须具有所谓"可供取舍的可能性"（alternative possibilities），例如，当他实际上已经决定做X时，他本来也可以不做X——他具有对X的取舍并能有所选择。莱布尼茨好像认可了这个要求，例如，他写道："上帝是在可能事物当中进行选择的，因此他是自由地选择；如果只有一条道路是可能的，那么就既不会有选择，也不会有自由。"（T 235）如何解释这个说法是一个有争议的问题。不相容论者会认为，这意味着自由要求一种非决定论。但是，这不可能是莱布尼茨在自由问题上所持有的成熟想法，正如我们迄今为止所表明的。当他断言"自由不仅免除于约束，而且也免除于必然性"（T 281）时，他所说的必然性是形而上学必然性，而不是道德必然性，即一个人按照自己对善恶的最终判断来行动的必然性。此外，当莱布尼茨把偶然性设想为自由的一个条件时，按照我们对其偶然性学说的解释，偶然性只是一种与形而上学必然性相对立的东西，而且其原则是智慧和善的原则。因此，总体上说，在莱布尼茨这里，自由行动只要求行动者**能够设想**其他行动（或者其他行为方式）是可能的，即既摆脱了外在强迫或内在强制，又不是形而上学上必然的。[48] 在这个条件下，理智或慎思也使得我们的**选择**变得自由。如果我们确实能够按照自己对价值的认识或判断来选择，那么我们所能设想的其他可能性无需是一种由某种形式的非决定论来提供的、本体论意义上的可能性，反而可以是一种认知意义上的可能性，即由于我们心灵的有限性、由于我们对价值的不同认

48　路易斯·弗兰克尔也提出了类似主张，尽管我在本文中进行的论证不同于他的论证。见 Lois Frankel, "Being Able to do Otherwise: Leibniz on Freedom and Contingency," *Studia Leibnitiana* 16, No.1 (1984), pp. 45–59. 此外，亚当斯也论证说，从各个**内在地**可能的行动方案中进行选择，对于维护偶然来说是充分的，见 Adams 1994：11。

莱布尼茨论偶然性与自由

识或判断而产生的可能性。因此，即使行动是由行动者自己的理智判断来决定的，这也不会对人的自由产生任何威胁，反而是自由的一个条件。实际上，在莱布尼茨这里，形而上学自由可能遭受的困难是来自人与上帝的关系。如果上帝能够预知（乃至预先决定了）我们所采取的任何行动，那么我们怎么能够是自由的？另一方面，如果我们的一切行动在某种意义上都取决于上帝的合作（concurrence），那么在什么意义上我们能够"真正地"对自己的行动负责？莱布尼茨很明确地意识到了这些困难，例如，《神正论》一开始，他就指出：

> 这些困难可以分为两类。一种困难来自人的自由，人的自由似乎与神性不相容；但是，自由被认为是必要的，以便人可以被认为是有罪的并受惩罚。另一种困难关系到上帝的行为，似乎使得他太多地分有恶的存在，即使人是自由的，也分有恶的存在。鉴于上帝配合（co-operate）物理上和道德上的恶，而且在每一种恶中都于物理上和道德上加以配合，鉴于这些恶看来既在自然秩序中展现出来，又在恩惠的秩序中展现出来，上帝的这一行为似乎就与其良善、神圣和正义相对立。（T 1）

换言之，莱布尼茨的自由学说被认为面临一个困境：上帝之所以将自由（或者自由的能力或条件）给予人类，是为了让他们对其行为负责，但是，如果我们的一切行动都是在上帝的"合作"下产生的，那么我们怎能是"真正"自由的并对自己的行为负责？整个《神正论》可以被认为旨在澄清和回答这个问题，即表明人的自由不仅是可能的，而且符合上帝的智慧和恩典。更具体地说，莱布尼茨需要表明，上帝对人的行动的参与或合作**如何**没有损害自由的两个根本条件，即自发性和选择。[49]不论是对莱布尼茨自己还是对其批评者来说，也不论是就上帝的自由还是人的自由而论，恶在世上的存在都是莱布尼茨自由学说所遭受的最严重的挑战。在这里，我们将主要围绕恶的问题来简要阐述莱布尼茨所面临的困境及其解决方案。[50]

如果世界是上帝所创造的，而上帝是全能、全知、全善的，那么恶在世上的存在看来就是不可思议的：如果上帝**意愿**恶的存在，那么他似乎就不是全善的；如果他知道恶的存在却无法阻止，那么他似乎就不是全能的。因此，恶的存在显然不符合传统的有神论观念。莱布尼茨的确一度认为恶的存在是不可理喻的。例如，在《论自由》（可能写于1689年）中，他说，"上帝既不选择恶，也不允许那些在其完备概念中包含恶的可能实体存在"（AG 96-97）。即使恶有可能潜在地存在于那些尚未得以实现的可能世界中，但是，假若上帝是绝对良善的，他就不应当将恶包含在他所创造的世界中。一个绝对完美的存在者不可能作恶，甚至不可能意愿恶。倘若如此，如何理解恶的存在呢？在后来（1695年）撰写的《关于人类自由和恶之起源的对话》中，莱布尼茨发现了一种解决这

---

[49] 莱布尼茨写道："上帝和被造物与意志的物理合作也促成了自由问题上所存在的困难。在我看来，我们的［自由］意志不仅免于约束，而且也免于必然性。亚里士多德已经观察到，在自由中有两个东西，即自发性和选择，我们对自己行动的掌控就在于它们。当我们自由地行动的时候，我们没有受到强迫……；当我们在慎思的时候，我们没有被阻止我们的心灵是自由的……。在大自然的无数行动中都有偶然性；但是，当在行动者那里没有判断时，就没有自由。如果我们具有不被任何行为倾向所伴随的判断，那么我们的灵魂就是一个无意志的理智。"（T 34）

[50] 恶的存在是传统神学的一个主要论题。限于篇幅，我们甚至无法全面阐述莱布尼茨在《神正论》以及相关文本中对这个问题的论述。我之所以简要处理这个问题，是为了进一步表明莱布尼茨的自由学说可以是一致的。有很多文献讨论了恶的问题，与目前的论述相关的一些讨论，参见：Alvin Plantinga, *God, Freedom and Evil*, Grand Rapids: William B. Eerdmans Publishing Company, 1974; M. M. Adams and R. M. Adams eds., *The Problem of Evil*, Oxford: Oxford University Press, 1990; Peter van Inwagen, *The Problem of Evil*, Oxford: Oxford University Press, 2006. 对《神正论》的一个新近讨论，见 Larry Jorgensen and Samuel Newlands eds., *New Essays in Leibniz's Theodicy*, Oxford: Oxford University Press, 2014。

个问题的方式。他写道,"既然上帝是无限好的和无限有力的"(AG 113),我们似乎就不能将亚当带到世上的恶追溯到上帝。因此我们必须认为,"在所有罪恶(sin)之前,在所有被造物中就有一种来自其限度(limitation)的原始不完善"(AG 114)。换句话说,如果上帝确实允许恶在世上存在,那么恶是来自事物的原始缺陷。但是,我们仍然需要寻求一种方式来理解这个说法。我们或许认为,上帝的初衷是要实现最好的可能世界,但是,既然上帝自己并不创造可能事物的本质,在某种意义上也不能改变其本质,在思考可能事物的哪些排列组合(即可能事物的可能序列)能够实现最大完善时,他允许某些自身就有缺陷或限度的事物存在于他决定创造的世界中。用一个类比来说,某些物体在不具有基本的几何对称性的意义上是有缺陷的,但其恰当组合能够造就一个完全对称的东西。因此,上帝不是不可能选择某个包含某些缺陷或限度的事物序列,**假若**这样一个选择本身就体现了其智慧及其对完美的考虑,正如莱布尼茨所说:

> 但是,上帝只选择完美,也就是说,只选择正面的东西,然而,缺陷及其所产生的过失之所以得到允许,是因为通过确立某些正面的命令,对缺陷的绝对拒斥就被排除了。不过,在这些智慧的规则(*rationaes*)中,只有一个规则是有用的,即:缺陷和过失要通过一种要不然就得不到的善来补偿。(AG 97)

按照这个说法,上帝之所以允许恶的存在,只是为了显示"一种要不然就得不到的善"。在1707年写给科斯特的一封信中,莱布尼茨直接确认了这个思想。在那里,他写道:"为了允许更大的善,上帝已经判断恶是可允许的,它们被设法包括在其选择中。"(AG 193)他进一步补充说,"上帝总是不可错地被引向最好的东西,即使不是必然地(除了通过道德必然性外)被引向最好的东西。……上帝进行创造(尤其是他创造世界)这件事既不是必然的也不是必要的,尽管其智慧和良善导致他这样做"（AG 195）。因此，我们可以合理地断言，上帝是按照道德考虑（根本上说，是按照其本性）来自由地选择实现最好的可能世界。恶在实际世界中得到允许，只是因为从上帝自己的观点来看，与不存在恶的世界相比，一旦某些恶得到允许，世界在总体上就会更加完美。

然而，以上论述只是适用于事物因其自身本质的不完善而导致的恶（形而上学意义上的恶），在一种引申的意义上也适用于物理意义上的恶（physical evils），即一个事物因其自身的缺陷而在世上遭受的身体疾苦。这两种形式的恶都可以被理解为上帝为了实现世界的完美而在道德必然性的意义上不得不采取的手段。因此，就上帝意愿一个完美的世界而论，我们也可以认为他**意愿**而不只是**允许**这两种恶的存在。[51] 但是，道德意义上的恶（moral evil）在莱布尼茨这里产生了极大的困难。[52] 道德恶指的是有理智的被造物所产生的罪恶行为。这个困难在于：即使上帝是为了世界的完美而不得不允许乃至意愿形而上学意义上和物理意义上的恶，但是，无论是从上帝的本性还是从他创世的意图来看，道德恶看来都是无缘无故的；而且，如果人类的一切行动都是上帝以某种方式"合作"产生的，那么，若不意愿道德恶，上帝如何能够"允许"其存在呢？莱布尼茨自己显然明确地意识到这个困难，例如，他写道：

> 就恶而论，上帝根本就不意愿道德恶，物理恶或痛苦也不是他绝对意愿的。因此，并不存在绝对预先注定的诅咒；对于物理恶，我们可以说，上帝往往是把它作为因过失而导致的处罚来意愿，也经常把它作为达到某个目的的手段来意愿，也就是说，是为了避免更大的恶或获得更大的善而意愿。……物理恶经常可以促成我们享

---

[51] 莱布尼茨持有一个后来在康德那里得到明确阐述的思想，即康德所谓的"假言命令"：对于一个理性行动者来说，只要他意愿某个目的，他也必然意愿他所能得到的、实现该目的的有效手段。

[52] 对这个困难的详细解释，参见 Tad M. Schmaltz, "Moral Evil and Divine Concurrence in the *Theodicy*," in Jorgensen and Newlands 2014, pp. 135–152。

受更多的善，有时也可以让遭受痛苦的人变得更加完善。(T 23)

上帝对于物理恶的意愿不是形而上学上必然的，因为只要事物本身没有缺陷或限度，上帝就无需创造一个含有物理恶的世界。但是，鉴于事物本身是不完善的，在上帝所创造的世界中，物理恶就只是为了成就更大的善而存在。但是，**如果**道德恶对于达成这个目的来说并不必要，那么上帝何以"允许"它存在？反过来说，既然上帝不会无缘无故地做任何事情，因此，如果他确实"允许"道德恶存在（即使并不直接意愿其存在），那么这种恶的存在对他来说必定在某种意义上是必要的。那么，在什么意义上是必要的？

《神正论》中的一段话或许暗示了莱布尼茨对这个问题的回答（或者至少暗示了基本思路）。在那里，莱布尼茨说："当道德恶被假设已经存在的时候，上帝无疑是物理恶的作者；但是，一般地说，我们可以断言上帝是暗含地（by implication）允许物理恶，即在允许作为其来源的道德恶的时候。"(T 378) 这个说法似乎意味着莱布尼茨将道德恶设想为物理恶存在的一个条件，甚至在一种有待阐明的意义上是物理恶的"来源"。这个主张正是我们现在需要理解的。在前面的引文中，我们已经提到莱布尼茨做出的一个区分，即在"先前意志"（antecedent will）和"后来意志"（consequent will）之间的区分。上帝总是倾向于产生一切就其自身而言是好的东西，这些东西是其原初意愿的对象。但是，既然事物在其未被实现的状态本身就是不完善的，上帝就需要考虑如何在可能事物中来造就最好的可能世界，这个思想活动及其结果构成了上帝的"后来意志"（参见 T 22-23）。只要我们区分了这两个意志概念，我们就不难理解上帝在其先前意志中为什么并不意愿恶，但恶作为最好的总体结果的一部分却可以包含在其随后的意志中。在《论形而上学》第 7 节中，莱布尼茨如此说明了这个区分及其含义：

上帝意愿一切作为其特定意愿对象的东西。但是，我们必须区分其普遍意愿的对象……。这是因为：如果行动本身就是好的，那么我们就可以说上帝意愿这样一个行动，甚至有时在它没有发生的时候就要求它。但是，如果行动本身就是恶的，只是偶然变成好的，因为事物的进程（特别是惩罚和赎罪）以这种一种方式纠正了其邪恶属性，偿还了这个恶，以至于与它尚未发生的情形相比，在事物的完整序列中有更多的完美，那么我们就必须说，上帝允许这个恶，但并不意愿它，即使由于自己确立的自然法则，由于自己知道如何从这个恶中得到某个更大的善，上帝迎合（concur with）这个恶。

这段话的要点是很清楚的：上帝只是普遍**意愿**好的东西，不过，在其创世蓝图中，如果允许某个恶的存在将使得所创造出来的世界总体上更好，那么上帝就允许那个恶存在，但并不把它看作特定意愿的对象。换句话说，上帝不意愿任何恶自身——他对物理恶的意愿只是他对一个总体上更好的世界的意愿的间接产物。上帝之所以能够"允许"道德意义上的恶存在，大概也只是因为：只要我们允许这种恶存在，世界就会以某种方式变得更"完美"。但是，与形而上学意义上的恶和物理意义上的恶相比，道德恶的产生具有一种偶然性：它们与事物固有的缺陷或限度相关，却不是这种缺陷或限度的**必然**结果（在形而上学必然性的意义上），尽管只要这样一个恶出现了，上帝确实知道如何从中成就某个"更大的善"。因此，上帝之所以只是"允许"而不是"意愿"道德恶存在，大概是因为道德恶既不是其先前意志的对象，又不是其后来意志的对象——"他只是允许道德恶作为必要条件，即作为一种将它与最好的东西联系起来的假设必然性"（T 25）。

现在，为了表明道德恶在什么意义上成为了物理恶的"来源"，我们需要看看道德恶究竟是如何产生的。在前面讨论莱布尼茨的意志理论时，我们已经看到，莱布尼茨认为我们总是按照最强的动机来行动。但是，按照最强的动机来行动并不意味着按照理智的判断来行动。在《神正论》中，莱布尼茨进一步指出："我并不要求意志总是遵循理智的判断，因为我将这个判断与来自觉察不到的知觉和倾向的动机区分开来。"（T 13）行动的动机不只是来自我们理性地持有的理由，也会不可避免地受到我们的激情和倾向的影响，甚至直接来自我们的激情和倾向。此外，既然我们只是具有有限的心灵，我们的知觉就可以是含混的，我们的观念就可以是不适当的——"一切有理智的被造物都受制于某些激情，或者至少受制于不是完全由适当的观念来构成的知觉"（T 310）。正是因为我们是不完善的和有限的，我们才有可能将错误的东西看作正确的，将不是真正好的东西看作好的。因此，我们的动机"并不总是用一种对真正的善具有完美知识的方式发生"（T 310）。按照这种理解，如果我们行动的动机不是在理性的恰当引导下形成的，或者我们未能让自己的意志遵循我们已经做出的理性判断，那么我们很可能会做出道德上错误的或邪恶的事情。因此，道德恶的确在我们不完善的本性中有其根源，尽管莱布尼茨认为上帝也赋予了我们向善的能力——与无理智的实体不同，有理智的心灵至少能够在一定程度上认识到真与善。就此而论，道德恶可以被认为是我们自由选择的结果，尽管在选择道德上邪恶的行动时，我们是在误用或滥用自己的自由，正如莱布尼茨所说："正是在我们的自由上的一种不完善让我们能够选择恶而不是善，选择更大的恶而不是更小的恶，选择更小的善而不是更大的善。这来自对我们进行欺骗的善与恶的现象。"（T 319）我们由于自身本质的不完善而遭受的痛苦，例如因为天生的遗传缺陷而蒙受的苦难，或许是我们不得不被动地承受的。但是，道德恶至少部分地在于个人选择。如果一个法力无边、无所不知的上帝能够通过惩戒来纠正道德上邪恶的行为及其所产生的后果，从而驱使人们向着更大的善努力，那么道德恶就在某种意义上得到了"补偿"。这大概是莱布尼茨认为上帝能够"允许"道德恶存在的真正原因，即使我们并不知道他所设想的那种"神圣的"正义在人类生活的世界中是否可以切实得到履行。如果物理恶是一个既有理智又有感受能力的个体由于自身的限度而遭受的痛苦，那么，就它无法选择或改变其自身的限度而论，它似乎不值得遭受痛苦。但是，道德恶至少部分地在于个人的**自愿选择**，因此，如果一个人因为制造了道德恶而受到惩罚，那么他由此遭受的痛苦就是应得的。但是，这种惩罚的可能性取决于作恶者确实会因为作恶而遭受痛苦，因此取决于物理恶的存在。大概正是在这个独特的意义上，莱布尼茨才把道德恶理解为物理恶的"来源"。

到目前为止，我们已经简要说明了上帝为什么允许道德恶存在。但是，还有一个难题需要处理。莱布尼茨说，"当道德恶被假设已经存在的时候，上帝无疑是物理恶的作者"。这个说法似乎意味着上帝"合作"（concur with）产生了道德恶。如果上帝仍然是为了成就更大的善而允许道德恶存在，那么他的所谓"合作"就无需对其智慧和良善产生威胁。在这里，真正的问题是：如果道德恶是上帝与人类行动者合作产生的，那么人类行动者在什么意义上可以被认为"自由地"产生了道德恶，又在什么意义或什么程度上能够对道德上邪恶的行动负责？[53] 我们需要弄清楚的是，在道德恶产生的因果充分条件中，上帝到底扮演了什么角色？在《神正论》第30段中，莱布尼茨将上帝在人的行动的产生中所发挥的作用比作同一条河流的推动力对于在上面行驶的船只的作用。他指出，在其余条件同等的情况下，船只的运动速度会因为其所承载的货物的重量而有所不同，不过，在日常的意义上说，我们还是可以认为每条船在速度（也就是说，在其样态）上的变化完全取决于其自身的条件，因此可以认为它要对其样态变化负责。当然，在正是河流使得船只运动的意义上，河流仍然是船只运动的原因，但是，与承载物的重量导致船只的运动受阻相比，河流发挥了使得船只的运动得以可能和完成的作用。如

---

[53] 在莱布尼茨哲学中，这个问题是一个极为困难和复杂的问题。对这个问题的完备处理不仅要求我们全面考察莱布尼茨的形而上学，也要求我们把他自己对这个问题的论述置于当时的语境中。在这里，我只能结合前面的论述简要讨论一下莱布尼茨解决这个问题的基本构想。一些更详细的相关论述，参见：Sukjae Lee, "Leibniz on Divine Concurrence," *Philosophical Review* 113, No. 2 (2004), pp. 203–248; Ezio Vailati, "Leibniz on Divine Concurrence with Secondary Causes," *British Journal for the History of Philosophy* 10, No. 2 (2002), pp. 209–230; John Whipple, "Leibniz on Divine Concurrence," *Philosophy Compass* 5, No.10 (2010), pp. 865–879。

果这个类比是可靠的，那么，按照莱布尼茨的说法，上帝对于被造物所发挥的作用就在于"将完善、存在和力量给予它们"——"在被造物的本质和行动中，上帝是完善的原因；但是被造物在接受性（receptivity）方面的限度则是其行动中所存在的缺陷的原因"（T 30）。[54] 因此，看来莱布尼茨希望利用这个类比来表明，在被造物与上帝"合作"产生行动的过程中，被造物和上帝都是行动的**有效**原因；但是，只有上帝才是"纯粹的和绝对的实在的首要原因，或者说完善的首要原因"，不过，若把事物固有的缺陷或限度也包括在"实在"这个名称下，我们也可以说"第二原因合作产生了受到限制的东西"（T 392），即事物在样态上的实际变化。莱布尼茨在这里所说的"第二原因"，当然就是事物自身在日常意义上（但不是在莱布尼茨的严格意义上）固有的原则和性质，即在前面所说的"本质"和"本性"的区分中，属于事物本性的东西。在上述例子中，除了河流的推动力外，船只本身的负载也是导致它以某个速度运动的一个原因，即使这个原因只是以一种负面的方式发挥作用。

　　这个类比论述较好地说明了一个行动在什么意义上可以被归于行动者，即使上帝也参与了行动的产生。自动咖啡机只有在通电的情况下才能做出一杯咖啡，但在日常的意义上，我们仍然可以认为那杯咖啡是咖啡机制作出来的。但是，按照上述类比提出的说明也说不上特别令人满意。如果船只因为负载而导致运行速度变慢，或者龙舟比赛中一支船队的成员因为体力不支而失败，那么，按照莱布尼茨的说法，相对于某个指定目的来说，那个行动的缺陷或限度要被归于被造物。莱布尼茨大概想用类似的方式表明，上帝和被造物在行动中产生了不同的方面：上帝只是产生真实的或完美的东西，被造物则要对行动中的缺陷负责。因此，就道德恶是不完善的一种表现而论，道德恶要被归于被造物。河流与船

54　罗伯特·斯莱认同这个解释，并将这句话解释为："上帝在被造物的状态中产生具有完美的东西，而被造物在其自身的状态中产生了一切有限制的东西"，见 Robert Sleigh, *Leibniz and Arnauld: A Commentary on Their Correspondence,* New Haven: Yale University Press, 1990, p. 185。

只的类比显然旨在表明，道德恶是经由"被造物在接受性方面的限度"而产生的。然而，这个解释不太符合莱布尼茨的一个主要论点，即有理智的实体既具有积极力量又具有消极力量。[55] 前面我们已经说到，莱布尼茨最终相信实体变化是原始作用力和被动力共同作用的结果，而且，在有限的心灵这里，欲望也可以被理解为一种产生变化的内在动力。实际上，既然莱布尼茨认为一切实体都有自身的自发性原则，他就不可能认为被造物只是产生了其行动的有缺陷或有限度的方面。在上述龙舟比赛例子中，如果某只船队的队员因为体力充沛、齐心合力而赢得比赛，另一只船队则失败了，而上帝的作用就类似于河流，那么前一支船队在其行动上的完善好像就不能归于上帝，因为河流的动力作用被认为都是同样的。实际上，如果上帝只是像河流那样保持或维护船只的运动，那么每只船运动或变化的**具体**特征必定是由其自身的本性来说明的。[56] 因此，莱布尼茨必须以某种方式说明，实体的变化，不论是产生了完善还是导致了缺陷，必定有着来自实体自身的积极贡献。

就上帝与人的行动的关系而论，既然莱布尼茨既反对单纯的维持论（conservationism），也反对马勒伯朗士的偶因论，他势必需要寻求一条中间出路来理解上帝在人的行动的产生中的作用。单纯的维持论者认为，上帝的作用仅仅在于维持自身就具有能力的实体的存在，因此，上帝只是用一种间接的或遥远的方式与被创造出来的实体对其能力的行使相联系。相较而言，偶因论者则认为，所有事件都是上帝直接引起的，被创造出来的实体不可能是事件的有效原因。前一种观点倾向于导致一种对

---

[55] 正如罗伯特·亚当斯所说："如果上帝的保守（conserving）活动直接产生了被造物状态中的一切完美，以至于被造物只是产生了其状态中的不完美，那么我们就很容易得到一个结论，即上帝是唯一的积极力量，而被造物具有消极的力量。这可能足以避免偶因论者的结论，即被造物根本就不是真实的原因，但看来很不符合莱布尼茨的一个观点，即被创造的实体形式具有积极力量。"（Adams 1994：96）

[56] 施马尔茨指出："莱布尼茨确实承认，只有上帝才对具有本质性质的实体的最初创造和后来的维护在因果上负责"，但是，与马勒伯郎士之类的偶因论者不同，"他强调被造物是与上帝积极合作而产生其行动"。（Schmaltz 2014：147）

莱布尼茨来说不可接受的自然神论（即如下观点：上帝作为第一原因创造了世界，但并不直接干预他所创造的世界）。莱布尼茨也不接受偶因论，其主要理由是，这种观点削弱了上帝的绝对完美，因为上帝是无所不知的，因此，在决定创造世界时，他的创世命令就应该在被造物中留下永久的痕迹。这意味着上帝不需要不断地干预被造物，以保证他所制定的自然法则得到服从。由此来看，莱布尼茨必须在承认实体本身具有自发性的同时为上帝的"合作"留下余地。更具体地说，他需要表明，即使上帝以某种方式促成了行动的产生，但导致**特定**行动或变化的原因仍然要归于被创造出来的实体。实际上，从莱布尼茨的观点来看，既然上帝并不创造事物的本质，只是在其知性中把握一个事物的完备本质，因此，在其创世构想中，他就只是选择能够导致最好的世界的可能事物来实现。这个主张可以有两个含义：第一，被造物的本质在说明秩序上先于其行动，也就是说，被造物的行动在一种实质性的意义上要按照其本质来加以说明；第二，在上帝的创世构想中，他所关心的是他所创造的世界在总体上的善（也就是说，在总体上是所有可能世界中最好的），而不是个别事物的完善，尽管这种完善在某些条件下也是总体完善的一种重要方式。在《神正论》中，莱布尼茨指出：

> 被造物在每个时刻都是被重新产生的。……这种产生，即上帝借以产生的行动，本质上先于被产生的被造物的存在；被造物具有其本质和必要性质，就其自身而论，它先于其偶然影响和行动；但是，所有这些东西都是同时存在的。上帝是按照先前时刻的要求、根据其智慧法则而产生被造物；被造物总是按照上帝在创造它时传达给它的本质来运作。限度和不完善是通过被造物的本质在其中出现的，而被造物的本质则限制了上帝的产生活动；这是被造物的原始不完善的结果。另一方面，恶习和罪行是通过被造物的内在运作而在被造物那里出现的。（T 388）

说"被造物在每个时刻都是被重新产生的",只不过是说被造物的活动在每个时刻都取决于上帝。这是莱布尼茨为了将自己与单纯的维持论者和偶因论者区别开来而特意提出的一个说法。但是,既然被造物具有莱布尼茨赋予它们的那种自发性,它们就必定是按照其本质以及上帝在世界中所设立的自然法则来运作的——也就是说,一个被造物在某个时刻的状态是由其本质及其先前状态决定的。上帝在决定创世时已经在其理智中完备地把握到每个可能事物的本质,按照其至善和智慧来决定要在世界中实现哪些可能事物。正是在这个意义上,可能事物的理想本质决定了上帝的第一个自由意愿。但是,在已经创造出来的世界中,上帝是作为有效原因而让被造物的变化或行动得以实现。因此,在上述引文中,我们特别需要理解的是,被造物的本质究竟在什么意义上"限制了上帝的产生活动"?

在河流与船只的例子中,如果正是船只的负载阻碍了其运行速度,那么我们就可以认为,船只的负载,作为其本性的一部分,限制了河流对其产生的推动力。因此,如果莱布尼茨的类比是可靠的,那么被造物的本性大概也是用类似的方式限制了上帝的产生活动。在变化或行动的产生中,被造物的本性大概在如下意义上限制了上帝的产生活动:"被造物提供了决定和要求上帝在无限多的可能性中要产生哪一个变化的**理由**"(Lee 2004:221,作者原来的强调)。回想一下,莱布尼茨认为有理智的实体具有两种内在活动:知觉和欲望。知觉让实体具有了对于其他事物的表象,其中一些表象表达了从有限的心灵来看对自己是好的东西,由此产生了获得这样一个东西的欲望——不管是把它作为一个目的本身来欲求,还是作为获得某个目的的手段来欲求。行动确实就在于取得行动者自己认为在某个方面或某种意义上是好的东西。但是,按照莱布尼茨的说法,对于行动者自认为是好的未来事态的实际实现是由上帝来促成的。在有理智的实体的情形中,行动者是行动的终极原因和形式原因,上帝是行动的产生性原因。换句话说,行动者提供了采取某个行动的理由,并因为其内在的目的指向性而具有了以某种方式行动的倾向,而上帝则促成了该行动的产生，而且，上帝是因为行动者决定和欲求某个目的而产生这个目的的。大概正是在这个意义上，被造物的本性限制了上帝的产生活动。莱布尼茨之所以提出这个主张，很可能确实是为了表明罪恶行动是被造物因其自身的不完善而产生的，因此不能归咎于上帝。不过，按照目前的论述，道德上善的行动也可以被看作是被造物自己选择的结果。

不过，仍有两个问题值得进一步探究。首先，既然上帝参与产生了行动，尤其是作为产生性的原因而产生行动，那么我们就很想知道行动在什么意义上仍然是行动者"自己的"。如果我们把"产生性原因"理解为让一个行动（或者更具体地说，让行动者对某个未来事态的追求）得以实现的原因，那么就行动者自己是其行动的终极原因和形式原因而论，行动仍然可以被归于行动者。这就类似于当我用一台半自动咖啡机来做一杯咖啡时，我仍然可以认为那杯咖啡是我自己制作出来的：我要喝咖啡的欲望是那杯咖啡得以产生的终极原因，我对咖啡的分量、味道和浓度的偏好构成了它得以产生的形式原因，咖啡机只是促成了咖啡的最终产生。咖啡机合作产生了那杯咖啡——若没有咖啡机，或者咖啡机并不正常运作，我也不可能做出那杯咖啡。我可能具有喝茶而不是喝咖啡的欲望，或者，即使我决定喝咖啡，我也可以在分量、味道和浓度方面进行选择。这些东西在莱布尼茨看来都是由我的本性决定的。因此，如果我的行动在上述意义上可以被认为是我自己的，那么，只要我满足了莱布尼茨为自由指定的那三个条件，我的行动或选择可以是自由的。但是，其次，以上对"上帝的合作"提出的论述也带来一个问题。为了说明被造物和上帝共同产生的行动完全可以归于被造物，就需要表明被造物采取某个行动的目的不是上帝所强加的。莱布尼茨解决"合作问题"的方案是假设被造物的行为取决于其本性。如果被造物选择了道德上好的行动，那么，就这种行动以某种方式完善了被造物的本质或者促进了总体的善而论，这种行动当然是上帝所允许的。但是，如果被造物选择了道德上邪恶的或糟糕的行动，那么，除非上帝确信这种行动将以某种方式促进更大的善（不管是通过惩戒本身就有缺陷的行动者，从而使之向善，还是以行动者自己无法理解的方式促进整个世界的善），否则上帝如何能够促成这种行动的产生就变得有点不可思议了。我的感觉是，不管人们采取了什么样的行为，除非上帝确保正义能够得到实现，否则他就不可能将自由选择赋予人类。换句话说，在莱布尼茨这里，上帝的正义是人的自由选择的可允许性的根本前提——上帝赋予人以自由，是为了让他们对自己的行为负责。但是，只有当神的正义能够切实得到履行时，人们才有可能做到真正地对自己的行为负责——或是因为促进了整个世界的善而得到奖励，或是因为危害了整个世界的善而受到惩罚。

  以上论述有助于我们进一步理解莱布尼茨关于自由的核心主张：自由是（或者就在于）一种完善。完善是一种实现活动，不管其目的是个人完善，还是整个人类共同体的和谐，抑或二者。因此，作为一种内在地具有目的性的活动，自由要求理智或理性来把握任何特定行动与所要完善的目的的关系，要求给予意志以相应的**规范**约束。但是，自由也要求行动者摆脱任何形式的外在约束或内在强制，因此要求莱布尼茨所说的偶然性——自由之所以可能，乃是因为对于一个有理智的实体来说，只要其活动不违反完美原则，它就有自己相对充分的运动空间。在莱布尼茨这里，尽管上帝能够在其理智中把握到一切事物的本质，能够预测世上万物的一切活动，但他并不改变事物的本质（AG 112）。此外，我们具有"推理和选择的能力"，"能够按照事物对我们来说是如何表现的来进行推理和做出选择"（AG 113）。这意味着，我们是否自由，或者具有多大程度的自由，乃完全取决于我们自己。因此，对莱布尼茨来说，人的自由实际上是一种理性的自我决定，或者说取决于这种自我决定。本文旨在阐明莱布尼茨对自由的理解，因此，让我们用他在总结其自由学说时提出的说法来结束本文：

    自由……就在于理智、自发性和偶然性；理智涉及对慎思对象具有清晰的认识，自发性让我们做出决定，偶然性则排斥了形而上学或逻辑必然性。理智就宛如自由的灵魂,其他两个条件则是自由的身体和基础。自由的实体是自我决定的,按照知性所把握到的善的动机来做出决定,这种决定让实体具有了采取某个行动的倾向而不强迫它。自由的一切条件都包含在这几个词中。不过,我们也可以恰当地指出,在我们的知识和自发性上出现的不完善,在我们的偶然性中所涉及的不可错的决定,既没有摧毁自由,也没有摧毁偶然性。(T 288)

莱布尼茨显然相信决定论并没有剥夺人类自由的可能性,不管决定论是用上帝的预知或预定的方式体现出来的,还是用一种物理决定论的方式体现出来的。[57]之所以如此,根本上是因为理智给予了我们按照对善恶的认识来进行选择的能力。就此而论,莱布尼茨所设想的自由就与价值产生了紧密联系。

(责任编辑:杨朗)

---

[57] 决定论可以采取不同的形式。限于篇幅,在本文中我还没有详细阐明各种决定论与莱布尼茨的相容论的关系。一个相关的论述,参见 Eric Sotnak, "The Range of Leibnizian Compatibilism," in Rocco J. Gennaro and Charles Huenemann eds., *New Essays on the Rationalists*, New York: Oxford University Press, 1999, pp. 200-223。

卢梭论神义论与人的自我拯救[*]

雷思温（中国人民大学）

作为启蒙运动的重要领袖，卢梭在宗教问题上的立场显得不同寻常。一方面他强烈批判基督教的一些根本学说，如原罪理论和三位一体理论等，并反对给孩童进行过早的神学教育，有论者甚至认为："公意从被认为是拯救所有人的上帝意志转变成意愿成为公民的人类意志，这就成为政治正当性的关键所在。"[1]在这一点上，卢梭似乎将传统的神义论置换成为人自我承担、自我建构的人义论；但另一方面，卢梭却又率先对科学、艺术等启蒙运动引以为傲的精神成果进行批判。在《致博蒙书》中，他又宣称自己是一名基督徒。[2]

卢梭在《致博蒙书》中宣称自己是基督徒的说法并不是心血来潮，也不是他明哲保身的表面说辞，事实上卢梭直到生命结束都坚持这一身份。卢梭对于自己是一名基督徒的认同使上帝在卢梭的人性、政治和道德学说中的功能和位置变得扑朔迷离。

本文认为，卢梭所倡导的基督徒身份，是致力于在神义论庇护下实

---

[*] 本成果受到中国人民大学2019年度"中央高校建设世界一流大学（学科）和特色发展引导专项资金"支持。
[1] Simon Critchley, *The Faith of the Faithless*, London: Verso, 2012, p. 83.
[2] 卢梭：《致博蒙书》，第72页。本文所使用的书名缩略形式如下：CW = *Collected Writings* (13 volumes), Roger Masters and Christopher Kelly eds., Dartmouth: University Press of New England, 1990–2010. 引文使用并参照了如下中译本，个别地方有改动：卢梭：《论人类不平等的起源和基础》，李常山译，北京：商务印书馆，1997年；卢梭：《社会契约论》，何兆武译，北京：商务印书馆，2002年；卢梭：《致博蒙书》，吴雅凌译，北京：华夏出版社，2014年。

现自我拯救的基督徒,而这种神义论同时又经过了人义论的改造,例如卢梭明确拒绝了原罪学说。在卢梭的上帝思想之中,上帝变得极为超越和陌生,变得不能被人所理解,这使得卢梭并不认为对幼儿进行传统的神学教育是符合人性的,因为人类在童年并不能理解诸多传统神学教条,而且即便对于一个成年人来说,像三位一体这样的教义也是完全不可理解的。卢梭在《忏悔录》中的自我剖析,《爱弥儿》中的儿童教育,以及《社会契约论》中的政治思想,似乎都体现出了人在上帝缺席时的处境与人类自我拯救的努力。然而,这并没有打消卢梭对基督教的依赖。卡西尔、斯塔罗宾斯基等卢梭研究者都指出卢梭思想中的核心问题在于神义论,[3] 这说明这种自我拯救的努力与卢梭的基督徒身份无法分离。离开上帝的世界与人性,是卢梭不能接受的,只不过这种对上帝的信仰,经过了近代宗教批判和"我思"的洗礼。

为了更好地理解卢梭思想中的上帝所扮演角色的复杂性,本文拟从基督徒的自我拯救这一看似悖论的说法出发,逐步展示卢梭如何借助上帝的超越性来批判启示宗教并建立起自然宗教,接着阐释为何卢梭在这一批判之后并不抛弃基督徒的自我认同,且最终又如何通过被人义论改造后的神义论来化解世俗之人自我拯救的困境。

一、不可理解的上帝:对启示宗教的批判

卢梭虽然信仰上帝,但他认为上帝本身是不可理解的。我们的感觉和理智都不能恰切地把握和理解上帝,尽管我们知道上帝是存在的:"我越努力沉思他(上帝)的无限本质,我就越少理解这个本质;但是他存

---

3 参见恩斯特·卡西勒:《卢梭问题》,南京:译林出版社,2009年;Jean Starobinski, *Jean-Jacques Rousseau: Transparency and Obstruction*, Arthur Goldhammer trans., Chicago: University of Chicago Press, 1988; 另参见崇明:《卢梭的革命的神义论——卢梭论自然》,《百年卢梭——卢梭在中国》,袁贺、谈火生主编,长春:吉林出版集团有限责任公司,2009年,第281—306页。

在着，这对我来说已足够了。我越少理解他，我就越崇敬它。"⁴那么卢梭为什么会认为上帝无限而不可理解，以至于我们对上帝的崇敬居然只是建立在我们对上帝的不理解基础上呢？

事实上，卢梭的上帝学说是在笛卡尔、霍布斯和洛克等人的哲学基础上建立起来的。这一方面体现在卢梭的上帝继承了笛卡尔、霍布斯上帝的不可理解性，另一方面又把感觉作为人类认识的开端，因此在我们的认识活动之中，上帝是不可能首先就被把握和发现的。与笛卡尔相似但又有所区别，卢梭认为"我存在着，而且我有感官，通过感官我有感受。这就是打动我，使我不能不默认的第一个真理"。⁵卢梭同样坚持"我存在"的首要性，但同时以感受取代了"我思"的理智性与反思性。

在此前提下，与洛克在《教育片论》中认为应该在孩子心中培养上帝的观念不同，⁶卢梭认为给孩子过早地灌输神学教育违反人的天性："天堂的全部荣耀还不如一小块糖更诱惑他们，他们害怕在晚祷中觉着无聊，远远超过害怕在地狱里被火烧。"⁷孩子在年幼的时候，不适合直接进行神学教育。在进行关于人的义务等所谓积极教育之前，对孩子更适合的教育是消极教育："这种教育不培养德性，但预防淫乱；不教授真相，但避免错误。"⁸消极教育"主张先让作为认知工具的身体器官长成，再传授知识，通过感官训练为理智做准备"。⁹这也就说明，过早地灌输神学和道德教育，反而会导致淫乱和错误，因为人在最先的认识之中，是无法摆脱感觉和有形事物的："再纯正的基督宗教教育也不可能给予一个孩子他所没有的理解力，不可能使他的想法摆脱有形物质存在，就连

4　*Emile*, CW 13: 448.

5　*Emile*, CW 13: 429.

6　参见洛克：《教育片论》，熊春文译，上海：世纪出版集团，2005年，第206—207页。这与洛克在《人类理解论》中对于天赋观念学说的批判具有微妙但并不矛盾的关系。

7　卢梭：《致博蒙书》，第51页。

8　卢梭：《致博蒙书》，第53—54页。

9　卢梭：《致博蒙书》，第53—54页。

多少成人也没法超越有形事物存在而形成自己的思想。"[10]

这也就说明，相比于理智和对于上帝存在的确证以及信仰，人类在初始状态之中，不可能获得关于上帝的概念："在没有进步、没有教育、没有知识的前提下，人的精神若保持在自然之手的状态，就不可能自行培养出神性的崇高概念。"[11]这也就说明"高贵的野蛮人"的高贵与健康其实并不依赖对上帝的自觉信仰。

那么，我们能不能通过之后出现的理性来发现和理解基督教的上帝呢？卢梭的回答是肯定的，不过发现上帝的前提在于把对外部事物的探索首先建立在与自我的关系基础上："在已确定了我自己之后，我开始观察我之外的事物，带着某种震颤，我把自己看作是被抛掷出去并且失落在这一虚空的宇宙之中，就如沉溺在诸存在者的广大无垠之中，并不知道它们在其自身中是什么，也不知道它们在与我的关系中是什么。我研究它们，我观察它们，而将我同它们加以比较而向我呈现的第一个对象，就是我自己。"[12]也正是在对外部事物的观察和分析基础之上，卢梭推论出有一个具有意志和智慧的第一存在者。这就说明，发现上帝的前提在于人发现自己。在这方面，笛卡尔对于卢梭的影响是很明显的。

卢梭虽然承认上帝的存在，却大肆批判启示宗教。对于传统的上帝学说，卢梭并不是全盘接受的。相反，他用理性来检验和批判神学，将那些不符合人类自然理智的学说剔除出去，这突出表现在他对于创世学说、奇迹学说、三位一体学说的否定之中。比如他说过"依据创世的概念，单凭某个纯属意志的简单举措，从无中就生出了有，这在所有不明显矛盾的概念中最难为人类精神所理解"[13]；"我成为基督徒根本不需要奇迹"[14]；"他（奥古斯丁）先在三位一体问题上堆砌了好些令人费解的

10　卢梭：《致博蒙书》，第56页。
11　卢梭：《致博蒙书》，第61—62页。
12　*Emile*, CW 13: 432.
13　卢梭：《致博蒙书》，第66页。
14　卢梭：《致博蒙书》，第108页。

言论，随后又承认这些言论毫无意义"。¹⁵ 这些观点说明尽管卢梭认为有造物主的存在，然而围绕着这位造物主所产生的各种教义和学说必须接受理性的审查和批判。那些违反理性的学说应被视为荒谬和愚昧的，从而被抛弃掉。

这正是卢梭所谓"自然宗教"的含义。自然宗教不依赖启示和无理性的顺服，而是依赖人的自然理性的认可。自然宗教之为自然，就在于它不依赖神秘的天启："你看，你所谓的超自然的证据、奇迹和预言是怎么回事：你对这一切的信念都建立在他人信仰的基础上，而且是那向着我的理性言说的上帝的权威臣服于人的权威了。"¹⁶ 在《爱弥儿》中的这段话很明确地揭示出启示宗教和自然宗教的不同。但需要注意的是，这里自然宗教虽然依赖人的自然理性，但并不依赖人基于不同习俗所形成的权威。因此在卢梭看来，自然宗教并没有毁坏上帝的权威，反而因为它依赖上帝赋予人的理性能力从而是自然的。

我们可以看到，在感觉活动之中、在人类心智发育的初期，我们找不到也不需要上帝。而在我们的自然能力通过教育获得提升之后，我们又是通过自己的自然理性找到上帝的概念，但同时这种上帝又只是在理性范围之中才能被我们接受："只要一个人不屈服于人的权威，也不屈服于其所出生的那个国家的诸多偏见，那么在自然所奠基的教育之中，单是理智之光就不可能引导我们超出自然宗教。"¹⁷

可是，这又与上帝的无限而不可理解性如何相容呢？我们的理性又是如何承认上帝不可理解呢？

在卢梭看来，虽然我们用理性发现了很多上帝的属性，比如他的意志、善良、公正等属性，然而我们却不能理解这些属性："如果我是陆续发现了这些我对之并无绝对观念的属性，那么我是通过必然性的推论，通过良好使用我的理智而做到的。但是我承认它们而并不理解它们，所

15　卢梭：《致博蒙书》，第121页。
16　*Emile*, CW 13: 467.
17　*Emile*, CW 13: 481.

以说到底，我什么都没有承认。我或可好好对自己说：'上帝是如此，我感觉他，我向自己证明他。'我不能更好设想上帝如何能够是这样的。"[18] 我们从卢梭的论述中可以看出一个看似矛盾的现象：上帝的不可理解性，前提恰恰在于我们用理性在检验上帝。正是因为用理性剔除了启示宗教中不符合人类自然理性的部分，基督徒的上帝才因此只剩下了不可理解性。因为启示从根本上是不依赖理性的。我们不能用理性去理解不可理解的上帝，因此上帝才能够是不可理解的。在这里，我们似乎隐隐看到卢梭像他的学生康德一样，在用理性划定人的认识范围，从而为信仰留下地盘。因此，我们的理性在上帝之中所发现的，正是他的不可理解性。

卢梭的自然宗教和他对启示宗教的批判似乎显示出卢梭笔下的现代人自我拯救的努力。然而不可理解的上帝又说明这种自我拯救仍然在其终点发现了一个人的自然能力所不能逾越的制高点。因此我们就需要追问：如果我们的感觉不能发现上帝，而理性则将启示宗教严格限制在理智的范围之内，从而使得上帝变得完全不可理解，那么卢梭为什么还要保留上帝的不可理解性呢？卢梭的宗教批判为何并没有贯彻到底呢？这是否说明只依赖感觉和理智的人类，是不可能完成自我拯救的呢？

二、宗教批判之后为何信仰上帝？

卢梭之所以仍然追随笛卡尔保留上帝的不可理解性，是因为如果我们废除了上帝的不可理解性，这样的上帝就完全成为我们理性设计出来的神了，而这样的宗教就不足以建立起对人而言的权威，因为它只不过是人类理性的产物而已。面对这样的由人类设计出来，可以完全把握和理解的上帝，我们不可能成为一个基督徒。我们不可能对作为纯粹理性产物的上帝怀有真正的敬畏之心。而在卢梭看来，虽然我们需要在启蒙哲学的基础上对传统的启示宗教进行批判和检验，然而这样的批判决不

---

18   *Emile*, CW 13: 448.

能贯彻到底，也决不能毁灭成为基督徒的可能性，因为人的道德生活离不开上帝。卢梭对这一问题的思考，深深浸透了他对于霍布斯自然状态学说的反思，这一反思的前提恰恰在于卢梭部分接受了霍布斯对于人性的看法。也正是因为卢梭无法接受对这种人性的接受，他才下定决心重新塑造在此前提下人信仰上帝的道路。[19]

在卢梭的笔下，人进入社会就是堕落的开始。相比来说，人在自然状态中反而是最为适宜的："由于自然状态是每一个人对于自我保存的关心最不妨害他人自我保存的状态，所以这种状态最能保持和平，对于人类也最为适宜。"[20]这说明所谓文明社会在卢梭看来恰恰是人堕落之后才会形成的，而霍布斯笔下"人对人是狼"的自然状态，恰恰是文明社会的特征。卢梭理解的自然状态是最和平的状态。在这一点上，卢梭始终没有放弃他在《论科学与艺术》中所秉持的观点，那就是人在科学、艺术乃至社会生活上的发展并不意味着人的生活变得更好、人性变得更为优良，相反，人因为这些文明成果而变得甚至不如野蛮人那样和平、健康和自然："……人类的不幸大部分都是人类自己造成的，同时也证明，如果我们能够始终保持自然给我们安排的简朴、单纯、孤独的生活方式，我们几乎能够完全免去这些不幸。"[21]

因此，卢梭认为从自然状态到社会状态的过渡并不是必然如此："我已经指明完善化能力、社会美德，以及自然人所能秉受的其他各种潜在能力，绝不能自己发展起来，而必须借助于许多外部原因的偶然会合。但是，这些原因可能永不发生，而没有这些原因，自然人则会永远停留在他的原始状态。"[22]

卢梭之所以认为社会的出现具有偶然性，部分是基于以下考虑。第

19　参见吴增定：《利维坦的道德困境》，北京：生活・读书・新知三联书店，2012年，第87—160、311—374页。

20　卢梭：《论人类不平等的起源和基础》，第98页。

21　卢梭：《论人类不平等的起源和基础》，第79页。

22　卢梭：《论人类不平等的起源和基础》，第109页。

一，原始的自然状态既然是人最好的自足状态，就无需进一步发展为别的形态。第二，恰是因为这种偶然性，我们才有可能仿照自然状态来思考和改善我们现有的生活状态。如果我们进入目前的生活状态是必然的话，也就无法再去考虑原始而自然的状态究竟对我们目前和未来的生活有何实质的意义。第三，卢梭出于捍卫神义论的需要，不能把人的堕落归给上帝。如果人的堕落是上帝的旨意，那么这将与上帝的智慧与善良相悖。

因此，在各种因素的共同作用下，潜藏在自然人或者野蛮人这种亚人与次人中的可完善性逐渐发展起来，人逐步告别了健康的自然状态，人类的各种不幸就此开始。在卢梭看来，无论是霍布斯笔下人与人为战的战争状态，还是亚里士多德的公民与奴隶的划分，抑或是人类在知识和艺术方面的进步，都是此种不幸的种种根源和表现。在这个意义上，霍布斯的自然状态并不自然："最终，当各种个人利益激化而彼此冲突，当自爱逐渐升温转化为自恋，当意见（意见使得完整的世界在每个人眼里变得必要）致使人人生来彼此为敌，只能从他人的不幸中找到自己的好处，这时良知变得微弱，就会被其他狂热的激情扑灭，在众人的嘴里简化作一个用以彼此蒙骗的字眼。"[23] 这说明人人生来彼此为敌的状态并不是一开始就如此，而是在堕落的过程中不断形成的。而之所以有奴隶的存在，是因为"假如真有什么天然的奴隶的话，那只是因为已经先有违反了天然的奴隶。强力造出了最初的奴隶，他们的怯懦则使他们永远当奴隶"。[24] 因此，人与人的不平等、奴役都非自然如此，而同样是堕落的结果。

卢梭坦然承认我们目前的状态和命运将始终处于自然与社会的张力和矛盾之中。然而，他的教育策略和政治、法律构想的目的正在于尽力弥合这一张力："人生而善好，人群却变坏了。我在书中致力于探寻怎么

23　卢梭：《致博蒙书》，第43页。
24　卢梭：《社会契约论》，第11页。

办才能阻止人类变成这个样子。"[25] 孤独的人要比在人群中的个体更有可能趋近于人性本来的状态，因此必须要通过爱弥儿式的自然教育，才有可能尽量保有人的自然天性，并使得这一天性在人为建构的良好政治与法律制度之中继续巩固和发展。

那么卢梭阻止人类堕落的努力究竟与上帝有什么关系呢？在卢梭看来，这是因为孤独的人已经走入了人群和社会，因此随之而来的道德需要就必须依赖上帝："我是基督徒，依据福音书的教义，是真诚的基督徒。我是基督徒，不是神父们的弟子，而是耶稣基督的弟子……我坚信基督宗教的基本真理，这些真理有助于建立各种良好道德，我会努力用福音书精神来滋养心灵，并且避免让经书中我不能理解之处折磨理智，我深信一个人如果爱神超过万事万物，爱邻人如同爱自己，就是真正的基督徒。"[26] 这一段著名的信仰自白清楚地说明人在社会之中需要上帝来建立起良好的道德。而卢梭作为福音书的追随者，与追随启示的基督徒并不相同，因为正如本文第一部分所指出的，在这段自白中卢梭剔除了福音书中超出人类理解的内容，这就是卢梭的上帝为什么对于人类来说不可理解，因为面对基督教，一方面卢梭不依赖启示，将自然宗教限制在理性范围之中，但另一方面卢梭又需要信仰上帝以建立道德秩序，从而不能将上帝降格为纯粹理性的设计产物，因此上帝的不可理解性就必须要保留下来，以使得我们不会使用理性去探究不可理解的事物，同时还使得上帝能够成为超越人类的至高权威。

因此我们就能理解，为什么在这段自白之中卢梭特别强调爱。既然上帝不可理解，而且我们不应该去追溯那些违反人类自然理性的神学教义，那么上帝就不再适宜作为沉思的对象。而又由于上帝的作用主要在于帮助人类建立道德秩序，因此，不可理解的上帝对我们最根本的作用就在于培育我们本来就拥有的自爱和爱人之心。

25　卢梭：《致博蒙书》，第44页。
26　卢梭：《致博蒙书》，第72页。

走笔至此，我们就能约略看出卢梭笔下的现代人应该如何通过对孩子的自然教育和对公民的政治教育，在进行自我拯救的同时，又能成为一名尽力摆脱堕落与原罪处境的基督徒。不过尚不明确的是，这两个相反的方面究竟如何联系在一起。

三、人趋向善好的可能性：神义论保证人的自我拯救

在成为一名基督徒，和人在人类社会之中进行自我拯救之间，具有一些相辅相成的线索。在这方面，神义论是理解卢梭哲学的关键。一方面，人义论的脆弱需要神义论的支撑；另一方面，神义论又经历了人义论的改造。

人在自然状态之中能够获得健康、和平和孤独的状态，是因为一切事物本身就是好的，而一到了人手中，由于人群和社会的出现从而走入了衰落和败坏："当一切事物离开万物作者之手时，都是好的；而在人的手中，一切事物都败坏了。"[27] 尽管如此，由于人性生而为善，所以仍然有教育和改善的可能性："一切道德的根本原理——我在所有著作中的论述以这个问题为前提，在最后这本书中，我还尽可能清楚地阐释了这个问题——就是：人生来是善的，热爱正义和秩序；人心最初没有丝毫败坏，一开始自然的行动总是公正的。"[28] 这清楚地说明，卢梭之所以仍然有勇气和信念写作《爱弥儿》和《社会契约论》，就是因为人即便是在堕落状态之中，仍然有朝向善好的可能性，这是人的纯良天性决定的。

卢梭进一步把这个人生而为善的基础称为良心："因此，在灵魂深处，存在着正义与德性的天赋原理，虽然我们有自己的准则，但我们是按照这个天赋原理来判断我们和他人的行动是好的还是坏的。我把这个原理称作良心。"[29] 良心的原则是人类的本能，人类据以判断善恶正邪的

27　*Emile*, CW 13: 161.
28　卢梭：《致博蒙书》，第42页。
29　*Emile*, CW 13: 451–452.

依据是人本来就具有的:"良心,良心!神圣的本能,不朽的天国之音,是一个无知、有限但有理智且自由的存在者的确定向导,对好与坏毫无差错地判断,使人相似于上帝;是你制造了人本性的优良,以及行动的道德。没有你,我在我之中感觉不到任何可以把我从野兽中提升起来的东西,而只能按照没有规则的知性和没有原理的理性而可悲地驱使着自己迷失在从一个错误到另一个错误的迷途之中。"[30]

因此,一方面,卢梭笔下的人拥有自我拯救的希望,因为人性生来就是善的;另一方面,这种自我拯救的前提恰恰在于造物主的保证,也即上帝把人造成本来是好的而非永不可拯救的。正是这种神义论一方面将堕落的根源归于人自己,另一方面则又保证了人在堕落中的自我拯救仍然具有可能性。

但问题在于,基督教传统建立起来的原罪学说以及恩典学说使得人的自我拯救变得不可能,这尤其突出地表现在奥古斯丁对于佩拉纠主义的批评之上。人由于携带着原罪,所以善好的生活须臾不可离开上帝,只有上帝的恩典才使人类获得一丝改善的曙光。这与卢梭理解的基督徒生活和基督教信仰是否一致呢?

正是在这个方面,卢梭显示出了他与奥古斯丁主义乃至基督教正统学说的根本不同,即对原罪学说的否认。因此,卢梭的神义论经过了近代宗教批判和人义论的洗礼:"但书(《爱弥儿》)是写给基督徒的,写给那些洗刷了原罪及其后果的人……我们全都在童年时代恢复了原初的清白;我们洗了礼出来,心灵圣洁得好比那刚从神的手造出的亚当。"[31] 这里卢梭明确地指出,我们之所以生而为善,就是因为我们在童年时代就是清白无辜的,仿佛伊甸园中的亚当一般。

在卢梭看来,原罪学说恰恰使上帝变得不义:"为什么我们非得归罪于神不义,让我们天生带有淫乱,天生是罪人、应受惩罚之人,而我们

---

30 *Emile*, CW 13: 453–454.
31 卢梭:《致博蒙书》,第45页。

的祖先就没有这些，不像我们一样是罪人并且受到惩罚呢？原罪说解释得了一切，却解释不了自身的原理。"[32] 卢梭的这段话很好地表明了所谓"自我拯救"的含义。正是因为上帝是善好的、公义的，所以他不可能让人类一直带着原罪生活。换句话说，正是上帝才使得人能够依靠自己的天性而成为一个好人。很显然，恩典学说在卢梭这里并没有发挥根本性的作用。

在这种思路的指引下，卢梭认为亚当所犯的过错微不足道："亚当所违反的命令与其说是真正的禁忌，不如说是父亲的忠告……在试探者的诡计和女人的诱惑中，还带有某种宽恕和怜悯的动机，这一动机如此自然，以至于我们在各种形势下审视亚当之罪，只能觉得这是一个最轻微的过错。"[33] 在卢梭的解释之中，上帝的禁令只是一个忠告，甚至在亚当夏娃的过错之中也隐藏着天父的宽恕和怜悯。因此，偷吃禁果的过错最为轻微，连带而产生的原罪也就因此烟消云散了。

卢梭正是借助神义论才使得人得以摆脱原罪的惩罚，摆脱偷吃禁果而带来的无法洗刷的罪恶，从而使得人能够堂堂正正在上帝面前站起来，也就是说，人是借助上帝而进行自我拯救的。这也正是卢梭理解的基督徒自我拯救的道路。因此，卢梭彻底拒绝了传统天主教依赖的教会制度的中介作用："福音书是起决定作用的文本，而这个文本就在我手中。不论它是怎么来的，又是由什么作者写的，我都从中领会到了神圣的精神，这是在瞬间里发生的。在这个见证和我本人之间不存在任何人。"[34] 这种自我拯救是落实在每一个个体之中的，从而呼应了自然状态中的孤独状态，而不是借助于个体之外的人类群体与组织。

不过摆脱了原罪的人类并不能因此彻底废除掉上帝，相反，由于各种偶然原因所导致的堕落，又迫切需要人类在道德生活之中重新召唤回上帝："我的孩子，将你的灵魂保持在这样的状况中，在其中灵魂永远渴

32　卢梭：《致博蒙书》，第46页。
33　卢梭：《致博蒙书》，第47页。
34　卢梭：《致博蒙书》，第114页。

望着存在一个上帝,而你将绝不会怀疑它。另外,无论你做出怎样的决定,都要记得宗教的真正义务是独立于人的制度的,一颗正义的心是神性的真正殿堂。在所有国家和所有教派中,律法的总纲都是爱上帝超过一切,以及爱邻人如爱己。没有宗教能够免除道德的义务,只有这些义务才是真正最本质的。内心的崇拜是这些义务中最首要的,没有信仰,就没有真正的德性存在。"[35]

在这一段话之中,福音书的精神又重新回到了人类的道德生活。没有原罪的人类在人群和社会之中必须要设立对于上帝的信念,才能够摆脱堕落的状态:"上帝是善好的;这是最明显的了。但是在人之中的善好,是对他同胞的爱,而上帝的善好是对秩序的爱。因为正是通过秩序,上帝维持着存在的一切,并且把每一个部分与整体联系起来。上帝是正义的,我确信这一点。这是其善好的结果。人的不正义是他们(人)的产物,而不是他(上帝)的产物。道德的失序,在哲学家的眼中为违抗天意提供了证据,而在我看来却正好能够证明天意。但人的正义是基于每个人自己所拥有的东西,而上帝的正义则要求每个人要对上帝给予人的东西有所付出。"[36]

卢梭在这里不但通过上帝保证了人类道德生活的可能性,并且保证了人不至于滑入战争状态,从而保持良好和谐的整体秩序的可能性。人性与社会陷入混乱的责任因此是人的而非上帝的。人类违反道德的行为恰恰说明上帝通过这种混乱惩罚了人的不义。反过来说,人又可以通过道德的行为获得上帝的奖励:"在我对你(上帝)的信心里,我心中最高的愿望就是你的意志得以实现!在我的意志与你的意志的联合中,我做你所做的事情,我领受你的善好,我相信我预先分享了其所奖赏的最高幸福。"[37]

如果说卢梭对原罪说的驳斥指出了人自我拯救、建立自信的康庄大

---

35 *Emile*, CW 13: 478–479.
36 *Emile*, CW 13: 448.
37 *Emile*, CW 13: 457–458.

道，那么人类从自然状态到不平等的出现，恰恰又是另外一种类似亚当夏娃偷吃禁果的堕落过程，这又使得人类在人群之中的道德生活不能离开上帝——在当前状况下要做一个好人，就要求他必须成为一个信仰上帝的人。

那么，这是否说明卢梭又一次地走上了奥古斯丁的老路呢？并非如此。在卢梭这里，上帝或者福音书的要求是一种设立起来的信念而非无条件的顺服。在本文第一部分中我们说到，卢梭的自然宗教并不将信仰建立在启示基础之上，这就使得卢梭的基督教立场仍然基于启蒙思想的前提。在这个意义上，卢梭借助神义论重新召回上帝，恰恰是基于卢梭对于霍布斯为代表的冷酷而无高贵德性的人性学说的克服。但这种克服之所以困难，就在于它从根本上已经追随着霍布斯，拒绝了启示。

在第一部分中，我们看到卢梭认为人类心灵中能够出现上帝的概念，是经过了较为高级的教育之后才可能的。这一点相当耐人寻味。这说明在健康而无所谓善恶的自然状态下，人类心灵之中恰恰没有上帝的概念。人类拥有上帝的概念，是人类文明发育的结果。这样的上帝仿佛是一剂良药，人在健康时并不知道它的存在，而只有在病入膏肓之后才想起服用。

因此，我们就很容易理解为什么卢梭并不认可经院哲学中亚里士多德主义路向对于上帝和基督教学说的研究进路，因为上帝在卢梭这里已经由于启蒙哲学而丧失了其在沉思生活之中的位置，留给宗教信仰发挥作用的主要是道德领域。这突出表现在卢梭认为宗教并不是让人沉思而是让人实践的："我却认为，宗教的根本在于实践，不仅要做善良、悲悯、有人情味、会施舍的人，而且一个人真的做到这一点，也就是信仰神的，足以得到救赎。"[38] 所以只是思考上帝是不可能让人成为一个好人的。

但我们要注意，这并不意味着在卢梭看来，沉思生活和实践生活像

38　卢梭：《致博蒙书》，第74页。

托马斯·阿奎那认为的那样具有某种平行性，相反，与邓·司各脱类似，卢梭大大抬高了实践相对于沉思的优先性，人之为人的根本并不在于思索多么高深的哲学问题，因为沉思恰恰是人败坏的表现："如果自然曾经注定了我们是健康的人，我几乎敢于断言，思考的状态是违反自然的一种状态，而沉思的人乃是一种变了质的动物。"[39] 人生而为善的本性并不是要人去做一个哲学家，而是让人去做一个有爱心、有良知的好人，因此，宗教要比哲学更有益于人类："从原理的角度来说，不存在什么事情是哲学能做好而宗教不会做得更好的，而宗教还能做很多哲学不能做的事情。"[40] 因此，卢梭通过建立起宗教对于哲学的优先性，从而也就建立起实践对于沉思、道德对于理论的优先性，从而启发了康德的道德哲学和实践哲学。

正是因为卢梭对于启蒙运动的反思是在接受了启蒙思想的前提之下进行的，"自我拯救的基督徒"这一看似矛盾的思想立场才得以出现。尽管神义论居于卢梭思想的核心之处，然而我们仍然需要看到这一神义论与传统基督教学说的各种不同，其中最根本的不同乃在于卢梭的神义论是奠定在宗教批判和人的自我正当化的前提之上的。除此之外，在最后我们还可以补充一点，那就是，卢梭对于"世界上为何仍然存在恶人"的解释并不像传统基督教学说那样看重末日审判，相反，他秉承着对启示宗教的批判精神，认为上帝如何惩罚是我们不可能知道的事情，我们应该把对上帝奖惩的关注点落在此生此世之中："尽管他们（优秀的人）在此生遭受了苦难，他们将在来生中得到补偿。这一感受不是建立在人的功德基础上，而是善好的概念基础上，对我来说，善好的概念与神圣本质不可分离……不要问我坏人所受的折磨是否是永恒的。我不知道，也不具有澄清这些无用问题的虚空的好奇心。无论坏人会怎么样，对我有什么分别？我对他们的命运没什么兴趣。不过，我不太相信他们会被

39　卢梭：《论人类不平等的起源和基础》，第79页。
40　*Emile*, CW 13: 480.

谴责至无尽的折磨。如果最高的正义要复仇，它在此生就如此开始了……何需在来生中去寻找地狱呢？它就在此生中，在坏人的心中开始了。"[41]

在这段陈述之中，卢梭一方面肯定优秀的好人即便承受苦难，也可以在来生得到报偿，然而来生在这里所起的作用是很微弱的，因为相比于遥不可及、不可理解的来生，卢梭更注重的是此生。上帝对于恶人的惩罚究竟分量有多重，是我们的自然感觉与理性不能知晓的。我们既然不是通过启示达到上帝，并且上帝对我们而言不可理解，那么这些问题我们就无法知晓。我们能够知晓的是此生此世的生活，所以上帝的惩罚与报复是体现在今生之中、体现在这个世界的坏人心中，而非来生的地狱。

四、结语：自我拯救的基督徒

至此，我们需要回到本文开头提出的卢梭思想中人义论和神义论的张力问题。一方面，卢梭通过批判启示宗教，并将上帝不可理解化从而拒绝了启示宗教，也由此出发建立起他的自然教育学说和公民学说；另一方面，人在文明社会之中的堕落又使得人的自我拯救依赖上帝的保证。目前状况下的人类之所以还有一线希望得以实现自我拯救、自我完善，乃在于上帝的善好洗刷了人类的天性，使得人类生而为善。上帝的让渡与隐退恰恰使得人在道德领域更加依赖上帝，然而这种依赖又彻底摒除了原罪学说对人性的贬斥。生活在不自由、不平等之中的人类，只有在被人义论改装的神义论支撑之下，才能建立起公义的教育与社会-政治制度。卢梭坦言自己是一名基督徒，然而这个基督徒却又充满了自我拯救的挣扎与努力。正是这种自我拯救，使得卢梭拒绝为孩童灌输神学教育，也使得卢梭将公意学说放置在政治学说的核心之处，更使得卢梭拒绝接

41　*Emile*, CW 13: 446.

受原罪学说。然而这种启蒙后的自我拯救由于不能再返回自然状态,从而一直与人孤独而健康的自然天性充满不可解决的张力,这使得生而为善的卢梭式基督徒进行自我拯救时充满了悲剧色彩。一位伟大的教育学家、政治学家和哲学家在晚年深深沉浸于孤独的漫步和对植物学的研究,这在某种意义上也说明了基督徒自我拯救的不可能,以及这种自我拯救与信仰上帝之间的角力与僵持。这或许是因为,卢梭隐隐知道这样的基督徒正是因为已经接受了笛卡尔与霍布斯的洗礼,所以只能出于道德生活的需要而召唤回一位面目已经陌生的上帝。这一上帝由于脱去了启示的面纱,并且保护着没有原罪的人类进行自我拯救,从而变得更为脆弱,而其呵护之下的人类,也因之变得更具有悲剧色彩。

(责任编辑:刘玮)

远去的背影：中英缅甸交涉再检讨

马 勇（中国社会科学院）

近代中国的转型并不是单纯的工业化、现代化，而是伴随着民族国家重构。这是一个极为复杂的工程：先前数百年不断向四周溢出的属国体制渐渐成为历史，一个全新的民族国家差不多在这些属国全部脱离后开始构建。对中国来说，这是一个巨大的代价，也是新的历史起点。缅甸的远去，清廷决策、中英交涉内幕，以及其中利弊得失，均值得重新检讨。

一、交涉缘起

缅甸的历史可以上溯很远，根据考古学资料，在旧石器时代晚期，今天的缅甸境内就已有人类活动。公元前二世纪，缅甸人就开始掌控中印之间的通商之路，并与中印两国开始贸易文化往来。

就地理环境而言，缅甸属于东南亚国家，西南临安达曼海，西北与印度和孟加拉国为邻，东南接泰国与老挝，东北背靠中国，位于云南永昌府腾越边外，与顺宁、普洱诸边接壤。对中国而言，缅甸是中国通往印度洋的一条捷径。

缅甸与中国的交往具有悠久的历史。公元1044年，蒲甘王朝建立，缅甸形成统一国家。此后，历经勃固、东吁、贡榜等几个王朝，缅甸与中国历代王朝大致保持着相对密切的经济文化联系，有长时期的"胞波"（兄弟）情谊。

马 勇

清顺治十八年（1661年），"李定国挟明桂王朱由榔入缅，诏公爱星阿偕吴三桂以兵万八千人临之。李定国走孟艮，不食死。缅酋莽应时缚由榔以献，遂班师。缅自是不通中国者六七十年"[1]。

雍正九年（1731年），"缅与景迈交哄，景迈使至普洱求贡，乞视南掌、暹罗，云贵总督鄂尔泰疑而却之。缅密遣人至车里土司，探知景迈贡被却，则大喜，扬言缅来岁亦入贡。旋兴兵二万攻景迈，而贡竟不至"[2]。

十八世纪中叶，也就是清朝乾隆中期，中缅不幸因边界领土、资源控制权等发生冲突。这场清缅战争断断续续打了好多年（1762—1769），后因清朝与东南亚诸国宗藩关系调整，中缅之间渐渐重建和平。乾隆四十三年（1778年），先前被缅甸征服的暹罗遗民起兵逐缅人复国。五十一年（1786年），乾隆帝诏封郑华为暹罗国王。缅甸于是面临与清朝、暹罗两面作战的问题。五十二年（1787年），缅甸王朝发生宫廷政变，老国王四子孟云继位为国王。"孟云深知父子行事错谬，感（清朝）大皇帝恩德，屡欲投诚进贡"[3]，借此机会，孟云遵照古礼进表纳贡。乾隆帝允其所请，中缅关系迅即改善。

乾隆五十四年（1789年），孟云遣使贺乾隆帝八旬万寿，"乞赐封，又请开关禁以通商旅，帝皆从之，封为缅甸国王，赐敕书、印信，及御制诗章、珍珠手串，遣道员、参将赍往其新都蛮得列，定十年一贡。自是西南无缅患"[4]，"边境宁谧，裁撤云南驻边防兵"[5]。

六十年（1795年），"缅王遣使祝釐，进缅石长寿佛、贝叶缅字经、福字镫、金海螺、银海螺、金镶缅刀、金柄麈尾、黄缎伞、贴金象轿、洋枪、马鞍、象牙、犀角、孔雀、木化石、玄猴皮、各色呢、各色花布，

---

1 赵尔巽主编：《清史稿》卷五百二十八"属国三·缅甸"。
2 《清史稿》卷五百二十八"属国三·缅甸"。
3 《清史稿》卷五百二十八"属国三·缅甸"。
4 《清史稿》卷五百二十八"属国三·缅甸"。
5 《宫中档乾隆朝奏折》辑七十三，台北：台北故宫博物院，1982年，第213页。

都十有八种"⁶。中缅宗藩关系至此进入了常态。

然而好景不长，由于西方殖民主义在南亚扩张，缅甸迅速成为英国殖民者觊觎的对象。中缅关系注入了新的因素。1817—1818年，英国通过战争最后征服了印度马拉特诸首领，实际上已经统治了印度的中南部。1819年，英国又占据新加坡，获得了一个非常重要的战略据点。此后，英国在马来半岛取得了槟榔屿等重要地区。

英国殖民主义者在南亚、东南亚扩张的时候，早已将缅甸视为必须控制的目标，因为缅甸的位置极为重要，位于中印两个大国之间，并且横亘在英属印度与马来半岛英属殖民地之间。在英国人看来，控制了缅甸，不仅有利于巩固英属印度，而且可以把英国在东方的殖民地连成一片，甚至可以进而由此打开中国的大门。所以从乾隆六十年（1795年）开始，英国东印度公司在十几年时间里，先后向缅甸派遣了六次使团，希望以和平的手段诱使缅甸打开国门，接纳英国工业品。

缅甸也是一个与中国相类似的农业国家，缅甸统治者并没有很快理解英国工业品进入的意义，更不知道商业革命、产业革命，因而也就没有接受英国人的劝诱。也正是在这样一种情形下，英国殖民者改变手法，开始支持逃入英属印度的阿拉干人进行反缅活动，利用他们与缅甸统治者的矛盾，在缅印边界制造事端，寻找武力进入缅甸的理由。"时有三缅盗逸入印度，缅人以五千人追之，突入印度之势他加境，英人领土也。英守将尔斯根诘缅人，以盗付之。"⁷

当是时，"缅甸虽失暹罗，国势犹胜。其疆域南尽南海，北迄孟拱，西包阿拉干，东联麻尔古。又有掸人之地环其东境，旧称九十九国，多为领属，地广兵强。此时的缅甸，其实是南亚诸国霸主，至少是之一。因而既东失暹罗，缅甸乃西觊印度之富，时思袭取。缅西北有曼尼坡部，又西有阿萨密部，缅尝以兵攻二部，渐有从西黑特旁侵入英领之势。西

---

6 《清史稿》卷五百二十八"属国三·缅甸"。
7 《清史稿》卷五百二十八"属国三·缅甸"。

黑特居阿萨密南,为印度孟加东北境,过此即克车部,英人所保护也。缅人恃其习战,蔑视英人,稍后果侵英边,杀英戍兵,掳其人民。又南侵入势他加,英人以少兵守内府河口之刷浦黎岛。道光三年(1823年),缅人攻守岛英兵,英以众寡不敌而溃,亡数人。英人来责言,缅置不答,益轻英。"[8]缅甸统治者的傲慢狂妄引发了灭顶之灾。

明年(1824年),英印当局以缅甸军队进攻和杀害他们在刷浦黎岛守军为由出兵伐缅,发动了第一次英缅战争。战争进行得十分艰苦,双方都动用了庞大的军事力量,英印军队前后投入战斗的有四万人,缅甸参战人数更多。

第一次英缅战争进行了差不多两年时间,英印军队付出了惨痛代价,但最终还是征服了缅甸。1826年2月24日,缅甸在首都即将沦陷的危急关头,不得不接受英印当局的城下之盟:"一,割阿拉干、艾报、墨尔阶与意爱各城归英辖;二,阿萨密部与各小部,缅人毋得干预其治权;三,赔军费一千万罗比;四,应准各国代理人驻扎缅京,且得以兵五十名为卫,英舰之入缅港者,毋得勒令缴枪弹船舵。"[9]割地、赔款、驻使,开放港口,允许英国船只自由进出,商船免税。其内容、意义,乃至作用,均与十六年后中英在江宁达成的城下之盟极为相似,缅甸的统一、主权受到极大伤害,但西方因素由此开始影响缅甸,使缅甸的历史渐渐开始发生变化,再不是原来那样简单的改朝换代。

缅甸的一部分成为英国的殖民地,不过缅甸并没有因为这些变化改变了与清朝的宗藩朝贡关系,修职贡于中国如故。咸丰三年(1853年)十一月,罗绕典奏缅国贡使入京,请变通办理。帝谕军机大臣曰:"朕念缅甸国王久列藩封,贡使远道输诚,具徵忱悃。惟其国贡使向取道贵州、湖南、湖北进京。现在粤匪未平,若令绕道而行,殊非所以示体恤。即传旨其使臣,此次无庸来京,仍优予犒赏,委员护送回国。"[10]此次朝贡

---

8 《清史稿》卷五百二十八"属国三·缅甸"。
9 《清史稿》卷五百二十八"属国三·缅甸"。
10 《清史稿》卷五百二十八"属国三·缅甸"。

因太平天国战事正烈而暂停。同年,英缅再次开战。同治元年(1862年)双方约定,英国在缅甸海岸设官分部,称"英领缅甸"。

"初,英人欲觅一自英领缅甸通中国商路,苦为缅隔。后缅王许英人威廉游历缅境,北抵八幕,又溯厄勒瓦谛江而上,至江上游之山峡。同治六年(1867年),缅廷与英人结通航缅境之约,又命英人代收八幕与其他口岸商税。次年(1868年),缅王曼同薨,子锡袍嗣位,复命旅于仰光之英工程师威廉、生物理学学士爱迭生、水师兵官暴厄尔与司炽华德、白恩诸人探访运路,而以军佐斯赖登率之行,且谕八幕守臣以兵五十人护行。于是安抵八幕东北之中国腾越境。八年(1869年),缅始开厄勒瓦谛江航路,上通八幕,命水师兵官斯讨拉尔驻八幕,理其事。缅王颇注重商务,凡克亨山一带危险地,皆设官防护,英人交口誉之。然缅王戆而多忌,废斥旧臣,诛锄兄弟亲戚殆尽。外官虽有四千六百余土司,皆禄无常俸,专朘民膏,百姓恒产,任意抄没,缅、英虽交好,而猜忌尤深"。[11]

两次英缅战争后,英国人已经占领了下缅甸地区,并获得了在缅甸通商、航行等一系列殖民主义时代必需的特殊权利。按理说,英国在亚洲已经建构了一个庞大的殖民地,应该满足。然而,那毕竟是大殖民的时代,全世界许多地方尽管有原住民,却依然被这些先发国家肆意占领、殖民。中华帝国的"属国体制"与这种殖民存在根本性的区别,基本上不干预属国内政外交,不会派遣总督一类的统治者。中华帝国属国体制,只是东方的王道主义具化,属国的盟主,不过是周天子那样的角色,需要的时候率有道伐无道,更多时候相安无事,只需定期或不定期朝贡而已。

然而当葡萄牙、荷兰等老牌殖民主义者势力渐渐被逼出亚洲,英法等新殖民主义势力东来,并形成竞争态势后,中国先前那种属国体制完全没有了市场与存在的可能,属国一个又一个相继离开,一定有体制上的原因,这是从中国方面进行检讨,但从英法这些新殖民主义者看,它们自

---

11 《清史稿》卷五百二十八"属国三·缅甸"。

身又形成了竞争关系，任何一国的一个大举动总会激起另一国的担忧，进而引起新的竞争。缅甸危机实际上就是这种情况。

光绪九年（1883年），法国由南圻向北圻进军，试图殖民全部越南，"暹罗亦命官分驻老挝土酋各部，英据南缅既久，洞知上缅宝藏之区，甲于南海，且虑法人由北圻西趋，蔓及缅甸"[12]。英国人担心法国在越南得手后必然顺势进入接壤的上缅甸地区，进而像进入南圻、北圻那样，最终将其吞并，使之成为法国人的殖民地。而且，据报由于英缅两次战争导致两国关系严重受挫，缅甸政府在这么特殊的历史背景下，有意联合法国制衡英国。基于一系列担忧，英国政府决定先发制人，遂有第三次英缅战争。

第三次英缅战争的理由非常勉强。1885年秋，英国一家贸易公司因偷运"柚木"遭到缅甸政府二百三十万卢比的严厉处罚，并取消其租山契约。8月29日，印度总督向缅甸国王提出交涉。10月10日，缅甸拒绝了印度总督的调解条件。这本来只是一个纯粹的经济行为，却被英国政府用作战争理由。10月22日，英国印度总督向缅甸政府发出最后通牒，要求缅甸将木商案交付仲裁，允许英使驻扎缅京，全面管理缅甸外交。

缅甸是中国的朝贡国，自乾隆年间至此，无论出现什么样的分歧、困难，双方一直维持着朝贡关系的体面，十年一贡，从不耽搁。最后一贡为光绪元年（1875年），贡使送来许多缅甸特产，诸如大象等。然而此时，由于缅英关系紧张，由于中英缅情势复杂，本应该于是年进行的朝贡活动竟然没有进行，甚至没有人注意到或提及这件事。

其实，驻英公使曾纪泽早就预感中缅关系前景不妙，很可能随着越南变局而变化。光绪十年（1884年）当中法交涉未完时曾纪泽就提醒朝廷，缅甸王昏国乱，华人据八幕，似宜招降，扩界固圉。所以当印度总督向缅甸发出最后通牒，要求监管缅甸外交事务时，曾纪泽于光绪十一年九月十四日（1885年10月21日）致电总理衙门，通报情况并提出建

---

12 《清史稿》卷五百二十八"属国三·缅甸"。

议:"英久占南缅,今图其北,防法取也。泽意宜自腾越西出数十里,取八幕,据怒江上游以通商,勿使英近我界。今英尚未取缅,倘能以口舌得八幕尤佳。署意倘同,泽即开谈。"[13] 曾纪泽并没有为属国缅甸争权利争独立的意愿,但他希望在英国人还没有全面占领缅甸的时候,通过谈判让中国利益最大化,将靠中国最近的八幕(即新街)拿下,开为通商口岸,成为未来英属缅甸与我中国的缓冲地。

对于曾纪泽的建议,朝廷由于不太了解情况,并没有迅速表示同意或不同意。九月十七日(10月24日)总理衙门电示曾纪泽:"奉旨。曾纪泽电奏已晰。英图北缅有无规划进取显然布置情事,着将近所侦察详晰电闻,语勿太简。缅亦朝贡之邦,倘彼谋未定,遽与开谈,是启之也。所筹一节,候旨遵行,慎勿轻发。该大臣前有八幕拓界之奏,曾交张凯嵩查复。旋据奏报,新街据匪歼除,并无另有华人占据八幕之事。自腾越城南三百五里至蛮允为滇界。至缅之新街,计二百八十五里,其间一百六十五里为野人界,向无管辖,所奏拓界一节,窒碍难行等语。今该大臣所奏仍循前说,究竟八幕坐落何地,与新街是一是二?其中有无野人间隔,此层最关重要,不可讹误,着访明电奏。"[14]

清政府对属国缅甸的基本情况并不了解,因此在向曾纪泽下达指示的同一天,又致电云贵总督岑毓英:"若英人图其北部,不独属国受灾,尤其逼近吾国,不可不预筹布置。着岑毓英派员密探英缅近日情形,详细驰奏,一面相机筹划,勿涉张皇。至滇省与缅甸交界各要隘地名里数及八幕坐落何处,绘图贴说驰奏。"[15] 清政府通过多种渠道了解内情,但不希望英缅冲突迅速曝光,引起英国及列强注意,而是希望在事态真正明朗之前,尽量以外交手段劝阻英国人出兵。中国显然不希望深度介入

---

13 《英使曾纪泽致总署英取缅北我宜取八幕电》,《清季外交史料》卷六十一,王彦威纂辑,王亮编,北京:书目文献出版社,1987年,第16页。
14 《1885年10月24日(光绪十一年九月十七日)总理衙门致曾纪泽电》,《中国海关与缅藏问题》,北京:中华书局,1983年,第3页。
15 《清季外交史料》卷六十一,第16页。

英缅关系，因为中国此时需要处理的外交危机实在太多，越南交涉尚未结束，朝鲜危机又起。清廷不希望多头分心。如果此时贸然与英国政府交涉缅甸事务，反而可能启其进军缅甸之心。

二、多轨交涉

与处理中法越南冲突时情形差不多，清政府一方面指示曾纪泽在伦敦与英国外交部进行交涉，另一方面让总税务司赫德出面与英国人进行私下接触，实行"二轨外交"。九月十九日（10月26日），赫德密电伦敦金登干："中国方面近来暗示，人过暹罗照旧进贡，中国将保护它不受法国侵占。缅甸从前按时向中国进贡。法国可能劝暹罗向中国进贡，借此引起中国对暹罗事务的干预，请你务必小心提防，无论想怎么办，都请迅速下手以免引起纠葛。鼓励进贡，以使中国出头为所受各种侵凌表示反对，是否合宜？但这样办也许会影响到西藏边界，这是一个政策问题，对于英国极关重要。"法国在暹罗的做法启发了赫德，赫德建议英国不妨参照进行，不过，赫德也预估这个政策可能会有负面作用——影响英国在西藏的战略。

遵照总理衙门电示，曾纪泽对相关情况进行了复查，于九月二十一日（10月28日）向总理衙门作了报告："泽之缅图无汉字，八幕是否蛮暮之新街，中隔野人，是否卡瓦，均不敢妄定。但知该处在腾越西，即去腊乱民据处耳。缅官判英木商歇业，否则罚洋百万元。英牍云不改此判即战，且命兵十月初五日伐缅。英于此各党同心，似难辩阻。辩时应否提明属国，乞示。缅之贡期疏于越，不提属国，我之进退裕如。如提属国，则须争，争不得而听其所为，似损国体。强支又蹈越辙，乞酌。"[16] 曾纪泽对于缅甸许多细节也不是很清楚，但知英国准备伐缅的大

---

16 《使英曾纪泽致总署辩阻英人图缅应否提明属国电》，《清季外交史料》卷六十一，第20页。

致理由。曾纪泽需要总理衙门明示的焦点为，假如对英交涉，是否要提缅甸为中国属国这一层。从曾纪泽的立场言，他认为无须提及属国，因为一旦提及，如果交涉结果不理想，则有损国威；用强则又将陷入中法战争覆辙。

两天后，九月二十三日（10月30日），总理衙门电复曾纪泽："奉旨。曾纪泽电奏缅英衅端各情均悉。前因未悉起衅之由，自难空言劝阻。今知缅判英木商歇业因此生隙，尚非不可解释之事。着曾纪泽向英外部告以缅系朝贡之国，中华与英友谊相关，容可设法调处。令滇督等派员向缅开导，改判谢过以弭兵端。且看该部如何答复。倘彼难转圜，迅即电闻，另筹办法。"[17]清政府愿意以缅甸宗主国的身份出面调解，劝说缅甸，让缅甸道歉了事，以此维护宗主国地位。

总理衙门通过曾纪泽进行的交涉，希望达成的目标是维护中国对缅甸的宗主国地位；而通过赫德的二轨渠道所要达成的目标（至少是赫德理解的目标）则是尽早和解。九月二十四日（10月31日），总理衙门王大臣问赫德："缅甸究竟是怎么一回事？我们听说英国已提出最后通牒，并准备进兵。缅甸是我们的属邦，中国有宗主权，将不得不干预，但英国是我们的友邦，我们希望友好解决，因此我们愿意先做准备，如能事先防止纠葛，岂不比纠葛发生以后再设法补救更妥当。我们不愿经由曾侯或北京英使馆探寻意见，怕前者会造成困难，而后者会造成外交上的疏隔。请由私人方面先探明缅甸究有何过失，英国愿取得什么补偿，以后如有必要，我们再正式解决。"赫德闻言之后的感想是："以上是王大臣所说的大意，北京原有使馆，我本不愿意接触这项问题，现既经总理衙门提出，特为转达，王爷的神情和语气十分和平，再三着重地说英国是我们的友邦。在现阶段中，最好不经过官方，先由我以私人途径安排解决。我相信可以取得友好谅解。在此以后再由官方正式进行。"[18]

---

17 《清季外交史料》卷六十一，第20页。
18 《1885年11月1日北京去电第二九二号》，《中国海关与缅藏问题》，第8页。

其实，赫德并没有真的摆脱官方渠道，他所要交涉的对象必须是英国外交部，因此他很快将中方委托的这件事告知英使馆，并同时通知在伦敦的助手金登干："我适才拟好292号关于缅甸问题的电报。法越事件才告结束，我们又碰上了英缅纠纷要处理。我自己宁愿不去碰此事，我既不好管闲事，不喜欢干预，也不愿意沾手别人的事情或做别人的工作，但是王爷——他为人很好，对英国十分友好——叫我想法与英国取得友好谅解，以免经过官方途径冒谈判破裂的危险。幸而欧格讷是我的知己好友。"[19] 这里的王爷，就是此时负责总理衙门对外交涉事务的庆亲王奕劻。庆亲王认为，为了大清帝国的体面，诸如缅甸、越南这些属国前途的交涉，最好不要经过官方，至少不要一开始就由官方出面。特别是鉴于中法越南问题的交涉，当时的中国官场普遍认为曾纪泽受主战派影响太大，在对法交涉时不适当地选择了过于强硬的立场，激怒法方，从而使中国在交涉时一再陷入不利状态。

九月二十七日（11月3日），赫德通过金登干向英国外交部常务副大臣庞斯福德提出自己的解决方案："中国必定出面干涉缅甸问题。我想到两条可能解决的办法：（1）由中国命令或强迫缅甸提出赔偿，以解决目前问题；（2）英国如听任缅甸维持现在地位，继续致送所谓十年一贡的礼物，中国或可听英国采取任何行动。中国方面自然愿意采用第一项办法，如您接受，您或可使中国的行动，看上去像是要以最后通牒相威胁的行动。我自己愿采用第二项办法，我认为它对中国很稳妥，而对英国是有利的。如您认为事情已发展到无法缩手，不愿采用第一项办法时，我想我或可安排第二项办法。所谓'进贡'现在不过是等于一种实物租金，英外交部愿采哪项办法？或另属意其他办法？但有一件事是肯定的，如英国派兵入缅，中国也必将自云南进兵，发生冲突的结果，必将使中

---

19 《中国海关密档》卷四，陈霞飞主编，北京：中华书局，1991年，第212页。

国衔恨英国比憎恨法国还厉害。"[20] 赫德希望英国为中国留足面子，也希望中英两国不要因为缅甸未来而太伤和气。

赫德毕竟在中国时间已经不短了，朝野各界也都有些朋友，对中国政府、中国人的关切已经相当理解，他举出中国与暹罗的朝贡关系，以为中国确实意在保持朝贡关系，但这种关系并不是西方近代意义上的殖民，所以中国政府尽管期待与暹罗恢复朝贡关系，但也只是这样告诉暹罗："如果恢复进贡，我可以为你主持公道，如不来贡，只好任你受他人欺侮，贡与不贡可自选择。"赫德判断，鉴于法国的行动与野心，暹罗为了保障自己的将来，向中国进贡是比较安全的办法。"进贡不过是承认中国的宗主权，在和平的时候，不致干涉它的内政，而在战争之时却可取得援助。"[21] 赫德对东方宗藩体制意义的理解是对的，他希望维持中国与缅甸的朝贡关系，当然也希望英国在中缅两国都能获得利益最大化。

"二轨外交"在英国外交圈子也引起一些困扰，英国人很难理解将如此重大的国家利益交给私人利用非官方渠道去处理，更何况中英之间的外交关系并没有中断，不论是伦敦，还是北京，双方外交官都在尽心尽力。庞斯福德对赫德是否真的获得授权表示怀疑，因为驻英公使曾纪泽以及中国使馆雇员马格里一直就此事与英外交部保持沟通。庞斯福德不愿接受由中国劝说缅甸道歉了事的建议，他的理由只是基于这样的事实："缅王简直是个魔王，他残杀自己的亲属，暴行种种，并多方侮辱英国，对孟买缅甸的贸易公司的行为又如此无理，迫得英国非与他算账不可。"对于这些情况，中国方面似乎完全不知道。

对于中方突然提出的朝贡关系，英方也表示惊讶。11月4日下午，庞斯福德通过金登干转告赫德，英国外交部和印度事务部都不知道像现在提出的中国与缅甸有宗藩关系，而此点突然地在最后一刻向他们提出，

20　庞斯福德为英国外交部常务副大臣，是外交大臣格兰威尔的心腹，在赫德与金登干相互之间密档中，一般使用"速变"隐语替代。见《中国海关与缅藏问题》"编者注"，第4页。

21　《1885年11月3日北京去电第二九三号》，《中国海关与缅藏问题》，第9页。

使他们很诧异。如果他们六个月之前知道此事，他们必定会与中国商量，但现在为时已晚，他们没法召回已经组建了的远征军。他们必须执行业已提出的最后通牒，缅王如果坚持执拗，就必将受到惩罚，否则英国岂不为全世界所讪笑。他们将尊重中国在缅甸的权利，以后也将欢迎中国的合作。至于吞并，他认为这或者是不必要的，但也许会行使一种保护关系。[22]

不管是官方渠道，还是赫德开辟的第二管道，英国政府此时都没有与中国开展谈判的计划。一方面因为中方提出宗藩关系太迟，英国人没有反应过来；另一方面英缅交涉并不顺利，缅甸国王无法满足英国的要求，"缅王的复文饱含敌意，英军立即推进"[23]。"英牍有印度可管缅政一层，缅复文云此夺缅自主权，须德法俄美允准，未提中国。"[24] 英国对缅甸的军事行动一刻也没有停止，而且也根本无法停止，他们一定要惩罚缅甸国王。

中国政府既然提出了交涉，英国政府在开展军事行动时也不能完全无视中国的存在。11月9日，英国外相沙里士伯勋爵在市府大厦发表关于中国和缅甸的演说，宣布："我们相信，在缅甸的军事行动中，我们已完全承认大清帝国的全部权利，我们的一切措施，必将先取得中国的同意和友谊合作，对中国的友谊我们是一向高度重视的。"[25] 第三次英缅战争终于打响。

当英国远征军向缅甸进军时，总理衙门迅即意识到问题的复杂性。11月13日，赫德在总理衙门与中国大臣讨论英缅战争对中国的可能影

---

22 《1885年11月4日下午11时伦敦来电第五三八号》，《中国海关与缅藏问题》，第11页。

23 《1885年11月9日伦敦来电第五四四号》，《中国海关与缅藏问题》，第17页。

24 《曾纪泽致总理衙门电》（光绪十一年十月初五日，1885年11月11日），《清季外交史料》卷六十一，第31页；又见《中国海关与缅藏问题》，第17页。

25 《1885年11月10日下午2时15分伦敦来电第五四五号》，《中国海关与缅藏问题》，第17页。

响。总理衙门大臣最后对赫德说："英国军队现既难撤回，英国的条件又不是我们所能劝告缅王接受的，如我们正式干涉，只能增加新的纠葛。因此我们授权给你去设法暗地解决，我们随后再来公开，给予英国以它所要的，也要给中国以它所要的。并且永远关闭第三者想在那里插手的门路。"[26]

获得总理衙门授权后，赫德提出了一个解决办法，即中英签订一个协定，条款如下："第一款：英国应允缅甸得按成例每届十年向中国进贡，中国应允尊重英国与缅甸所成立一切条约等。第二款：中国应允于中缅边境（即云南边境）选择一处地方开放对英贸易，其通商税则与其他沿海各口无异。英国应允该处进出口货物均按同样货物在通商各口应纳税则交付关税。本约应立刻换文批准，于一年内生效。"[27]

对于这个条约草案，赫德有这样两条解释："一，总理衙门提出正式官书记载，确实证明缅甸于一百多年来，每十年照例进贡。中国所真正要求的，不过是继续进贡，它对缅王向不册封，未派钦差大臣驻扎，亦不干预内政。如能继续进贡，将可取得中国的友谊；如不继续，将有碍中国的体面；我建议同意进贡。二，中国应允尊重英国与缅甸所订任何条约，这样可以使英国自由采取认为适当的行动。英国与缅甸订立新约时，就可以约束缅王，如不通知英国，不得自行对外交涉，未经英国同意，也不得对外订立条约，这样的防范，可以有效地堵住第三者干预的门路。法国在北圻的经验很可参考，如照我的办法，英国可任意选择缅甸的统治者。三，第二款可使英国在一个有利地点吸取云南的财富，允许领事、商人等在那里居住，与通商各口一样。款内关于税则等规定，我也劝英国接受，因为一者，货物照通商税则纳税，可示好于总理衙门，而化除反对；二者，中缅交通便利，商运费用较轻，货物按通商税则值

---

26 《赫致金第298号11月14日晚10时30分》，《中国海关密档》卷八，陈霞飞主编，北京：中华书局，1995年，第514页。

27 《赫致金第299号11月15日下午7时30分》，《中国海关密档》卷八，第515页。

百抽五付税,虽较中安边境贸易值百抽三或值百抽四略高,尚不致影响商务;三者,通商各口贸易统计和历史证明,法国除贩运酒类、香水外,并无可与英国竞争的工业品。再者,英国如能接受,可使问题迅速解决,任何不均等的待遇,将来尚可修正,我预料也不致有不均等之事。"[28]

赫德确实注意到了中英缅诸方利益,希望建构一个多赢体制。他对金登干说:"协定草案内容虽未向总理衙门详细说明,但我相信英如同意,总理衙门必可接受。我极力主张英国全部接受,同时务必注意勿使消息外泄。中国大概可以欣然接受第一款,对第二款可能迟疑,但我想也可设法使他们听从。边境贸易的便利等等,对将来都很重要,因此我劝告英国就全部接受我的提议,因为它是以此地最易于接受的方式提出的,并且一次解决也比枝节应付妥当。如英方表示愿意接受,我可立即进行,提出下一步骤。在决定前务必保持秘密,但必须在还没有阻力的时候趁热打铁。"[29]

赫德希望继续维持中国的宗藩体制,同时不影响英国在缅甸的利益。但是英国政府此时在战争上已经有进无退,英缅之间的矛盾,特别是英国政府对缅王的厌恶已经到了极点,非除之而不可。所以战争上的进展左右了外交,当英军迅速推进时,英国又正值选举,因而事实上没有人静下心思考赫德方案的意义。11月23日,英军占领缅甸故都阿瓦。25日,抵达缅京蛮德勒。稍后,拘捕缅甸国王锡保。

英军在战场上的神速打碎了赫德的计划,"英国正式吞并了缅甸,再向中国进贡是绝对不可能的"[30]。英国外交部已经不再将赫德这条私人渠道作为重要线索。11月26日下午,庞斯福德与赫德在伦敦的助手金登干会面,他似乎很失望地告诉金登干,赫德所提出的那些方案可能已成往

---

28 《赫致金第300号 11月16日下午3时30分》,《中国海关密档》卷八,第516页。
29 《赫致金第302号 11月17日下午2时10分》,《中国海关密档》卷八,第517页。
30 《中国海关与缅藏问题》,第40页。

事:"在目前的情形下可采取的最好办法,是将交涉全部移到北京,由印度政府派专使与中国政府商谈。"[31] 至于中国已在缅甸获得的权利,英国政府都将予以承认。英国外交部同时将这项决定通知中国驻英公使曾纪泽。

英国政府吞并缅甸的决定使问题突然复杂化。缅甸既然被吞并,成为英国殖民地,由印度总督管辖,还怎么可能向中国进贡呢?缅甸不再向中国进贡,就意味着中国宗主权的丧失。中国如何接受这个结果呢?赫德通过各种渠道重申他的论点:"如果继续进贡,中国就不会干涉;征服者可以无视事实,但不能无视中国;纳贡本身并没有什么价值,但是,骄傲的中国宁可为了她的特权发动一场没有希望的战争,也不愿意毫不努力地放弃;即使她不投入战争,争取在中缅边境发展贸易的希望也只能落空;战争的谣言到处传播,中国干涉或者外国介入的可能性在增长,但这种危险可以通过抓住眼前这个机会,迅速、和平地解决问题而得以避免;提出的暂定条约是综合的,能使英国既达到目的,又保住与中国的友谊,放弃的只是影子。如果英国人觉得'进贡'刺耳的话,可以找个中国人觉得适宜、英国人也认可的词来代替。赫德心切于确保承认中国的(宗主权)要求,甚至提出可以设立一种新的,或有限的吞并形式,也就是,宗主国中国可以授权英国按照与以前的统治国家相同的条件来治理藩属国缅甸。如果这个建议得到采纳,缅甸将成为一种世上罕见的政治实体。"[32] 赫德为此作了最后的努力,总希望保住中国的宗主国面子,也让英国获得实际的利益。

赫德的建议、方案,确实体会出了中国的难处、痛处,曾纪泽在此次交涉之初建议不要提及中缅宗藩关系,他的理由就是如果交涉不理想有损国威,伤害体制;再以不理想的交涉结果继续用强力去解决、去争取,则容易使国家重蹈中法战争式的覆辙。但是总理衙门、决策中枢并

---

31 《中国海关密档》卷四,第244页。
32 魏尔特:《赫德与中国海关》下,厦门:厦门大学出版社,1993年,第162页。

不认同曾纪泽的立场，而是愿意接受赫德的方案，从宗藩关系切入。现在，结果已出，曾纪泽不幸言中。

三、面子与里子

英国已经吞并了缅甸，缅王也已投降，中国已经不存在调停英缅关系的空间和意义。在这样一种现实条件下，曾纪泽能够想到做到的，就是让中国利益受损最小，乃至在缅利益最大化。十月二十六日（12月2日），曾纪泽电总署："泽意请英以八幕为我之商埠。彼灭缅，我占八幕；彼保护缅，我保八幕。倘英不允，我即具牍云英占我朝贡之邦，我甚惜之，但不欲失和，俟后再论之。即前数年函电所云普鲁太司特法也。彼平缅而我不认，不与议云南商务，彼惧有后患，或易就范。俟示乃开谈。"³³ 在英灭缅甸无法挽救前提下，曾纪泽力主占据八幕，以为华商埠。这当然不再有宗主国的责任、担当，而有点与英国瓜分缅甸的意思了。

对曾纪泽的建议，总理衙门的指示是："前电英允共商善后，此时宜先照会外部，云缅甸无理已甚，英伐之固当，但究系中国贡邦，此后英拟如何之处，全看其作何答复。至开谈，须以勿阻朝贡为第一义，但使缅祀不绝，朝贡如故，于中国便无失体。八幕通商，宜作第二步办法。"³⁴

清政府已经清楚缅王大约渡不过这一关了，英军伐缅也是无法阻止的事情，毕竟缅王的做法太过，可谓咎由自取。但是，清政府、曾纪泽不知道的是，英军迅速推进，继续保留缅甸的主权与领土完整已经成了问题，甚至，英国外交部对中国是否享有缅甸宗主权也开始怀疑。十一月十六日（12月19日），曾纪泽致电总理衙门，要求提供乾隆年间赐给

---

33 《使英曾纪泽致总署请英以八幕为华商埠候示电》，《清季外交史料》卷六十一，第37页。

34 《使英曾纪泽致总署英俟印督到缅始决存灭办法电》，《清季外交史料》卷六十二，第27页。

缅王金印式样、年月、印文等证据，以证明中缅之间存在着宗藩关系。[35]二十日（25日），总理衙门给予答复，并详细描述了乾隆五十五年颁给缅王的金印式样。[36]

曾纪泽、总理衙门积极论证中缅宗藩关系，期待英国即便占领了缅甸，也一定会同意缅甸继续向中国进贡。只要缅甸进贡，大清帝国的面子无损，此事就可以不了了之。然而在第一线作业的外交官曾纪泽很不乐观，他于十一月二十四日（12月29日）致电总理衙门："英节略云：缅事须谨慎，除废缅今王外，他事难遽定，请华举出上邦证据，并陈华予缅之权利，以便熟商。"[37]

总理衙门除了继续提供缅甸为中国属国的证据外，也似乎预感此事将有变数。同一天（十一月二十四日），"旨电曾纪泽：缅十年一贡，载在会典。光绪元年以前无爽期。此属国确据。缅以西南地让英，未告中国。近复文不提中国，实自外骈燕。目前阻英责缅，两难措手。英允商善后，是否意在八幕通商，宜及早预筹应如何向英措辞，希酌议。"[38]然而，中方根本没有来得及与英国交涉，英国外交部就在同一天令驻北京使馆照会总理衙门，宣布将自翌年（1886年）元旦起，并缅甸于印度。

三日后（即十一月二十七日，西元新年元旦），英国印度总督如约宣布缅甸合并于印度，正式成为英国的殖民地。第二天（十一月二十八日），曾纪泽向英国外交部提出强烈抗议："咨英责其未与华议，遽灭缅甸为食言。"[39]他当面诘问英外相，缅甸系中国之朝贡属国，英兵何得擅

---

35 《使英曾纪泽致总署询乾隆时缅王金印式样电》，《清季外交史料》卷六十二，第29页。
36 《总署致曾纪泽说明缅王金印式样电》，《清季外交史料》卷六十二，第30页。
37 《1885年12月29日（光绪十一年十一月二十四日）曾纪泽致总理衙门电》，《中国海关与缅藏问题》，第56页。
38 《总署致曾纪泽奉旨缅以地让英未告中国宜预筹电》，《清季外交史料》卷六十二，第32页。
39 《使英曾纪泽致总署责英未与华议俱灭缅甸为食言》，《清季外交史料》卷六十二，第35页。

行攻伐？英外相答以英国之目的仅在于惩罚缅甸人对英国人的"虐待"，至于用兵后如何处理缅甸之善后事宜，英国将与中国保持联系，进行协商。

缅甸亡国大约无法挽回了，鉴于此种事实，十一月二十九日（1月3日），总理衙门采取最务实的方案，命滇川两省密筹边防，并命曾纪泽力争缅甸朝贡。

根据总理衙门指示，曾纪泽与英国外交当局密切磋商，最大限度争取中国的权益。毕竟碍于历史事实，特别是英国不能不与一个巨大的亚洲市场打交道，所以对于中国的要求，能够让步的，也并不是一概不愿让步。十二月初六（1月10日），曾纪泽致电总理衙门："英云缅事可商，依乾隆中缅约。可否以缅有降表而无约折之？称贡与赐为互贶，可否以缅使以时入贡，中朝从未遣使折之？会典不便提，以英使亦提及也。缅表是否用赐印？"[40]

曾纪泽与英外相继续交涉，十二月初九日（1月13日）向总署报告交涉细节："英虑法生事，不允存缅。泽力争良久，（英外相）沙云另立王管教不管政，照旧贡献中国。英摄缅政，以防外患。倘署允此办法，则以后专商界务、商务。沙云，英循华情而立王，华于商务宜宽待英。泽意八幕事归界务办。"[41]

对于曾纪泽交涉的这个结果，总理衙门认为可以接受，并在第二天（初十，14日）给予进一步指示："缅祀不绝，贡献如故，界务又可开拓，得旨照办。惟缅另立何人为王，宜先告中国，允后再定，尤为得体。摄政则听英缅自定，我不与闻。彼云商务宜宽待，须防要挟地步。英括全缅，得利已厚，立王留贡，虚文不足抵。八幕展界正可借此立说，须

---

40 《使英曾纪泽致总署报英廷允商缅事电》，《清季外交史料》卷六十二，第43页。

41 《使英曾纪泽致总署英云缅另立国王管教不管政电》，《清季外交史料》卷六十二，第44页。

坚持防他索。"⁴² 清政府依然期待维持宗藩关系，且在领土上尽量利益最大化。

中英协商在顺利进行，却因英国内政而暂停。十二月二十六日（1月30日），曾纪泽电告总署："近商缅事颇顺。英择缅教王，候中朝俞允，并照前进献，潞江东地咸归中国均将定议。所争者册封入贡字样，及八幕耳。英政府忽因议英均田事被驳告退，刻已不肯商缅事，候新政府到任乃商。"⁴³

英国国内政治使谈判暂停，但中英相关人员的接触探讨并没有完全中止。1886年3月初，金登干致信赫德，报告他从中国使馆雇员马格里那里获得的消息："他说由于八幕在军事上的重要性，中国最后恐怕得不到八幕了。中国所要的是：一、八幕；二、除了英国原来准备让给中国的萨尔温江以东地带外，再将边界拓展到瑞丽江；三、中国船只在伊洛瓦底江上得享航运权利；至于朝贡，如果立教王的办法行不通，可以另筹别法。"⁴⁴这些转述的准确性可以怀疑，但毫无疑问，中英之间关于缅甸善后交涉不可能一帆风顺。

谈判停顿让清政府决策中枢相当焦虑，光绪十二年二月初二日（1886年3月7日），总理衙门电询曾纪泽："缅事近议如何？曾纪泽着俟议定后再行回华。"⁴⁵在此之前，清廷已经决定换人，新公使已经在路上。

第二天（二月初三日，3月8日），曾纪泽致电总署，报告最近进展："缅事不但不让八幕，且毁其前任立教王以贡华之议。外部议两法：一、云督缅督十年互送礼；一、清帝英后十年遣使互送礼。泽皆拒之，力争

---

42 《总署复曾纪泽缅甸存祀入贡拓界各事得旨照办电》，《清季外交史料》卷六十二，第44页。

43 《使英曾纪泽致总署报近商缅事进行颇顺电》，《清季外交史料》卷六十二，第58页。

44 《1886年3月5日伦敦来函Z字第四一六号》，《中国海关与缅藏问题》，第66页。

45 《旨寄曾纪泽着俟英缅近事议定后回华电》，《清季外交史料》卷六十四，第7页。

多次,英不松口。现应如何办理,乞速示,顷定初六日再商。泽拟刚柔两策,乞酌。刚则咨云:英灭吾朝贡之国,又所商善后不协吾意。吾以友谊为重,不欲失和,然当商议界务,照各国所绘中缅界图分管,如此是拒其陆路通商之请,故谓之刚。柔则允其两督互送礼之说,缅前贡华者改由缅督送云转呈,华前赐缅者改交云督抚送缅。界则潞江东仍归华,八幕有华租界,且可设税关,如此稍柔,然可即了。"[46]

对于曾纪泽"刚柔二策",总理衙门当天电复:"奉旨。曾纪泽朔电已悉。……所拟缅事刚柔两法,中缅自有定界,未可以洋图为据,致他处分界,又开歧出之门;烟台旧约,大理已有专条,安能拒其陆路通商;既无贡献之名,彼此送礼,亦嫌蛇足。以上三策均勿庸议,此时立王朝贡前议,空言争执,恐彼费辞,应暂置勿提,先与专议伊江划界、八幕通商两事。一有端倪,即行电闻。"[47] 维持朝贡形式的宗藩关系既然不太现实了,还不如转向现实主义去争取最大利益。

总理衙门转述的谕旨为继续交涉指出了一个方向,曾纪泽却对此略有看法。二月初九日(3月14日),曾纪泽致电总理衙门:"允论界务、商务是认英灭缅之据,不于同时论贡务,则以后仍难再论。倘办到缅督每十年照缅王旧例遣使呈仪,而我仍不遣使,可将就了结否?此意亦外部密告者也。"[48] 曾纪泽觉得此时如果不将贡务、界务、商务捆绑在一起谈,那么缅甸离开中华帝国宗藩体制将再无改正机会了。

对于曾纪泽的请示,总理衙门当天(初九,14日)电复:"奉旨。庚电已悉。先论界务、商务,既为认英灭缅,即办到遣使呈仪,何独不然。况与缅督往来,尤失国体,断不可行。前谕本以存缅为正办,而以该大臣八幕通商原议为第二步。此时仍宜坚守存祀前说,与之始终力争,

---

46 《使英曾纪泽致总署英缅事决用刚柔二策电》,《清季外交史料》卷六十四,第7页。

47 《清季外交史料》卷六十四,第8页。

48 《使英曾纪泽致总署与英议缅甸事倘照例贡献可否了结电》,《清季外交史料》卷六十四,第13页。

纵争之不得当可留待异日也。"⁴⁹ 即仍以保存缅甸主权完整性为第一要义，贡务第一，界务、商务，均为第二位的。

对于朝廷的指示，曾纪泽是这样理解的："立教王有存祀之意，即遵旨始终力争，争未得似不宜遽定界务、商务，是示以不复争存祀也。泽前电或未明晰，谨再呈。英允让八幕，即八幕上游，亦未允我滨伊江，并呈。"⁵⁰ 据此思路，曾纪泽二月十二日（3月17日）与英方晤商，英方云："英据缅本可不商中国。中国不允缅督呈议，一切事可停商。"⁵¹

二月十三日（3月18日），总理衙门又有一电致曾纪泽："英缅构衅，始则缅自取怨，英颇有理。英外部前与曾纪泽所议存缅立王各节，不特与中华字小之义吻合，即环海各国亦无訾议。现因外部换人，忽然反复，殊出意外。中华所重在乎不灭人国，贡与不贡无足轻重。着曾纪泽再为辩论，详述恃德恃力之道，并责义始利终之非，看其如何作答，即行电闻。"⁵²

此后一段时间，曾纪泽与英国外交部就存缅祀问题往返争论数次。《中国海关与缅藏问题》一书编者据第一历史档案馆藏档摘录如下："光绪十二年二月二十日发曾大臣：'缅祀近议如何？即电复。'二月二十三日收曾大臣：'力争存缅祀，英并不辩理，似不允许。'二月二十三日发曾大臣：'存缅英不辩理，是否空言相争，抑用照会？如用照会，不能始终不答，似宜据理催问。希速电复。'二月二十六日收曾大臣电：'辩论多系语言，尚未用照会。'二月二十七日发曾大臣电：'口舌争论究嫌无据。似宜给予照会，婉言正论反复理辩，但能设法令其复践前说，则缅督进献一节，我亦可通融再商。总须索有照复议办，方免反悔。'"⁵³ 不

49　《清季外交史料》卷六十四，第13页。
50　《使英曾纪泽致总署争存祀未得不宜遽定界务商务电》，《清季外交史料》卷六十四，第13页。
51　《使英曾纪泽致总署遵旨力争缅祀并潞江下游电》，《清季外交史料》卷六十四，第14页。
52　《德宗实录》卷二二四，第7页。
53　《中国海关与缅藏问题》，第71页。

得已，朝廷同意重回缅督进献旧案。

遵照总理衙门电示，三月十二日（4月15日），曾纪泽照会英国外交部，促照去年十二月八日（1月12日）英国外相的方案：另立缅王，管教不管政，缅甸照旧进献中国；英管缅政，以防外患。然而遗憾的是，此一时彼一时，英国新政府不认旧账，不肯重回原来的方案。三月十五日（4月18日），曾纪泽致电总署："英复咨不肯践言，其词甚决。仍议每十年由缅督备前缅王应贡之物，派缅员呈递。八幕亦不允归我，但允于大盈江北让一股归我，使我得到伊江，且得通于海。至南掌等处归我仍践前言耳。电候速示。"[54]

清廷并没有迅速给予指示，因为接替曾纪泽出任驻英公使的刘瑞芬即将到任。据第一历史档案馆藏档，三月十八日（4月21日），曾纪泽致总署电："密寿。刘十九准到马赛，如令其来英，二十三可到。兹略删英咨冗字复句电呈：'准贵使本月十二咨述前商缅事情形，催本爵照行前任所提教王历遣使办法，并伊江东岸直至瑞丽江，统归中国等因。据本爵观之，沙侯未说必照所拟办理，但云印督欲于缅立教王，十年遣使呈仪，或可合华意。然沙旋声明此事仅系提论，不知果能行否。其后印督探知此种提论办法不可行，则虽明知总署视为紧要，亦但有抱歉而不能曲循也。英曾拟径自英后与中国大皇帝每十年互遣使送礼，中朝拒而不许。三月十七日复拟由英廷嘱驻缅大员办十年遣使事，英廷以为必合华意，全两国声望，然未蒙示复。现英仍愿照此办理，并可派缅人充使，（江）东管理之权让与中国。阅来咨，知中朝未允接受。至其在西之界，英廷虽不能允瑞丽划界及八幕归中国，然已商问印督或可听中朝设埠，伊江为华通海之埠，现盼驻缅官速复，此节英廷甚望此等办法，命商议如何使中朝商务易行，为妥办后事之根。'霰。"[55] 英国外交部并不希望缅甸

---

54 《使英曾纪泽致总署英议每十年由缅督派员呈贡电》，《清季外交史料》卷六十五，第2页。

55 《1886年4月21日（光绪十二年三月十八日）曾纪泽致总理衙门电》，《中国海关与缅藏问题》，第73页。

问题对中英关系特别是中英贸易产生太大影响，毕竟中国是一个相对成熟的市场，也是亚洲规模最大的市场。

但在清政府方面看，此次交涉步履维艰，如果换人、换思路，同时当面听取曾纪泽交涉的解释、建议，或许能够另开新局。三月二十二日（4月25日）总理衙门致电曾纪泽："奉旨。刘瑞芬已到马赛，着先赴英接任。曾纪泽将经手事宜详晰告知，即行回华。存缅英既未允，所商分界各节关系綦重。俟曾纪泽到京后面加垂询，再行议定。"[56]

此后，中英谈判的重心转移至国内，主要在总理衙门、李鸿章与赫德，以及英国驻华公使欧格讷之间展开。此时，英国根据《烟台条约》派出入藏使团的要求，在西藏引起激烈反对，清廷不得不在属国、属地之间做出孰轻孰重的选择。六月二十三日（7月24日），庆亲王奕劻与欧格讷在北京签署《清英会议缅甸条约》，其要点有：

一、因缅甸每届十年，向有派员呈进方物成例，英国允许缅甸"最大之大臣"循例进行十年一次的朝贡。

二、中国允英国在缅甸显示所秉一切政权，均听其便。

三、中缅边界应由中英两国派员会同勘定，其边界通商事宜亦应另立专章，彼此保护振兴。

四、英国同意暂缓派员由印度进入西藏，但原则上规定藏印边界通商。[57]

至此，缅甸从中华帝国属国体制中脱离，留下一个渐去渐远的模糊背影。

缅甸脱离中华帝国属国体系，只是十九世纪下半叶中国政治变局的一个环节。包括缅甸在内的诸国在二十年间相继离开，先前数百年自然生出的大中华政治版图"由本部而边地至属国"的同心圆格局不复存在。

---

56 《使英曾纪泽致总署陈明交卸赴俄并高丽催英国退安岛电》，《清季外交史料》卷六十五，第7页。

57 《缅甸条款》（1886年7月24日），《中外旧约章汇编》卷一，王铁崖编，北京：生活·读书·新知三联书店，1957年，第485页。

这对刚刚步入工业化发展之途的中国而言，利弊参半，有得有失。从利与得的方面说，中华帝国摆脱了一些包袱，更可以轻装起步，专注于自己的工业化、现代化。正如蒋廷黻所说："在历史上属国是我们的国防外线，是代我守门户的。在古代，这种言论有相当的道理；到了近代，局势就大不同了。英国在道光年间直攻了广东、福建、浙江、江苏，英法联军直打进了北京，所谓国防外线简直没有用处。"[58] 于是清帝国对于属国体制再没有继续维护的内在需求。这是属国体制不到二十年便解体的根本原因。当然，从弊与失的角度进行反省，属国体制迅速解体也非常可惜，除不得已的外在压力，也有缺乏远见和可参照的前例诸因素。毕竟西方新殖民主义的东来，其目的在于资源和市场。清帝国在转向工业化的时候，确实需要轻装，需要卸下原来许多不必要的包袱。但是，漫长的属国体制本身就是一个大市场，如果清帝国在自身转轨的同时，适度注意帮助这些属国一起转身，协助这些弱小的国家去独立建国，历史或许将是另外一番模样。历史无法假设，走过了就是走过了。历史可以复盘，从复盘中可以看出决策者的智慧与远见，当然也有可检讨的问题。

（责任编辑：邱源媛）

58　蒋廷黻：《中国近代史（外三种）》，长沙：岳麓书社，1987年，第64页。

李岩：中国文人、反叛者和谋士（1606—2016）*

戴福士（美国纽约州立大学布法罗分校）

一、李岩之谜

关于李岩的记载最早见于明朝进士官员赵士锦的回忆录。赵来自苏州府常熟县，他于1644年春在北京经历了李自成所领导的大顺政权并幸存下来。据该回忆录记载，李岩在北京住在明朝贵族周奎的府邸，当李自成率兵向东对付吴三桂和多尔衮的时候，李岩留守北京城。[1]不久，李自成兵败，不得不向西退往陕西。与此同时，在江南常州府有明朝文官龚云起，笔名葫芦道人，开始编纂关于李自成和李岩的故事。[2]龚和其他一些人写道，李岩是明朝河南省东北部开封府杞县的举人，因为老百姓遭灾没有饭吃，他恳请知县设法赈济，并把自己家里的粮食分给百姓，因此老百姓叫他"李公子"。杞县知县担心李岩收买民心是意图谋反，便将他抓到监狱。老百姓说李公子曾经救过他们，因此起义将李岩从牢中解救出来，并且一起前往投靠闯王李自成。"李公子附了李自成，为之谋主，劝他尊贤礼士，禁暴恤民。"李岩利用商人传播消息，并创作童谣，"说李公子仁义之师，不杀不掠"。李岩成为李自成的谋主和制将军。与

---

* 丁祥利博士修订原稿，谨致谢意。
1　赵士锦：《甲申记事》，北京：中华书局，1959年，第10，12，16页。
2　龚云起：《李闯小史》10卷，《甲申核真略（外二种）》，杨士聪等编，杭州：浙江古籍出版社，1985年，第85—202页。

此同时，来自河南省宝丰县的举人（1627年中举）牛金星成了李自成的丞相；来自河南省永城县的侏儒占卜师宋献策，身高不满三尺，因预言"十八孩儿当主神器"而成为军师。李岩的弟弟李牟被任命为弘将军。

据说，李岩曾试图保护来自杞县的科考状元刘理顺，也非常同情支持东林学派的懿安皇后。但是，他们最终都自杀了。李岩还上书谏贼四事：扫清六宫以承继天子大位；根据过往记录和态度，明朝旧臣与文人宜分三等；为防止扰民，各营兵马仍令退居城外；在河南境内划出一小块封地，授予明朝皇室子孙。然而，李自成并没有听从这些建议，最终导致北京落入吴三桂和多尔衮之手。当退据南京的明朝军队开始抓捕大顺在河南省东北部的地方官员时，李岩和李牟向李自成请命，希望闯王允许他们率军队到河南老家去恢复大顺政权。而丞相牛金星则怀疑李氏兄弟想趁机自立为王，因此劝李自成将他们杀掉。大顺政权的将领之间相互猜疑，不能精诚合作，最后或降清，或被杀。由此我们可以看出，李岩的生死沉浮与大顺政权的兴衰有着直接的关联。

在江南，众多文人和历史学家接受并进一步发展了这一关于李岩的基本叙述。有人写道，他的父亲李精白是明末进士、尚书，并且与阉党头目魏忠贤有着密切联系。李岩放粮赈灾的目的就是恢复他家的声誉。有的写道，在1640年的饥荒之年征收田赋的杨姓高官就是明朝将领杨嗣昌；为了支持军队抵抗清兵、镇压流寇，他强征田赋附加费。有的则讲，抓捕李岩的杞县知县"宋某"就是曾经镇压地方白莲教叛乱的杞县知县宋玫。[3] 著名文人吴伟业认为李岩的原名是信，曾被起事反明的女侠红娘子绑架。李回家后便被知县认定和叛匪勾结，因此被逮捕下狱，后被红

3　西吴蓝道人：《新编剿闯孤忠小说》，中国国家图书馆缩微胶卷，第1页；蓬蒿子编：《定鼎奇闻》22章，上海：上海古籍出版社，1990年，第30、32页；陆应旸编：《樵史通俗演义》，栾星点校，郑州：中州古籍出版社，1987年，第1—11、247—251、258、269、272—273、275、280、283页；计六奇：《明季北略》24卷增补本（1670年成书，19世纪刊行），北京：中华书局，1984年，第13.225—226、16.278、17.294、19.360、20.415—416、455—459、478、481、486—487、21.524—525、22.593、23.655—656、668、670—677、33页。

李岩：中国文人、反叛者和谋士（1606—2016）

娘子救出，投诚李自成。⁴关于李岩的叙述得到了民间和官方编纂《明史》的历史学家的关注。有的写到李岩是杞县人，有的则只提到他是河南人。⁵有的史家认为李岩是生员，有的则认为他是举人。《明史》最后把杞县举人李岩的传放在李自成传里，只提到关于李岩的最基本的叙述，对于李公子到底是指李自成还是李岩仍存有很大的疑惑，这都表明他们对李岩故事的历史真实性有所怀疑。⁶

十七世纪九十年代，李岩死后半个世纪，《杞县志》和《开封府志》的编撰者以及商丘县的民间史学家否认李岩的故事，他们认为杞县并没有姓李名岩的举人及其父亲李精白，也未曾有举人把家粮分给饥民，被宋姓知县抓捕入狱，之后投靠李自成等。⁷这些关于李岩的叙述，都是被江南文人官员虚构出来的，他们以此来抹黑河南人，而这些并不符合该省在明末时的情况。尚书李精白的后代也讲到他们的家谱没有关于举人李信或李岩的任何记载。⁸然而，明史的编撰者无视这些不同意见，清朝政府甚至将夏邑县一位批评李岩故事史实性的人查办。⁹乾隆年间，有戏剧家写道，李岩有位夫人姓汤，因为李岩加入叛乱，所以她便自杀了断。¹⁰同时有剧作家颂扬红娘子，将她视为女侠传统的一部分。¹¹有历史学家则试图淡化其他谋士如牛金星等在李自成起义军中的作用，但是没

---

4 吴伟业：《绥寇纪略》，台北：文海出版社，1969年，9.5—6，42—43，47a，54—55。

5 万斯同：《明史钞本》第416卷，美国国会图书馆复印本，p408. 11。

6 王鸿绪：《明史稿》第310卷，183.10，21a；张廷玉编：《明史》第336 卷，北京：中华书局，1974年，第309. 7956—7957，7960，7967—7968页。

7 李继烈、何彝光编：《杞县志》第20卷，1693年，10，13.人物，忠烈 7—9；管竭忠、张沐：《开封府志》第40卷，1695年，33，40.7；郑廉：《豫变纪略》第8卷，王兴亚编，杭州：浙江古籍出版社，1984年，凡例，第140—141页。

8 潘遇莘、王敛福编：《颍州府志》第10卷，1752年，8.75b；李复庆纂辑，周天爵修：《阜阳县志》，台北：成文出版社，1985年，第1788页。

9 郭成康、林铁钧：《清朝文字狱》，北京：群众出版社，1990年，第209—215页。

10 佚名：《梼杌近志》，《中国野史集成》第50册，成都：巴蜀书社，1993年。

11 董恒岩（榕）：《芝龛记》6卷60出，哈佛燕京图书馆珍本阅览室，1751，5.42—46。

有人试图把李岩故事安插在未有其人出现的著述中。清末有不少学者接受李岩的故事，但是也有学者否认他的真实性。[12] 李岩之谜仍未得到解决。

虽然民国初年有历史学家提倡"疑古"，想撰写"新史"，关于李岩和红娘子的故事却不但延续下来，而且达到了新的高度，形成了更大的影响。[13] 郭沫若在其《甲申三百年祭》中将李岩和红娘子放在李自成起义的中心。[14] 毛泽东劝大家学习大顺政权的历史以避免它所犯下的错误。[15] 1949年前后，有几位历史学家认识到关于李岩的叙述存在瑕疵，但是他们更注重阐释李岩的意识形态和历史意义。[16] 在中国内地和香港地区有两部长编历史小说曾经提出几个疑问，但是这些作者基本上接受而且更进一步发展了才子佳人合作拯救天下的故事情节。[17] 还有戏剧家对李和红的亲密关系产生了更大的兴趣。[18]

毛泽东和郭沫若先后于1976年、1978年去世以后，三个中国历史家发表了数篇文章，否认了李岩故事的真实性，如早先的批评家所言，李

12　抱阳生编著，任道斌校点：《甲申朝事小记》20卷，北京：书目文献出版社，1987年，第8、13页。

13　赵宗复：《李自成叛乱史略》，《史学年报》1937年第2卷第4期，第127—157页。

14　郭沫若：《甲申三百年祭》，北京：人民出版社，1954年。

15　毛泽东：《毛泽东选集》第3卷，北京：人民出版社，1991年，第947—948页。

16　谢国桢（刚主）：《红娘子和卦子陈四》，《学术月刊》1962年第11期，第58—61页；曹贵林：《李岩述论》，《历史研究》1964年第4期，第153—172页；杨宽：《李岩评价问题汇编》，香港：扬开书社共扬社，1968年。

17　姚雪垠：《李自成》，北京：中国青年出版社，1970—1990年，5卷本；金庸：《碧血剑》，北京：生活·读书·新知三联书店，1994年，2卷本。

18　马少波：《闯王进京》，《马少波剧作选》，济南：山东人民出版社，1980年，第9—74页；李一氓：《九宫山》，无锡：苏南新华书店，1949年；吴天石、夏征农、沈西蒙：《甲申记》，上海：新华书店华东总分店，1950年；阿英：《李闯王》，北京：作家出版社，1955年；刘炳善：《红娘子》，1978年（北京凤雷京剧团剧本，作者2009年很友好地将副本提供给我）；华而实（潘跃麟）：《红娘子》，太原：山西人民出版社，1980年；石天（刘笑声）：《红娘子》，银川：宁夏人民出版社，1982年。

李岩：中国文人、反叛者和谋士（1606—2016）

岩是一位"乌有先生"。[19] 有人写他是制将军，但是没有历史材料证明他在战争中的作用。有人写他创口号、编童谣，但是其他的人也都可以做到。李牟被认为是大顺将军，有两个人都可能叫李牟，但并没有证据证明任何一个是李岩的弟弟。有人写李岩在北京试图保护刘理顺和懿安皇后，但是其他的人也能够做同样的事，包括河南进士薛所蕴。李岩和李牟被暗杀的时间和地点，则没有大家一致认可的记录。在1982和1984年，我提出假设，故事中的李岩可能是由几位人物合成的一位复合历史人物，其中可能包括明朝开封最后一任知府李岩。这个李岩和杞县进士宋玫都是山东省莱阳县人。[20] 一位日本明史专家也对李岩故事表示怀疑。[21] 但是关于李岩名字的来源和李岩故事之间的关系，大家则没有达成共识。在缺乏足够文献证据的情况下，大部分的历史学家还是相信李岩故事的真实性。[22]

二、李岩之谜的历史解释

2004年，在河南省焦作市博爱县唐村，地方干部李立炳发现了一份

---

[19] 顾成：《李岩质疑》，《历史研究》1978年第5期，第62—75页；顾成：《再谈李岩问题》，《北京师范大学学报》1979年第2期，第70—81页；栾星：《李岩之谜：甲申史商》，郑州：中州古籍出版社，1986年；秦新林：《识论〈剿闯小说〉与李岩形象的关系》，《北京师范大学学报》1995年增刊，第70—75页；秦新林：《杞县〈李氏族谱〉之李岩疑辨》，《河南大学学报·社会科学版》1996年第2期，第77—82页；秦新林：《李岩在京史实质疑》，《史学月刊》1996年第3期，第29—33页。

[20] Des Forges, Roger, "The Story of Li Yen: Its Growth and Function from the Early Ch'ing to the resent," *Harvard Journal of Asiatic Studies*, 1982.42.2, pp.535-587; Des Forges Roger, "The Legend of Li Yen: Its Origins and Implications for the Study of Ming-Ch'ing Transitions in 17th Century China," *Journal of the American Oriental Society*, 1984.104.3: 411-436.

[21] 佐藤文俊：《李公子の谜－明の终末から现在まで》，《汲古选书》53，东京：汲古书院，2010年。

[22] 王兴亚：《李自成起义史事研究》，郑州：中州古籍出版社，1984年；李肖胜：《从杞县"历史族谱"看李岩其人》，《河南大学学报》1986年第1期，第53—55页。

▼ 戴福士

《李氏家谱》的抄本。这个抄本受损且不完整，我们也不清楚这是否是最近才制作出来的版本。但是该文本含有清朝岁贡李元善于康熙五十五年（1716年）所作的序，还包括一个长达十一世代，跨越明初到清初的家庭谱系。虽然该家谱目录所提到的传记部分已经遗失，但它仍然有不少关于明末时期家庭成员的简短叙述。该家谱的编撰者李元善的叔父叫作李信，字岩。据该家谱所载，李岩和他的远房堂弟李牟以及另外八个男性家族成员（第九和第十代）曾加入李自成叛乱。其中一些人，包括李岩和李牟，都为此丢了性命。在序里李元善写道："族裔诚祀之，所事避谈，籍谱勿传扬焉。"[23]

随着《李氏家谱》的发现，围绕着李岩问题，学界已有十几篇学术论文和两本专著相继发表。越来越多的学者认为，该家谱解决了关于李岩之谜的很多疑问。[24] 历史上的李岩，不是来自安徽的阉党尚书李精白的儿子，而是乡生李春玉（号精白）的宗侄和义子，李精白在杞县经营一家粮油店。李岩不是河南府杞县的举人，而是怀庆府河内县的生员和济源县的贡生，并曾在那里教书。李岩不是杞县人，但是他的义父李精白在杞县做生意。李岩祖上不一定和阉党有任何关系，但他确实曾在杞县赈济乡民。李岩没有被明朝杞县知县逮捕入狱，也没有杀宋姓知县，不过，由于认为他的表亲箭试成绩未获得公正评判，李岩和他的哥哥李仲把武试考官打死了，因此他们不得不跑到外地以逃避惩罚。李岩也没有在被红娘子救出监狱后又被说服投诚李自成，但是他的确响应了其堂弟李牟的号召，一起投诚李自成，而成为起义军的将军和谋士。

很可惜却也可以理解的是，家谱里并没有关于李岩和李牟在大顺政权具体活动的记述，只提到他们曾被李自成不公正地杀害，又没提到他

23　李元善编：《李氏家谱》，第48页（李立炳向我提供了这份不完整抄本的影印本，他为抄本标了页码）；《李氏家谱》在《李岩籍里考汇》中首次被印刷（牛生霞等编审，郭汉江等编辑：《李岩籍里考汇》，中国人民政治协商会议博爱县委员会、学习文史资料委员会，2013年，第211—233页）。

24　牛生霞等编审，郭汉江等编辑：《李岩籍里考汇》，中国人民政治协商会议博爱县委员会、学习文史资料委员会，2013年。

李岩：中国文人、反叛者和谋士（1606—2016）

们具体是在什么时间和地点被害。该家谱中的一些词汇和用语与清朝的政治环境不相契合，这表明家谱是在民国时期为平民所编，或者至少可以说被修订。虽然该家族非常重视武术和仪礼，但该家谱在谈及这些事情时也有不少谬误。因此有一位上海的青年学者怀疑家谱的真实性和历史价值。[25] 笔者则认为，这些问题极有可能是民国后期在对原始文献誊抄的过程中，由于誊抄者受教育程度有限而导致的。尽管如此，我们仍应感谢李氏家族（包括李立炳和两位老太太）在历经战乱和一系列波折，尤其是"文化大革命"之后，仍将这份家谱保存下来。

笔者认为，《李氏家谱》不仅证明在历史上有文人谋士李岩的存在，也可以帮助我们了解李岩故事在口头历史中的来源和发展。据一则1645年的日本史料所载，在日本长崎的中国水手中传言，李自成是一位明朝大臣的儿子，他在一个饥荒之年替贫民缴税。地方知县要求他下一年做同样的善事（帮穷人纳税），但是他拒绝了，因此被逮捕入狱。根据这些传言，受到李自成恩惠的人们将他解救出来，从此他便走上了推翻明朝统治的道路。当时人们便称李自成为李公子，但是后来一些江南文人把这一称号转给李岩。[26] 从某种观点来看，江南史学家是将大顺政权的功绩转嫁给李岩，以此来批判李自成和他所犯下的错误。在明清鼎革之际，江南地区流传着许多相互矛盾的关于李岩名字和身份的传言。谈到李岩的名字，著名学者顾炎武用了三个读法相同却写法不同的"岩"字，还有两个学者用的是另外两个不同的"岩"字。顾炎武也不确定李自成、李岩和李牟到底是三个人、两个人，还是同一个人。[27] 有一个明朝大臣杨士聪在他的回忆录中谈到，进入北京的起义军中有两个李姓都督比较活跃。其中一个都督在搜刮战利品时对明朝权贵和文人比较仁慈。这个

25　许军：《民间故事的文史影响——以李岩传说为例》，《民间文化论坛》2010年第6期，第5—12页；许军：《唐村"李氏家谱"辨伪》，《上海对外经贸大学学报》2016年第3期，第84—96页。

26　林春斋、叟法（林叟法）等编：《大明兵乱传闻》，《华夷变态》，长崎、东京：秀光社，1958年，第51—56页。

27　顾炎武：《明季实录》，台北：华文书局，1968年，卷13：62a，87b。

都督大概就是李大亮（李岩哥哥李仲的起义号），另一个估计是李岩。[28] 杨也说明，原本是河南进士薛所蕴试图保护杞县进士刘理顺的儿子，后来传言则说成是李岩在保护刘理顺。据此我们可以看出，因为李岩已死，国法无法再追究他的责任，所以薛所蕴在叛乱中的所为就被转接到李岩的名下。杨所描述的在这次叛乱的仁义的一面，或许也是借此解释为什么他能在明末叛乱中幸存下来。而正是因为李岩英雄般的牺牲，他才会被树立甚至是夸大成为这次起义的仁义化身。

家谱也可以用来解释其他的问题。虽然李牟是李岩的宗弟，但他是第一等的大顺将军，李岩则是第二等，这是因为李牟早几年便投诚李自成，李岩只是后来才参加起义军。李岩的哥哥李仲（李大亮）幸存下来，在江南教太极拳，他极有可能会谈到李岩问题，出于维护自身和家族利益的考虑，他可能会讲李岩是杞县的举人，以此保护河内县李家的秘密。比如说，家谱李岩传说他"造赈谣"，这可能是李岩故事"劝赈歌"的来源。故事中的李岩分发大量粮食给饥民，与历史上李岩在叔父李春玉（李精白）粮行工作的情况相契合。故事中的李岩懂武术，而且利用商人网络为起义提供支持，都符合历史上唐村李家习武和经商的传统。据家谱所载，李岩没有姓汤的夫人，但是李牟，李牟的叔父，和李牟的儿子都有夫人姓汤。这可能和故事中的李岩的夫人姓汤有关联。按照家谱，起义军里的将军李右是李岩另一个堂弟，而且还是一位贡生。一些史学家将李岩的举人身份贬低到生员，而李氏家族中有二十多人都有生员身份。故事中的作为文人的李岩和李牟，看不惯李自成和刘宗敏那些无科举功名者的粗鄙行为。从另一个角度来看，叛军中阶层的分化导致了领导层的分裂，从而削弱了起义军的实力。家谱里所记载的人大部分都是精英，只有一个人以务农为生。

《李氏家谱》并没有关于红娘子故事的记载。但是家谱曾提到，李岩

28　杨士聪等：《甲申核真略（外二种）》，杭州：浙江古籍出版社，1985年，第1，12，16，18—19，20，23，25，30，31，33，40，52，57页。

的宗侄李元明和他的爱人陈氏是"杭州武林著名夫妻武功高手"。这可能是红娘子故事的一个间接来源。当吴伟业把红娘子故事安插进李岩故事的时候，他大概知道1638年有一位李靖在杞县起义。李靖以"十八子"谶言自居，要求他人臣服，但没有成功。熟知文史的吴伟业很可能联想到隋末将军李靖起义，其中就有一位女将叫红拂妓，又有男将叫虬髯客。[29]当吴伟业创作一个强悍而穿红的女人的时候，他大概也受到在明末很流行的《西厢记》——这个传奇故事也起源于唐朝，后来发展成一部杂剧——中的侍女红娘这一角色的启发。[30]1751年，文学家董恒岩在《芝龛记》中证实了这些假设。[31]

三、李岩和红娘子在历史上的意义

在中国历史上有不少文人、反叛者和谋士。比如说，商汤有伊尹，周文王有太公望，秦始皇有李斯，汉高祖有张良，隋文帝有李德林，唐太宗有魏征，元世祖有刘秉忠，明太祖有李善长，清世祖有洪承畴，蒋介石有陶希圣。[32]通过比较李自成和李岩与所有的那些统治者和谋士的关系，可以决定哪些模板最为合适。李自成在开始起义时有点像陈胜吴广，用孔子的后代为臣。[33]后来李自成得到广大民众的支持，与刘宗敏

29　常柏工：《李靖评传》，南宁：广西教育出版社，1996年。

30　元稹：《莺莺传》，《元稹集》，北京：中华书局，2010年；Hightower, James R, "Yüan Chen and 'The Story of Ying-ying, '", *Harvard Journal of Asiatic Studies*, 1973 (33): 90-123；王实甫：《西厢记》，香港：中华书局，1960年；Wang Shifu, *The Story of the Western Wing*, Stephen H. West and Wilt L. Idema eds. and trans., Berkeley: University of California Press, 1995；元稹：*Selected Chinese Short Stories of the Tang and Song Dynasties*, Xianyi Yang and Gladys Yang, trans., Beijing: Foreign Languages Press, 2001。

31　董恒岩：《芝龛记》6卷60出，哈佛燕京图书馆珍本阅览室，1751年。

32　小传载于 Des Forges, forthcoming, *The Chinese Scholar-Rebel-Advisor Li Yan, 1606-2016*, chapter eight。

33　司马迁：《史记》，北京：中华书局，1975年，47.30a；Needham, Joseph and Wang Ling, *Science and Civilisation in China, Volume 2, History of Scientific Thought*, Cambridge: Cambridge University Press, 1975, p. 27。

一起仿效刘邦的模式称雄中原。³⁴ 最后李自成和李岩试图恢复唐式的国体，改西安为长安，用唐朝官名，等等。按照隋末唐初历史文学以及明末清初历史文学情况，吴伟业创作了红娘子的故事。虽然李自成想重用李岩，从而重现唐太宗的"贞观之治"，他最后却暗杀了李岩和李牟，因此大顺政权无法持久。在中国历史上，文人、反叛者、谋士李岩，曾经希望恢复唐式的国体，却失败了。清朝紧随其后取得成功。³⁵

在世界的其他地区也有统治者和文人谋士的样本。比如说，古希腊亚历山大（Alexander）有亚里士多德（Aristotle），古印度旃陀罗笈多（Chandragupta）有考底利耶（Kautilya），古罗马恺撒（Caesar）有西塞罗（Cicero），中古布里塔尼亚瑟（Arthur）有梅林（Merlin），中古意大利恺撒·博尔吉亚（Caesar Borgia）有马基雅维利（Machiavelli），中古英国亨利八世（Henry VII）有托马斯·莫尔（Thomas More），近代欧洲腓特烈二世（Frederick II）有伏尔泰（Voltaire），近代欧洲拿破仑（Napoleon）有塔列朗（Talleyrand），近代美国尼克松（Nixon）有基辛格（Kissinger）。³⁶

考底利耶、马基雅维利、塔列朗和基辛格³⁷都注重现实政治，提倡国家帝国主义，与李岩最不相似。亚里士多德和伏尔泰，二者都对他们各自的文化、文学和哲学有所贡献，与李岩也不像。李岩有一点像西塞罗，

34　William H. Nienhauser, Jr. ca., *The Grand Scribe's Records, Volume II, The Basic Annals of Han China*. Bloomington: Indiana University, 2002, pp. 341–394.

35　Roger V. Des Forges, "Toward Another Tang or Zhou? Views from the Central Plain in the Shunzhi Reign," in Lynn Struve, ed., *Time, Temporality, and Imperial Transition, East Asia from Ming to Qing*, Honolulu: University of Hawai'i Press, 2005, pp. 73—112. 赵世玲译：《走向另一唐朝或周朝？顺治时期中原人的观点》，载司徒琳主编：《世界时间与东亚时间中的明清变迁》上卷，北京：生活·读书·新知三联书店，2009年，第88—138页。

36　小传载于 Des Forges, *The Chinese Scholar-Rebel-Advisor Li Yan, 1606-2016*, chapter nine（该书即将出版）。

37　Will Durantl, *The Story of Civilization. Part VI, The Reformation, A History of European Civilization from Wyclif to Calvin, 1300–1564*, New York: Simon and Schusters, 1957, pp. 543–563.

李岩：中国文人、反叛者和谋士（1606—2016）

与领导不和而被领导暗杀。李岩和宋献策有一点像亚瑟麾下的梅林，都在为一个国祚很短的王朝服务。李岩和李牟有一点像亚里士多德和伏尔泰，倡治国平天下，主张仁义的世界政府。

故事中和历史上的李岩最像托马斯·莫尔（1478—1535）[38]。莫尔的父亲是律师，而莫尔在伦敦学法律。莫尔和李岩一样，都在有文化的家庭中长大。莫尔年青的时候佩服亨利八世，认为他很有才识，在宫廷积极任用有才干的大臣，并虚心听取他们的建议。这方面，亨利八世很像李岩所尊敬的唐太宗。但是莫尔也参加英国的议会，反对亨利所提倡的法律，被亨利抓捕入狱，就像年轻的李岩。莫尔出狱以后，写有《理查德三世传》，直接地批评理查德，间接地批评亨利。为了避免惩罚，他决定不予发表，只有抄本流传。这样的政治考虑与中国历史学写作传统有相似之处，就像李元善编《李氏家谱》时的顾虑。莫尔曾当过伦敦的巡警，有一点像李岩在杞县的角色。1515年莫尔成为议会的议长，代表乡绅的利益，有一点像李岩出身明朝的生员和贡生并为大顺谋主。

1516年，莫尔用拉丁文写成《乌托邦》一书，该书名（Utopia）在希腊文就是"乌有之乡"的意思，其实就是一个想象中的理想社区。有人认为莫尔有可能是受一位葡萄牙海员报告的启发，这位海员曾陪同亚美利哥（Amerigo Vespucci）到访新大陆，并且记录了一群快乐生活在那里的人。这里我们好像得到一个有点类似唐朝的虬髯客的故事，他就是在遥远的边地建立了他理想的社区。这个故事也被二十世纪的中国香港小说家金庸提到过。在莫尔的乌有之乡，私有制被废除，没有金钱，也没有资本积累。那里有法律，但是少而简单；那里没有律师，但是人民是正义的践行者。严重的犯罪可能会被判处死刑，但是多数的惩罚是劳役。虽然还有一些奴隶，但是原则上所有国民都是平等的，每个人每天在工业和农业上工作六个小时。小孩子们都应该上学，用他们自己的母

38　Will Durant, *The Story of Civilization. Part VI, The Reformation, A History of European Civilization from Wyclif to Calvin, 1300—1564*, pp. 543-563.

语读书，学习主要是从经验中获得。女人还是应该服务男人，但是双方都同意的话则可以离婚。《乌托邦》被翻成几种语言出版，1520年，欧洲大陆已经有很多人在讨论这本书，但是直到1551年才被翻成英文，因此亨利八世可能没有读过。《乌托邦》一书在欧洲的影响，有点像故事中李岩所提倡的"均田制度"在中国的影响，都成为后来的社会主义思想的来源之一。[39]

1529年，亨利任命莫尔为大法官（Lord Chancellor）。由于皇室一直无嗣，所以他想要和妻子凯瑟琳（Catherine）离婚。可莫尔是位虔诚的天主教徒，他不同意劝教皇允许亨利离婚。两年后，亨利要求议会承认英国国王为英国国教最高首领。议会批准了亨利的请求，反过来，亨利允许天主教神职人员检举异教徒和新教徒。莫尔参加了反宗教改革运动，烧死了六个基督教新教教徒。但是莫尔不承认亨利为英国国教的最高首领，不承认亨利和安妮·博林（Anne Boleyn）的婚姻。因此，1532年他辞职退休回家。为了避免惩罚，他并不在公开场合表达他的意见，但是在私下里他极力地反对亨利所号称的无上权威。商人出身的克伦威尔（Thomas Cromwell）宰相注重国家的权力因而支持亨利的政策。有人将莫尔私下对国王的意见报告给宫廷。当时谣传莫尔和一位号称有特殊精神权威的修女合谋反对王国。莫尔承认他认识那个修女，但是他否认参与任何阴谋。亨利并不相信，命令将他斩首，把他的头颅悬挂在伦敦桥上。莫尔被诽谤说和女人阴谋叛乱很像李岩和红娘子的经历。此外，克伦威尔用马基雅维利的方法统治英王国，也有点像牛金星丞相统治大顺的行为。

莫尔和李岩的传记当然有区别。没有人否认莫尔的存在，而他在故事中的经历，也比较符合历史事实。莫尔属于一个既定的体系，他竭力抵抗一个新生成的体系的权威，而李岩则试图推翻一个旧权威，从而建立一个新的权威。但是在其他方面，他们两位则不无相似之处。他们都

---

[39] 辞海编辑委员会：《辞海》，上海：上海辞书出版社，1985年，第584页。

是十六和十七世纪的人物,却在二十世纪和二十一世纪的历史、小说、喜剧和电影等创作中闻名。[40] 莫尔去世的时候,他说自己是"国王的忠臣,可上帝永远是第一位的"。李岩很愿意帮助李自成变成天子,但是他被李自成杀害时,他也说自己忠于苍天。有一位莫尔的同僚说莫尔是契合所有时代的人,而二十世纪的有些人也同意这一看法。其意思是说,他有他自己的原则,不管在什么样的条件下,都要坚决捍卫他的原则。与李岩的同时代人,也有类似的看法。虽然李岩和莫尔都不是完美的英雄人物,但是他们不媚强权、直言进谏。因此我们也可以说,我们这样的时代,特别需要那样的文人、反叛者和谋士。他是在社会有特权的中等阶层的人物,却试图服务于民众的权益。

(责任编辑:邱源嫒)

40　Sir Thomas More, in Wikipedia, accessed on 9 March 2018.

有关《西周的政体：中国早期的官僚制度和国家》的评议*

尤　锐（Yuri Pines）　林嘉琳（Katheryn Linduff）
陈力强（Charles Sanft）　伊若泊（Robert Eno）

第一篇

《西周的政体：中国早期的官僚制度和国家》是一部广受欢迎的中国前帝国时期历史研究新作。在这项审慎入微的研究中，李峰介绍了西周时期（前1046—前771）——一个非常重要却很少被论述的中国文明形成阶段——的政府体制和行政历史。该书为作者过去的一系列西周史研究成果加冕，该系列当中最重要的是《西周的灭亡：中国早期国家的地理和政治危机》[1]，它使作者成为这个研究领域内收获最丰的学者。

李峰今次论著的问世可谓雪中送炭。四十年前，顾立雅（Herrlee.G. Creel）出版了他影响深远的《中国治国术的起源》[2]一书，但该书观点现已完全过时。考古出土的一系列引人瞩目的西周遗址和相关的铭刻学资料（其中最重要的是有铭青铜器），大大拓展了我们对于西周社会和历史

---

*　Li Feng, *Bureaucracy and the State in Early China: Governing the Western Zhou*. Cambridge: Cambridge University Press, 2008. 李峰：《西周的政体：中国早期的官僚制度和国家》，北京：生活·读书·新知三联出版社，2010年。

1　Li Feng, *Landscape and Power in Early China: The Crisis and Fall of the Western Zhou, 1045-771BC*, New York: Cambridge University Press, 2006.

2　Herrlee.G.Creel, *The Origins of Statecraft in China*, Chicago: University of Chicago Press, 1970.

有关《西周的政体：中国早期的官僚制度和国家》的评议

的认知。然而在西方学术界，只有很少一些研究试图更新顾立雅的研究。现在，李峰为西方英语世界展示了一个典范式的研究，它结合了大量新出土材料并充分吸收了相关研究成果。《西周的政体：中国早期的官僚制度和国家》在未来多年都将是西方研究西周时期的标准参考书。

李峰的研究结论可能会使那些过去低估了西周政府机体成熟程度的人感到惊讶。他系统论述了西周行政生活的各个主要方面，上至中央政府结构和中央行政程序，下至王畿之内的地方行政管理，并简要论述了周王室主持下建立的东方诸侯封国的行政管理制度。他认为，西周一开始就有着比前朝商代更为发达的行政管理实践，甚至认为这一点构成了其战胜貌似更为强大的商的优势之一。然后作者分析了西周三百年统治下日益成熟发达的王室内廷行政，认为西周政府组织方式和马克斯·韦伯对官僚制度的定义非常吻合。李峰更进一步认为，相较于通常所认为的西周任官依赖于世袭继承，西周政府官员的仕途模式反而对官僚制度程序的反映更多一些。

李峰尤其擅长引入金文文献证据。他没有将选定的金文用以验证或质疑传世文献，而是将其作为一种独立的信息源。其出色的研究成果显示，尽管金文出自礼仪性质的社会情境，它们仍是极富价值的史料。李峰书中对金文的英译，众多金文和相关青铜器的插图，以及方便实用的青铜器引用目录都应成为今后该领域出版论著的标准。

我所发现的该书唯一不足就是作者专注于马克斯·韦伯式的视角，却并未相应对西周官僚制模式进行足够的历时性分析。韦伯的官僚制度理论能否作为解释早期中国政治的标准还有争议。作者研究时如果能将西周的体制和随后的春秋战国尤其是战国——该阶段为中国官僚制度的确切标志时期——的体制作对比，可能会收获更多。例如，作者关于西周官员按功绩晋升的观点更应与战国时期的军功爵制对比，而非韦伯的理论模式。此类比较会揭示出西周缺乏对官员的控制和针对官员渎职的惩罚及贬黜制度。这些操作在战国已是常制，但尚无证据表明其在西周或春秋时期的贵族制社会已出现。或许，此类证据的缺失恰恰反映出金

尤　锐　林嘉琳　陈力强　伊若泊

文史料的本质：青铜器铭文从来不会记载器主的负面履历。当然也有可能是在一个身份地位主要由血统决定的西周社会中，官员监督和惩罚机制尚未发展起来。但作者在该问题上的缄默削弱了其结论的说服力。

西周和其后的春秋贵族制社会的比较还会衍生出不少其他问题。从《左传》中可以清楚地看到，春秋时期国家的运作方式并不符合官僚主义的形式，因为个人的权力绝大部分源于其血统而非官职。可能西周也还存在这样的情况？即在政府成熟的官僚制度背后，西周社会本身却仍是世袭贵族制的，而非官僚主义或尚贤任能的？抑或，正相反，是否贵族制的春秋构成了中国官僚制政府演变过程中的反例？这些问题还有待进一步研究，而这些后续工作将会从李峰所做的开拓性研究中受益匪浅。

尤锐（Yuri Pines）（耶路撒冷希伯来大学）

原文发表于：Book Reviews-China, *The Journal of Asian Studies*, 69.2（2010）：560-562.

第二篇

《西周的政体：中国早期的官僚制度和国家》一书研究目的明确，旨在通过对青铜铭文的研究揭示出西周政府（公元前1046—前771）的结构和运行特征（附录二，第2页）。这种第一手材料的研究有着明显优势，即用当代史料研究当代史，而非像以往研究那样依赖传世文献辅以有限的铭刻学资料。

继西方学界上次总结西周青铜铭文材料[3]以及二十多年前甚至更早论述其政治经济秩序[4]之后，在中国北方，考古发现的大量青铜铭文已可提供一套全新的信息来重建西周政治史。李峰用他惊人的细心研究了这些

3　夏含夷，1991。
4　顾立雅，1970；许倬云、林嘉琳，1988。

有关《西周的政体：中国早期的官僚制度和国家》的评议

铭文，并将包括那些早为人知的名篇在内的所有铭文重新翻译，之后对这一早期中国历史的形成阶段进行了一番极为周密、有说服力的论述。

该书共分七章，除首章外，其余章节都在作者铭文翻译的基础上集中对西周政府某一特定方面进行重建。第一章（"历史背景"章）是为没有中国史基础的读者所写。此章既是对西周史研究的回顾，也是对以往研究中文献使用情况和方法论的述评。无论是在讨论马克斯·韦伯时，还是在评论受传统治史思维束缚的中国学者时，作者都挑战了著名的马克思主义社会理论模式，和那些主张"feudal"社会秩序[5]的学者分庭抗礼。最后，他有力地指明各种社会理论模式存在的缺陷，继而明确提出其对西周政体模式的假设：西周时期就已经出现了官僚制度，这一制度至今还在中国运行着。

在绪论和第一章中对学术界的相关研究做了诚恳和建设性的回顾，并界定其行文术语之后，李教授着手实现其首要目标：说明青铜器铭文有多重乃至共存的用法、功能及铭文作者。他在绪论中主张，这些铭文和有铭铜器是为西周上层人士所铸，具有宗教-礼仪、档案文书、纪念以及展示目的的性质（第15—20页）。这一耐人寻味的解析与以往许多持单一目的论的研究形成了对比。[6]

作者建构了西周政府内部的秩序和等级制度，但并未欲图将其扩大至整个社会层面。通过判定金文的性质以显示其多重功能，以及预设这些铭文是对贵族阶层的真实反映，他已经为西周史的研究开辟了新的方向。以了解西周政府的结构和运行为目的，如此精细敏锐地从金文中萃取信息，并且透彻、有力地对其内涵进行解释，其前辈学者中尚无人做到。附录二列出了该书所有引用有铭青铜器（编集者：侯昱文）及其出处，并附有铭文内容的简要解释。

---

5 这一概念过去长期被中国学者轻率地和中国历史上的"封建"一词相对应，下文"feudalism"同。——译者注

6 罗泰：《西周铜器铭文的性质》，《考古学研究》（六），北京：科学出版社，2006年。

尤　锐　　林嘉琳　　陈力强　　伊若泊

李峰的学术史回顾及其有关社会政治秩序的论述，也是从世界上其他古代文化的此类讨论中得到认识和启发的。诸如"feudalism""官僚制度"或"世界系统论"等理论是否适用于中国文化背景的问题，得益于他很熟悉这些理论在其他文化背景下的定义和应用，他还采用了比如来自中世纪欧洲、非洲、苏美尔文化、玛雅文化以及古希腊、古罗马研究中的比较资料（第271—283页）。这种研究方法应该会让广大学者和学生对本章的阅读倍感兴趣。

为尽量多方位考察从金文研究中收集到的西周政府信息，该书仔细安排了以下章节："西周中央政府的结构性发展"（第二章；附录一）；"西周中央政府的行政程序"（第三章）；"管理核心：王畿的地方社会和地方行政"（第四章）；"西周官员在政府中的服务及其仕途发展"（第五章，附录一）；"地方封国及地方政府"（第六章）；"西周国家的概念性重构：对早先理论和模式的反思"（第七章）；以及结语。总之，单是章节结构本身就显示出了一条从未有过的、令人耳目一新的西周史研究路径。这些章节主题摆脱了通常所见的有关西周政府的常规性的或者说不偏不倚的观念，从而表明中央王畿按照一种方式构建，而地方封国的结构和运行则是因地制宜。

该书优点颇多。作者采用了一整套新的古文字证据，并且他对以往的研究和新近出土材料都有着深刻的了解。作者对所有证据的运用巧妙自如，环环相扣，读之令人欲罢不能。他对西周政府结构和管理方式的深度重建不仅使得西周政治体系得以复活，也使我们看到比如政府官员的具体等级和职责等详情。每一件有铭铜器及其铭文都对应一位有名姓、地位的个体家族成员，这允许并促使李峰将历史大背景变得更加个人化和生动化，而不仅仅是提供一份单纯的铭文翻译。他对西周政体的分析表明了其政治机构是多么复杂和庞大，同时又揭露了某些处于中心位置的官员乃至地方封国的财富状况。学者们和学业有成的学生们尚可就有关西周社会政治历史的这一结构性分析和其构想进行争论，但这本论著提出的假说和细节都是合理的，也是一个极好的研究起点。

有关《西周的政体：中国早期的官僚制度和国家》的评议

但是，本书在研究中有一个缺陷，即李峰对这些有铭铜器的出土背景交待过少，由此也失去了许多支持或修正其结论的宝贵证据。例如，除了金文证据以外，地方性文化对中心制定的规制和文化形式的吸收及（或）适用状况还可以通过对墓葬类型及青铜器装饰、造型的选择使用的研究来有效地辨别出来。此类证据在考古报告中是现成可用的。而这类研究可能会使人们对政府秩序的效率及其中央的系统化有着更为微妙的认识，并使人们了解丧葬制度在表现规定的社会等级方面的实际效力。青铜器表面装饰图案可以反映出器主的社会政治地位或所属文化群体及其个人财富、身份或性别年龄等，这些可能也是需要研究的问题。作者暗示青铜器纹饰跟随政治阶段的变化而变，然而事实并非如此，器形选择或装饰调整或许可被视为微妙但又时而显而易见的社会经济信息的载体[7]。由于该书可以作为可靠的研究基础和资料，这些问题可以在将来进行研究。另外，全书文笔流畅、练达，出版社却未能予以完美配合——文中尚有不少编辑上的错误。但是，总的来说，《西周的政体：中国早期的官僚制度和国家》是一部非常成功的专著，它提出并实现了其预期目标。这部论著极大地扩充了我们对西周这一重要时期及其政府结构的认识，无疑将成为铭文研究及早期中国研究中用古文字资料解决历史问题的标杆之作。

参考文献：

Creel Herrlee, 1970. *The Origins of Statecraft in China*, Vol. 1: *The Western Chou Empire*. Chicago: University of Chicago Press（顾立雅：《中国治国术的起源》，《西周帝国》卷1，芝加哥：芝加哥大学出版社，1970年）.

Faulkenhausen Lothar von, 2006. *Chinese Society in the Age of Confucius*. Los Angeles: Cotson Institute of Archaeology（罗泰：《宗子维城》，洛杉矶：

7　江瑜，2004。

尤 锐 林嘉琳 陈力强 伊若泊

寇岑考古研究所，2006年）.

Hsu Cho-yun, and Katheryn M. Linduff, 2006. *Western Zhou Civilization.* New Haven: Yale University Press（许倬云、林嘉琳：《西周史》，纽黑文：耶鲁大学出版社，2006年）.

Jiang Yu. "Ritual Practice, Status, and Gender Identity: Western Zhou Tombs at Baoji," in *Gender and Chinese Archaeology*, eds Katheryn M. Linduff and Yan Sun. Walnut Creek, Lanham, New York, Toronto, Oxford: AltaMira Press（江瑜：《宝鸡茹家庄西周彊人1、2号墓葬所表现的葬礼、葬者身份和两性关系问题》，载林嘉琳、孙岩主编：《性别研究与中国考古学》，沃尔纳特克里克、拉纳姆、纽约、多伦多、牛津：阿尔塔米拉出版社）.

Shaughnessy Edward L, 1991. *Sources of Western Zhou History: Inscribed Bronze Vessels.* Berkeley: University of California Press（夏含夷：《西周史料：铜器铭文》，伯克利：加利福尼亚大学出版社，1991年）.

林嘉琳（Katheryn M. Linduff）（匹兹堡大学）

原文发表于：Book Reviews, *Journal of the Economic & Social History of the Orient* 54 (2011): 87–115.

第三篇

一直以来，中国官僚制度的起源都是模糊不清的。这种局面，正如李峰在《西周的政体：中国早期的官僚制度和国家》序言中所述，一定程度上归咎于中国古老的经学和史学学术传统的束缚。古典文献——首推《周礼》，一部后人托古而作的对西周政府机构设置的描绘——包罗了诸多不合实际的对早期中国国家的书写。《周礼》曾经为西周政府的研究提供了一个现成的框架，相关新史料于是经常被强行填入其中。在《西周的政体》一书中，李考察了西周时期（公元前1046—前771）中国官僚制度的根源。他几乎是特意将材料范围限定在西周金文史料内，继而

有关《西周的政体：中国早期的官僚制度和国家》的评议

勾勒出西周政府官僚体制的结构和功能。李的方法使他避开了依赖传世文献所带来的诸多问题，并就早期中国国家问题得出了新的结论。本项目的研究成果令人兴奋，作为今后该领域的典范之作，其结论和解读对前帝制时期中国政府制度发展史的研究有着重要意义。

李在绪论中指出，除了囿于文献传统，中国前帝国时期政府结构的研究也因缺乏理论指导而受阻。李以马克斯·韦伯及其解释者的官僚制度学说作为理论基础，认为西周政府所实行的正符合韦伯定义的官僚制度。绪论还讨论了李主要的材料来源——青铜器铭文，尤其是那些产生于和官僚体制有关的礼仪活动中的铭文。李认为尽管它们存在一定的偏见，这些铭文记录仍然可以作为第一手史料来使用。

第一章是商周时期的历史回顾。李把注意力集中在商代历史中催化出西周政府的因素方面，把周代官僚制度的先行者定位在商代贞人集团的占卜职责上。结合日益增加的大批可用材料，李勾勒出了西周早、中、晚期的历史发展状况。第二章则追溯了这三个时期内政府组织的产生和发展。李尤其重视西周国家的"二元行政体制"（第44页），在该体制下，周王统治西部而诸侯统治东部。由于原始材料的匮乏，对西周早期政治制度进行分析的可操作性不如中、晚期。但是李将非宗教性政府官职的出现追溯至西周早期，并断言这一现象使得西周的统治比商王朝更加有效。西周中期出现了"王家行政管理"（第70页）从中央政府官僚体制内的"分离"，中央政府日常民事和军事行政的组织均得以增加、扩大，官员的职能和相应的权限也随之变得日益明确。据李峰所言，"这些发展使西周中期政府呈现出清晰的官僚制度的结构特点（第83页）"，这种情况在西周晚期得到进一步的发展。

第三章论述"西周中央政府的实际行政程序"（第96页）。本章内容大部分都是关于册命官员的仪式和"专业化团体"（第133页）[8]的出现，后者的产生则以相同册命仪式所构建的人际关系网为基础。在李的论述

8　即"官僚圈"。——译者注

尤 锐 林嘉琳 陈力强 伊若泊

中，凌驾于官僚制阶梯之上的周天子直接向官僚机构及其职官发号施令。第四章则考察了"王畿的地方社会和地方行政"（第149页），尽管受到材料匮乏的限制[9]，李提出畿内土地财产可分为三种类型：王家财产、贵族财产、国家管理的财产，本章也涉及了西周城市的行政管理，主要包括畿内由官僚制度管控的五邑城市群。第五章论述了西周时期官员个人的入仕途径。本章中，李向所谓直接世袭继承官职的观念发起挑战，他对相关金文文献进行统计分析，指出尽管有时会依家庭出身授予官职，但大多数候选官员并非凭此方式入仕。李认为，较高的社会地位和一定的学识是获得官职的必要条件，但除此之外，究竟谁能获得官职还要看其个人能力和条件。而一旦入仕，即使地位相对较低的官员也有可能晋升到高位。

在第六章里，李峰转而探讨王畿之外的东部"地方封国"。李认为地方封国由"一群称邑的聚落"组成，其人口包括原住民和移民而来的西周贵族，有着"多样性和典型的层级划分"（第243页）。作者考察了地方封国政府的特点，尤其是它们在结构上对中央政府的高度效仿。他还观察了西周政府是如何通过国家仪式、诸侯朝觐及其军事协助与地方封国保持联系的。

最后，在第七章里，李概述了前人在早期中国及不同程度的跨文化研究中所采用的五种理论模式。他虽然认可这些模式对于不同社会比较的作用，但又分别进行了批判。最后，他赞同"邑制国家"理论，认为国家是围绕着多个人口中心进行统治的。他还对此作以修正，提出了"权力代理的亲族邑制国家"（第294页）一说，重点关注西周中央政府对周王亲戚的统治权的授予。

李的研究核心是主要基于考古发现的一手材料对早期中国政府进行论述，这就避免了可疑传世文献——尤其是《周礼》——所带来的史学难题。这是一项雄心勃勃、重要而艰巨的事业，其成功非常值得尊敬。

---

9 西周时期东部诸侯国地方行政相关材料几乎完全匮乏。——译者注

有关《西周的政体：中国早期的官僚制度和国家》的评议

作者关于地方封国性质的结论清楚地解释了为何它们比最初建立它们的西周王朝存在得还要长久。他令人信服地论证了西周政治中尚贤任能的政府的存在。李还收集和翻译了许多之前没有英译本的原始材料，并在附录中列出了一份西周政府官职名单，包括英译官名和官职简述。无论是其学术观点本身还是作为材料资源，他的书都会引起早期中国研究领域学生及学者们的极大兴趣。我也很赞成李第七章的做法，他直接对多种并存的古代国家理论进行分析并解释其存在的种种缺陷，然后简明扼要、毫不含糊地提出其个人择从。

类似作者这样雄心勃勃的论著自然会使读者有很高的期盼，因此也有几个方面我认为尚待提高或改善。首先是理论方面。马克斯·韦伯官僚制度的一般理论和作为具体个案的早期中国直接促成了作者写就此书，不过，我认为如果作者能更多地关注新近研究可能会更好一些。虽然我认为李对中国国家理论模式的批判很有价值，但他在这方面的贡献还有待进一步完善。无法适用于多个具体案例的理论模式并不是真正意义上的模式，而只是个案的大纲式描述。在我看来，李的"权力代理的亲族邑制国家"模式似乎过于贴合西周而无法原封不动地应用于其他个案。我也希望李能够用更多篇幅讨论在历史研究中运用古文字材料的问题。古文字资料避免了文献流传过程中的固有问题（即使它们又带来了新的难题），但没有理由认为其内容一定比其他文献更可靠。罗泰已经说明，至少有一部分青铜器铭文的信息是不准确的[10]。李提到了这些问题，但并未展开讨论。而对这些问题的深入思考本可以对当前广泛开展的如何将古文字材料纳入史学研究的讨论做出重大贡献。

陈力强（Charles Sanft）（普林斯顿高等研究院）
原文发表于：Reviews of Books, *Journal of the Royal Asiatic Society*,

---

10　参见 Falkenhausen, "The Inscribed Bronzes from Yangjiacun: New Evidence on Social Structure and Historical Consciousness in Late Western Zhou China (C. 800 BC)", *Proceedings of the British Academy*, vol. 139(2006), pp. 239–296。

尤　锐　林嘉琳　陈力强　伊若泊

22.2 (2012): 482–484.

第四篇[11]

公元前221年，历经五百年的政治分裂之后，华夏重新一统，新成立的秦帝国在中国建立了全新的政府体制。秦朝政体实践了一种君主专制的完全理论化模式，而这个模式的组织方式非常接近马克斯·韦伯所言的"理想官僚制度"。虽然具体内容不断演变，例如约一百年后纳入儒家伦理政治学说的特点，以及公元600年起它又受到科举选官制度的重塑，但这种国家组织形式依然为历朝历代袭用直至二十世纪。李峰《西周的政体：中国早期的官僚制度和国家》和尤锐《展望永恒帝国：战国时代的中国政治思想》两书虽各有千秋，但都为认识中国传统专制官僚体制的源起提供了创见。

李峰此书实为对西周（公元前1046—前771）政府构成方式的一种解释。尽管西周一直被视为中国政体的形成期，由于相关传世文献稀少，该问题的研究一直受阻不前，直到二十世纪大量西周时期长篇青铜器铭文的考古出土，这一局面才大为改观。金文已成为研究西周史的核心原始材料，而李峰教授对这批材料的掌握在历史学层面达到了少有的熟练程度。该书连同他新近出版的《西周的灭亡：中国早期国家的地理和政治危机》（2006年）一道使其成为了西周史研究领域的领军人物。

这部书的中心论点即西周政府已经产生了马克斯·韦伯所谓的官僚制度的基本特征。这一观点有违于传统共识——西周政府是父系族长制的，在贵族世袭的基础上任命官员，官员职务随周天子和大贵族官员的意向而决定。作者主要分五章来论述其观点，附带讨论了西周的国家类型，他将西周国家归为依权力代理原则构建的"亲族邑制国家"，但这个

11　原书评后半部分是对尤锐《展望永恒帝国：战国时代的中国政治思想》的评论。Yuri Pines, *Envisioning Eternal Empire: Chinese Political Thought of the Warring States Era*, Honolulu: University of Hawaii Press, 2009.

有关《西周的政体：中国早期的官僚制度和国家》的评议

体制在过去长期被误解成所谓的"feudal"体制（第294—298页）。

李峰从西周国家的整体政治结构入手，对其进行行政空间上的二分。他认为西周国家是一个混合体——二元行政区划制度下的统一有机体：包括西方的"王畿"之地和东方的广大地方封国，前者由周王室直接行政控制的西部关中平原及中原洛阳组成，后者则由周天子委派的世袭诸侯实施代理统治。李那些关于西周官僚制度的主要主张针对的是畿内周人故地的统治。

李峰阐释了西周政府机构的阶段性演变。青铜铭文证实西周早期已经出现了具体的"政府部门"，并形成了包括行政类部门"卿事寮"和书记类部门"太史寮"在内的一个二分制的民事行政体系。以此为背景，作者分析了王家行政管理的发展，由此证明在周王和西周国家之间已经形成有意识的区分，前者是个人性的运行，后者则是更加官僚化的管理结构。这种二分行政结构由周王直接控制的军事组织所制衡，它们驻扎于两个畿内之地，并由官僚体制的独立一支来管理，隶属于中央的卿事寮。王室、日常民事行政与军队组织共同构建了一个三分结构的行政体制。

李峰关于政府官僚制度讨论的核心基于71篇册命金文，这些文书记载了被册命官员和更资深的"右者"共同出现的标准册命仪式。通过证明"右者"所在政府部门和受册命者所受职责之间的高度一致，作者认为西周政府分支机构间已相对独立地运作。和父系族长制相比，这种作为国家特征之一的独立性和官僚制度更为一致。当然，李峰也提到了一些个例，如王室插手其职责范围以外事务，显赫的贵族强权人物或特设贵族"委员会"行使非同寻常的行政权力等（第84—85页）。

李峰将其对西周政府结构和行政管理的考察延伸至王畿地区的地产管理方式，以及主要城市和乡村地区城乡官员的设置。他划分出三种基本的土地财产类型：王室财产、国家管理的财产和贵族财产，并阐述了城市和乡村聚落的管理上王室和贵族权力的部分重合。

在西周官员个人的入仕生涯方面，李峰统计了载有官员仕途经历的

63篇金文。他的数据挑战了一个常识——西周的官员严格按照世袭继承制任命。李峰认为西周官员初次任命已反映出了社会的上下流动性，而二次任命则反映了基于官员功绩的晋升模式。这些入仕及升迁途径强化了李峰西周政府官僚制度化的观点。然而，对于王畿以外地区的行政管理，他认为官僚化的趋势尚未延及这些地区。

李峰对论据的处理驾轻就熟，思想新颖又具有争议性，字里行间充满富有成果的见解。然而西周是否已具备韦伯式的官僚制度或许还不能盖棺定论。即便李峰为西周政府官僚制度特征提出了重要的证据，其证据来源和基础尚有限，也未能明晰宗族网络在官员任命中所产生的潜在宗法性质影响。李峰有力地驳斥了世袭任命模式，但其阐述的这一模式却过于单一和刻板。但是，李峰仔细记录反证，例如政府的某些办公"官署"很可能是在贵族官员的私人居所（第116—117页），并相应调整其主张的力度，指出作为个案的西周官僚制政体无需完全对接韦伯式的"理想化类型"的官僚制度。

李峰的制度史研究为中国帝制政权结构的早期起源提供了创见，而尤锐的《展望永恒帝国：战国时代的中国政治思想》一书则着眼于秦以前战国时代（约公元前453—前221）政治思想史。尤锐采取了历史学家刘泽华的观点，认为"君主专制"——接受绝对权力统治者的必要性——是中国古代一项普遍政治共识。尤锐注意到长期稳定的君主专制政体所固有的矛盾，他指出正是官吏或"士"阶层设计和维护了这一使他们服从于君主的思想体系。而尤锐的研究就是从先秦时期的"百家争鸣"中找出这一思想的起源。

尤锐此书共分上、中、下三篇。上篇讨论君主制思想：拥有绝对权力之君主的合法性及其为维护社会秩序的必要制度这一政治共识。中篇则论述君主制思想下，"士"阶层为其自身精心设计的不可或缺的君主顾问和辅政者角色。下篇则简要讨论了民本思想中的矛盾现象：一方面强调民众福祉是社稷存在之本，另一方面又将民众排斥在参政议政的权利之外。

有关《西周的政体：中国早期的官僚制度和国家》的评议

尤锐的研究方法强调产生君主专制思想的战国思想家著作中的共同特征，因此它广泛征引具有不同理论取向的著作。作者审视了传世经典和新近出土文献。其对材料的引用必然是选择性的，但其征引得当，结果有力支持了君主制思想的普遍存在这一观点。

关于君主制的部分主要围绕战国时代思想家面临的几个矛盾展开。大多数君主制理论都以夸张的方式赞美理想中的君主形象，现实中的君主却多遭受差评。这种落差促使部分思想家寻求一种能够产生出理想君主的制度，另一些人则寻求一个可以由平庸的君主来成功领导的政治体系。尤锐深入探讨了帝尧禅位于贤能的帝舜这一经典传说的变异。他指出即便是理想主义的孟子，在赞颂尧舜的同时，似乎最终也将常规的世袭制合理化为"天命"（第71—76页）。儒家学派的荀子及其法家学派弟子韩非子，最擅长以不同方式设计政治制度，旨在既加强君主集权，又可赋予君主一个象征性的和礼仪上的角色。

战国时代的君主制思想家都是"知识分子"，也即"士"，一个脱胎于下层贵族的日渐崛起的合法参政阶层。尤锐解释了大臣——未来帝国的高级官僚——的角色理论，指出士人对理想臣子的赞美等同甚至超出了君主。在这种模式中，理想的君臣关系状态要么是"友"（儒家理论）；要么是个人利益驱使下的博弈者，双方中和各自利益后实现公天下的政治统治（韩非子理论）。尤锐指出战国思想家已经预想到为专制国家提供伦理服务时道德上的暧昧，并清楚表明这一点是如何促使先秦儒家在入仕方面尤其注重自身修养，以期未来遇到理想的入仕机遇和环境（第145—152页）。

尤锐流畅的论证加强了我们对专制主义中央集权之先史的认识，甚至恰如尤锐所言，还可以此来侧面了解当今中国的政治文化。该书材料的来源之广令人尤为印象深刻。然而这种广度可能一定程度地淡化了思想家言论背后的具体社会情境。例如，尤锐似乎习惯将"士"这一术语混用："士"在文中通常是规范性的运用，指受作者认同的崛起的知识分子，时而又泛泛地用以指代大权在握的非贵族。这些当权者中的大部分人对意识形态不以为意，被"士"讽刺为卑鄙的野心家，但他们却是忠实的帝国官吏之前身。他们为君主专制制度提供了足够的道德上的迟钝性，从而能使这种制度在遇到糟糕的君主或改朝换代期间应付过去。虽然从未达到过某些思想家们所期望的道德高度，他们却从上古时代一直走到了现代。

伊若泊（Robert Eno）（印第安纳大学伯明顿分校）
原文发表于：Featured Reviews, *American Historical Review*, 115.4 (2010): 1197–1198.

（潘静 译）

（责任编辑：黄娟）

读罗泰评《西周的政体：中国早期的官僚制度和国家》所记

李 朵

李峰著《西周的政体：中国早期的官僚制度和国家》，英文版于2008年由英国剑桥大学出版社首次出版（2013年剑桥大学出版社出版软皮本），中文版于2010年由北京生活·读书·新知三联书店出版。2014年10月，罗泰（Lothar von Falkenhausen）为该书所写的英文书评发表在《浙江大学艺术与考古研究》第一辑（浙江大学出版社，2014）。全文26页，洋洋洒洒万字有余，其内容几乎涵盖《西周的政体》的全部议题。书评中尽管认可李的研究新视角和相关认识，但着笔最多的还是在史料观、研究理论、方法与逻辑等方面的批判，并借由这些批判提出自己的研究设想和认识。这些批判中既有合理的意见，也存在不够自洽的内容，因此需要仔细地辨别和解读。本文是罗氏书评的阅读报告，拟简要总结和客观概述书评的主要内容，以期清晰地展现围绕"西周国家与政府"这一课题的主要争论点及其不同的研究思路。

书评共分五小节，每小节的标题分别是：研究范围与局限性、行动中的官员、随时间的变化、西周王国的结构、社会理论和结论的应用。为突出重点，本文的论述不严格依据以上结构。需要说明的是，书评中对李书观点的概述，属于罗自己的解读和重构；本文为准确表述罗的解读和评论，重要内容将直接摘录自罗氏书评。

一、课题设计、史料观、研究理论与方法的综合性反思

1. 课题设计

罗指出，李书的主要目标是研究西周官僚制度的形成，研究涉及的空间和时间范畴都十分明确，主要涉及西周王室直接管理的核心区域（今陕西和河南地区），时间则集中于西周时期。但是李书中鲜见西周与商代及后世政治制度之间关系的讨论，罗对此颇有微词（罗泰，2014：253—254、276）。

罗强调西周时期处于早期中国政治制度发展的关键节点，涉及两个重要问题：其一，商与西周政体之间的关系，"西周政府在多大程度上建立于或背离了商代的先例"（罗泰，2014：254）；其二，西周与春秋战国及后世政体之间的关联，主要是指在公元八世纪中叶之后，西周的管理模式（官僚制度）如何在东亚地区扩张，及其向中央集权制度转变的机制和动力是什么？尽管他认可李选择一手文献资料（铜器铭文）丰富的西周时期为研究基点，而非从传世文献丰富的晚期向早期追溯的传统研究视角；然而李书的研究未能延伸到这些问题，在罗看来是有缺憾的（罗泰，2014：276）：

> （和欧洲的比较）可能为我们看到促使成熟的行政国家制度能够在中国没有 feudal 中间阶段的情况下出现的尚不清楚的机制提供线索。这对于跨文化研究社会政治演变是一个潜在的重要贡献，它将推动我们解决早期中国历史研究中最棘手的谜团之一：西周和后世之间的连续性。此类延续性问题在《西周的政体》一书中根本没有提到，可以说是缺乏历史视野的表现，可能会削弱这本书的影响。

2. 史料观

以分析西周当代史料（铜器铭文）为基础，较少地被后代文献

读罗泰评《西周的政体：中国早期的官僚制度和国家》所记

（《周礼》为主）的史料价值观所影响，这是《西周的政体》一书中值得关注的新史料观念。罗虽然认为此类继承自日本汉学家的学术传统取得了令人瞩目的研究成果，但也对其提出了尖锐的批评，直指铜器铭文作为史料的局限所在。

罗认为利用铜器铭文材料来重构西周官僚制度存在客观的缺陷，原因主要有三点：其一，西周铜器是祭祀祖先时使用的礼器，以铜器为载体的铭文也同样具有宗教性；其二，铜礼器被高等级贵族所垄断，铭文内容也会偏向于记载相应阶层的官员，而严重忽视低等级官员；其三，罗赞同李的观点——西周时期已经比较普遍地使用书面材料传达政令，但认为"有鉴于考古发现的偶然性，以及西周时期大量书写材料的消失（包括所有易腐材料上的手写文本，部分的或全部的长篇铭文可能摘录于此），我们必须怀疑，剩下的文本是否具有代表性"，进而指责"李不愿对不完整性和可能存在选择性的保存所带来的任何偏见进行回应"（罗泰，2014：257）。

从资料方面着手，罗进行了具体的说明，主要包括铭文数量及其记载的官职数量两个部分。首先，李书的附录二中统计了记载有政府官职名称的铭文（共256例），罗指出："虽然这256例（平均下来每年不足1例）占目前已知西周长篇青铜铭文的大多数，但不能被误解为一个可以严格定量分析的科学数据集，我们不知道这些数据是否具有代表性。铭文的数量太少，误差范围太大，无法定量。"继而质疑基于以上材料进行的统计及所获的相应数据："李的比率和百分比只能被用于大方向，使用时应该相当谨慎"（罗泰，2014：257—258）。

再者，李从西周铜器铭文中共辨识出29个官职名称，罗基本赞同但提出可进一步缩减为25个，其中"'三有司'（三个监事，李也将其统称为'卿事寮'）并不是一个官衔，而是一个统称，包括司土（主管土地）、司工（主管工程）、司马（主管马）；至于司徒，可能只是'司土'拼写上的变体"（罗泰，2014：255）。在他看来"毫无疑问，这25个左右的官职只代表一个很大——甚至更大——的官僚机构的一部分，但李谨慎地避免猜测其实际规模。依据上述考虑，我们可以推测，官职数量的小数额仅部分地反映了西周官僚权力的有限的地域范围"（罗泰，2014：255—256）。

综上所述，罗认为现存铜器铭文所承载的信息具有不完整性和偏向性，而书中忽视了对此关键问题的反思与回应，因此他指控李的研究陷入了张光直先生所说的"资料主义"（dataism），即"完全从偶然获得的资料中重建过去的史实，而且没有任何支持的理论框架。这种方法所得的认识是难以置信的，甚至是明显荒谬的"（罗泰，2014：257）。

3. 研究理论与方法

可以看到，罗对通过使用铜器铭文重构西周历史的研究持悲观态度，而且指出"近半个世纪以来，铭文资料的缓慢增长，与有关西周聚落和物质文化的考古资料迅速增长形成了鲜明对比。如果我们要对官僚制度有更全面、更具代表性的理解，不太可能会来自新的铭文发现。相反，让我们集中精力设计新方法来利用现有的大量非文献资料"（罗泰，2014：258）。

以此为前提，罗多次提及"更合适的研究方式"，即"需要一个更跨学科的研究方向，以及更全面、更复杂的社会科学理论建设"（罗泰，2014：259）。此外，他还批评道："李在说明周代社会以血缘为中心的性质上的失败，是他明确拒绝接受一个系统的、由人类学所阐明的把西周文化作为一个整体看待的结果"（罗泰，2014：265）。也就是说，他主张要对"西周文化"采取系统的、人类学的研究。不过，罗并没有进一步阐述，或说明具体应该怎么做。

李书中应用了现代政治学和社会发展的相关概念和理论模式，其主要目的在于将西周历史放在世界历史的范畴中研究，为此需要提供可与世界历史对话的话语体系和理论平台。《西周的政体》也确实实现了这样的目标，而罗在书评的开端就指出这本书是早期中国研究领域中，为数不多的可与其他文明共同对话的成果。但是它的部分实际操作，在罗看来是不恰当的。例如：在"行动中的官员"一节中，罗写道："（西周王家与政府机构的分化）可能是一个重要见解，但当李试图用现代政治学的术语表达时就出现了问题"，他认为"西周没有'民事权利'和'主权'的概念……这些概念来自于近现代的欧洲……使用欧洲语言书写中国古代文明之时，这些名词的使用需要一定的修改说明，以免读者想象出不存在的等同或相似之处。通过误导性的术语选择，李倾向于使西周政府看起来比实际上更现代化"（罗泰，2014：259）。

此外，有关西周国家社会政治模式的理论研究，罗认可李提出的"权力代理的亲族邑制国家"是对"西周国家基本准确的描述"，但认为该模式只是对日本汉学家所持的"邑制国家"（*yūsei kokka*）的轻微修改，并无贡献（罗泰，2014：274）。以"西周政府是否属于真正的feudalism"的争论为例，罗试图说明李的研究未能发挥该理论模式的优势，具体而言，就是未能拓展研究"西周的亲缘政治如何变成战国时期的中央集权国家"。针对这一问题，罗建议使用"考古学证据、后代的历史文献和跨文化比较的三重论证方法"（罗泰，2014：276）。

需要强调的是，罗和李两人对feudalism理论的认识截然有别，李书中不仅否认西周政府属于feudalism，同时质疑feudalism作为理论模式的恰当性（李峰，2008：289—291）。但是罗采信 *Les féodalités*（Eric Bournazel，Jean-Pierre Poly，1998）一书中对feudalism的定义，"当存在建立在人与人之间关系上的臣属契约、领土以及政治和社会组织之时就产生了feudal政权"（罗泰，2014：275）。他同意西周政府不存在feudalism，却认为其在中世纪的欧洲是存在的，核心差异在于前者是按照亲属关系组织的。正是基于这些认识差异，罗建议将西周官僚体制与中世纪欧洲feudal的过程进行对比分析，借以考察早期中国的政治组织是怎样从亲属秩序中脱离的。

二、行政性质的官员？宗族结构中的官员？

官员取得职位的途径、任命程序与场所、官员之间的相互关系等问题，均与西周政府的性质直接相关。与李强调西周政府的行政性不同，罗认为西周政府尚未能脱离西周社会以血缘关系为基础的宗族秩序，以下针对具体问题依次说明：

1. 册命金文数量的历时性变化及其动因？

官员册命是"整个西周铭文资料中占主导地位的主题"（李峰，2008：104），但罗认为"严格地说，这一特征只适用于长篇铭文，占大多数的短篇铭文通常不涉及册命仪式的任何细节"（罗泰，2014：注19）。依据李的观察，册命金文的数量在西周早期很少，但至西周中晚期剧增。关于剧增现象的动因，罗和李有不同的解读。

罗认为"西周时期行政程序日益正规化和官僚主义的崛起，主要是对人口增长的反应……通过委托给部分成员特定的行政职责，即依据等级和重要性被仔细划分的世袭官职，目的是从争夺特权的斗争中解脱出来，在贵族内部建立一个更加稳定的等级制度"（罗泰，2014：260）。因此他对李认为此类现象标志西周政府行政化、专业化程度的加强表示怀疑。李指出，"（册命金文）它们的增加可能反映了'周王对政府控制的加强和显赫公卿主导王廷政治的衰弱'，同时证明了'西周贵族态度的戏剧化转变，转向更加强调政府服务，以此获取社会威望'（李峰，2008：104）"（罗泰，2014：260）。

2. 册命仪式属于行政性行为还是宗教性行为？

罗认为册命仪式属于宗教性行为，他指出"正是以周王为最高祭祀者的祖先祭祀仪式，为周代社会以宗族为基础的社会政治秩序提供了形式和意义"（罗泰，2014：261）。而李却强调册命仪式的行政性，但他在书中的表述被罗指控是自相矛盾的，具体有以下两个表现：

一方面，"李坚持，在我看来完全没有必要，认为这样的册命完全是一种行政行为，不带任何潜在的宗教意味（"非常官僚化的"[李峰，2008：110—111]），与祖先崇拜的宗教仪式截然不同（李峰，2008：107、21）。但是由于铭文文本是铸在用于祭祀祖先的器物上，对西周政府的世俗性的强调可能是时代倒错的"（罗泰，2014：261）。

读罗泰评《西周的政体：中国早期的官僚制度和国家》所记

另一方面，"李解释说，周王涉足他的大臣的工作——这是有大量记载的——是由于'部分的宗教性权力'支持了周王的合法性，这提醒我们周王是把自己视为祖先的'代理人'的（李峰，2008：143）"（罗泰，2014：261）。

对此，罗进一步写道，"这种从根本上承认西周国家政治权威的宗教性质，与将西周政府同化为现代世俗国家的倾向之间的振荡，反映了当代美国汉学中广泛存在的尚未解决的紧张局势"（罗泰，2014：注23）。

3. 册命仪式的流程与场地

针对李复原的册命仪式，罗指出了一些细节的问题（罗泰，2014：注24），具体包括：（1）举行册命仪式的建筑不全是"宫"，"铜器铭文中，宫是指建筑的综合体，而个体建筑被称为'室'"；（2）在李参考扶风云塘建筑平面图所复原的册命仪式（李峰，2008：108）之中，周王的位置不会处于宫殿台基的边缘，而应是"建筑内部的中心"；（3）"立中廷"应该翻译为"站在中央庭院里"，而非"站在庭院的中心"；（4）由于许多册命金文中，是由周王自己发出的命令，而非由内史或内史官宣读的书面任命文书，因此册命文件应该不全是事先准备好的。

关于册命仪式的场所，罗赞同"李指出（李峰，2008：116—118）册命仪式会在许多不同的场所举行，从名字来判断，这些场所应该是由一些宗族和个人管理的"（罗泰，2014：262），而不一定是专门的官署（offices）。然而，李又曾提及"早在西周早期，太史寮已经是'占据一定空间的常设结构'（李峰，2008：53）"，罗认为这种观点主要受到了"寮"字形的影响，与李的其他认识存在矛盾（罗泰，2014：注25）。

既然册命仪式没有常设的专用建筑，那么西周政府是否存在专门的办公建筑？罗认为也是不存在的。"与后世不同，（西周）王都并不是一个稳定的行政中心，而且似乎很少有专门的行政建筑来容纳特定的官署。相反，王廷（court）会在不同的都城之间流转，周王和他的随从会经常居住在王畿内显赫家族的住处"，而"官署的实际位置可能就在其长官（或者，更准确地说，是该世袭官位长官的宗族）的居住地"。罗泰强调这种现象"突出了行政系统与西周社会的亲属结构之间存在不可分割的联系"（罗泰，2014：262）。

4. 册命仪式中右者与受命者之间是亲属关系？还是行政关系？

右（佑）者是"任何册命仪式的关键参与者"，在仪式中"似乎扮演着发起者和担保人的角色，担保被册命人的美德和忠诚"（罗泰，2014：263）。在李看来，右（佑）者与被册命人之间的关系是行政性的，属于同一政府部门的上下级关系，而且在同一部门中会因为共同右者的存在而构建起专业的行政团体，一定程度上反映了西周政府的专业化程度。

对此，罗表示反对，主要批评意见还是统计样本的数量有限，而且其代表性难以评估等。不过，他也承认"表中列出的71例册命事件之中……大概有80%的例子，右者与被册命人属于同一个政府部门……如此高的聚合率确实有趣"（罗泰，2014：263）。但是罗将这种现象解释为家族内部官职传承的习俗：

"（李）他解释右者与他们的被册命人的亲密关系是衡量西周王朝政府职业化的一个尺度。但是这可能是时代倒错的。更可信的是，在我们的小量样本中所看到的规律性反映的是在家族内部的官职传承（或者，也许更灵活些，是接受某种任命的权利）的习惯。换句话说，大多数或全部的右者更可能是被册命者的长辈亲属"；为论证自己的观点，罗进一步指出"假定被册命者和他们的右者之间存在亲属关系，这有助于解释李对青铜铭文的分析中出现的另外两种现象：官员对晋升的影响，以及官员对其右者的忠诚和对周王忠诚之间的偶然冲突"（罗泰，2014：263）。

5. 官职的获取途径是否为世袭？

罗指出李有淡化"宗族内官职世袭性"的嫌疑，他否认"家族与其成员所任官职之间'没有一一对应关系'（李峰，2008：196）"，同时也质疑李的两项相关发现：其一，"只有三分之一的职权会被世袭继承，'其他三分之二的职权将会由来自其他家族的官员受命担任'（李峰，2008：198—199）"；其二，"随着时间的推移，职位传给血亲的频率呈

读罗泰评《西周的政体：中国早期的官僚制度和国家》所记

下降趋势"（罗泰，2014：264）。

罗反对的原因可以归结为以下三点：一、"李指出，作为减少对世袭官职依赖程度的一个指标，是册命金文中受命者担任官职的提及次数有历史性的降低"（罗泰，2014：264），但是得出该认识的样本总数（在150年的时间里）不足20个，因而不具备统计学意义；二、相关表格中统计项的划分标准含糊或有重叠，部分计算存在错误，统计结果不是很可信（罗泰，2014：注14）；三、李探讨世袭官职时的认知前提是错误的，即认为"每个家庭每一代不能产生多于一位的男性成员"。事实上，罗认同嫡长子继承制，并认为"官僚制为贵族家族中年轻的儿子们提供了机会，给他们一个获得地位和特权的替代途径……对于那些铜器铭文中相对较高的职位，他们由周王亲自颁布任命；这首先表明，被任命的人大部分或全部属于周王室的小宗分支"（罗泰，2014：265）。

三、西周官僚制度的历时演变与动因

罗指出，对西周官僚制度进行历时性的动态考察是李研究的优点之一。然而他对"（李认为）成熟的官僚制度诞生于西周中期，贯穿西周晚期，一直延续到春秋早期"（罗泰，2014：266）的结论却表示怀疑，原因是考古学材料呈现出不一样的演变规律：西周物质文化的彻底转变大致发生在公元前850年前后（西周晚期）。为此，罗提出：从铜器铭文与考古学材料观察出的两种不同现象之间存在怎样的关联，有必要作进一步的研究。

李将西周早期的政府描述为，以"实现天命"为政治使命而建立的主要执行民事行政管理而非宗教事务的政府，该类型管理模式是西周早期强势扩张的重要支持，也为西周中晚期官僚制度的发展提供了初始条件（李峰，2008：62）。不知为何，罗却将其解读为西周早期存在高度官僚化的论证，并且表示反对，主要有以下三点依据：

1. 西周早期不存在册命金文，目前已知"西周早期带册命铭文的一些容器，只是西周中晚期的仿古作品"（罗泰，2014：注21）；

2. 现存最早记载西周政府组织的铭文——"令方彝"铭文的年代在昭王时期，此处赞同唐兰先生的断代。相比于李将该器的年代断为成王时期，罗依据更晚的年代结果指出，"该铭文可能代表了西周前五代统治发展的累积结果。在周王朝开始时似乎不太可能存在明显的官僚化，而李（李峰，2008：62）也无法从"令方彝"的铭文中推断出周初是如何克商以及征服大片领土的"（罗泰，2014：267）。

3. 对"令方彝"铭文内容的不同解读。"据铭文记载，当时的政府权力掌握在三公手中，李振振有词地认为他们是王子。通过他们，周王对军队和行政官僚机构行使他的权威，而这种权力很可能仍未成熟……史学家不应该像李假设的那样（李峰，2008：62），认为任何行政职能出现的时候，一个完全成形的官僚结构就出现了；而必须首先澄清西周精英宗族内部各阶层之间的既有联系，以及各自行使权力的方式"（罗泰，2014：267）。

关于西周官僚体制形成的动因与影响，罗指出"李将西周时期官僚体制的转变归结为内部的政治危机……'（之前历任周王）对贵族家族土地财产赏赐的政策……日益削弱了周王室的权力'（李峰，2008：39）……否认了官僚化是对任何外部挑战的回应，例如突然出现的来自西北的游牧部落——猃狁的强权"（罗泰，2014：266）。与以上的观点完全对立，罗质疑道："对于官僚体制的建立是为了巩固王权，还是被渴望分享权力的贵族宗族强加于周王的，李没有发表任何意见"（罗泰，2014：266—267）。他进而提出"西周王朝更为复杂的官僚体制不一定会转化为更强的中央集权。相反，它们主要反映了更强大的文化和礼仪威望，符合王室的最高地位"（罗泰，2014：271），而且"无论意图是什么，随着官僚政府的巩固，王室衰落了"（罗泰，2014：267）。

在李看来，商与西周的政体存在根本性差异："从商到周的过渡，是要将国家转变为'主要执行民事行政管理的政府机器，而不是像一些人所说的商代政府那样，是一个主要处理人与神之间的关系，仅仅附带地

读罗泰评《西周的政体：中国早期的官僚制度和国家》所记

处理民政事务的宗教体制'（李峰，2008：62、300）"（罗泰，2014：268）。罗反对这种"二元对立"关系，原因在于：1."西周王权（以及周王授予的任何行政权力）也具有宗教权威"；2.与巡游的（peripatetic）商王类似，"周王也在不同的城市和宫殿之间流转"；3.西周颇具代表性的姓氏制度、族外婚制度、宗法制度，商代是否存在还是不确定的。（罗泰，2014：268）综合以上三点考虑，罗认为现有证据不足以判断"商与西周的差异是某种类别还是程度上的区别"，而且他解释西周和商的差异之所以会越来越明显，"一定程度上是由于政府行政的正规化"（罗泰，2014：269），或者说是"将行政管理（书写）的范围从宗教仪式，扩展到了政治、军事和经济领域"（罗泰，2014：注36）。

四、"西周王国"或"国家的结构"

除了对西周政府及其特点的研究，《西周的政体》一书还考察了"西周国家的本质及其建立政治权威和实行统治的特定方式"（李峰，2008：3）。为此，李给出了"国家"的定义："一个在其特定地理存在中被'物化的'社会政治组织，我们能够亲眼看到这个社会政治组织的存在，也能亲身感受它所提供的秩序和安全"（李峰，2008：238）。但罗却认为"（李）强调国家是一个与其个体公民相对而论的机构"（李峰，2008：236），而事实上，这只是李书中所说现代"国家"的定义。由于不赞同这样的定义，罗在书评中全部采用"西周王国（kingdom）"的表述，而非"西周国家（state）"。

关于西周的社会结构，罗认可西周属于二元领土结构（"王畿直辖"与"外围封建"），但也指出另一种可能——"（西周时期）商代基本神权的延续，使得与王廷关联的外围政体得以延续"（罗泰，2014：271）。然而，是否存在此类非封建形成的、延续自商王朝的地方政体还有待考察。

关于地方政体的性质，罗与李有相似的认识。李写道："地方封国并非是独立的'王国';相反,他们是西周王朝在地方上的积极代理人"(李峰,2008:97—103、269);罗则认为,"在它们的社会结构里,地方政体和周王朝的政体是同源的——每一类都是由其统治宗族来定义的……但在政治上(至少是理论上,在行政上),地方政体从属于周王,虽然继承在原则上是世袭的,但统治者必须与每一代周王续约"(罗泰,2014:269—270)。然而,罗批评李对这一问题的认识是混乱的,他称李一方面将西周王国和地方政体均称为"国家",另一方面又强调地方政体不具备"主权",与西周王国存在统属关系。实际上,这种批评即源自对"国家"的不同定义,看起来是误解了李的表述方式。李书中的表述旨在强调,地方政体与西周国家在政府结构和运行方面的相似性(李峰,2008:238),并非混淆二者的关系。

关于地方政体与西周王国的关系,罗还提出一些尚未被解决的问题,例如"(西周)王室对地方政体的行政控制"是什么性质的?"在最初的封建之后,这些关系由谁以及如何管理"?他指出铜器铭文和后世文献中给出的间接线索:"宗族制度和当时不同统治家族之间通婚的世袭模式是这种关系的基本结构框架",并且据此提出"问题中所讨论的关系似乎有可能主要是人际关系,而关系的培养基本绕过了王国的官僚结构"(罗泰,2014:271)。

关于西周王畿范围内的土地所有权,李将其归结为三种形式:"王家、贵族宗族和国家所有",但罗认为此三类实质上只属于一种:"宗族财产"。原因主要有以下两点(罗泰,2014:271):1."王家"与"王室宗族"相对应,属于"构成西周王朝的众多宗族之中,一个拥有土地的宗族",因而"王家"与"贵族宗族"土地所有类型的性质相同;2."国家管理财产"并不存在——一方面,他质疑李没解释清楚为何将"邑"和"田"归入"国家管理的财产",另一方面,他认为给官员的土地奖励并非是(没有货币经济的前提下)维持官僚体制运行的唯一办法,事实上西周时期"宗族都在补贴其成员的公务生涯"。

关于李认为西周实行以"五邑"为中心的多都城制度,罗表示赞同,

读罗泰评《西周的政体：中国早期的官僚制度和国家》所记

并指出此类"由一群规模较大的中心组成的（都城）网络，对任何传统的'城市'定义都是一种挑战"（罗泰，2014：271—272）。然而，对"五邑"中"岐邑"的位置，罗持有不同的意见，他认为"岐邑"就在今陕西岐山的周公庙遗址，而不是李所说今扶风和岐山两县交界处的周原遗址。不过，据现有考古证据来看，周公庙遗址应属于周公的封邑，而非周王室居住的都城。

罗着重强调李书中"渭河流域地区的社会整合实际上通过宗族的行政管理结构而实现"（李峰，2008：188），却否定李认为还存在该结构之外的属于王家财产或国家管理财产的土地。这种观点还反映在罗对"邑、里、邦"等西周社会政治组织单位的相关认识，以下具体说明：

李指出邑是构成西周社会的基本单位，通常是由"一个居住中心、耕地及其周边的林、泽组成的"（城市也有相同结构，只是规模和复杂程度不同）（李峰，2008：174）。而"里"和"邦"都是一种行政单位，其行政结构均建立在"邑"的基础之上。其中，李认为"里"内土地的所有权与对"里"的管理权是分离的，尽管可以进行土地交易，但由国家设置的管理机构及其权力不变。但是罗却认为这两方面内容很难调和，并且指出"铭文的稀缺性和模糊性，以及后世文献中几乎没有'邑''邦'等相关术语，因而很难对李的重建进行评估"（罗泰，2014：273）。

李在书中对"邑"有这样一段说明："起初，居住在邑里的人本来属于同一亲族，但这种情况却越来越复杂……随着时间的推移，贵族家庭之间的土地交易或土地从国家变成贵族所有的情况不断出现"（李峰，2008：174）。罗认为这是对居住在"邑"内宗族性质的误解，他进一步解释道："一个'邑'的所有居民都是同一宗族的成员。也就是说，这些宗族中的每一个，都是根据一个人与祖先的关系而在内部分层的，包括贵族阶层，甚至可能包括绝大多数的平民"（罗泰，2014：272）。在他看来，尽管铭文中有记载"土地交易"，但是没有充分的信息说明"（土地交易）是否涉及邻邑的产权转让"，"土地交易是否涉及到转移居住在该土地上和邻邑内的人，以及这种交易是否会导致邑的分裂"等问题（罗泰,2014:272—273),其中"邻邑"应该是指同一宗族内分化出的次级组织单位。

  综上所述,罗泰的书评基本涵盖了李书中所有的论题,并且绝大多数罗都给出了自己的另一番解读。李以西周当代文本(铜器铭文)为相对独立的史料资源,在韦伯"官僚"理论体系之下对西周政治制度进行了重构,基本完成了相对客观和微观的研究,也取得了传统史学所不能得的重要认识。在李的描述中,西周政府似乎更加行政化、专业化、世俗化。然而,罗注重社会文化及其对政治层面的影响,在他看来,西周官僚体制建立在以亲缘关系为基础的社会之上,以祖先崇拜为内核的宗教秩序为这种关系提供了保障,这是西周政体的本质,也是其发展的动因所在。以上两种看似矛盾,实则偏重不同的解读,源自两位作者不同的学术训练与知识背景。李的研究属于历史学范畴,而罗则试图提供人类学视角。且不论各自观点的对与错,这种差异的意义在于,让我们意识到不同研究模式可能存在的偏差及其原因所在。在世界历史的范畴中作早期中国历史的研究,如何在借鉴和使用西方社会政治理论模式的情况下,还能辨识出早期中国历史自身的特色,这也是这篇书评应该引起的反思。

(责任编辑:黄娟)

方法论、逻辑和有关西周政府的争论：对罗泰的回应

李 峰（美国哥伦比亚大学）

拙作《西周的政体：中国早期的官僚制度和国家》（剑桥大学出版社2008年英文版）出版七年之后，[1]罗泰教授终于将自己的看法以英文的形式发表在中国的一家新的集刊上。[2]罗泰曾经告诉我他的评论先是提交给了《早期中国》，但由于该文对我这本书进行的过于严厉的批评（这一点现在看来很清楚，如果不是更严厉的话），它遇到该期刊有警觉的编辑的拒否。[3]在这篇长达26页的长篇书评之中（尽管这并不是他所写过的最长的书评，原因我稍后会交待），[4]罗泰提出了许多的批评意见，这些意见不仅包括反对笔者对于西周政府的论述，同时也与罗泰自己有关这本书"对周王国相当复杂的特点提供了大致准确的描述"（罗泰，2014：269）以及"大致成功地完成了自己的目标"（罗泰，2014：277）的判断相抵牾。

我认真考虑了罗泰的这些批评意见，以及他的一些赞许，对此我表

1　Li Feng, *Bureaucracy and the State in Early China: Governing the Western Zhou*, Cambridge: Cambridge University Press, 2008. 中译本：李峰：《西周的政体：中国早期的官僚制度和国家》，北京：生活·读书·新知三联出版社，2010年。

2　罗泰：《评论：李峰〈西周的政体：早期中国的官僚制度和国家〉》，《浙江大学艺术与考古研究》第一辑，杭州：浙江大学出版社，2014年，第252—277页。

3　同上，见我与罗泰的个人谈话。

4　例如，罗泰关于夏含夷与杰西卡·罗森《西周研究中的问题》（*Issues in Western Zhou Studies*）所作的88页的长篇书评。

示感谢。如果只是因为他的那些批评意见，我可能永远不会写这篇回应。但是横亘于我们之间的，是由不同的理论取向导致的许多关于西周政体与西周国家的基本分歧，还有对学者在撰写书评批评他人时应当注意的基本伦理规范的不同理解。**例如，虽然罗泰和我都承认西周政府是一个官僚机构，但我认为西周"官僚制度"（即使按"官僚"一词学术定义来讲）是一种允许周天子（或者任何控制这个官僚机器的人）去克服或至少操控由亲族结构所强加的种种限制，从而去完成实际的政治与行政目标的治理方式。相反，罗泰却认为西周政府作为一个官僚机构毫无希望地陷入了亲族结构的制约，这一政府所做的或所通过的一切行为均需要以宗族的血缘秩序来解释。**这是涉及西周政体性质的中心争论，而罗泰在这场争论中的观点导致了他在对我的书评中的许多误解。如果听任罗泰对《西周的政体》的这些误解（有些是基于错误的知识，见下文）传播而不加纠正，从而导致今后的读者去误解西周官僚体制的基本组织逻辑以及运行机制，这将会令笔者深感担忧，同时也是不负责任的。这会对我们有关中国早期国家的性质以及对中国文明做出了重大贡献的这一政治文化的正确理解产生很大的破坏作用。因此，我不得不写下这篇回应的文章。

一、学科的错误希望

但是，我们并不需要急于讨论上述这个关键分歧，这一分歧会在本篇回应的中间部分变得明了。我们首先来引用罗泰的一段话：

> 李在说明周代社会的以血缘为中心的性质上的失败，是他明确拒绝接受一个系统的、由人类学所阐明的把西周文化作为一个整体看待的观点的结果。（李的）这个立场对于期望第一眼无偏见地审视文本的文献学家来说是一个潜在的强项，但在阐释广阔的历史重要性时它成为了一个缺点。（罗泰，2014：265）

方法论、逻辑和有关西周政府的争论：对罗泰的回应

罗泰的这段话是对两个长段落的总结，在这两个段落中他是对《西周的政体》一书中有关政府官员选拔问题的论述进行了评论。他不仅不能在这两个领域之间建立概念上的联系，实际上在西周政府的政治秩序——它是基于比严格遵守的身份制度更广泛的一系列变量的——和周代社会的亲属秩序之间的差别上也是思维混乱的。但不管怎样，他对我的所谓"明确拒绝"的指责简单讲是错误的。事实上，对人类学理论的深入讨论不仅指引了我对西周国家的特点的描述（李峰，2008：271—293，特别是278—280，290—293），也支撑了我对周王权的宗教基础的新理解（李峰，2008：294—298），这都是被罗泰所忽视的。同时，这一指责也特别不公平，因为每一位不带偏见的读者都会同意，这本书的优点之一，就是它在系统分析青铜器铭文的基础上，建立了对西周国家及其政府的更为广阔的解释。

但是，接下来，罗泰自己的关于西周国家的"人类学"版本又是什么呢（注意，他在上边的引文中使用了"西周文化"的表述，但书评里讨论的主题是西周国家和西周政府）？通篇书评里，或是在其他地方，他都没有把它清楚地说出来，或至少尝试给出一个大致的图景。唯一的一处几乎接近他所谓的西周社会（注意，仍然不是西周国家）的"人类学"模式，是他在2006年用错名字的书中对所谓的"五世原则"的讨论，但是这个讨论完全是建立在后世的儒家典籍之上的；这些经典对西周现实研究的有效性首先是要经过验证的。[5] 说到底，我们对西周国家及其政府的描述，不管它是受"人类学"理论的指引，还是受其他什么理论的指引，都必须从对当时的青铜器铭文的仔细分析入手。令人遗憾的是，罗泰自己不能提供这样一个描述，相反，他更喜欢批评他人这样做。

人类学——主要是由于这门学科的历史——关注的是人类的总体状况以及过去和现在的人类行为的大的格局，但极少提供有关政府组织的

5　Lothar von Falkenhausen, *Chinese Society in the Age of Confucius (1000-250 BC)*, 64-70. 这本书的书名就错了，因为孔子生活在一个与西周隔绝了三百年的时代，在这期间中国发生了深刻的社会变化。对于孔子来说，西周时期已经是古代。

原则，或关于"官僚制度"的运作的理论性阐述。有关"官僚制度"的研究，典型地属于受益于政治学和社会学有关讨论的一种学问，同时它也从政治经济学领域获得帮助。这是因为大多数的早期人类学理论是通过研究所谓的"无序的社会"来建立的，这些社会被认为是缺乏适当的政府的，更别说"官僚制度"了。因此，早期人类学家把注意力集中在亲属结构上，而不在政府组织上。这一忽略也与人类学植根于民族学和所谓的活人的经验有关。有一些著作研究政府是如何在地方上被不同的人群所感受的；但对复杂的官僚制度的结构性分析，人类学的成果则是凤毛麟角。[6]换句话说，罗泰要求运用人类学的理论来研究特别是西周时期的官僚政府，这是很错误的；或者说他需要自己展示如何做这样的研究，但他却没有这么做。这就像是要求人用木匠的工具来解决铁匠的问题。这并不是说这些工具不能被使用，如果罗泰坚持一定要这样的话；但简单地讲，它们是解决有关问题的错误工具。说到底，"官僚制度"是社会和政治理论中的一个概念，我在书中已经对此进行了详细的讨论，并提供了相关文献（李峰，2008：3—6）。不幸的是，罗泰这种强烈的、近乎宗教信仰的对使用人类学理论来研究政府组织和运行的坚持，加上他对作为《西周的政体》理论基础的政治学或社会学理论的完全无视，导致他经常不能识别基本的社会类别之间的概念性区别，而只能是做一些华而不实的宣示。

二、概念的混淆

这种错误典型地出现在有关西周政府的构成和运行机制的一些重要方面的争论中。因此，我们必须首先来清理罗泰书评中由这种错误所导致的一些混乱，然后我们才能讨论西周官僚制度的一些基本特征。

---

6 作为人类学关于政府的讨论的范例，可参见 Gluckman Max, *Politics, Law, and Ritual in Tribal Society*; Latour Bruno, *The Making of Law*。不幸的是，罗泰甚至不能列举出上述人类学著作，尽管它们只是与西周政府研究有遥远的联系。

方法论、逻辑和有关西周政府的争论：对罗泰的回应

第一个混乱是关于一些职能性官职的数量，以及由此推导出西周官僚机构的规模的可能性。罗泰认可作者将铜器铭文中的职官名称减少到二十九个，并建议取消一般名称如"三有司"（它包括司土、司工、司马），将其进一步削减到二十五个。这当然没问题。然而，罗泰接着说道："毫无疑问，这二十五个左右的官员只代表一个很大——甚至更大的——官僚机构的一部分，但李谨慎地避免猜测其实际规模。从上述考虑推断，我们可以推测，官职数量的小数额部分地反映了西周官僚组织的有限的地域范围……很有可能，这一记录偏向行政层级的高端。较低级的官职，换句话说，可能严重不足。"他用这个例子来说明我用青铜器铭文来研究西周历史的方法也有"问题"："李不愿意考虑由（资料的）不完整性和其得以保存的选择性所带来的任何可能的偏见"（罗泰，2014：257）。我们从青铜器铭文中得到的信息所包含的可能的扭曲和偏见当然是有的，甚至可能是不可避免的。但我曾详细讨论了这种偏见，[7] 甚至在《西周的政体》一书中，笔者也在对青铜器铭文的性质进行讨论（那里也包括对罗泰将青铜器铭文误解为所谓的宗教性文件的一个温和批评）的大背景下提出并讨论了这个问题（李峰，2008：11—20）。[8] 所以，罗泰批评我"不愿意"来讨论这个问题，这是不符合事实的。

这里真正的问题是罗泰对书中提到的西周青铜器中职官名称的混淆。我已经在《西周的政体》附录一的"职官名称列表"中提到，这些官名应该被理解为"功能性角色"，而不是代表西周政府官员的实际数量（李峰，2008：305）。我把这描述成为西周官僚制度的一个重要特征，并

7　参见 Li Feng, *Landscape and Power in Early China: The Crisis and Fall of the Western Zhou*, 9-10.

8　在书中讨论青铜器铭文性质的结束部分，我具体地写到："虽然这些纪念性质铭文的目的是记录并传承作器者认为重要的历史事件，但它们并不一定常常记录真实的历史。铭文记录的是铭文撰写者看待历史的角度以及应该如何记住历史，这与所有历史文献的形成一样，都是经过人们大脑思维活动的结果。铭文记录当然会反映一定的主观性甚至偏见，这一点我在另一部著作中有所论及"（李峰，2008：20）。

且同样的官名可以出现在从中央到地方的主要城市的政府的不同层级之上（李峰，2008：168），甚至是乡村地区（李峰，2008：185—186），但是西周时期并没有发展出合适的术语来区分它们在不同层级上的具体职位（李峰，2008：84、305）。在第二章，我还详细比较过出现在五年裘卫鼎和裘卫盉中的"三有司"，推测至少在西周官僚组织的某些层级（如果不是所有层级）上，并且在任何特定的时间段内，有很多官员共同使用同样的一个职官名称（即担任同一官职），如三有司中的任何一个官名（李峰，2008：71—72）。这种现象与西周官僚制度的成熟程度有关。我们有可能推知西周官僚组织肯定比25个职官名称代表的规模要大，但是在了解西周政府的总体结构和行政层级的多少之前，我们不应冒险进行这种猜测。换句话说，概念上的类别的数量不能被直接转化为事物在实际上的数目，即使是推断。不幸的是，罗泰似乎并未理解到这个重要的区别。

在他对讨论西周中央政府的结构发展的《西周的政体》第二章的评论中，罗泰指出作者使用了令方彝铭文作为论证西周早期的政府组织的主要资料。他提到唐兰把令方彝断于昭王时期，[9] 然后说："在西周初年看来并不存在有显著程度的官僚化，同时，也不像李说的我们能依据令方彝来解释周人早期是如何克商及占领大片领土的"（罗泰，2014：267）。在随后的一段中，他提出了与这一点有关的第二条批评："而不是像李那样假定（李峰，2008：62），当任何一个行政职能被确定时，一个完全成形的官僚机构就出现了，历史学家……"（罗泰，2014：267）。因此，罗泰不仅责难我使用令方彝铭文来提出西周初期就有了高度官僚化的现象，他还批评我使用行政职能的出现来决定官僚制度的诞生。

---

9 这里只需指出的是，令器的断代涉及一些非常复杂的情况，这将在本文后面讨论。结合新证据对令器断代进行更全面的考虑会使我们得到与唐兰相反的观点，并将它们断定于成王时期，先前已有一些学者提出这个断代，包括郭沫若与陈梦家。见郭沫若《两周金文辞大系图录考释》，第6—10页；陈梦家《西周铜器断代II》，第86—91页。

方法论、逻辑和有关西周政府的争论：对罗泰的回应

这些都是非常严重的指责，它们涉及以金文为基础来研究官僚制度的方法论问题。但是与这个指责相矛盾，就在上面一页，罗泰承认"他（李）发现一个成熟的官僚制度的诞生主要出现于西周中期"（罗泰，2014：266）。事实上，无论是在关于西周早期政府的一节（李峰，2008：52—63），还是书中任何地方，我从来没有说过西周早期有官僚制度（甚至是说官僚化）。相反，我所做的一切都是用令方彝铭文来说明西周早期政府的组织结构，并将其与其他同一时期的铭文相联系，从而探讨早在西周早期政府中的各种职能性角色的出现。但是，这里真正的问题是，罗泰自己把"政府组织"和"官僚制度"之间的概念性区别混淆了，或者说，在一个较小的程度上，把"官僚制度"和"官僚化"之间的概念性区别混淆了。

按照政治学的理论，"官僚制度"只是一个特定形式的政府，它有具体的判定标准，并且是按特定的方式组织起来；关于这一点，我在书中有详细的讨论（李峰，2008：3—4）。"官僚化"则是一个动态的过程，在这个过程中有关的标准被逐步发展出来。在第二章的"西周中期的政府"一节中我讨论了这个过程。在那里我指出："这些发展使西周中期政府呈现清晰的官僚制度的结构特点"（李峰，2008：84）。这个结论是基于对西周王家行政、太史寮和军事行政之间的结构性分离，以及各自的职能性角色的发展进行细致分析而得出的。西周早期政府虽然在一定程度上实现了结构的复杂性和职能的分化，但它并不能被视为"官僚制度"。此外，"官僚化"是一个非常复杂的过程，书中对这个过程进行了至少三个主要方面的详细讨论：第二章对西周政府组织的成熟度进行了分析，第三章讨论了政府运行机制的发展，第五章讨论官僚官员的职业生涯。说到底，《西周的政体》整本书的目的就是分析西周政府的"官僚化"的过程。书中没有任何地方说过，也没有在任何地方暗示过"行政职能"的出现即代表了一个完全成形的官僚政府的开端。罗泰的指责是很不公正的，严格地说是属于"诬告"性质的。不幸的是，他却这样做了。

在哲学的层面上，我们发现罗泰分不清一个行为本身的性质和一个

人或一个民族进行此行为的权力的来源之间的区别。这个问题出现在罗泰对我关于册命仪式的讨论（李峰，2008：104—112）的评论中。他批评道："李坚持——在我看来完全没有必要——认为这样的册命完全是一种行政行为，不带有任何潜在的宗教意味（"非常官僚化的"［李峰，2008：110—111］），与祖先崇拜的宗教仪式截然不同（李峰，2008：107、21）。但是，由于铭文文本是铸在用于祭祀祖先的器物上，对西周政府的世俗性的强调可能是时代倒错的。但在书中其他地方，作者对王室权威的宗教层面却是十分敏感……李解释说，周王涉足他的大臣们的工作——这是有大量记载的——是由于'部分的宗教性权力'支持了周王的合法性（李峰，2008：142），这提醒我们周王是把自己视为祖先的'代理人'的（李峰，2008：143）"（罗泰，2014：261）。

首先要注意，罗泰关于铭文铸造于"礼器"之上因而具有宗教性质的观点近几年一直受到严格的批评，而且在《西周的政体》中作者也基于充分的证据系统地摒弃了这一观点（李峰，2008：13—20）；但罗泰却没有对此进行回应。第二点要注意的是，我从来没有在书中说过册命仪式"不带有任何潜在的宗教意义"——遗憾的是，罗泰这里显然制造了这一个观点，并将它归之于作者，然后就该观点对作者进行批判。恰恰相反，在同一章的后面部分，我仔细地分析了发生在王室宗庙的册命仪式（李峰，2008：142—143），并特别指出："这可能暗示着，在祖先的神灵面前进行册命仪式，这就使册命本身能得到合法性，并且如实地得到了王室祖先的批准。"（李峰，2008：143）但是，册命仪式本身是在特定时刻进行的，其目的是满足周朝统治的实际需要，并实现实际的行政目标。当这种行为按惯例进行并由一套规则所制约时，它当然是一种官僚主义和行政程序。但是究竟是什么样的宗教权力使周王或其他任何人来控制这个册命仪式则是另一个不同的议题。用某种权力的来源决定一种行为的性质，这在逻辑上是很错误的，因为两者之间的联系可能很容易被打破，并且这种权力的来源可能发生变化；事实上，册命仪式也发生在宗庙以外的许多地方。一种行为的本体和执行它的力量之间的区别，

方法论、逻辑和有关西周政府的争论：对罗泰的回应

虽然概念上有些微妙，但并不难识别。

进而，我们也有必要区分一个机构被设立的目的和它长期运行的结果。这两个领域之间的区别对于理性的历史思维是很重要的，但遗憾的是罗泰似乎并不能认识到这一点。这种混淆首先出现在罗泰对我关于西周政府三个行政部类的认定的评论；这三个部类每个都能相对独立地运行，这是官僚政府的特点。这一点，根据罗泰的说法，"看起来与他（李）自己关于周王对于册命仪式的独占，是为了把权力集中在自己手中的观点（李峰，2008：104—105）相矛盾"（罗泰，2014：264）。在谈到西周政府官僚化的原因时，这个问题看起来持续困扰着罗泰。我认为，官僚化是在陕西的王畿内为实现更有效的资源管理而进行的一个内部过程，这在王家行政的发展中表现得最为明显。这里，罗泰却说："李对于官僚制度的产生究竟是为了支撑周王的权力，还是被贵族宗族强加于周王从而分享他的权力，没有提供任何意见。不管出于什么意图，随着官僚政府的巩固，周王室也衰落了"（罗泰，2014：266）。这个问题的答案并不难找，然而罗泰上述归之于我的所谓"矛盾"并不存在。

简而言之，官僚化是一个非常复杂的过程，包括多个维度的变化，而官方册命程序的标准化只是官僚化程序的一个方面。事实上，周王对册命仪式的独占确实可能是对贵族宗族公开展示王权；并且它可能是一个策略，以之改变西周早期由几位位高权重的公所主导的寡头统治的权力结构。在西周中期的铭文中，我们没有看到地位崇高的公所产生的强大影响力；相反，我们看到的是一批高级官员集体行动形成一个委员会，他们接受周王的命令并领导着中央官僚机构（李峰，2008：84—85）。这无疑在中央政府形成了新的权力结构。

然而，政治学家普遍持有的一个观点是，官僚体制——无论是由周王有意或无意促成——一旦形成，它就会按照"官僚自治权"或"由官员统治"的原理，通过非个人化的并且经常是制度化的规则，并基于运行的常规性（至少被认为是常规性的）来实现惯例式的操作（李峰，2008：141、146）。这是理解官僚制度的关键。

因此，虽然周王控制了册命仪式，但只要他允许官僚体制的存在，他和自己的官员就一样要受到规则的约束。这在西周铜器铭文中是显而易见的。随着时间的流逝，宗族族长当然可以找到办法来侵夺周王控制官僚体制的权力，例如，控制西周中央官僚机构某个部类的运作，乃至影响周王对某些官员册命的决定，这在书中已经做了明确的解释（李峰，2008：145—147）。这种事情即使在现代官僚机构中也会发生，并通常会导致腐败和公共精神的衰落。实际上，这可能正是曾经发生的事，因为我们在西周晚期金文中再次看到几个位高权重的公的寡头统治。而在周代政府的权力结构中，这种从周中期到晚期的转变恰好与王室的衰落如影随形。但周代宗族族长从未真正接管周王主持册命仪式的角色，而且控制着官僚体制的政治权力的改变当然也不要求周代官僚体制随着周王权力的衰落而衰落。相反，周代官僚制度一直持续到公元前771年，尽管没有证据表明它在西周晚期有很大的扩张。说到底，这只是谁控制官僚机器的问题。当然也有证据表明，在西周晚期某些册命仪式的规则可能变得更加微妙（李峰，2008：109）。

简而言之，罗泰似乎很不能理解，更不能欣赏有关西周政府的这种微妙的历史学的深度解释，这一解释是以对西周国家的政治结构和建立于这一结构之中的西周官僚制度的概念性区别为基础的。**非常遗憾，罗泰基本上分不清"西周国家"和"西周政府"之间的区别，或者他认为这样的区分没有意义**。他在理解《西周的政体》中所描述的西周官僚体制的实际组织和运作特点上的失败，是他明确拒绝有关政府和官僚制度的社会学和政治学理论的结果。这一点，加上罗泰对复杂的历史学分析方法的明显不熟悉，使得他缺乏从经常是相互关联但又在概念上相互分离的论证中，看到不同层次之间细微区别的能力；但是，这种能力对于我们就一些复杂的历史问题进行逻辑性的思考是至关重要的。他对《西周的政体》的很多批评、质疑乃至误解，非常不幸地，反映的实际上正是他自己的弱点。

三、罗泰所谓"人类学"视角的谬误

罗泰从来没有对周代政府作过一个所谓人类学的描述；相反地，他为人类学分析作出的呼吁，主要是为了就西周政府研究的两大议题对拙著《西周的政体》进行批评而提出。对此，我现在应该详细讨论一下。

罗泰的第一个指控出现在他对作者有关册命仪式的讨论的批评中；在册命中右者和被册命人之间关系是基本稳定的。[10] 他首先评论："李想让我们相信右者和被册命者之间的关系主要是行政性的⋯⋯在80%的例子中（李峰，2008：125—130页，表1），右者与被册命人属于同一个政府部门"（罗泰，2014：263）。他继续在下一段中说道："他（李）解释右者与他们的被册命人的亲密关系是衡量西周王朝政府职业化的一个尺度。但是这可能是时代倒错的。更可信的是，在我们的小量样本中所看到的规律性反映的是在家族内部的官职传承（或者，也许更灵活些，是接受某种任命的权利）的习惯。大多数或全部的右者，换句话说，更可能是被册命者的长辈亲属⋯⋯假定被册命者和他们的右者之间存在亲属关系，这有助于解释李对青铜器铭文的分析中出现的另外两种现象：官员对晋升的影响，以及官员对其右者的忠诚和对周王的忠诚之间的偶然冲突"（罗泰，2014：263）。

暂时撇开理论的解释，让我们先看一下资料，看看罗泰所讲的亲属关系是否真的可以"可信"地被假定在右者和各政府部门的被册命人之间。在大多数的册命例子中，右者的宗族身份在他们的名字中是不言而喻的。但被册命者的宗族身份有时很难确定，主要因为作为记录册命仪式的青铜器的拥有者，他们通常只使用自己的私名。在一些情况下，被册命人的宗族族属可以从青铜器所奉献的祖先的名字或由同一个人铸造

---

10 "右者"是在周王主持的册命仪式中引导受命者进入庭院，并通常站在受命者右侧的官员。右者一般比受命者的地位要高。关于右者的地位与角色，见 Li Feng, *Bureaucracy and the State*, 108–109。

的其他青铜器中推断出来。而从很多例子中，我们也可以观察到其中一个右者陪同多个被册命者，或一位被册命者被多个右者陪同，这可以使我们方便地进行交叉参考，很有启发性。但是，完全没有证据显示，在册命仪式中有任何一个例子是基于家庭或宗族的背景选择右者，来陪同他们的亲属的。相反，常规是让右者和被册命人的关系超越家庭或宗族的界限。让我们检查表一中的一些例子（李峰，2008：125—130）：

南姓家族的南伯担任了位于周原的裘姓家族的裘卫的右者（表1，#59）。我们熟知的位于今凤翔境内的井姓家族的建立者穆公担任了单氏家族的盠的右者。井氏家族的井伯则是毛氏家族的师毛父的右者（#43）。师𠭯（或辅师𠭯）有两次册命，第一次由琱氏家族（召氏家族的小宗）的宰琱生作为他的右者（#8）；第二次是由荣氏家族的荣伯作为他的右者（#21）。所有的学者都同意师询（或询）和师酉是父子关系，而他们的右者则是荣氏家族的荣伯（#19）、益公（#49；很可能是与荣伯不同宗族的领袖）和一位身份为公族的人物。荣伯也曾担任从河南南部来访问王都的应侯的右者（#24）。在四位由司马共为右者陪同的官员中，我们至少知道师晨（或伯晨）是东部地区某个诸侯国的一位公子（#29），癫属于微氏家族。虎（或师虎）有两次官方册命，分别由井氏家族的井伯（#42）和密氏家族的密叔担任他的右者（#47）。当一个右者陪同两个不同家族的被册命者时，或者当一个被册命者由两个不同家族的右者所陪同时，这里当然没有右者和（被册命人）家族的同一性。这是一个非常简单的逻辑。

因此，罗泰在这个问题上彻底失败了。他承认他所谓右者和被册命人的亲属关系是一个"假定"；但事实本如上述，这是不允许他假定的，也没有必要假定。上述的信息是明明朗朗地展现在《西周的政体》表1中的，这是他很容易看到的。让人难以理解的是罗泰为什么完全不看这些摆在他面前的实际资料，却基于他自己对亲属原则的所谓"人类学"的信仰，武断地提出他的"假定"。遗憾的是，从这一点讲，我们必须说，他的书评似乎并不是由一位知名的早期中国学者所认真写作的。事

方法论、逻辑和有关西周政府的争论：对罗泰的回应

实上只有一个例子，即利鼎（《集成》2804）记载了井伯担任了利的右者。据《今本竹书纪年》，我们知道这个利可能即是井氏家族的一个叫井利的成员，但这篇铭文并不是一篇册命金文。就我们所知的册命金文而言，尽管对册命仪式中陪同被册命人的右者的选择在周代政府的每个大的行政部类内部而言是相对稳定的（罗泰，2014：134—136），但这种选择与家庭背景无关。这种现象本身就是对册命仪式的行政属性，或者说是对西周官僚政府的特点的一个说明。

罗泰的第二个"人类学"视角的指控是针对我在第五章关于政府官职继承的讨论的。他说："更成问题的是，有批判精神的读者很快就会看到，（李）对官职世袭继承的讨论是基于这样一个条件的，即每个家庭每一代不能产生多于一位的男性成员。李的观点很快就会被打破，只要我们承认这样一个可能性——并且这是在中国采取独生子女政策之前多于几个世纪！——即一个候选人可能得到已在政府部门任职的兄弟或叔叔的提携。此外……官僚制为贵族家庭中一些年轻的儿子提供了机会，给他们一种获取地位和特权的替代途径。如果……官僚机构的官员由他们自己宗族的人供养……那么任何一个空缺的职位都会被一个亲属来填补，这才是合乎逻辑的。对于那些铜器铭文中所见的相对较高的职位，他们是由周王亲自颁布任命；这首先表明，这些被任命的人大部分或全部属于周王室的小宗分支"（罗泰，2014：265）。

最后这个论点，即周王亲自任命官职意味着大多或全部的官位都给了王室的小宗成员（指周王的亲属），是一个很幼稚的论点，它显示了对于宗族的社会地位的不了解；无论是王室后裔还是非王室后裔，这些宗族都是独立存在的社会实体。罗泰的这个论点就像是说：普天之下莫非王土（如《诗经》里伪称的那样），因此周人世界里的所有奴隶都是周王的奴隶。这是毫无意义的论调。此外，宗族（氏）是坚实的社会团体，它和由血缘关系所构成的"姓"的群体是很不同的，尽管一些宗族是有

相同的血缘的。这是理解西周社会的关键。[11] 事实上，如同我们从青铜铭文上看到的，很多官职实际上被给予了非姬姓宗族的成员。但为了看到罗泰关于政府官职被家族所垄断的观点存在的问题，我们需要把问题放在更大的范围内来考察。

在第五章，我已经提到（这里我只总结与当前争论有关的要点）：（1）世袭继承是获得政府职位的重要途径，因为周王在任命许多官员时参考了其祖父或父亲之前的服务；（2）但是，世袭继承没有成为一种规则，因为周王至少任命了同样数量的没有明确的政府服务历史的家族的成员。显然，进入政府服务存在多种路径；（3）对于进入政府服务的人来说，世袭权利仅仅意味着一种"资格"，或"更好的机会"，而非担任其父、祖之前相同职位的权利，相反，处于仕途刚开始阶段的官员往往被任命担任高级官员的助手；（4）官员的异动与晋升当然是可能的，而周王也当然有权力掌控这个过程。**总而言之，西周政府并不是只允许少数几个主要家族垄断绝大多数政府部门，而是以假定在陕西王畿的所有贵族家族的参与为前提来运作的**（李峰，2008：216—217）。我认为，这些观点在书中表达得很清楚，也得到了现存的青铜器铭文的充分支持。

我从来没有在任何地方暗示过西周时期存在"独生子女政策"（罗泰的幽默显然用错了地方）。我也从来没有说过进入西周政府服务的官员必须是家族的第一个儿子。实际上，他们在铭文中的名字显示其中一些是第二到第四个出生的儿子（如《政体》表1中所列的著名的井叔、虢季等），这是一看便知的。很显然，罗泰制造了这样一个假象。此类基于他先来想象作者"可能"怎样想，并因此对作者进行无根据指责的做法，以前在罗泰的书评中也出现过，但它毕竟违背了有专业精神的学术实践

11　关于姓与宗族的重要区别，见笔者最近详细的讨论，Li Feng, *Early China*, pp. 140–143。

方法论、逻辑和有关西周政府的争论：对罗泰的回应

的规范。[12] 青铜铭文中的情况与我上文提到的第二点关于进入政府服务有多种途径，并且周王有可能掌控这个过程的认识是完全吻合的。例如，如果父亲的职位由长子继承（即使在世袭继承的情况下，这也不会发生在一个官员的职业生涯的早期阶段，因为他很可能首先被任命为另一个部门的高级官员的助手）（李峰，2008：199—201），周王也有足够的自由任命这位父亲的年轻的儿子们到另一个官位，这样他可能按非世袭继承的规则来决定任命，这在官员册命中同样占了很大比例。因此，如果一个家庭在任何一代中有一个以上的儿子，我的观点也不会像罗泰所希望的那样被打破。相反，这情况实际上支持了我的观点，即西周政府中的官位传递本来就有多条路径。至于儿子继承其兄弟或叔叔职位的可能性，在《西周的政体》中讨论的继承规则同样可以适用（李峰，2008：213—214）。如果是这样的话，铭文就应该有所说明，或者说没有理由不做这样的说明。但这是不能不根据证据而假设的。再次，大量的青铜器铭文显示官员任命并没有以家族的近期政府服务历史作为条件，这保证了许多册命必须这样做，而且周王有很大自由来决定谁应该担任什么职位，这在青铜器铭文中是显而易见的。

简而言之，罗泰所谓"人类学"视点的以亲属关系为秩序的政府的概念，即政府的官职在家族内部进行传承，完全墨守了战国到汉代儒家著作所说的，以及传统史学希望让我们相信的关于西周的认知（即所谓的"世官制度"）。[13] 现代历史学家不应该无批判地承袭这一观点，而是

---

12 在另一篇书评中，罗泰曾宣称："中国考古学家"之所以坚持二里头属于夏朝，是因为害怕被冠以不爱国的罪名。随后的一项调查表明，罗泰自己制造了所谓"中国考古学家"仅仅基于"政治正确性"进行学术判断的意图。见 Lothar von Falkenhausen, "Review: The Chinese Neolithic: Trajectories to Early States by Li Liu," *China Review International*, 2006, pp. 178–193; Li Liu, "Academic Freedom, Political Correctness, and Early Civilisation in Chinese Archaeology: The Debate on Xia-Erlitou Relations," *Antiquity*, 2009, 83(321), pp. 831–843.

13 例如，《礼记》的《礼运》章规定地位尊贵的官员按照礼制要将自己权力和财产传给下一代家庭成员。这一观点也常常为撰写中国通史的学者引用，翦伯赞：《中国史纲要》，第42—43页；白寿彝：《中国通史》，第323—325页。

应该利用同时代的青铜器铭文中的全部信息来重新审视和挑战它。在这一点上，罗泰认为"任何一个空缺的职位都会被一个亲属来填补"（罗泰，2014：265）的观点在很大程度上背离了西周的政治社会现实。更严重的是，这个错误的观念导致了罗泰关于西周政府认识的根本性思想混乱。罗泰显然同意作者关于从西周中期开始西周政府已形成官僚制度的观点（罗泰，2014：255—256、265—266，还有其他一些地方），但他所坚持的以亲属关系为秩序的政府的观点直接与"官僚制度"的定义相矛盾。换句话说，**如果一个政府是建立在亲属关系的基础上并按照亲属关系来运作的，它就不可能是一个"官僚制度"的政府**；后者是基于"官员自治性"准则并倡导非个人化的原则的，这是政治学家所普遍持有的观点（李峰，2008：4—6）。这一理论概念上的根本冲突可能是罗泰自己都没有想到的。

如同《西周的政体》中指出的那样，单一的世袭继承的原则在任何社会中都是行不通的，因为它不能应对允许人类生育的不规则模式的自然界法的挑战（李峰，2008：192），更不用说家庭成员的无序死亡了。但在周代的例子中，官员任命的多种方式并行并非自然强加给他们的；相反，它可能代表周王意志的政治决定，以减少少数几个重要宗族垄断政府的可能性。在方法论层面上，现代历史学认为历史并不是单一的线性发展，而是平行发展的复数过程的集结，这既是制度性的决定和对制度的修改共同作用的结果，又是由理性的和偶然的多重力量所驱动的。《西周的政体》用金文来揭示西周政府在选择官员的过程中的实际动态，它受到亲属关系和其他社会政治和自然机制的共同作用，而周王正是用这些多样的机制作为可选择手段来平衡贵族宗族势力的影响和西周国家的福祉。不幸的是，罗泰好像并不理解这种复杂的历史观和它的贡献。

四、知识的不准确

罗泰在《西周的政体》的书评中的其他问题主要是由于他对近期考

方法论、逻辑和有关西周政府的争论：对罗泰的回应

古学的不准确认识，尤其是关于青铜器铭文的不准确的学术知识。

让我们先举一个考古学的例子。罗泰拒绝了作者对扶风和岐山交界处（李峰，2008：165）的周原遗址（铜器铭文中提到的"五邑"之一）是周王室都邑的判断。相反，他认为："主要的王室住宅和墓地可能位于现今岐山的周公庙"（罗泰，2014：272），在周原以西约30公里处。十年前，这一观点尚可得到一些学者的认可。2003年在周公庙遗址发现的甲骨文和附近山坡上发现的带斜坡墓道的大墓很快使一些学者感到振奋，特别是参与发掘的北京大学考古队认为周公庙就是王室都邑。其他一些学者并不同意，认为这一遗址是周公家族聚居地（李峰，2008：172，注50）。作者同意该遗址是周公家族的墓地。在过去的十年里，周公庙遗址上更多的考古工作表明，该遗址的住宅核心区面积相对较小，出于这一原因，北京大学团队在过去三年重新回到周原展开工作。因此，现在很少有学者仍然认为周公庙是王室中心；相反，大多数学者认为它属于周公家族的中心聚落，尽管更为谨慎的学者继续提醒我们，目前还没有确凿的证据证明这一点。[14] 不幸的是，罗泰似乎并不了解过去十年周原与周公庙考古的新进展。

当涉及古文字资料时，这个问题更为严重。譬如，在评论作者关于册命仪式的重建时，罗泰反对我把在册命金文中经常看到的"立中廷（庭）"翻译为"Stood in the center of the courtyard"（站在庭院的中心）；相反，他建议把它翻译成"Stood in the central courtyard"（站在中央庭院里），这会误导人们想象它是"宫"这种建筑群体包含的诸多庭院中的一个中央庭院（罗泰，2014：261，注24）。但这不仅违背了作为宗庙的那种"宫"的建筑结构特点（现在考古发现证实它为一组三个建筑面朝庭院的U形，周围有外墙围绕［李峰，2008：108］），问题更严重的是，它违反了青铜器铭文语言的基本语法。这与业余历史学家所犯的是同样

---

14 最近关于这一问题的讨论，可见付仲杨：《再论周公庙西周大型贵族墓性质》，第360—370页；徐良高：《周公庙遗址性质杂谈》，第411—417页。

的错误；他们通常将在何尊（《集成》6401）中出现的短语"中国"理解为"Central Kingdom"（中央王国），从而将现代"中国"概念追溯到西周初年。这是很错误的。相反，根据青铜器铭文的语法，它仅仅是指"一国中心"。同样道理，中廷的意思只能是"庭院中心"。

还应注意的是，罗泰认为我把"太史寮"解释为一处建筑结构设施是基于寮字（罗泰，2014：262，注25）；但我的解释是关于"卿事寮"的，它是基于寮下有"宫"字的这个 ▨ 字（李峰，2008：114），它显然指一种建筑设施。因为作者对这个字的分析清楚地呈现在书中的一个段落中，因此，很难知道罗泰是如何犯下这个疏忽的错误的。另外，罗泰反对我把司土和司徒看成两个概念，他认为司徒只是司土的另一个不同写法（罗泰，2014：255）。但是，他很不应该忽视我在书中对两个术语的仔细讨论。我说到，伊藤道治已经先提出从司土到司徒（鉴于它们之间的年代差距）的变化可能反映了国家从通过控制土地来控制人口向通过控制更具流动性的人口来控制土地的转变（李峰，2008：74，特别是注释72）。因此，这不仅仅是罗泰认为的一个字形问题。这种差异在西周社会史上有着深刻的意义，但罗泰对我的批评却足以误导读者忽视这一点。[15]

另外一个更大的问题是，罗泰经常误读青铜器铭文中的信息。在第四章中，我论述了邑最初是由属于同一宗族的人民居住的，但这种条件可以通过贵族之间的土地交易或土地从国家所有变成贵族所有而发生变化（李峰，2008：174）。对于我的讨论，罗泰这样说道："李显然没有意识到一个邑的所有居民都是同一宗族的成员。也就是说，这些宗族中的

---

15 亦可见伊藤道治：《中国古代国家の支配构造》，217页。事实上还有一个地方，罗泰承认他把逑误解为述，然后含糊地说道，"最近，来国龙已经令人信服地论证了它应当读为逑，李峰等人采用此观点，是更好的读法"，有效地诱导人们认为作者采用了来国龙关于"逑"的读法（罗泰，2014：265，注30）。但是罗泰引用的来国龙的文章发表于2014年，而我早在2006年 Landscape and Power 和2008年的 Bureaucracy and the State 两书中就已经采用了"逑"这一读法。因此，我没有可能采用来国龙的观点，他的那篇文章我也没有看到。

方法论、逻辑和有关西周政府的争论：对罗泰的回应

每一个，都是根据一个人与始祖的关系而内部分层的，包括贵族阶层，甚至可能是绝大多数的平民"（罗泰，2014：272）。毫无疑问，宗族内部具有社会等级制度，但却没有宗族和邑的一对一的关系出现。大量的青铜器铭文表明，正像我在《西周的政体》中仔细分析的那样，许多宗族都控制众多个邑（李峰，2008：176—177）。一些大的宗族（例如宝鸡地区的散氏）在他们拥有的邑中已经发展出不同层次的行政管理。更重要的是，许多铭文如小盂鼎（《集成》2839）等，表明许多宗族在早期西周的大扩张期间得到了周王赏赐的大量低等级农业劳动力或奴隶，而诸如土田（土地和田亩）和附庸（非自由劳工）在西周早期以后继续被周王用来赏赐，或在宗族之间进行转让（五年瑚生簋，《集成》4292；曶鼎，《集成》2838）。这些宗族中的非血缘关系成员是如何被分配到宗族结构之中的，这需要将来更进一步的研究。但是，我们可以推测，情况想必非常复杂，并且必须据当地居住情况随时进行调整。

事实上，就在三页之后（李峰，2008：177—178），甚至在前面（李峰，2008：157—158），我已经花了很多的笔墨用两个论证来展示伊藤道治对五年裘卫鼎铭文的分析怎样使我们看到宗族间土地转让所带来的社会影响。这个分析显示从邦君厉转让给裘卫的五田中有四田需要从前者的土地中割让，周围被属于政父和散氏的田亩所围绕。剩下的一块土地很可能已经从邦君厉的邑核心中分割出来，以便容纳裘卫家族的居民。虽然最后一点仍然需要进一步研究，但毫无疑问，宗族结构的基于血缘群体关系的财产的整体性至少在西周中晚期陕西王畿的一些地区已经发生破裂。没有理解这一分析，或者更好地推翻它，罗泰就没有理由大胆地宣称"李显然没有意识到一个邑的所有居民都是同一宗族的成员"。罗泰的这个批评完全无视了我在书中的分析。我希望他最好先看看我的分析，然后再批评我的结论。一个更有普遍意义的建议是，罗泰很明显需要阅读更多的青铜器铭文，从而获取它们提供的全方位信息，就算只是为了批评一本大量使用青铜器铭文的书。

最后，我要讨论一下罗泰依据唐兰关于在铜器铭文出现的"康宫"

的著名观点,从而断代于昭王时期的令方彝。据唐兰的观点,康宫是祭祀康王的宗庙,那些提到康宫这类的王室宗庙青铜器一定应当断代于与这些宗庙同名的周王之后。虽然早期的学者如郭沫若、陈梦家将令方彝(包括令方尊)断代于成王时期,但自唐兰的文章于1962年发表之后,许多学者遵循了将这件铜器断代于昭王时期的观点,罗泰的断代即采自此。[16] 然而,我一直认为唐兰对"康宫"含义的解读是正确的,但他对令方彝的断代是错误的。

从唐兰提出自己的观点至今,有必要重新审视这个问题。但这是一个非常复杂的问题,需要另写专文讨论。这里,我只总结一下我将令方彝断定于成王时期的原因:(1)"康宫"一词在所有其他铭文中出现时,总是被冠以"周"的地名首字,暗示它是只位于今天周原的一座宗庙混合体(可能包括康王、昭王、穆王、夷王,甚至厉王的宗庙),甚至不在渭河平原的其他任何城市。[17] 只有令方彝提到了位于东方洛阳的"康宫",这表明后者"康宫"可能是一个与康王的宗庙不同的建筑。因此,唐兰的"康宫"理论不能用来确定令方彝的年代。(2)明显的是,令方彝铭文中显示周公仍然活着,他给自己的儿子明保发布命令,而明保是铭文中的叙事主角,外出并会同卿事寮的官员。周公死于成王时期(主张令方彝属于昭王时期的学者很难解释这一点)。(3)从风格来看,令方彝与著名的麦方尊以及其他由麦铸造的青铜器一样,后者被大多数学者断定于康王时期;到了昭王时期,青铜尊已经开始发展出与令方尊明显不同的新式风格。令方尊的设计与纹饰更符合成、康时期的铜尊风格。(4)最近眉县发现的逨盘铭文为这一观察提供了新的支持。在逨盘单氏家族的世系中,有一位叫惠中盨父的祖先,曾经辅佐昭王和穆王;他无疑可以被确认为以前所知的可以作为昭王以及穆王早期尊与方彝的标准

---

16 唐兰:《西周金文断代中的"康宫"问题》,第15—48页。对于康宫与令器断代的讨论,亦可见 Edward L. Shaughnessy, *Sources of Western History*, pp. 193–216。

17 这一点在我之前的西周政府研究中阐述的很清楚,见 Li Feng, "'Offices' in Bronze Inscriptions and Western Zhou Government Administration", pp. 1–72。

方法论、逻辑和有关西周政府的争论：对罗泰的回应

器的盠方尊和盠方彝的铸造者。但是与盠方尊和盠方彝相比较，令方尊与令方彝的造型与纹饰均与盠器有很大的区别（组图一）。即使只看这一比较，令方彝和令方尊被断代于昭王时期的可能性也是很小的。

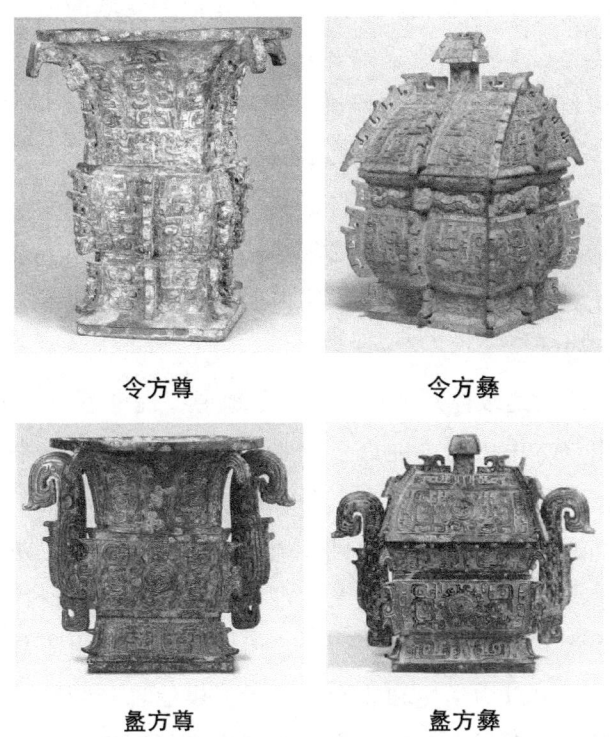

令方尊　　　　　　　令方彝

盠方尊　　　　　　　盠方彝

组图一：令方尊/令方彝与盠方尊/盠方彝比较（方便起见，所有的照片采自"殷周金文暨青铜器数据库"6061，9901，6013，9899；史语所：http://bronze.asdc.sinica.edu.tw/qry_bronze.php）

五、关于书评的伦理规范

书评是学术的检查站，也是西方学术生活中的重要润滑剂。众所周知，与发表在中国的通常是赞扬性的书评（有时候也会是严厉的）不同，西方学者所写的书评总体上更具批判性。这主要来自二十世纪五十年代

李　峰

西方尤其是美国校园里普遍存在的知识氛围，它变得更喜欢采用批判的方法——如果不是对以往作为欧洲遗产一部分的知识体系的根深蒂固的怀疑的话。在西方主要存在两种书评：（1）征求书评，通常是1000到2000字，并在学会期刊上发表，作为向专业但更广域的读者介绍学术著作的重要载体；（2）不经征求的书评，通常在图书出版1—2年后发表，旨在对学术著作进行更深入的评价。健康的批评是严谨的学问的养料；然而，书评（有时是第一种，但更多的是第二种）也是考验一个人区分其作为学者的学术责任和他或她自我能力之地。不幸的是，人们常常经不起这种考验。早期中国研究领域在1975年《早期中国》杂志第一期出版以来一直受到健康的书评的滋养，但偶尔也会被一些不负责任或带有偏见的书评所侵蚀。

罗泰对《西周的政体》的评论，公平地说，提供了一些正面的回应，并有助于突出这本书中讨论的许多重要问题。但是，这篇书评更多呈现了罗泰本人，而不是我的这本书。令人遗憾的是，罗泰属于那么一小部分学者，他们通常利用写书评的机会来兜揽他们对某一主题的认识和了解，而这些主题往往是他们自己无法进行更完整的独立论述的。这种做法经常产生非常冗长乃至多余的评论，但讽刺的是，由于其丰富的参考文献，事实上却可以为学生和非专业读者提供信息和帮助。但这终究偏离了书评的目的，在对一个特定作者的著作进行评论和对一个主题研究领域进行评述之间是存在区别的。尽管这一区别往往不被认知。

根据作者所设定的目标来评价著作成败的学者，与根据自己是否同意作者观点来评价著作的学者之间，也是存在区别的。前一类学者会对研究主题的意义进行评论，仔细考察作者的证据的有效性，考察其论证的逻辑，客观地评价作品对各自领域乃至人类知识进步的贡献。但后一类学者则会利用这个机会来推广他或她自己的观点，抨击作者的分析中与自己不同的观点，反对或曲解他不喜欢的作者的结论。如果这些批评是基于评论者对作者的学术传统的偏见，或者基于对作者个人性格的好恶，那就更糟了。这样的批评实际上并不鲜见，但作为负责任的学者，我们必须抵制这种做法。

不幸的是,罗泰看起来并不能区分上述这些原则性。他对作者的批评太经常性地是基于他自己的想象而不是证据,或是轻率地忽视书中已经明确呈现的证据和有关的分析。他的这种做法,习惯性地以一种高傲的语调表现出来,贯穿了他对《西周的政体》的评论的字里行间,但这对于值得尊敬的学术规范而言是不能被接受的。他对作者"fails to"做某件事的众多指责,常常反映出他自己的偏见或是他自己对近期研究的阅读不足。他对用"人类学"理论来研究西周政府的近于宗教性的迷信,妨碍了他对我用不同的理论和方法来研究西周政府——从而揭示出有关西周政府的更为复杂和微妙的一种历史解释——给予公正的评论。指出了这些问题之后,我建议人们仍然可以受益于阅读罗泰的经常是冗长的书评,因为它包含丰富的参考文献。不过,谨慎的读者必须始终意识到他的偏见,并必须明白,当罗泰说某事是错误的,这往往只是意味着他与作者的看法不同,或者他对此有话要说而已。

参考文献

白寿彝:《中国通史》第三卷,上海:上海人民出版社,1994年。

陈梦家:《西周铜器断代1—4》,《考古学报》1955年第9期,第137—175页;1955年第10期,第69—142页;1956年第1期,第65—114页;1956年第2期,第85—94页;1956年第3期,第105—278页;1956年第4期,第85—122页。

Lothar von Falkenhausen, "Review Li Feng, Bureaucracy and the State in Early China: Governing the Western Zhou," Cambridge: Cambridge University Press, 2008.(罗泰:《评论:李峰〈西周的政体:早期中国的官僚制度和国家〉》,浙江大学艺术与考古研究中心编:《浙江大学艺术与考古研究》(第一辑),杭州:浙江大学出版社,2014年,第252—277页。)

———. "Review: *The Chinese Neolithic: Trajectories to Early States* by Li Liu," *Harvard Journal of Asiatic Studies* 67.1 (2007): 178-193.

———. *Chinese Society in the Age of Confucius (1000–250 BC): The Archaeological Evidence*, Los Angeles: Cotsen Institute of Archaeology, UCLA, 2006.

———. "Issues in Western Zhou Studies: A Review Article," *Early China* 18 (1993): 139–226.

付仲杨：《再论周公庙西周大型贵族墓葬群性质》，《三代考古》，第360—370页，北京科学出版社，2009年。

Gluckman, Max. *Politics, Law, and Ritual in Tribal Society*, Chicago: Aldine Publishing Co., 1965.

郭沫若：《两周金文辞大系图录考释》第8卷，北京：科学出版社，1958年。

伊藤道治：《中国古代国家の支配构造》，东京：中央公论社，1987年。

翦伯赞：《中国史纲要》第一卷，北京：人民出版社，1979年。

Latour, Bruno. *The Making of Law: An Ethnography of the Conseil d'Etat*, Cambridge: Polity Press, 2010.

Li, Feng. *Early China: A Social and Cultural History*, Cambridge: Cambridge University Press, 2014.

———. *Bureaucracy and the State in Early China: Governing the Western Zhou*, Cambridge: Cambridge University Press, 2008.

———. *Landscape and Power in Early China: The Crisis and Fall of the Western Zhou 1045–771 BC*, Cambridge: Cambridge University Press, 2006.

———. "'Offices' in Bronze Inscriptions and Western Zhou Government Administration," *Early China* 26–27 (2001–2002): 1–72.

Liu, Li. "Academic Freedom, Political Correctness, and Early Civilisation in Chinese Archaeology: The Debate on Xia-Erlitou Relations," *Antiquity* 83 (2009): 831–843.

Shaughnessy, Edward L. *Sources of Western History: Inscribed Bronze Vessels*, Berkeley: University of California Press, 1991.

唐兰:《西周铜器断代中的"康宫"问题》,《考古学报》1964年第1期,第15—48页。

徐良高:《周公庙遗址性质杂谈》,《三代考古》,第411—417页,北京:科学出版社,2009年。

(申超 译)
(责任编辑:黄娟)

"传统"之外的《中庸》与道统叙述
——评《文化权力与政治文化：宋金元时期的〈中庸〉与道统问题》*

方 遥（福建师范大学）

这无疑是一本令人感到既熟悉又陌生的宋明道学研究著作。从书名来看，"道统"是古代儒者，特别是宋明道学家建构的关于儒门圣道的传承谱系，而《中庸》作为"四书"之一，则是新儒学经典体系的核心内容，亦与道统的传承授受密切相关。因为道统本身便是圣贤之人与圣贤之书的结合，这一点在朱熹所作的《中庸章句序》与《大学章句序》中已有明确的揭示。因此，二者皆是历代学者所特别关注，并为现代道学研究者所反复讨论的老问题。但是，本书涉及的主要人物却大多不见于各种道统谱系之中，甚至不属于传统道学研究所注目的中心人物，而其讨论的主要问题也非原先道统叙事与道统争论所聚焦的个人内在修养体证或"理气心性"等形上思辨。如何在固有的道统谱系与道统论述之外，讲好《中庸》与道统问题，相信是大多数读者对本书的关注点与兴趣点所在。

其实，作者的写作意图与问题意识还是非常清楚的，即通过研究南北方不同政治文化背景下有关《中庸》与道统观念的发展演变，揭示十

---

*田浩、苏费翔：《文化权力与政治文化：宋金元时期的〈中庸〉与道统问题》，肖永明译，北京：中华书局，2018年。

一至十三世纪乃至十三世纪之后文化权力与政治文化之间的复杂关系。或者更具体地说，阐明政治环境与政治目的是如何影响哲学概念及特定思想谱系的兴起的。鉴于《中庸》与道统二者都是文化权威的主要象征概念，作者认为通过这两个个案研究，可以对朱熹之后接踵而来的儒学思潮获得更为细致与透彻的理解。这一理解表明，朱熹的思想并非像现有的大多数论著在学术史回顾中所描述的那样，在十三世纪即被迅速而广泛地接受，从而拥有独一无二的显赫地位。朱熹思想的正统化与普遍化过程，则典型地反映了当时文化权力与政治文化之间相互作用的真实情况。而这正鲜明地体现出作者一贯注重思想史与社会史、政治史交互为用，将思想的发展、学术的升降置于具体的历史、社会与文化情境中进行考察，关注其与当时社会、政治、文化之间的互动关系这一学术取径。

在具体的研究方法上，作者则主张破除既往研究中以"传统"为支点或线索去筛选历史的研究方式。在他们看来，受《宋史·道学传》以来的影响，中国学者和西方汉学家在思想史叙述中往往过度突出以朱熹为中心的狭隘的道学流派，及其从北宋到元代的思想连续性与不断增长的优势地位，并且片面强调当时学者对于朱熹所提倡的"四书"与道统的广泛认同，却忽视了其他宋代儒家学者的存在，及其提出的种种质疑和不同经典解释。作者特别提醒道，当我们运用诸如"主流""大传统""正统"等充满价值意味的术语时，必须提高警惕，以避免对某一特定的学者群体产生有意或无意的偏向。因为"在基于任何当代视角的历史（思想史与政治史）研究中，这些术语的使用不仅会在'主流'与'非主流'学者之间构成一种有意识的区分，也在某种意义上暗示这些'主流'的学派与传统更胜一筹"。同时，"尽管大多数历史人物对他们或赞同或反对的传统都有所觉察，但他们往往是在某一'谱系'的重要性凸现出来之后才被追溯，贴上'主流'标签，且"价值的判断主要取决于特定的视角"（第3页）。因此，要想真正了解当时的思想世界与思潮变迁，就必须回到历史进程本身，去除"传统"的遮蔽，深入剖析宋、金、元时期存在竞争关系的不同思想流派中的主要思想家,并重新认识朱熹后学的复杂思想面貌。而这亦是近年来思想史研究中较为流行的将熟悉的事物或论题"陌生化"或曰"去脉络化"后重新加以检讨与审视的研究范式的又一成功尝试。同时,为了打破各种主观建构的"传统"或"主流"之间的隔阂与界限,作者还提倡一种更注重连续性与整体性的研究观点,强调考察不同人物以及思想观念之间的相互联系,而这些思想观念同样需要跨越不同"传统"间陈陈相因的边界才能够获得。

本书的上述特点首先体现在研究对象的选择上。在第二章中,苏费翔具体讨论了欧阳修、苏轼、朱熹、叶适、王柏等人对《中庸》的认识。在北宋阶段,或许是受到包弼德《斯文:唐宋思想的转型》一书的影响,苏氏有意避开周敦颐、张载、二程等"哲学家",而选择从文学家的角度来考察北宋的《中庸》观念。他以欧阳修和苏轼为例,指出欧阳修在科举策问中对《中庸》的质疑和批评是慎重的,且在当时具有一定的普遍性,而苏轼很可能受到欧阳修的影响,故在为科举而作的《中庸论》中批评《中庸》文字晦涩、高深莫测、"虚词蔓延",掩盖了孔子的实践智慧。这种怀疑论同样构成了《中庸》解释的另一种传统。在南宋阶段,苏氏则以作为朱熹最直接的批评者之一的叶适和作为朱熹后学重要人物的王柏为例,指出叶适早年将《中庸》主要视作有关国家治理的政治性文本,晚年更继承了欧阳修与苏轼的思想遗产,在《习学记言》中对《中庸》的用语与文本采取了高度的怀疑和批判态度,而王柏则质疑《中庸》的章节安排,并重构了其文本结构。同时,苏费翔还认为朱熹有意夸大了《中庸》在二程学说中的重要地位,其对二程言论和著述的汇集与编纂带有强烈的倾向性和个人色彩。据此,作者批评朱熹置《中庸》文本中的大部分疑难问题及其他学者的相关质疑于不顾,刻意创造出一种对《中庸》传统非常合理而简洁的解释,而"这一切是以损害学术的严谨性为代价的"(第7页)。加之朱熹对《中庸》的章节划分在当时及稍后的时代还未成为标准版本,故"朱熹将《中庸》作为宋代儒学主流的权威范例的清晰图景,仅仅是一种想象而已,或者充其量只是朱熹自我投射出来的现实"（第8页）。

在第三章中，苏费翔进一步探讨了朱熹、叶适、王柏等人关于道统的观点，突显了其中的联系与差异。苏氏指出，"道统"一词早在朱熹之前就已经被用于描述儒家的统绪，而比朱熹稍早的学者李流谦在与张浚的书信中已将道统与《中庸》的文字和概念相联系，故朱熹的道统理论很可能受到张浚、张栻家族的影响，并改变和提纯了早期道统论所具有的政治内涵，强化了道统是由老师传授给学生的谱系这一方面的色彩。同时，苏氏认为，叶适倾向于将道统理解为"以道为治"而非哲学性的谱系，故多在政治语境中使用"道统"一词。至于道统中的具体人物，叶适一方面认为道统在孔子之后便已失传，甚至曾子也不能胜任道统传承者的角色；另一方面又提升了吕祖谦在道学传统中的重要作用，相对贬抑了朱熹的领袖地位。而王柏作为长期被后人所忽视的十三世纪道统讨论中的重要人物，则对当时道统失传的状况表示悲观和失望，并撰写了《道学志》以提高道统的地位。他还提到了当时存在的几种不同的道统类著作，以及学者们向朝廷提议编撰《道统传》或《道学传》的情况和努力。这些都为后来《宋史·道学传》的编撰奠定了文献基础和思想条件。通过上述讨论，作者指出，朱熹所建构的道统谱系在十二、十三世纪尚未取得独尊的权威地位，王柏及同时代的其他学者并不认为朱熹关于道统的表述是完美的、无可争辩的，一些学者设想了关于道统谱系的不同说法，这些说法与朱熹的主张相矛盾，由此暗示了文化权威还存在其他可能的选择序列。同时，朱熹在叙述他的道统版本时，为了打消人们的疑虑，同样选择将孔子和孟子之间的早期道统谱系中存有疑问的部分全部抛开，使得道统的恢复牢固地建立在宋代认同的基础之上。

本书的另一特点便是对金、元等少数民族王朝道学的重视和发掘。论及我国传统社会后期的主流儒学思想，人们往往会用"宋明理学"或"宋明道学"这样的词汇加以概括。但仅从字面上来看，也可以明显发现这一概念表述的不周延之处。而就研究现状而言，且不论明代之后被视为考据学时代的清代，即便是宋明之间的金、元道学，学者们亦关注甚少，而这一时期正是道学发展、演变、传播的关键阶段，对于正确理解道学思想及道学历史具有不可替代的重要意义。有鉴于此，作者在书中转变思路，将研究时段聚焦于宋、金、元之间，即中国陷入分裂、各个政权及各种文化相互竞争以夺取权力之时，着重探讨当时的学者如何处理政治与意识形态的不稳定问题，及其看待政治权力与文化权威的观点。同时，这也使得我们能够从另一个角度重新审视被朱熹道学传统所遮蔽的同时期的北方思想传统，并且更好地理解在朱熹思想正统化、普遍化的过程中，金元儒者所发挥的作用。而具有身历金元两朝，担任翰林备问，又曾出使南宋的经历特殊的郝经，被认为是进行这项研究的一个最好典型。

在第四章中，田浩讨论了郝经与宋、金、元时期的道学演变。一般认为，郝经的思想观点存在着严重矛盾，或认为多重压力导致了其内在矛盾。譬如，郝经作为二程之学的传人，起初却极力反对另立"道学"之名，认为以普遍之"道"作为特定思想学派的专名，源于"北宋五子"门徒的自我标榜，具有狭隘性和排他性，容易引发不必要的纷争和混乱；后来又转而对宋人建构的道学传统与道统概念表示接受和认同，称颂周敦颐为"道学宗师"，并以道学中人的视角来看待道学的历史。又如，对于道学北传的情形，郝经一方面强调金朝及元朝早期的学者已经获得了道学的重要知识，另一方面又认为，即使在蒙古侵入南宋疆域，带回大量道学著作之后，北方地区的学者仍未获得道学之传，直到燕京太极书院建立。对此，田浩推测，1243年顺天副元帅贾辅邀请郝经到顺天衙门担任塾师而带来的社会地位的重大变化，以及接触到大量珍稀典籍的机会，对郝经的文化观念产生了影响，进而导致了其对道学态度的转变。正是在这种地位突然提高的情况下，郝经才如此看重自己与燕京道学领袖的联系，并且希望在太极书院寻求新的支持者。同时，田氏指出，相较于通过师生授受关系进行的"个人传播"，郝经更强调和重视"机构传播"，即通过建立朝廷支持的机构来传播道学。尽管对待道学的态度发生改变，郝经对于道学历史和发展的观点仍与主流道学有所不同。作为北方学者,他较关注包括金朝学者在内的北方学者在维护道学传统方面所作的贡献,并倡导伊洛之学的整合,希望将伊洛之学的北方支脉与南方支脉融为一体。在晚年所作的《宋两先生祠堂记》中,郝经在叙述道学历史时,再次突出了金、元时期北方地区,特别是山西学者对程颢之学的传承和实践,并预言未来道学传统将很快由南方回到北方。

在第五章中,田浩讨论了郝经关于宋、金、元时期政治文化与王朝正统性的观点及其原因。在田浩看来,郝经是极少数曾在三个被不同政权统治的地区都生活过多年的学者,这使他处于一个非常特殊的位置,可以对当时几个政权并存情势下的多元文化进行观察和评论。郝经承认外来少数民族政权在中国文化史上占有一席之地,并为中国文化的发展作出了贡献,尽管他有时仍受到"华夷之辨"观念的影响,对不同民族王朝统治的性质加以区分。在给忽必烈的上书中,郝经经常引述儒家的仁政思想,并且提倡"汉制",即采用汉、唐、宋固有的政治和法律制度,以及学校和科举制度;而在给南宋官员的书信中,郝经则表达了他对蒙古统治者成为明君的信心。这说明郝经虽然认识到外族王朝与汉族王朝之间存在文化差异,且政治文化亦处于较低的水平,但他能够接受外族王朝的统治精英成为中国的君主,前提是其能够适应汉族的文化标准。针对某些学者主张郝经具有强烈的"汉统思想",奉南宋为正统王朝,并以汉族的政治利益为核心来考虑问题的观点,田浩亦提出了不同看法。在他看来,郝经实际上持北方中心论,称北方为"中国"或"天下",而他对南宋的评价则非常复杂,不能因其诗文中的个别说法而认定其以南宋为正统。同时,郝经还常常称他所服务的蒙古王朝为"国家"和"天下",并颂扬了忽必烈统治下的蒙古王朝的合法性,强调"能行中国之道,则中国之主也"的政治原则。对此,田氏也不认为这是郝经为应对现实政治需要而被迫做出的思想改变或观念创新,抑或是体现了郝经与儒家传统之间的矛盾和紧张。相反,田氏认为郝经的这些观点不仅基于当时的社会政治现实,而且有其儒家经典的依据。换言之,其恰恰来源于儒家传统中的相关内容。

在第六章中，田浩探讨了郝经对经典、《中庸》与道统的反思。田氏指出，作为讨论经史关系的最早论断之一，郝经提出的"古无经史之分"的观点是后世"六经皆史"说的重要源头与先驱。这一观念强化了郝经思考五经排列秩序，恢复五经整体性与连贯性的意识。接着，田氏具体分析了郝经对于各部经典的地位与作用的看法，并着重讨论了其关于《中庸》态度的转变。田氏指出，郝经年轻时并未对《中庸》留下深刻印象，显未全盘接受朱熹对《中庸》的解释和评价，后来才接受了朱熹关于古代道统传承的主要观点，尤其赞同朱熹以子思《中庸》传续道统的说法。只不过其道统观更具包容性，不仅突出了韩愈与李翱在恢复道统过程中的作用，而且提升了邵雍的地位，有时还将诸葛亮等人纳入其中。到了晚年，郝经更是将《中庸》与《大学》视作理解圣人之心的关键文本，并明确以子思为《中庸》的作者，显示其已经更为全面地接受了朱熹关于子思及"四书"的看法。此外，田氏还认为，郝经在《续后汉书·道术录》中，将历代圣人单独归为一类，置于《正传》之中，从而与其余的诸子百家和异端人物区隔开来的传记方式，与大约同时期的南宋学者王柏的做法类似，也预示着《宋史·道学传》的创立。不过，田氏最后指出，郝经晚年关于"道统"的用法与朱熹存在差异，说明二人对道统起源与意义的理解仍然不同。对于道统，郝经更为关注"道"统摄或统制万事万物的活动，而非特定的圣人传承谱系。这主要是由当时的政治环境造成的。换言之，"'道统'本身作为一个哲学的和宗派性的概念，对郝经而言仍然不如对朱熹那么重要。至少，统一天下的问题对郝经而言肯定比对朱熹更为紧迫，而这种政治上的考虑也影响了他对'道统'概念的使用"（第172页）。由此，田浩便对本书第一部分的方法及论点做了呼应和支持，并再次告诫我们，像郝经、王柏这样传统上被视为朱熹忠实追随者的真实形象，远比学界主流所描述的要更为复杂。这种复杂性，尤其是与朱熹学派所宣扬的正统观点之间的差异性，也许可以部分解释郝经、王柏等人为何常被宋元儒学史的宏大叙述所忽略的原因。不过，作者随即不失平衡地指出，这种复杂性的另一面便是像郝经这样的"元代少数的朱熹信徒对于朱熹声望提高所起到的作用,可能比现代很多研究者想象得更为重要,甚至超过了南宋后期朱熹的一些主要信徒"(第183页)。

通过上述分析和介绍,本书的诸多优点与新意是显而易见的,但其中仍有一些问题值得我们思考和商榷。首先,为了反思乃至解构以朱熹为核心的道学叙述传统,作者对朱熹的评论不免偏于苛刻,有时甚至存在观念先行或"有罪推定"的情况。书中对于朱熹一些言论或做法的批评,仅仅出于作者的推论或联想,并无切实证据,抑或将后人对朱熹某些论述的理解或误解统统归因于朱熹本人的不良动机,这对朱熹来说,显然是有失公平的。例如,基于自己的推论与某些现代学者的误解,作者便指责朱熹将《中庸章句》及《序》中所引用的二程言论进行刻意糅合,并标示为"子程子曰",是为了误导读者认为其皆出自程颐,从而夸大程颐对《中庸》的重视程度与学术贡献。用作者的话说,"考虑到由朱熹所作的这篇混杂式的'文章'被编辑的程度是如此之高,很难忽略或者低估朱熹积极而关键的作用以及由此产生的对《中庸》地位的影响"(第51页)。但这一点只是作者的猜测,并未举出有力的实据,而朱熹的所谓"编辑"也并未改变二程的原意。由于不少二程言论的归属确实存在难以分辨的问题,朱熹出于谨慎或习惯等原因采用这样的处理方式,并无明显的恶意。且这种处理方式亦非朱熹所独有,其他学者也曾广泛使用过。

其次,为了论证朱熹及其思想在十三世纪的权威地位和接受程度遭到了传统学者的严重夸大,作者反过来又不免过度突出了当时其他学者与朱熹思想的差异性及其思想史意义。譬如,作者将郝经所作的《五经论》与《与汉上赵先生论性书》《庸斋记》《论八首》等文章内容加以对比,认为郝经对《中庸》的认识和态度存在一个转变过程,从最初并不关注《中庸》以及朱熹的《中庸》解释,到后来完全接受了朱熹关于子思与《中庸》的观点。但从时间上看,后三篇文章集中作于1248年,而前者"很有可能作于十三世纪四十年代后期"(第151页),且这还是作者将时间估计得较早的结果。如此，二者在时间上就存在重合，有可能撰写于同一时期，甚至前者的撰写时间可能还在后者之后，那么郝经关于《中庸》的思想转变也就变得不那么清晰了。仅从作者举出的例子来看，郝经在《五经论》中的相关表述或许只是基于特定的讨论语境，而非排他性的论述，故与他在同一时期其他文章中的表述并不必然构成冲突，因而不能以此判定其早年不接受朱熹关于《中庸》的观点。

又如，作者通过分析郝经在《续后汉书》中对"道统"二字的使用方法，说明其对道统起源与意义的理解和朱熹不同。实际上，根据汉语的语法，在不同场合、不同语境下，将"道统"二字连用，完全可以表达不同的含义而互不干扰，不能将其简单地归为一类，等而视之，然后以此证明其与朱熹的理解不同。换言之，不能将语义的多样性直接转化为思想的差异性。诚然，道学家为了论证所属王朝或政权的合法性，有时会将道统与政统捆绑在一起，从而使道统具备一定的政治意涵，但不能仅仅因为"道统"之"统"具有统摄、统御的意义，比如"道统万物""道统形器"之类，就径直认为其具有"政治文化的痕迹"，或认为郝经在此意义上对"道统"的使用，突出了其政治意涵，而忽略了其作为圣人传承谱系的意义。应该说，无论将"道统"理解为传承谱系还是统摄、统御，都是宋代道学家可以接受的思想共识，并不能直接反映郝经与朱熹的思想差异。

退一步说，即便王柏、郝经等人与朱熹的思想差异确实客观存在，其差异程度和具体意义仍有待更为精确的评估。因为不同学者，特别是具有思考力和创造力的学者之间，存在思想差异甚至思想冲突本是再正常不过的事情，亦是思想理论不断发展、完善的必要条件。像作者这样，倾向于认为只有无条件地、全面地支持朱熹的立场才有资格被视为朱学传统的一员，否则便会"损害历史学家与哲学家作品的学术价值"的观点不免偏狭（第68页）。事实上，我们可以看到，即便在作者认为朱熹传统已具有"明显的至高无上的地位"的十四世纪之后，在朱子学的内部与外部仍然存在广泛而持续的异议与争论。不少重要的朱子学者甚至在诸如心性理的关系、尊德性与道问学的关系、格物致知的解释、《大学》版本等关键概念与核心议题上拥有完全不同的看法，并产生了激烈的争论，但这并未改变朱子学在官方与民间的正统地位。因此，仅以个别学者是否存在与朱熹不同的思想观点来判断朱熹学派及其学说是否获得了权威地位与普遍接受是不尽合理的。更何况作者在多数情况下并未具体言明这些不同观点究竟拥有多大的学术或政治影响力，在多大的时空范围内传播，并获得多少人的支持，以至于在多大的程度上可以构成对朱熹传统的抗衡与挑战。

第三，作为特色鲜明的个案研究，本书总体上说还是比较成功的。但若是放在《文化权力与政治文化——宋金元时期的〈中庸〉与道统问题》这样的大题目底下，则内容稍显单薄、零碎，相对缺乏整体性与系统性，不免令人有种意犹未尽的感觉。同时，这种"以一持万"式的个案研究也有其片面性与危险性，它既可能是"以一知万"，也可能是"以一蔽万"。如前所述，过于强调个案的意义，就有可能将某种个别经验或偶发事件夸大为普遍状况或必然规律。当然，这并不意味着本书一定存在这样的问题。但为了进一步证明、巩固本书的结论，仍有必要在这方面进行更多全面、细致而扎实的研究工作。相信在本书的提倡与示范下，未来会有更多哲学与历史学者投身这一领域，取得更多的研究成果，进而对此问题提出一个更为宏观、平衡，且更具系统性与总括性的理论框架和历史叙述。

仙与人间：康儒博与修仙的学问
——评《修仙：古代中国的修行与社会记忆》[*]

顾　漩（河北师范大学）

东晋葛洪所著的《神仙传》，在神仙传记类文本中一直是最受学者们注意的一部，它上承着汉人《列仙传》，下启了神仙传奇小说的传统。不论是国内学界，还是海外汉学界，关于这部书的讨论都绵绵不绝。康儒博的《修仙》一书，即是近年来自海外的一部佳作。该书于出版后广受赞誉，相继获得了美国宗教学会的优秀研究奖和列文森中国研究荣誉奖。2019年，该书的中译本由江苏人民出版社出版，被纳入"海外中国研究丛书"系列。

一

由于语言的隔阂，海外学者对于道教的研究，常常是伴随着翻译进行的，康儒博也不例外。2002年，他出版了《与天地齐寿：葛洪〈神仙传〉翻译与研究》（*To Live as Long as Heaven and Earth: A Translation and Study of Ge Hong's Traditions of Divine Transcendents*），其细致的文字梳理、详尽的证据搜集，都为《修仙》一书奠定了基础。

既然是文本研究，那么最根本的问题当然是如何阅读文本。《神仙

---

[*] 康儒博：《修仙：古代中国的修行与社会记忆》，顾漩译，南京：江苏人民出版社，2019年。

传》显然有着虚构的成分，由此，文学研究者们常将《神仙传》视作小说，或者小说的"原型"。不过，现代学者研究视野中的"小说"，实则是一个舶来的概念，对于解读中古文献未必合适。当我们将《神仙传》目为小说一类时，就很容易把葛洪当时的写作状态与现代的作家等同起来，即认为他是自觉地、独立地进行创作；这样一来，《神仙传》所隐含的宗教经验也便被忽略了。康儒博在《与天地齐寿》中提醒我们，《神仙传》的性质实则和《高僧传》仿佛，尽管学界对这两部传记采用了完全不同的研究视角。

与此相反的是，几十年来，《高僧传》被认为是中古时期宗教实践与世界观的珍贵史料，没有学者将其视作现代意义上的小说。[1] 康儒博认为，长久以来，道教传统的不受重视是造成这种现象的原因。当然与此同时，康儒博又指出，一种宗教的形成，也不会像我们回溯得那样有条不紊，而《神仙传》也无法与后世的道教直接构成统一的整体。

在之后互相竞争的宇宙论和神学体系中，仙的概念和仙的相对地位，在不同人群、不同时间不断发生着改变，这种状况从364—370年间的上清派就开始了。[2] 因此，康儒博将自己所考察的时间范围谨慎地规定在葛洪去世前，即最迟不超过公元343年前后；在这段时间内，民众的宗教生活可以通过《神仙传》得到呈现。

既然要将《神仙传》视为史料，那么其中的虚构因素，就会影响到研究的可靠性。对此，严肃的历史学家会花费大量时间进行详尽的考证，试图将虚构的与非虚构的内容剥离开来，从而最终得到所谓的史实。但康儒博另辟蹊径，他从葛洪的写作意图出发，指出不论内容是否虚构，葛洪笔下"仙"的特征，实际就是中古时期人们判定修道者是否成仙的

---

[1] Robert Campany, *To Live as Long as Heaven and Earth: A Translation and Study of Ge Hong's Traditions of Divine Transcendents*, Berkeley: University of California Press, 2002, p. 100.

[2] Robert Campany, *Making Transcendents: Ascetics and Social Memory in Early Medieval China*, Honolulu: University of Hawaii Press, 2009, p. 34.

标准。借助这样的策略，康儒博灵巧地避开了文本阐释中容易出现的一些问题。譬如，如何定义虚构与真实。因为现代人所认为的虚构，在中古时期的人们看来，却完全可能是确凿可信的。当然，经过了现代科学的洗礼，现代人很难相信通过服用丹药、苦修等方法，真的可以得到永生，古人却未必如此，至少很多君王对此笃信不疑。又譬如，如何处理葛洪与其创作意图的关系。二十世纪以来，文本自身的意义在多大程度上与创作者本身的意图有关，一直是西方文论争论的一大热点。论者或强调作者意图的决定性意义，或消解作者在文本意义中的地位，不过，这些理论对于《神仙传》的讨论来说，都显得有点水土不服。如前文所提，葛洪并非现代意义上的创作者。数量众多的仙传，并不是葛洪以一人之力创造出来的，相反，他的工作更接近于仙传故事的收集与加工。因此，康儒博有意淡化了葛洪的个体性格，而着力于考察《神仙传》所处的社会环境，致力于重现"仙"声名的形成，以及当时人们对于"仙"这一群体的集体记忆。

二

康儒博仔细爬梳了《神仙传》中的诸多故事，将"仙"或者渴望成仙的"修道者"得以证明自己身份的特征，归纳为一套"repertoire"。"repertoire"的本义，是指全部的节目，或者全部的技能；在这里，我将其翻译成"总集"，借以指代全部内容的集合。这或许不是最恰当的译法，而精通中文的柯马丁教授，曾在一次讲座中将"repertoire"译为"资源库"。不过，在这本著作中，"repertoire"所包纳的内容，却远不止文化资源或者思想资源，更多地是指行为特征、生活方式等难以用"资源"两字概括的内容，故我暂且保留了"总集"这一译法。

康儒博的归纳是基于比较进行的。"仙"作为一个名词，本身具备飞升、超越的意蕴，作者的分析也十分关注总集中诸多超越日常生活经验的特征，比如特殊的饮食、能够驱使神灵与野兽、居无定所、长生不死

仙与人间：康儒博与修仙的学问

等等。在这部分讨论中，特别值得注意的是他对中国传统习俗的理解。康儒博认为，断谷之所以特殊，是因为食用经过烹调的五谷，恰是汉人之所以为汉人的重要特征；修道者之所以喜爱云游，是因为安土重迁恰是农耕文明的显著性格；而长生不死的特别意义，则在于脱离了中国传统的社会结构。他说：

> 在中古时期的中国，死亡这一事件意味着一连串特定的社会、宗教过程的开始。所以，不死也就意味着摆脱这些过程，摆脱维系这些仪式的更加宏大的体系。[3]

逝者会成为祖先，接受后辈的祭祀。而对祖先的供奉，是上至帝王、下至平民的普遍习俗，也是维系家庭与国家的情感纽带。不死，就不会成为一般意义上的祖先，也就摆脱了与世俗社会的关联。因此，"仙"所呈现出的特征"总集"充满了对世俗文明的反叛。很多时候，与其说他们愿意做什么，不如说他们决定不做什么。

然而，仅仅具备一些特征，尚且不足以成为"仙"，其身份的确认还要得到他者的认可。再进一步说，他者在这里又有两种：一为修道者与仙构成的松散群体，这意味着，只有经过道行较深的前辈承认，与富有声望的仙产生关联，希望修仙的人才可能成为修道者。二为世俗人群，这意味着，修道者需要采取种种方法，向世俗人群展示自己的成果，以证明自己已经成"仙"。

修道者与他者的联系，正是康儒博研究的重点。他借助正史、碑刻、道教经文等诸多材料，围绕着《神仙传》重新勾勒出修道者一步步构建自己声名的历史。在这个过程中，隐秘与彰显以耐人寻味的方式结合在一起。隐秘赋予修道者与方术强烈的神秘感，与世俗世界拉开距离；但

3　Robert Campany, *Making Transcendents: Ascetics and Social Memory in Early Medieval China*, Honolulu: University of Hawaii Press, 2009, p. 57.

修道者在确保神秘性的同时，又必须使自己的能力彰显出来，以便交换得到他们需要的声望和物质支持。因此，修道者并不像文本中宣称的那样远离尘俗，相反，他们积极地与人群接触，力求得到接受。

在这部分讨论中，康儒博也始终采取比较的策略。神灵与祖先同样会表现出特殊的能力，能够为民众带来福祉。只不过，他们需要"血食"，或需要高额的祭品作为交换，这正是仙与修道者所反叛的内容之一。"仙"有时并不需要被庇佑者付出相应的经济代价，而且在大部分时候，他们虽然时常出现在人流如织的集市上，可他们的特殊能力却是隐秘的，只有慧眼识珠者才能够发现；也就是说，仙与修道者会积极地参与社会生活，并且以独特的参与方式构成"仙"的识别特征。

在全书的最后部分，康儒博讨论了仙传故事是如何通过种种策略说服读者的，它们广泛吸纳各种来源的元素，将之塑造成仙传故事，并在流传中不断重塑。特别值得注意的是，康儒博指出，碑刻是仙传的重要组成。他认为，修道者和仙在离开世俗世界以后，仍然会和人群产生持续的联系。人们为了纪念他们，会为他们建立祠庙，树立碑刻，向路过的远方行人宣扬仙的事迹。碑刻是仙传的一种重要形式，它参与仙传文本的传播和反复重构，使仙得以永垂不朽。

三

如是，康儒博为我们绘制了一幅中国中古时期修道者的宗教生活画卷，这幅画卷摆脱了从前人们所认为的仙隐居山林、不染红尘的固有印象，呈现出一幅充满世俗气息而又生机勃勃的画面；而他带给我们的启示与思索则远不止于此。

对于读者来说，了解他者眼中的中国文化，是认识自己的重要途径。我们也许很难意识到，食用五谷是古代中国人定义自己的标准之一，也不太会将死亡设定为一系列社会活动的起点。而来自另一种文化体系的康儒博，跨越时间与空间的遥远距离，敏锐地意识到什么是《神仙传》

所特有的。同时，他又往往会与自己熟悉的文化传统进行比较。譬如，康儒博指出，在中国古人的宗教观念中，没有明确的此世与彼岸、自然与超自然的二元对立，宗教也不一定强调界限分明的归属感。只是在有些时候，一些术语和概念可能会对读者产生困扰。例如，康儒博数次提到"圣徒"；圣徒形象的构建与仙有一些相似之处，但是，圣徒这个词和官方册封圣徒的行为通常出现在基督教中。在古代中国，基督教并没有机会得到长时间的风行，社会结构也和基督教国家很不一样。相较而言，更适于与"仙"比较的形象恐怕是佛教中的高僧、儒家传统中的大儒，甚至某些具有特定意义的人物，比如《列女传》中的女性形象和散落在各类典籍中的孝子形象。他们在社会生活的不同方面与不同层次上成为典范，又彼此影响，互相协调。正如康儒博观察到的那样，修道者有时不得不考虑到家庭责任的要求，将秘术传授给自己的家人，或者试图庇护自己的亲人。当然，这方面的联系已经超出了康儒博此书所讨论的仙与他者的关联，是更大程度上的互动，也许可以成为后续的研究生发点。

康儒博的《神仙传》研究其实可以追溯到他更早的著作《奇谈：中国中古时期的志怪》。[4] 在那本书里，康儒博重新定义了志怪故事的性质。他认为，那些作者实际上是将志怪作为史传的一类书写的，他们不仅仅致力于搜罗各个地方、各个时间段发生的异常事件，还试图将这些事件联系起来；比如天象、祥瑞等，便常会和当朝君主的政绩息息相关。因此，志怪故事记录了当时人们对于周遭世界的理解。《神仙传》与志怪故事有着相似的性质，康儒博的讨论也是基于先前研究进行的。既然谈到了世界观，我们便很容易生发出这样的疑问：佛教深刻影响了中国人的世界观和宇宙观，而葛洪生活的时代也已经有了佛教兴盛的态势，那么，《神仙传》的书写，特别是修仙的手段、修道者所推崇的较为优越的行为方式，是否可能受到了佛教的影响？当然，《修仙》一书或许还不能解答

4　Robert Campany, *Strange Writing: Anomaly Accounts of Early Medieval China*, Albany: State University of New York Press, 1996.

所有疑问，但它为我们铺设了一条饶有意趣的道路，后来者可以循此展开更进一步的研究。

一种非理想主义的正义观
——评《理想带来的暴政》*

范震亚（中国人民大学）

毫不夸张地说，当代政治哲学的大多数著作不仅是人类数千年政治思考的结晶，也是罗尔斯正义理论的产物，杰拉德·高斯的这本《理想带来的暴政》就是其中之一。无论依赖前人的经验抑或理性反思，"正义"都不是一个单一的问题，而是一系列问题。谈到正义，人们习惯追问它的定义、实现方式和可行性。这些对于理解，特别是建构一种正义理论来说都是基础性的要素。对此，哲学家们往往不会轻易罢手，因为要使一种正义理论变得更清晰，就需要对其中每个要素进行额外的区分和判断。比如，何为正义取决于将谁作为正义的主体，主体可以是个体，也可以是集体，在一般情况下个体正义不同于集体正义。因此，防止正义理论缺失完备性就必须对主体视角做出明确的假定和解释。诸如此类，这就形成了一串问题链。当然，没有人敢妄言哪一种正义理论达到了绝对的完备，它们只是趋近完备，所以建构正义理论的任何步骤都被看作是中间性的。正义问题的复杂性直接导致正义理论层出不穷。

根据应对现实不正义的两种进路，政治哲学家们被划分为两大阵营：理想主义与非理想主义。[1] "理想主义"顾名思义是通过瞄准理想正义来

---

* Gerald Gaus, *The Tyranny of the Ideal*, Princeton: Princeton University Press, 2016.

1 在政治哲学领域，非理想主义的另一种相关表述是"现实主义"。但"现实主义"的内涵更广且在不同语境下丰富多变，它除了干预公共理性，还影响身份政治，有反理想主义的一面，也有反道德主义的一面。鉴于此，本文以"非理想主义"突出"现实主义"中反理想主义的一面，从而框定讨论范围，减少术语的模糊性。

改善不正义。柏拉图的《理想国》和托马斯·莫尔的《乌托邦》就属于典型的理想主义理论。另外，罗尔斯、柯亨等人的著作也包含对完美正义的阐述，例如罗尔斯的良序社会（the well-ordered society）和柯亨的野营旅行（the camping trip）。我们对非理想主义理论一样不陌生，霍布斯的《利维坦》就是这种进路的代表，而当代的非理想主义者主要包括杰拉德·高斯和大卫·艾斯特兰德（David Estlund）。抛开先入为主的偏见，非理想主义的力量不但没有被理想主义打压，反而在近些年有赶超之势。此外，相比理想主义直面正义，非理想主义更倾向于对抗不正义。正如阿玛蒂亚·森在《正义的理念》的序言中说到的，"这里提出的是一种非常宽泛的正义理论。其目的在于阐明我们怎样才能处理促进正义和消除不正义的问题，而不是为有关完美正义性质的问题提供答案"。[2] 理想主义与非理想主义这两大阵营确实存在对立和冲突，这正是《理想带来的暴政》展开的背景。

《理想带来的暴政》是对罗尔斯《政治自由主义》的后续思考。基于主流英美政治哲学的语境，它探讨了人们在开放社会[3]中应该如何看待理想、追求正义。高斯在开篇就指出，理想理论关注理想是什么，它能否实现，以什么方式实现。但他呼吁人们超越相关争论，因为更关键的问题是，"一种有关理想的理论可能是什么，以及它在何时和为什么有吸引力"（第12页）。高斯在这里提出的是一个**元政治哲学**的问题，它的意义在于引导人们检验现存的理论是否被合理地建构。值得一提的是，高斯在本书的标题中将"理想"与"暴政"联系起来，显示了他对特定理想模型，即"良序社会"的不认同，而非抗拒一切理想模型，抹杀理想本身。

---

2 参见 Amartya Sen, *The Idea of Justice*, Cambridge, MA: Harvard University Press, 2009, p. ix.

3 开放社会"在试图保存、发展，以及建立符合他们自由、人性和理性批判标准的或旧或新的传统时，拒绝仅仅被建立的和传统的绝对权威"；参见 Karl Popper, "Preface To The Second Edition," *The Open Society and Its Enemies*, London: Routledge, 1966。因此，开放社会变动不居，多样性是它的特点。

一种非理想主义的正义观

《理想带来的暴政》定位在极端理想主义与极端非理想主义之间，偏向非理想主义。书中的复杂性、不确定性使作者传达的信息更加贴近人类生活的事实。结合章节安排，这些特征更是一目了然。正文由五章组成，依次是"理想的魅力""难以实现的理想""破碎的理想""非理想"和"从堡垒出发"。从前四章的标题和排序不难看出，高斯讨论的重心经历了从理想到非理想的转移。他在进行一个实验：首先选取一个恰当的理想模型作为对象，再加入实际因素，如深层的视角多样性（以下简称"多样性"），然后观察它们的契合程度。实验表明，理想容易受到多样性的侵蚀，力量会持续被削弱，乃至在开放社会中失去立足之地。而多样性突出了视角特有的性质，凭借视角间的交互拓宽它们的视野，开辟人们寻求正义的新方式。第五章，高斯回顾全书历程，奉劝人们告别"良序社会"，舍弃这座理想的堡垒，因为道德同质的良序社会是一个危险的幻象，它会导致人们遗漏在正义问题上的深刻分歧。最后，高斯主张人们要集体参与理想的探索过程，"为不断修改当前的观念和理想留出空间"。

在《理想带来的暴政》中，高斯用很大篇幅讨论了以往人们在寻求正义时遇到的难题，这些难题在很大程度上源于他们采用的单一视角。按照高斯的论述，正因为传统正义理论在这些难题上一筹莫展，人们才应该转向对"理想"本身的探索。许多哲学家喜欢将理想比喻为远离当下世界的一座岛屿，把探索理想当作一趟漫长的航行。虽然这些哲学家没有十足的把握可以成功登岸，但相信那座岛屿能够帮助他们确定航行的方向。确切地说，这趟航行会途经无数个非理想世界，每当面对两个非理想世界 a 和 b 的时候，正义要求人们评估 a 和 b 到理想世界 u 的距离（"问题一"），并主张向更接近理想世界的那个非理想世界前进。这是理想的**定向功能**。不过，阿玛蒂亚·森认为，人们真正在意的是另一个问题，即 a 和 b 的相对正义（"问题二"），而且前一个问题对于后一个问题来讲既不充分也不必要。因此，他的正义理论支持成对比较路径或纯粹的攀登模型。

高斯总结道，"森的分析本身与一个理想无关，只与'一个特定的社会变化是否增进正义'有关"（第15页）。就好像人们知道珠穆朗玛峰是世界最高峰，但这无法用于比较麦金利山和乞力马扎罗山的海拔。针对森的成对比较路径，约翰·西蒙斯（A. John Simmons）反驳说，除非两座较低的正义"山峰"都在通往正义"最高峰"的道路上，否则哪一座的海拔更高就不重要。[4]

西蒙斯对森的反驳十分有力。考虑到正义与理想的不确定关系，的确不能轻易预设"更正义"与"更接近理想"是一致的[5]，而这种一致性似乎构成了森的理论前提。恰恰因为"更正义"意味着"更接近理想"，所以关心 a 和 b 的相对正义就足够了。为进一步摆明森与西蒙斯的观点，高斯使用"正义图景模型"加以阐释。[6] 如果图景适当"平坦"（smooth），即"更正义"与"更接近理想"呈正相关，那么森的纯粹攀登模型就可以指引人们朝着理想前进（如图1）。然而，正义图景或许没有想象中平坦。只要它足够"起伏"（rugged），破坏了"更正义"与"更接近理想"的正相关性，比较 a 和 b 的内在正义就容易让人们误入歧途（如图2）。比方说，人们在向 a 移动之后达到 u 比移动之前更加困难，那么即便 a 比 b 更正义，它也仅仅是一个干扰项。在这幅足够起伏的图景中，理想会发挥作用——清扫掉那些干扰项，规划出最佳路线。因此，西蒙斯否定森的做法。在他看来，"问题一"和"问题二"缺一不可。如果森的正义理论是一维的，西蒙斯的就是多维的。

---

4 参见 A. John Simmons, "Ideal and Nonideal Theory," *Philosophy & Public Affairs*, vol. 38 (2010), p. 35; Gaus, *The Tyranny of the Ideal*, pp. 6-11.

5 "更正义"与"更接近理想"分别对应上文的"问题二"和"问题一"，但它们的差别不只展现在这一个层面。在决策理论中，"更正义"相当于对 a 和 b 的偏好判断。由于缺少衡量 a 和 b 的标准，这种判断是二元的。与之相较，"更接近理想"是一元判断，在这句短语中，理想充当唯一的标准（参见§ II.1.1）。

6 "正义图景模型"体现为一个二维坐标系，X轴上的点表示各个世界，包括当前世界和理想世界，Y轴上的点表示各个世界的总体正义（第61—67页）。

一种非理想主义的正义观

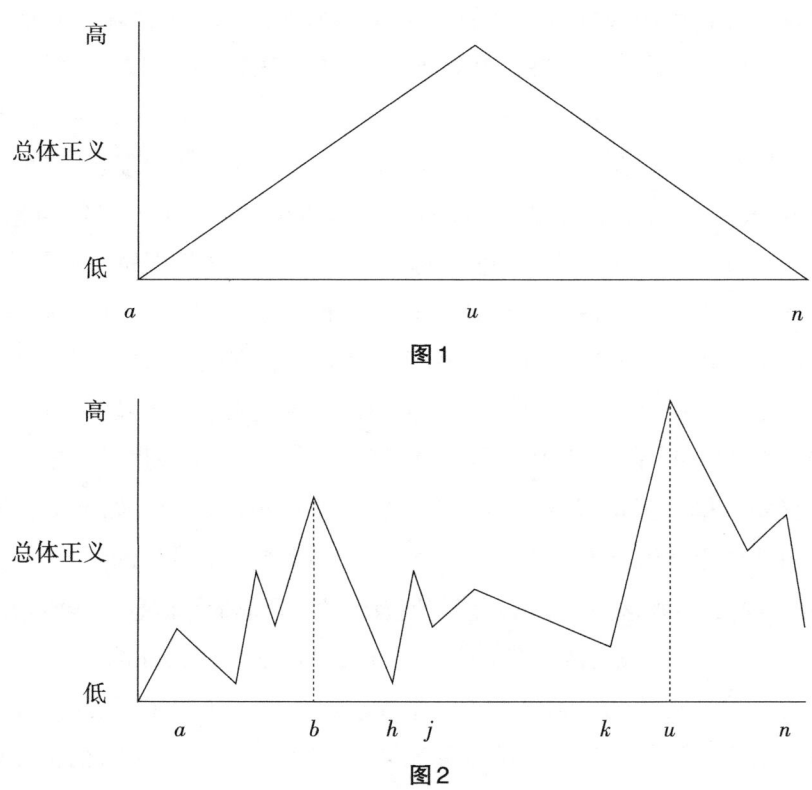

图1

图2

判定森和西蒙斯究竟谁的理论更具说服力不是当务之急。重点是顺着森和西蒙斯的争论深挖下去，解开排序中的疑问。纵观全文，正义理论包含"**搜索理想**"和"**识别理想**"两个环节：搜索理想通过扩大正义图景增加碰到理想的概率；识别理想需要尽量缩小理想所在的区域，进而确定理想。通常，搜索理想为识别理想服务，它们共同对图景中的世界进行排序。此外，每种正义理论都具有独特的视角。就是说，搜索理想和识别理想背后潜藏着对视角的规定，这是在回答"**谁的理想**"这一问题。[7] 被规

---

[7] 正义理论的视角有单一（个体）视角和多样化（群体）视角之分。例如，罗尔斯的视角是单一视角，这种视角是同质性的，它探索的是一个集体理想，而高斯的视角是异质性的多样化视角，即各个视角对事物的意见不统一，这使得大量个体理想涌现出来。

定的视角有自己的邻域[8]，它与两个环节联系紧密，是正义理论的基础。因此，下面的讨论将集中在"搜索理想""识别理想"和"谁的理想"这三点上。

高斯对正义的探究以单一视角为起点。秉承西蒙斯的理念，单一视角必须满足社会实现条件（Social Realization Condition）和定向条件（Orientation Condition）。"社会实现条件"指一个视角根据每个世界的内在正义对它们进行评估，关于哪个世界"更正义"；"定向条件"指一个视角的总体排序参考这些世界与理想世界的接近度或相似性，关于哪个世界"更接近理想"。乍一看，单一视角非常令人满意，但其实这样的视角带有先天的缺陷，这些缺陷与"搜索理想"和"识别理想"有关。

首先，单一视角很难命中理想，完成对理想的识别。如上文所说，正义图景可能是相当起伏的，因此，"除非一个视角对世界的判断是最精确和准确的，否则这些判断就不能传递有效的（可靠的）信息"（第71页）。高斯称之为视角的**最大精确度要求**（Maximal Precision Requirement），而且他坦言，单一视角几乎满足不了这个要求。如果一个视角不能清楚地认识各个世界，即使理想在眼前（邻域内），人们也有可能对它视若无睹，错把非理想当作理想。更严重的是，不正确的思维惯性一经形成，想要消除它就必定需要耗费额外的成本，这无异于绕路。其次，单一视角对理想的搜索无法摆脱**邻域限制**（Neighborhood Constraint）。比如，Σ是一个视角，a、b、c是其邻域内的三个非理想世界，u代表世界集合{X}中的理想世界或**全局最优解**。视角Σ可以比较a、b、c这三个世界，为它们的正义排序。我们假设排序是a > b > c，那么a就是一个**局部最优解**。但由于理想u位于Σ的邻域之外，Σ缺乏关于u的知识，视角Σ就很容易被困于局部最优解a。

"最大精确度要求"和"邻域限制"是理想理论面临的最严峻的挑

8 　"邻域"是现代数学、计算机领域的基本概念。假设点a在x轴上，以a为中心的开区间即a的邻域。高斯借用"邻域"来表示视角的视野。

战。可想而知，只要这两个难题得不到解决，理想对人们来说就仍然是一座海市蜃楼。好在并非无计可施。虽然西蒙斯的提议不够完备，但引入多样性或多或少会改善这种情况。于是，高斯主张以多样化视角取代单一视角。[9]

对于克服邻域限制，多样化视角的好处是显而易见的。单一视角经常看不到正义图景中的所有世界，从而无法对它们进行完整的排序；相反，多样化视角能够更好地保证排序的完整性。以多样化视角搜索理想被高斯形容为一种"传递接力棒的动态过程"（handing-off-the-baton dynamic）：一个视角带着接力棒尽其所能地向上跑，到达一个局部的顶峰。但在其他视角看来，这并不是一个顶峰，所以这个接力棒可以交给下一个视角，然后它继续向上跑，到达自己的局部最优解，在那里它会把这个接力棒再交给另一个视角，以此类推（第111页）。在寻找理想的过程中，群体视角的视野借助视角间差异的不断叠加而变宽，最终将{X}域中的世界一览无余，发现理想。不过高斯指明，这只是多样性的一个面向，多样性也会导致分歧。多样化的视角不仅在视野范围的大小上有区别，也因为自身的特性和偏好，对其他视角的局部最优解和世界排序持不同的看法。如果这些视角始终达不成一致意见，那么"传递接力棒"就注定要失败，原因是它们根本不在一条跑道上。庆幸的是，伴随不同视角的深度交织，每一个视角总可以借鉴其他视角来自我修正，并且它们可以重新组合，创造新的、更合适的视角，遇见自认为更好的最优解。可以说，开放社会是一个充满争议的场所，不同的视角在其中改进各自的正义，树立个体理想，却淡化甚至消解了集体理想的概念，即没有哪一个理想是全体视角所公认的。在多样性的影响之下，"局部"与"全局"的界限不再清晰，因为群体视角中的个体视角通过交互有效地减轻邻域限制，一次次跳出"局部"。世界趋于泛理想化，集体理想失

---

[9] 需要注意，多样性并不是高斯的创见，罗尔斯等人的论述均涉及多样性。高斯强调的是深层的视角多样化，这在政治哲学著作中是罕见的，现有的大多数正义理论只能容忍较低程度的多样化。

去它本来的神圣性和优越性，成为众多个体理想中的一员。

接下来的工作是处理单一视角在识别理想时遇到的障碍。我们已经有所了解，在足够起伏的正义图景中，单一视角由于受到"邻域限制"，被它视作"更正义的"世界有可能不是"更接近理想的"世界。因此，除非乐观地假定"图景"很平坦，即寻求理想如同登山，理想就在山顶，否则指望哪个单一视角总会抓住理想是不切实际的，尤其是理想在邻域以外的情况。如果理想尚未在某个单一视角的视野中出现，那么首要的任务是打破邻域限制，使视野大到足以囊括理想，这一环节就是搜索理想。其实，任何一个单一视角都不会只停留于搜索理想，一旦它打破了邻域限制，下个环节便是识别理想。换言之，理想在邻域之内是识别理想的前提（不论理想是一开始就在邻域内，还是经过搜索被带进邻域）。然而，"最大精确度要求"使得单一视角在识别理想方面处于劣势。不可否认，被挑选的单一视角其精确度是无法掌控的。对此，有人试图把单一视角设想为满足上述要求的"天才视角"。但就算存在"天才视角"，也不能合理地认定这种视角是常见的。所以，应该摒弃单一视角恰好是"天才视角"的想法。

于是，不妨再次求助于多样性，看看多样化视角能否作用于识别理想，满足"最大精确度要求"。假如有两个不同的视角α和视角β。它们一方面反映视角的多样性，另一方面则展现视角的可能性。因此，视角的多样性与可能性是相关联的。如果γ是人们期望的视角，那么γ的可能性需要多样性的参与。更确切的说法是，γ是视角多样化的结果，视角的多样性越大，γ的可能性越大。现在，把视角γ替换为"天才视角"。那么随着视角多样化程度的加深，"天才视角"出现的可能性就会增大，而当视角的多样化达到某一程度时，"天才视角"很有可能会成真。这么看来，多样性的确有助于识别理想，它催生"天才视角"，使"最大精确度要求"得以满足。

假设我们通过"天才视角"识别出了理想，下一个问题紧接着就是，这个理想是否可以在群体视角中扩散和传播？或者，群体视角中的其他视角是否可以遵从"天才视角"的教化，认同它识别出的理想呢？很遗憾，答案是否定的。与搜索理想面临的困扰一样，在开放社会中，每个视角各说各话，这样一来"最大精确度要求"沦为"天才视角"的一套说辞而难以被其他视角所接受。不得不承认，多样性在某种意义上确实有利于搜索理想和识别理想，但这也使人们对待理想的方式和态度有了质的改变。

《理想带来的暴政》出版以来在学界引起了很多争议。其中一个普遍的质疑是，在开放社会中改进正义如何可能？在《政治自由主义》中，罗尔斯不愿相信合乎理性的政治正义社会是没有可能的，于是他假设了这种可能性，并诉诸"一致同意"的公共理性，把它作为社会契约的基础。高斯放大了罗尔斯的顾虑，在第二、三章引入多样性，指出完全规范性的单一视角在改进正义时的不足。第四章，他结合瑞恩·马尔登（Ryan Muldoon）的研究表明，社会契约可以是非规范性的，建立在视角一致或分歧的对象层面上（§IV.1.3.1）。[10] 这些意味着，在开放社会中人们能够舍弃传统的公共理性观，以非规范性的多样化视角达成共识、改进正义。但是，规范性蕴含着价值取向。由于不存在任何规范性，多样化视角各执己见，无法确立哪一个是最优解。所以，开放社会与正义改进看上去是矛盾的。针对这个质疑，一种辩护是，在开放社会中改进正义不要求人们选出一个最优解，而旨在为人们丰富选项集合，避免他们落入"布里丹之驴"的境地（第210—211页）。然而，一些哲学家并不买账，他们站在理想主义的立场上发难，"我们也许学到了建立正义的更好方式，但我们永远不能更了解正义"（第248页）。这引发了一个更深层的质疑，指向高斯的非理想主义正义观。

在第五章，高斯区分出两种对"正义"的理解。根据第一种理解，正义类似于上帝，它高高在上，"用严厉的标准评判我们，我们就像任性

---

10 另参见 Brian Kogelmann, Robert H. Wallace, "Moral Diversity and Moral Responsibility," *Journal of the American Philosophical Association*, vol. 4 (2018), pp. 371–389。

的孩子，可能太过调皮或弱小而无法遵从"（第249页），因此"人类可能根本不适合于正义"。另一种对正义的理解认为，"正义适合于人类"，正义的含义恰恰要由人类来规定。换句话说，正义不是一个预先给定的政治安排，需要人类将它揭示出来，而是产生于人类对共同生活的集体探索。显然，前一种理解是理想主义的，后一种对应高斯的非理想主义。

假设这样的区分是有道理的，那么接下来的问题就是"何为这种非理想主义的正义观"？虽然高斯在字里行间拒斥理想主义的虚无缥缈，但从理想主义的角度看，他的讨论缺失了对"正义本身是什么"的探究。事实上，这种"缺失"正是非理想主义有别于理想主义的地方。在高斯看来，如果高度多样化是人类群体的固有属性，那么我们可以得出这样的结论：人类群体中的各成员对正义的含义有自己独特的视角，并且这种独特性不会消失。因为说人类群体是高度多样化的，就等于是在说人类群体中的各成员之间普遍存在视角差异。只要视角差异没有被根除，这些成员就不能在"正义本身是什么"上形成一致意见。到这里，理想主义的批评已经不攻自破。实际上，高斯的讨论只缺失群体中各成员关于"正义本身是什么"的共识，而这恰恰是他有意抛弃的，因为探究"正义本身"的工作应该由这些成员各自完成。

尽管《理想带来的暴政》遗留下许多有待进一步争论的问题，但这并不妨碍它是一部构思巧妙、内容新颖的政治哲学著作。高斯的论述层层递进。他找准一个理想模型，用抽丝剥茧的功夫把这个模型逼入死胡同，又变换思路从中脱身，既实现了理论革新，也使结论顺理成章。书中搭建的模型为人们在开放社会中看待理想、追求正义提供了新的思路，对当代政治哲学做出了重要贡献。

对于风险的有意遗忘
——评《水下巴黎》*

刘　东（浙江大学）

常言虽则说"水火无情"，仿佛挺恐怖吓人的样子，可我们活了多半辈子，也难保不碰上这样的场面。记得年轻做工的时候，就曾跟着青年突击队飞奔了数公里去火场救火，感受过火势蔓延的可怕速率，也急中生智地想到了"防火墙"。后来在南大开始教书，自己位于锁金村的居所，又曾经突然遭遇河水的上涨——也不过是一阵夏日的豪雨而已，却因旁边建筑工地的垃圾不管不顾地拥塞了河道，竟憋得河水分分钟都在上涨，眼睁睁就灌满了整个房间；家具全被泡到污水中，而蜂窝煤更是颓然垮塌，成了摊在屋里的一堆烂泥，简直是一片狼藉和狼狈……

不过，即使有过这样的经历，再来开读杰弗里·杰克逊的《水下巴黎》，还是会生出几分惊叹错愕——该书的副标题是《光明之城如何经历1910年大洪水》，只需由此就不难想象，书中会放映怎样的一部"灾难片"了。而问题的关键又在于，这座城市留给人们的印象，实在是太精雅、太美好了，很难把它跟发臭的淤泥、没膝的污水联系起来。正如作者所说，"巴黎是当时世界上最现代化的城市，数十年来，前来巴黎参观旅游的人们无不惊叹于她的壮美，在这座城市里流连忘返。如今，在这些危难的日子里，这座'光明之城'从来没有显得如此黯淡过"[1]。我

---

* 杰弗里·杰克逊：《水下巴黎》，姜智芹译，南京：江苏人民出版社，2018年。

1　杰弗里·杰克逊：《水下巴黎》，引子，第3页。

想，这种展示在美丽与黯淡、日常与危机之间的强烈对比，应属于该书的首要抢眼之处。

此外，该书的另一个抢眼之处，则是"洪水"在西方文化中的特殊涵义，它会使人想起《圣经》的故事，想起上帝发动的世界洪水，想起那艘"莫须有"的诺亚方舟。"公元814年，一位佚名作者在一本关于巴黎奇事的书中写道：'如果上帝想用水来惩罚生活在巴黎的人，那么就发一次洪水，以我们从未见过的阵势，让塞纳河的水冲决堤岸，在整座城市里泛滥，使得人们只能靠船出行。'"[2]相形之下，虽说中国自古就不乏洪灾，可诸如此类的灾害，在中国人眼中却纯属自然。也正因为如此，他们即使面对着滔天的洪峰，也不会生出世界末日的恐惧感，而只会对"居外十三年，过家门不敢入"[3]的大禹，或者对精巧地设计了都江堰工程的李冰，生出主要属于人世间的英雄景仰。

不过，文化又总是有同有异、有分有合的。所以再从大处着眼，也即对作为总体的人类而言，这类水利工程之所以重要，是因为他们全都有"亲水而居"的需要，哪怕难免冒着遭遇洪水的危险。据说，在犯罪率往往居高不下的美国，大凡水边的街区都相对安全，因为富人们总喜欢选择临水而居，而富人区也总会配备更好的治安。——这就不能只用灌溉或运输之便来解释了，所以我觉得，人们之所以会选择"亲水而居"，还有发自审美直觉的内在要求，或曰还有用理性说不清的某种理由，说不定是从基因里带来的"返祖"现象。

看来对于这一点，作者也是朦胧地有所意识，由此他才会抱憾地回顾到，尽管当年水文观测站的贝尔格朗也已经"非常清楚塞纳河洪水的威力，了解塞纳河洪水到来之前的迹象，所以建议抬升塞纳河从东边流入巴黎以及从下游流出巴黎的堤岸高度来应对季节性的洪峰，防止洪水

---

2 杰弗里·杰克逊：《水下巴黎》，前言，第3页。
3 司马迁：《史记·夏本纪》，《史记》第一册，北京：中华书局，1959年，第51页。

像过去那样溢决堤岸"⁴，然而可惜的是，纵然治水的工程师们也"的确抬高了堤岸，但是从来没有达到贝尔格朗所建议的高度。如果真要那样做，就会挡住塞纳河的风景以及矗立在两岸的精美建筑。最终，审美上的需求战胜了工程上的建议，巴黎在洪水面前也因此变得脆弱"⁵。

的确，即使穿越时空来征求我本人的意见，我也同样不希望抬高塞纳河的河岸。前两年，我不光带着小女刘天听，乘船去饱览过两岸的建筑风光，还曾在圣母院附近的河右岸，享受过人造沙滩的日光与闲暇。所以很显然，如果把塞纳河岸高高地抬起，那么这些风景就全都被遮掩了。——当然，同时有点败兴的是，又正因为它的河岸较低，才能看清其实河水也并不清洁。不过，我同时能理性地意识到，也正因为流淌的河水带走了污染，才能让整座巴黎都常年保持卫生。当年我翻译谢和耐先生的大作⁶，他对于宋代杭州城内纵横密布的运河，就曾给出这样的功能描述，那中间或也有他自己那座城市的影子吧？

从河水的这种排污功能，又想起了巴黎的下水道——我们在《悲惨世界》的镜头中，曾经领教过它那惊人的甚至可说是宏大的规模。毫无疑问，也正是仰仗着这种高效的排水系统，人们便更容易忽略或遗忘洪水的威胁，不记得这原本就出自对于风险的主动选择。——"进入二十世纪，巴黎市民认为，即使塞纳河的水位上涨得再高，巴黎的地下排水系统也能将洪水排出去。他们还信任水文观测服务站（Hydrometric Service）的工作人员，认为他们会及时提供警报。"⁷无独有偶，前几年中国的城市常常积雨成灾，于是媒体上也传出了有关青岛下水道的神话，据说那排水系统也是欧洲人修的，具体而言是由技术高超、做事认真的德国人修的。

4　杰弗里·杰克逊：《水下巴黎》，前言，第11页。
5　杰弗里·杰克逊：《水下巴黎》，前言，第11页。
6　谢和耐：《蒙元入侵前言的中国日常生活》，刘东译，南京：江苏人民出版社，2008年。
7　杰弗里·杰克逊：《水下巴黎》，前言，第10页。

可问题却在于，这种对于技术或知识的太过寄望，或者说，这种对于人类力量的太过自信，其本身就反映了人心的麻木与虚妄，而人自身也恰在这种麻木与虚妄之中，变得愈发的脆弱和不堪一击了。——正像我在评论某部电影时曾经指出的，"在我们身后的真实历史文本中，真正构成泰坦尼克号悲剧之核心冲突的，只能是这种曾经不可一世的'技术神话'，以及这群曾经贸然以身相许的脆弱生灵。从而，这出悲剧之最具启示性的要点，也正在于它以惨痛的音调警醒着后人：在这个一味声称'知识就是力量'的技术社会中，现代人恐怕是太迷信自身的创化魔力、太把主体当成万物主宰了！"[8]

按照这本书的追述，尽管就一般的"常规"而言，"水文观测服务局过去对洪水的成功预测似乎印证了它的承诺，即洪水是可以预测和认识的。但是，1910年1月的洪水，来势之大之猛，让每一个人都感到震惊和措手不及，对水文观测服务局的人来说尤其如此"[9]。所以，真正要命的事实是，一方面人心早在常态中变得麻木或迟钝了，而另一方面，各式的偶因偏又能凑到一起，让人们后悔自己的麻木和迟钝："造成塞纳河洪水泛滥的源头大部分都离巴黎很远。约讷河将河水注入塞纳河，它的源头位于法国中部的莫尔旺（Morvan）地区，在中央高原（Massif Central）山脉的边缘。与巴黎一样，莫尔旺地区也经历了不同寻常的暖冬，使降雪变成了降雨，或降下来的雪在地面上融化，流进约讷河。约讷河流域的北部也是淫雨霏霏，使得已经涨满的河道里排进更多的雨水。天气不时寒冷，造成河水结冰，使得河水冲向下游的全部威力没有一下子爆发出来，这可能是塞纳河的水位一开始在巴黎升高缓慢的原因。后来，温暖的天气解冻了约讷河的河水，将更大的径流送往下游。不过，仅仅是约讷河的洪水还不会造成悲剧。大莫兰河（Grand Morin）与小莫兰河（Petit Morin）是马恩河的支流，也都涨满了水。当马恩河的大水最

---

8 刘东：《可怕的泰坦尼克》，《理论与心智》，杭州：浙江大学出版社，2015年，第247页。
9 杰弗里·杰克逊：《水下巴黎》，第12页。

终也灌入塞纳河的时候，巴黎真正的危机到来了。"[10]

这使我们想到了什么呢？——难道不是由另一位巴黎人写出的那部《鼠疫》吗？看来并非巧合的是，在我们眼下正在开读的这本书中，也同样四处窜起在此刻最是吓人的小动物："老鼠的皮毛上沾着水和泥巴，从它们被淹的地下洞穴里爬出来，到处寻找食物或干燥的地方。老鼠代表着污秽和疾病，随着老鼠在洪水泛滥期间和洪水退去后更加频繁地出入巴黎，有些巴黎市民开始公开谈论可能的疾病暴发，特别是由于水质受到污染，有可能暴发可怕的伤寒。……对疾病暴发的担忧之所以在人们心头挥之不去，部分原因是这个城市有着流行病暴发的长久历史。……虽然时光流转到1910年，但是老鼠的出现以及塞纳河上时时漂浮的动物粪便，依然让人们感到恐惧，让人们在巴黎闻到了更臭的气味，看到了更多的污秽之物。"[11]

没读过加缪这本《鼠疫》的人们，可以简单联想一下那部法意合拍的《卡桑德拉大桥》，或者干脆联想一下前些年"非典"疫情的突然爆发，乃至后来又有人会在一年都下不了几回雨的、旱得要死的北京，突然被瞬间积起的雨水毫无预兆地围困，乃至不幸溺亡……无奈的是，正是无数偶因碰巧凑到一起，那空前的灾祸不知怎么就扑了过来，而人类既并不能全然了解其肇因，又只有孤注一掷地亦不无盲目地与之搏斗。到了后来，还是因为另一些无法把握的肇因，这些灾祸又突然消失得无影无踪，好像只是给人类开个不大不小的玩笑。——而人们在惊魂不定、喘息也未定之际，则又不无庆幸自己的侥幸，似乎这仍属于"不幸中之万幸"，似乎在冥冥中仍有个喜欢玩"过山车"的主宰，暗中又护佑着人们闯过了一关。

由此在一方面，按照书中给出的追述，可以让巴黎人稍感放松的是，"虽然塞纳河的河堤在热讷维耶溃决，但是在1月29日凌晨，洪水已经不

10　杰弗里·杰克逊：《水下巴黎》，第18—19页。
11　杰弗里·杰克逊：《水下巴黎》，第36页。

知不觉地开始回落了。巴黎地区的每一个人都精疲力竭,不过,多数人依旧在相互救助,挽救着他们的城市。社会组织结构几乎开始瓦解。经过一周的水中生活,所有人能做的就是屏住呼吸,耐心等待。"[12] 而在另一方面,又足能让巴黎人聊以自慰的是,"可以称得上奇迹的是,洪涝期间巴黎没有一个人饿死,在一个有着450万人口的洪涝灾区,这是一项很了不起的成就。每个人都有口饭吃,这使得巴黎人不论境遇多么艰苦,都能够砥砺前行。同时,这也使政府建立了信心,有能力在危机面前保护自己的城市"[13]。——瞧瞧吧,这就是真实的人心,他们不光需要"常规"和"常态",还特别善于制造这样的"常规",并且叨念着尽快去恢复这样的"常态"!

正是在这个意义上,作者才不无牵强地掉转笔锋,为我们留下了一个"光明的尾巴",也为这部灾难片配齐了好莱坞的风格:"在抗洪救灾的黑暗一周里,我们看到,与我们生活在一起的人体现出真正的高尚品质,这出乎我们的预料。我们当时更是连做梦都没有想到,大洪水危机中所表现的可贵品质在未来的岁月里再一次展现。1914年,我们看到历经磨难的巴黎人民表现出勇敢、坚韧、毫不松懈和众志成城的品质,对于这些品质,我们一点也不陌生。"[14] 不过,也同样是在这个意义上,我却要对这个很像是来自哪个宣传部门的"尾巴",提出自己的拒斥与保留。毕竟不能总是像老话儿说的那样,非要把"丧事"给办成"喜事"吧?否则人类就更难领受什么教训了,哪怕那教训原已是极为惨痛,原应表现得刻骨铭心。必须意识到,就算那灾祸不无侥幸地又突然消失了,它还是有可能更加不幸地再次降临,而且是以我们又不曾料到的某种形式,比如——还是拿这座我所深爱的巴黎城来说——眼下满街"黄背心"的紧张与骚乱。

由此说起来,还是要数加缪那部《鼠疫》的结尾,其格调更为高远、

---

12 杰弗里·杰克逊:《水下巴黎》,第123页。
13 杰弗里·杰克逊:《水下巴黎》,第115页。
14 杰弗里·杰克逊:《水下巴黎》,第186页。

关切也更为深沉吧？——那么，这里索性就以人家那本书的结尾，来补足眼下这本书未能给出的、真正可以发人深省的尾声吧："里厄倾听着城中震天的欢呼声，心中却沉思着：威胁着欢乐的东西始终存在，因为这些兴高采烈的人群所看不到的东西，他却一目了然。他知道，人们能够在书中看到这些话：鼠疫杆菌永远不死不灭。它能沉睡在家具和衣服中历时几十年，它能在房间、地毯、皮箱、手帕和废纸堆中耐心地潜伏守候，也许有朝一日，人们又遭厄运，或是再来上一次教训，瘟神会再度发动它的鼠群，驱使它们选中某一座幸福的城市作为它们的葬身之地。"[15]

最后再重复一遍：无论如何，亲水而居都是有风险的，而且进一步说，人生原本就是充满风险的。可惜正因乎此，一旦"久而久之"了，他们也就会习以为常，就会对此不闻其臭，就会对什么风险都显得麻木、迟钝和可以容忍，甚至表现出心甘情愿的遗忘来，——这算得上是另一种"人之常情"吧？

15　加缪：《鼠疫》，顾方济、徐志仁译，上海：上海译文出版社，1980年，第303页。

大学体制如何配伍时代召唤
——评《观念的市场：美国大学的改革与阻力》*

刘佳慧（湖南大学）

为了应对外部世界的需求和挑战，人们基于特定的理念建立"体制"，来实现人与人之间的协同组织，以发挥相应的社会功能。然而，体制一旦被创建出来，便具有了自身的惯性和"独立的意志"，可能逐渐偏离时代的发展轨道，乃至不再符合人们的初衷。哈佛教授路易斯·梅兰德认为，大学的体制就是这样一种具有"自我意志"的存在——它延续自身的利益和形象，却日趋落后于迅速变动的社会现实。在《观念的市场》一书中，梅兰德对自己置身其中的高等教育界进行了冷静透辟的观察与反思，分别对通识教育的困境、人文学科的变革、跨学科研究的悖论、大学教授的想法愈发趋同等四个问题提出了发人深省的见解。这些论题最初分别是以公开演讲或单篇论文的形式发表的，它们既可独立成文，也有内在的紧密关联，且最终都指向了美国大学的"体制问题"。正如梅兰德在此书的前言中所说，他是"以历史学家的身份来讨论问题"。[1] 通过对美国现代高等教育体制的演进历程及其背后的时代因素的梳理剖析，他在人们早已熟视无睹的大学日常运作中，发现那些被人们不加质疑地接受，甚至习惯成自然地认为"事情就是这样的"的规则是如何制约着大学的进一步发展，并且密切结合时代的现实境况，尝试着

---

* 路易斯·梅兰德：《观念的市场：美国大学的改革与阻力》，田径译，成都：四川人民出版社，2019年。

1 路易斯·梅兰德：《观念的市场：美国大学的改革与阻力》，第18页。

提出了富有启发的解决方案。

通识教育应该具有明确的现实指向，为学生未来的社会人生做准备，还是应当坚持"知识本身即目的"的纯粹性和超功利性？这一直是通识教育领域的争论焦点。梅兰德植根于美国现代大学的发展历程，通过辨识其中与通识教育密切相关的演进节点和典型模式，试图揭示这种"实用性"之争背后的体制因素，并为如何在当今时代开展通识教育提供历史的参照和洞见。

梅兰德重点分析了哈佛大学校长查尔斯·威廉·艾略特（Charles William Eliot）的改革举措。1869年，艾略特开始担任哈佛大学校长，他在长达四十年的任期内推行了包括引入本科生选课制度、分别设立纯学术研究与应用性研究等一系列改革。梅兰德从中拈出一个看似不起眼，但实则对通识教育产生了深远影响的举措——艾略特要求学生在申请法学院、医学院等任何专业性学院之前必须取得文理学院的本科学位。这一方面提升了进入专业性学院的门槛和要求，从而提高了相应职业的专业化水准和社会地位；另一方面，则将文理学院和专业性学院的教学进行了严格的区分。如果说专业性教育培养的是各个领域的专业人才，始终强调明确的功利性和职业化倾向，那么文理学院提供的大学教育则是非功利的，是在学生进入专业化培养之前，先为他们打下一个宽广的通识基础。因此，文理学院提供的大学教育，应该着眼于追求"知识本身的价值"，或者借用艾略特的原话——学生应该"出于对学科的热爱而全身心投入其中学习，不掺杂其他任何私心"。[2] 梅兰德指出，这种"先让学生广泛尝试，然后再谈专业培养"的模式，[3] 即通识与专业二分的体系不仅延续至今，而且为主导通识教育的文理学院赋予了"非功利性"的体制基因。

那么通识教育就必然要与社会现实拉开距离吗？它在美国高等学府

---

[2] 路易斯·梅兰德：《观念的市场：美国大学的改革与阻力》，第49—50页。
[3] 路易斯·梅兰德：《观念的市场：美国大学的改革与阻力》，第50页。

展开的诸多实践都如出一辙地追求"知识本身的价值"而摒除任何实用性吗?梅兰德重点考察了哥伦比亚大学与哈佛大学分别于1919年和1945年开始实施的核心课程方案,它们在教育界产生了广泛的影响力,也在很大程度上塑造了人们对通识教育的基本印象——研读荷马的《伊利亚特》、但丁的《神曲》、弥尔顿的《失乐园》等西方经典著作。梅兰德通过历史的研究,认为这两个教学方案在创建之初,都与学术圈外的社会现实有着密切的关联。虽然它们在通识教育界树立了鲜明的典范并成为众多大学效仿的模板,但这种追随和效仿往往只是抓住了其外在形式,而这种典范模式当初创立的历史背景则早已被人们遗忘,可梅兰德恰恰要返回到它们发生与成形时期的时代语境之中。

哥伦比亚大学的"当代文明"课程可追溯到世界一次大战期间,当时哥大应官方要求开设了"战争的目的"(War Aims)这门必修课,来培训校内所有应征入伍的青年学子。可到一战结束之后,这门课程并没有随之终止,而是逐渐演变成了"当代文明"课程。正如1919年的"当代文明"授课大纲所描述的——"我们所处的世界纷繁复杂,人们在有些问题上存在严重分歧;现在非常有必要,战争中也有必要,了解那些塑造当今社会的主要力量",[4] 这门课程强调研究当代社会,希望学生在专业学习之外,能够对世界格局获得更深入的认识,理解和应对时代的重大思潮和变化。

与此类似,哈佛大学于二十世纪四十年代开始实施的通识教育,也有着强烈的现实指向。1945年,由哈佛大学校长科南特牵头的教授委员会发布了调研报告《自由社会中的通识教育》(General Education in a Free Society),成为哈佛推行通识教育的纲领性文件。当时恰逢二战结束,美国经济走向繁荣发展,社会经济形态日益多元化,教授委员会认为有必要借助通识教育所激发的"凝聚力",塑造一代具有集体记忆和文化共同语的公民。这样做,一方面能够应对市场经济的迅猛发展和社会

---

[4] 路易斯·梅兰德:《观念的市场:美国大学的改革与阻力》,第32页。

阶层的快速变动，尽可能消除阶层之间的仇视情绪；另一方面，通过强化公民的集体意识和文化认同，也能在教堂等传统社会组织日益衰落和集体观念缺失的大形势下起到缓解的作用，甚至抵御苏联的敌对意识形态的渗透。秉承这样的宗旨，哈佛大学推行的通识教育方案是研读经典，通过对经典的细读来凝聚共识，确立共同的价值和标准，熟悉西方世界共享的文化经验。尽管哥伦比亚大学和哈佛大学在后续推行通识教育的过程中各有曲折，并经历了多次变迁和反复，但是它们当时建立核心课程的初衷，都怀有明确的现实关切。

那么通识教育在今日应该何去何从？梅兰德认为，通识教育不应从形式上依赖和沿袭之前形成的教学体系，也不宜固守与职业教育和专业教育泾渭分明的姿态。梅兰德借鉴哥大和哈佛早年实施通识教育的历史经验，提出将通识教育与当代的社会形势结合起来的发展目标。鉴于当今社会的大形势是职业专业化的深度展开，梅兰德主张美国大学将通识教育擅长的历史研究、人文视角和理性分析等研习内容，与具体的专业教育实现有效的对接。例如，针对经管学院会计系的学生，如果让他们接触一些关于会计这个行业发展演进的社会史研究，就可以在学生们高度职业化的培训环节中，引入与他们的专业密切相关的通识教育内容。这不但有助于学生具备更宽广的知识素养和历史眼光，而且他们对会计这个职业本身也会获得更深入的认识，从而切实地有益于他们未来的职业生涯。

面对外界不断质疑人文学科的存在价值，梅兰德并不急于针锋相对地发表见解，而是以历史学家的冷静缜密来着手处理，并把这个问题剖解为两个层面：首先，人文学科在美国现代大学体制内的发展历程是什么样的？其次，人们又是基于何种标准，认为当今的人文学科陷入了合法性危机？

梅兰德以丰富的数据资料和明晰的历史梳理，重点测绘了从1945年至二十与二十一世纪之交人文学科在美国高校的整体走向和演变态势，并把这个时段进一步细化为两个部分。第一个阶段是1945年到1975年，即从二战结束到越南战争结束这段时间，它又被称为美国高等教育的"黄金时期"，因为美国大学在此期间经历了近三十年的高速发展，办学规模迅速扩大，各个科系的教职人员数量得到了极大的扩充，专业化和学科建设也得到了系统的推进。第二个时段是1975年到世纪之交，美国大学的发展速度整体放缓，大学的组织架构，包括学生构成、教师构成和教学内容均向着多元化的方向演化。

在1945年至1975年的"黄金时期"，人文学科经历了学科专业化的历史浪潮。为了把人文学科纳入到知识生产的标准环节中来，传统的文史哲等学科也要像自然科学那样，明确界定自己的研究对象和边界，建立自身的研究范式和评价体系，生产出具有客观性、普遍性，同时可以被广泛验证和重复运用的知识。因此，美国的人文学科在这个时期，致力于采用科学的研究方法，注重精密的分析，强调文学作品等研究对象也像自然科学领域的昆虫标本那样，应具有"本体性"的研究价值。当然，这种对科学研究范式的推崇，也在一定程度上源于两次世界大战后学界对意识形态的反感，而更倾向于强调价值中立性和客观性的科学研究方法。

梅兰德注意到，美国的人文学科在"黄金时期"经过系统的学科建设之后，又在1970年到1990年间经历了一系列新的转型。不论是大学的课程设置，还是人文学者的学术研究，它们在"黄金时期"多强调"公正性""客观性""科学方法"和"普世主义"，现在取而代之的则是"阐释""视角""理解""多元"与"差异"。这种转向是由多种力量共同推动的结果，而其中一个重要契机是，越南战争在美国社会激起的广泛争议。科技成果在战争中的大规模运用及其带来的伤害，促使人们重新反思科学研究所宣称的价值中立原则，并由此延伸到对人文学科领域一度推崇的科学方法论的质疑。人文学者展开的理论探索也在这一转型中发挥了显著的作用。这中间不仅包括美国人文学界长期执掌话语权的白人男性学者，他们在原有的学科轨道中成长起来，继而从学科内部对此前的研究范式实现了超越；也包括一批新涌现出来的女性学者和非白人学者，借助萨义德在《东方主义》中使用的语汇，他们通过边缘对抗中心的方式，以女性主义、后殖民主义等更具政治性的理论学说，参与了美国人文学科的全面转型。

那么"人文学科的危机"这一种论断又有何依据呢？梅兰德认为这种声音源自两个层面。首先，"黄金时期"建立起来的学科专业化，在经历七十年代至九十年代发生的人文学科的变革之后，早已不再具有统一的研究范式和评价体系，而是更加强调各个领域的自主性，以及自身的评价标准。例如德里达作为哲学家，他的解构主义理论在美国的文学批评界产生了广泛的影响，但是却难以得到哲学领域的认可。原因就在于不同的学科有不同的评价标准，而这些标准之间很可能存在着明显的分歧，难以形成一致的判断。其次，从知识生产的角度来看，人们觉得人文学科现在产出的知识缺乏客观性、普遍性和可验证性，充满了主观性和特殊性，甚至怀疑它们能否被视为真正有价值的知识。

不过，梅兰德对这种危机之论却持有一种更加开明的心态。他认为这种危机反过来会激发人文学科不断探究学科的边界，追问知识的本质，而这种追问过程本身，就是创造知识、更新知识的活动，因此它也成为了知识生产的有机组成部分。梅兰德更为看重的是，这次转型中涌现出的女性主义、后殖民主义等理论学说，在呼应当代社会思潮、推动多元论的深化发展，以及引导人们注意到性别差异和种族差异的重要性方面，起到了非常积极的作用，体现出了学术思想与社会现实之间的密切互动。因此，人们现在质疑人文学科的存在价值，其实是参照着"黄金时期"人文学科的状况得出来的，这是通过沿用既往形成的评价模式来衡量现在的情况，从而得出了"今不如昔"的危机之论。"黄金时期"形成的学科评价机制已经深深嵌入到了大学的体制之中，如果要对人文学科在当今的发展态势做出更公允的判断，则需要反思我们沿用的评价标准，并基于现实的情况来进行研判。

梅兰德对跨学科研究的透视，以及对大学教授的想法愈发趋同的探讨，构成了《观念的市场》第三、四章节的主体内容，这两章均是紧密结合美国高校学科专业化的历史趋势加以展开的。

学科专业化隶属于自十九世纪晚期开启的职业专业化的历史进程，反映了职业专业化在学术领域的延伸与渗透，并自然继承了职业专业化的两个最重要的特点。首先，它通过资质认证的方式来设置准入门槛。对应到现今的美国学术圈，就是要求大学的教职人员必须拥有博士学位。这就要求那些有志于进入学术领域的青年学子，首先经过严格的筛选，进入到长周期的博士生培养阶段，披荆斩棘地通过资格考试、博士论文写作、学术论文发表等一系列的考核环节，被授予博士学位证书，最终获得一张进入学术圈的入场券。从聘用机构的角度来说，博士生培养模式为学术人才的选拔开通了一个标准化的渠道。这就通过限制人才的准入垄断了学术领域的知识生产，因为不具备相关资质的人，就难以在学术领域从业，其学术成果也难以得到传播和认可。

其次，学术圈具有自成一体的封闭性。除了设定准入机制，学术圈还建立了一系列的规则，诸如教职人员晋升和淘汰的机制，以及关于学术评价的标准。梅兰德吸收了涂尔干等社会学家的观点，认为这种专业领域自成体系的封闭性，虽与自由市场的开放精神相违背，可又恰是这种垄断抵御了自由市场的无序竞争，以尽量避免自由市场所带来的不稳定因素的影响。同时，专业领域通过保持自身的独立性和封闭性，还能在一定程度上抵御来自政府、民众意愿等外部力量的干扰，从而有可能在自我管理和自律的基础上实现卓越发展。

正因为每个学科都有自己的规则、自行认定的重要问题，以及自动屏蔽掉的次要问题，它们才构成了彼此平行的一组范式和学科领域，而人们也早已习惯于把学科体系视为所有视角、观点和方法的集合。对于看似热门的跨学科研究，梅兰德认为它们实质上是"站在自己学科领域的立场向对方喊话"，[5] 跨学科研究将几种视角组合与汇集起来，充其量只能显示出每种视角的特征和局限性，而不能从根本上改变和突破专业

5　路易斯·梅兰德：《观念的市场：美国大学的改革与阻力》，第120页。

领域之间壁垒森严、泾渭分明的面貌。因此，跨学科研究只是对现有学科分界的巩固和维持，它没有创造出任何新的范式，更谈不上对原有体系的颠覆和突破。

学科专业化以其牢固的体制不仅制造了跨学科研究的悖论，而且它对准入资质和门槛的规定，特别是对博士生培养模式的整体设计，也在很大程度上造成了大学教授的想法愈发趋同。导致这个现象的因素是多方面的，比如教授们忠于自己的学科，有着固定的专业学术圈，圈子里有着特定的规则和活动方式，长期浸润其中的个体也往往会潜移默化地将这些规则内化到自己的日常工作和生活之中，这都使得大学教授们在行为处事和思维方式上形成了一定的共性。不过，梅兰德把学术圈筛选和培养后备人才的特殊机制视作导致这一现象的主因，却是基于他对学术体制的独到理解。梅兰德把知识视为人类社会最重要的产业，大学机构的科研工作就是生产知识的活动，他认为在学术体制的整体运作中，相比于知识生产的过程，其中存在着一个更关键同时更具隐秘性的环节，就是生产"知识生产者"的过程。既已成型的学术体制作为人类文明的创造物，同样会具有自身的惯性和利益诉求，它恰恰是借助这些"知识生产者"去维系它的"自我意志"。因此，梅兰德一针见血地指出："这个体制存在的最重要意义就是生产其生产者，一方面为了自身的长久生存，另一方面为了控制其产品的市场。"[6]

对于以博士学位作为准入门槛的美国学术圈来说，这个造就"知识生产者"的机制，集中体现在博士生的培养方案之中。梅兰德认为，目前美国大学人文学科的博士生培养周期过长，要求的难度过大，所需完成的学业任务量过重，如此旷日持久的模式实不利于本学科的长远发展。首先，这种高壁垒、高门槛会加剧学术圈和非学术圈的隔阂。其次，获取博士学位需要付出的时间成本和代价太高，会使得很多想读博士的学子望而却步，而那些最终进入到博士培养环节的申请人，往往在入选之

---

[6] 路易斯·梅兰德：《观念的市场：美国大学的改革与阻力》，第104页。

前就对学术圈的生态环境和生存规则有了一定的了解，对于自己今后在学术圈的发展也有了明确的规划和目标，甚至已经熟悉了学术圈通行习见的观点、思维和行为处事方式，这就使得博士候选人的丰富性和多样性大大地缩减了，于是，这进一步导致了大学教授们的想法日渐趋同。

　　梅兰德对这种现状是颇为忧虑的，他认为学术圈应该保持内部的丰富性，激发出不同的观点和声音，这才有利于整个学术生态的均衡发展。正是针对大学体制生产"知识生产者"这个关键环节，梅兰德对美国高校的文科博士生的培养方案提出了改革的基本思路和方向——"应该提高博士生的数量，降低获得博士学位的难度"。[7] 梅兰德指出，这样做会带来三个明显的好处。首先，因为有一部分博士毕业生会进入非学术圈工作，他们已经熟悉人文领域的一些高深理论、专业术语和视角方法，他们像种子一样把这些专业知识播散和运用到非学术界，不但能使公众领域受益于这些观念的成果，也有助于增进学界内外的文化沟通和交流，消除不必要的屏障和隔阂。其次，这种举措能让更多富有多样性、不那么循规蹈矩，甚至不那么认同学术圈既定规则的新鲜血液注入进来，对学术圈本身发起挑战和冲击，从而激活学术体制自身的良性调整和变革。最后，也是与体制的惰性最为相关的方面，人文学科不应固守学科专业化时期给大学体制遗留的那个强调"垄断性"和"封闭性"的基因——力图排除外在环境的干扰和影响，实现专业领域的自主发展。相反，人文学科理应适时调整自己的目标，主动承担专业领域之外更广阔的责任和使命，不断探索和反思人文学科得以安身立命的更深层次的意义。这世上唯一不变的就是变化。美国大学的诸项体制在创立之初与历史现实之间的密切关系不能因为体制得到巩固和延续就被人们抽空和遗忘，而应不断去挖掘大学与社会时代之间的良性互动。从这个意义上来说，梅兰德关于文科博士培养方案的修订建议，体现出了他立意于削弱学科的封闭性，主张大学体制应当向着更具现实关怀的方向改革的理念。

　　7　路易斯·梅兰德：《观念的市场：美国大学的改革与阻力》，第154页。

通观全书，可以看出，梅兰德是一位对美国高等教育充满忧思，同时积极倡导理性变革的学者。他的批判和改革思路的背后，贯穿着这样一种基本立场：与教育家纽曼在《大学的理念》中所说的"知识自身即目的"形成鲜明对照的是，梅兰德从知识的功用性出发，认为知识是人类社会最重要的产业，大学通过开展科研与教学活动来生产知识、传播知识，在现代的知识产业中扮演着枢纽性的角色——"观念的市场"。尽管这个市场以独具一格的实践模式、价值体系和运行规则有别于我们通常所见的普通市场，但它仍然需要直面付出与回报之间的权衡问题。这就意味着，人们向大学注入各项资源和保障，其目的在于期望大学向社会提供足够多的有价值的知识，让尽量多的民众拥有知识、掌握观念的力量，从而使更多人汇聚到创造当今文化和社会的浪潮之中。正因为从知识产业和知识的社会功用性的基点来透视美国大学，梅兰德才倾向于根据现实关切与时代需求，来对高校的体制加以适时的调整。当然，梅兰德这种具有现实指向性的改革思路，也伴随着可能的风险。比如他针对人文学科提出的"增加博士生的数量，降低获得博士学位的难度"的建议，[8]就在一定程度上忽视和牺牲了"学术质量"和"学科自身卓越发展的目标"，容易在教育界激起较大的争议。

其实，作者本人也意识到这种改革立场潜在的风险和隐患，例如它可能导致"大学文化沦为对大众文化的积极回应"，而他认为这将是"灾难性后果"。[9]因此，面对当今时代处于强势地位的商业文明和大众文化，梅兰德在结语中旗帜鲜明地指出："大学的责任在于提出大众不愿提出的问题、调查大众不能也不会调查的问题、接纳大众不能也不愿意接受的声音，这样大学才能真正服务于社会。"[10]不过，梅兰德并未就此加以深入论述，可以说，这是本书的一点局限和遗憾，也为有心的读者留下了进一步的思考空间。

8　路易斯·梅兰德：《观念的市场：美国大学的改革与阻力》，第154页。
9　路易斯·梅兰德：《观念的市场：美国大学的改革与阻力》，第157页。
10　路易斯·梅兰德：《观念的市场：美国大学的改革与阻力》，第157页。

《观念的市场》对美国高等学府进行的观察与思考,对于中国大学近年来开展的通识教育和学科建设,颇有"他山之石"的借鉴意义。这本书更重要的价值,在于它所体现的批判精神和富有启发性的分析思路。作者认为,美国高等教育中存在的诸多问题背后都隐伏着一个共同的根源,即美国大学的体制与迅速变动的现实之间发生了明显的脱节与错位。梅兰德并没有局限于对现行体制的各项弊端和具体漏洞的直接针砭,而是一方面把目光投向历史,将研究坚实地扎根于美国现代高等教育的发展历程,考察这套体制如何历史地生成和演进,其中有哪些关键性的要素和节点,它又如何陈陈相因地维系自身那个近乎脱胎于百年之前的陈旧躯壳;另一方面则将目光转向当代社会,洞悉和把握学术界所处的外部环境和时代境况,并以这种深具历史眼光和理性分析的思路,提出了自己的独到见解。梅兰德的《观念的市场》已被纳入刘东主编的《大学之思》系列丛书。笔者期望,梅兰德的思路方法能够给中国学者带来启示,激发他们对自己有着切身体认的高等学府和学术体制进行观察、思考,进而提出富有建设性的改革方案。这种愿景,正如刘东在《大学之思》丛书的序言中所说:"自当是我们本身的开动脑筋,与独立思考,从而让我们对于中国大学的构想与改造,也变得更加自觉、清醒和胸有成竹,并让我们置身其中的这些高等学府,也能逐渐配伍当代生活的紧迫要求。无论如何,总还希望能有更多志同道合的同事,来加入对于大学本身的这番阅读与思考,从而打从文化基因的隐秘深处,来激活整个中华民族的造血机制。"[11]

---

11 刘东:《序〈大学之思〉丛书》,载路易斯·梅兰德:《观念的市场:美国大学的改革与阻力》,成都:四川人民出版社,2019年,第7—8页。

博雅教育的三重价值及其现实意义
——评《为什么选择博雅教育》*

郭敬燕（南京审计大学）

在中国，每年高考之后填报大学专业志愿的时候，我们都能深深地感受到金融、经管、建筑、医学、计算机等专业是多么热门，而文史哲又是如何门前冷落。而这一切还远远没有结束，新生入学后某些文理专业的学生最关心的事儿就是如何转专业，当然最希望转入的专业依然是上述这些热门专业。其实不仅中国，美国也是如此。据调查，在美国高等院校的大一新生中，有73%认为"经济宽裕"是"必不可少"或"非常重要"的，而1970年这个比例仅是36%；而认为"培养有意义的人生观"是"必不可少"或"非常重要"的则从历史上的最高值即1968年的86%，滑落至51%。由此可见，我们这个时代，实用主义越来越成为一种主导性的价值。事实上，在发展中国家教育"实用性"的诉求更甚，例如中国的许多新建高等教育机构都只开设实用性课程，比如商业、科学和技术。学生考上大学读书的最终目的是将来找个好工作，而并非塑造健全的人格，获得身心的全面发展。博雅教育因此遭到了冷遇和不解。博雅教育是指选择了哲学、人类学、化学、艺术史这类专业的学生。现在我们所说的博雅教育，就是指文理科专业的学习，与职业教育相对立。无论是家长还是学生都不理解，如果可以选择金融、经管等赚钱的专业，

---

* Mark William Roche, *Why Choose the Liberal Arts?*, Indiana: University of Notre Dame Press, 2010.

为何要去选择冷门的文史哲？对于投入了大量时间和金钱又急于获得回报的学生与家长来说，博雅教育的价值没有立竿见影的成效，如此便急需有人帮忙阐明博雅教育对个人发展和职业成功的影响。

就此而言，马克·威廉姆·罗士的《为什么选择博雅教育》是一部相当及时且重要的著作。作者对博雅教育的深刻理解和详细阐释让我们认识到，博雅教育具有的深切价值是仅仅关注实用的职业性教育所无法比拟的。他认为博雅教育具有三重价值：内在价值，实用价值和道德价值。

首先，博雅教育具有内在价值。所谓内在价值，即学习本身具有价值，探索精神生活与伟大问题本身即具有价值。这也是博雅教育对功利化倾向的一种有效抵制。我们的时代偏爱工具理性，但却遗忘了价值理性，所以人们学什么首先都是为了一定的目的，而并不在乎学习过程本身的内在价值。在这种思维模式下，学习便单纯地成了一种为了达到某种目的的手段，而其自身则没有什么价值。戴维·布鲁克斯在《机构里的孩子》中指出，对现在的学生而言，大学就是一张充斥着各种活动的课表和一种进阶的手段。这种急功近利的学习方式存在很大的问题：我们一直在匆匆赶路，却遗忘了行走本身的愉悦和乐趣。就此而言，博雅教育无疑是一剂补弊救偏的良药。如果建筑、工程、医学、商业、法律等是偏于运用性的知识，那么文科和理科则是偏于真理性的知识，它并不以其他结果为目的，而是以自身为目的。从某种程度上说，它超越了实用性，是利用闲暇沉浸在思考中，沉浸于思想与审美创造的盛宴，并由此获得对这个世界更深刻的理解。因为并非所有事物都是以工具或技术理性上的进步来衡量的，和谐的自我不仅需要理性、分析和原则，也需要趣味、同理心和美。事实上，"学校"的英文"school"或拉丁文"scola"均从希腊语的闲暇"schole"一词派生而来，这里所说的闲暇与大部分人以为的闲暇有所不同；它代表休息的价值，是高于日常工作的一种暂停，一种奖赏。罗士是研究文学的，他以亲身体会为例，指出我们对文学和艺术的体验与当前流行的消费主义和实用主义并不相同。我们阅读文学或欣赏艺术，并不是为了占有它、改变它，而是为了欣赏它、思考它。这本身就是一件乐事，并不是为了其他目的。我们对文学的体验就是其价值本身。从更高的层面来看，"无目的"才是目的。

与此同时，博雅教育还能突破专业化的弊病，造就通才。罗士认为博雅教育不仅能培养学生的专业学术意识，而且还让其对所学专业在宏观知识框架中的定位有所认识。能从宏观的全局观瞻和审视专业问题是一种真正的智慧。所以它不仅造就专家，而且更造就通才。在学科分化越来越精细、学者们越来越偏于一隅的今天，博雅教育无疑具有重要的意义，它可以引导学生突破学科界限，从而达到一种思想和知识融通的境界。这是专业学习无法给予而博雅教育却可以赋予学生的。但是，情况并不容乐观。要想进行博雅教育，教师也必须具有通才的眼光，但在专业化的趋势下，事实却是教师只想守着自身狭窄的学术领域，只教授专业所要求的知识和内容，而没有大格局和大气象，所追求的仅仅是加薪晋职，最终难免画地为牢，作茧自缚。罗士指出："他们懂得那些伟大问题无法被分割到一个个的学科中分别讨论，这个道理恐怕有些老师已经遗忘了。如果能做到这一步，这些需要探讨的伟大问题就不那么令人望而生畏了。确实，如今博雅教育面临的最大挑战就是说服教师相信跨越自身学科的价值，确保学生在发展自己兴趣时能选修到一系列恰当的课程。培养学生从问题而不是学科的角度进行思考，这种开阔的眼界将对他们大有裨益。"就此而言，他们如何推行博雅教育，也是值得忧虑的。探讨伟大问题的一大障碍就是高等院校里的某些潮流和倾向。教师在自己的研究领域钻研得越细，就可能越不愿意跨越自身的专业领域来教课，或者不愿意反思其所在学科的更高目的。许多教师自己从来没有体验过或者不再体验学习的内在价值。之前我提到，不是所有的学者都是知识分子，也就是说，不是所有在大学教书的人都着眼大局，志存高远。但是，这反而从另一个角度更深切地说明了博雅教育的重要性之所在。只有推动博雅教育，才能培养真正的通才，无论是学生还是教师，都会从中受益。

博雅教育之所以可以抵制功利化和突破专业化的弊病，根本原因还在于它是以自身为目的的，具有不可忽视的内在价值。它抗拒流俗，推崇一种慢节奏的沉思学习，致力于探讨伟大的问题。实际上对大部分人来说，大学阶段是他们一生中最有可能阅读经典著作，探究深刻问题，培养自我认知，发展同伴关系和追求不受物质需求烦扰和功利目的约束的一段时光。这种反主流文化的本质，这种对知识和意义的纯粹追求，就是博雅教育的优势所在。它提供给学生一种与现实生活截然相反的生活视角，关注超越当今时代的永恒问题，投身于对真理及意义的追寻中。就像走路一样，如果说职业教育是为了到达一个地方而走路，步履匆匆，而遗忘了周围的风景，那么博雅教育则是为了走路而走路，是慢慢走的欣赏，是一种纯粹的美学散步。前者的成就来自于外在的赞许和成就，后者的成就来自于对精神世界探索的喜悦和幸福；前者毕业后可能就不再学习了，后者则可能为学生提供毕生学习的不竭动力。另外，博雅教育还可以让我们学会享受独处，也可以让我们获得建立在思想交流之上的长久友谊。这些博雅教育的独特优势，我们不能轻易就忽略掉。

其次，博雅教育具有实用价值。除了内在价值，罗士同样认为博雅教育也具有不可小觑的实用价值，即便从工具理性的角度来说，博雅教育也是有价值的。

第一，博雅教育可以培养学生优秀的口语表达与写作能力。博雅教育通过大量的讨论课和口语表达技巧的强化运用，可以培养学生的口语表达能力；通过安排大量的写作训练，可以培养学生的写作能力。这正是现代社会亟需的"书面与口头沟通能力"。在一项全美调查中，沟通技巧即写作与口才连续十一年成为新应聘者最应掌握的能力。第二，博雅教育可以培养学生的批判性思维。它鼓励学生进行独立思考和自由思想，从而可以反思和批判一些被普遍接受但却缺乏价值的观点。只有培养了学生的批判性思维，学生才不会人云亦云，而能逐渐形成和发展自己的立场和观念，才有可能开拓出知识思想的新领域。就像蒙田曾经建议的，不能只是无条件地听从和接受权威，而要学会质疑权威。柏拉图怎么说并不重要，亚里士多德怎么说也不重要，重要的是我们自己的观点是什么，我们的判断是什么，我们又为知识共同体贡献了什么。否则，学生就仅仅是在人云亦云，亦步亦趋。第三，博雅教育可以培养一种跨学科的眼光，而这对解决现实中的问题大有裨益。在罗士看来，很多问题单凭一个学科是无法解决的，只有结合多个学科的真知灼见才有可能解决。弗兰克福特（Felix Frankfurter）说："要想成为一名合格的律师，他首先要学会做一名文明人。如果我是你的话，我会把法律专业技能的准备放在一边。从事法律行业的最佳准备方式是先成为一个博览群书的人，再来学习法律。只有这样才能锻炼出英语的写作和演讲能力，且条理清晰，达到这一点只能靠真正的博雅教育。"杰弗里·哈珀姆（Geoffrey Harpham）也曾说，2008年经济危机的一个重要原因就是分析师只盯着数字，而心中却缺乏宏观的格局与视野。在企业中也是如此，跨学科地理解问题，在企业中会越来越重要，尤其是对于管理者而言，他们获得的权力越大，就越需要跨学科的、全局性的、整体性的理解问题，而仅仅从个人所学的专业出发则会出现很多弊病。

在全球化的语境中，博雅教育也变得越来越迫切。随着全球化的进程，学生需要懂得越来越多的知识，以便于在地球村中游刃有余。他们需要成为努斯鲍姆所说的"世界公民"，才能具有更好的职业发展。在最近一次雇主对大学毕业生的评估中，十二项能力中评分最低的是"全球知识"，受过博雅教育的学生显然在此方面会具有优势，可以脱颖而出。全球化时代的一切都变化得越来越快，而博雅教育则可以培养学生适应这种变化。曾任施乐CEO的大卫·卡恩斯就曾指出，博雅教育是唯一能让我们适应变化的教育。这是因为职业教育往往内容局限，很容易过时；与之相比，博雅教育所教授的沟通能力、批判思考能力、包容和理解他人的能力、跨学科融通的能力、强烈的继续学习渴望等，则永远不会过时，会帮助人们解决不断出现的新问题，从而能够使人胜任所在的职位，并应对挑战。因此，雇主最希望应聘者具有的素质是博雅教育背景，而不是专业技术。由此可见，博雅教育具有切实的实用价值。

但是，罗士之所以从这个角度论述，是为了向急功近利的家长和学生们说明博雅教育是一种方便法门，但这并非博雅教育的最高精义。他指出："承认博雅教育的最高目的是学习本身的这一观点，并不等于认为这也是阐释博雅教育价值的最佳立论。相反，在一个强调竞争、学历和超越别人的年代，对博雅教育的最佳辩护应该强调其实用价值。"这是值得我们注意的。但是，他又补充道："尽管我……讨论了博雅教育对未来就业和领导才能的实用性，或许这部分最能引起学生和父母们的共鸣，但请记住，这绝非博雅教育的唯一理由。如果把教育的目的拉低至谋求一个职位的档次，我们就丧失了赋予它更高意义的机会。"这更高的意义，就是博雅教育的道德价值和精神价值。

再者，博雅教育还具有道德价值。它可以塑造人格和培养人的使命感，构建人生的更高目标和追求。在讨论博雅教育的实用价值时，罗士论述了它对批判性思维的价值。人们往往从培养批判性思维的角度来肯定博雅教育的价值，因为批判性思维是通往成功的重要因素，亦被看成是去伪存真这一崇高思想启蒙目标的关键一环，这是它最为人津津乐道的好处之一。但是，当人们崇尚博雅教育对批判性价值的意义时，却忽略了它对人格塑造的重要性。因此，重视批判性思维，但轻视道德价值的倾向，在对博雅教育的辩护中非常常见。罗士认为，如今大力强调批判性思维或专业知识益处的论调中，绝口不提性格塑造，但其实性格塑造是博雅教育的核心，因此我们应该重新肯定和发扬博雅教育的道德价值，我们的教育不仅仅是培养头脑，而且还是培养人。哈里·刘易斯在其著作《失去灵魂的一流》中就曾指出，他最大的担忧就是学生在人生最重要的阶段没有得到帮助，没有给予他们在价值观和人生理想上的指导。因此，如果仅仅有头脑，而没有人格，那么学生们就很容易沦为钱理群所说的"精致的利己主义者"。这并无太大意义。教育应该培养人格，这在西方是一个非常悠久的传统。康德认为教育的目的是培养能引领世界变革的人，而不是适应这个世界的人，教育应该可以让世界变得更好。蒙田也认为在教育中应该培养美德，这比获得知识要重要得多。

但是与此相反，也有人明确表示反对在教育中灌输人格和道德。比如约翰·米尔斯海默（John Mearsheimer）就曾指出，大学教育不应该帮助培养道德情感、美德或者理想主义。之所以如此，罗士认为是学科分化的恶果之一："从社会学角度来看，这些怀疑和偏见在预料之中，也是学术专业化和分科细化的结果。这意味着，鼓励教师精通科研方法，专攻所研究领域的专业知识，同时认为跨学科的宏观问题应该被排除在专业学习之外。"虽然教师会有意将专业学习与人格培养分开，但是教师的人格会在无形之中影响学生，很难想象一个人品很差但水平很高的老师会激发学生对一个问题或学科的热情。帮助学生达到享受精神生活的境界，教师必须在课堂上传递：如果带着对某一门学科的爱，所取得的学术能力或者对材料的掌握是全然不同的。要做到这一点，教师们必须不仅仅是学者，他们还必须是知识分子和智慧的拥戴者。教师人品不佳，也会影响我们对知识的追寻。因为如果我们缺乏人格上的美德，就很容易产生错误的认知。因此，大学不仅仅是关于知识的探究，它还教人走向成熟，激励学生充分挖掘作为人，在身、心、灵各方面的潜力。

罗士之所以重视道德教育，是因为道德具有十分重要的意义。维托里奥·赫斯勒就认为，道德并非是与艺术、教育、科学、法律、商业等其他领域并列的一个子系统，而是所有人类活动的指导原则。因此，道德非常重要。安索尼·克罗曼在《迷失的律师》中探究了美国律师的道德危机，他认为这是因为律师过于倚重专业技术和辩护技巧，而丧失了审慎与智慧。律师如今更看重如何说服他人，不在乎真相，只在乎利润，他们不再追求水落石出和公平的判断，也不再坚守超越眼前利益的理想。这是一种非常可怕的趋向，会造成严重的后果。他将律师分为辩护家型律师和政治家型律师，前者为利润服务，强调策略和细节；后者为公民利益服务，强调目的和价值观。前者仅仅有头脑，后者则不仅有头脑，更是一个完整的人："理想的政治家型律师拥有理想的人格。这意味着如果一个人朝这个目标努力，他不只是成为工作出色的专业人才，还是一个出类拔萃、令人仰慕的人，一个拥有实践智慧的人。"

最后，罗士也指出了这三种价值之间的关系：博雅教育的内在价值和首要目的与沉思息息相关，希腊人称之为"理论"。第二个目的与当今以科学技术和资本主义为主的趋势相互呼应，代表了"制作"（生产）在当代的支配地位。第三个目的与希腊人认知世界中的第三种模式"实践"（行动）相对应；即使一个人的职业涉及"理论"，如教师，或"制作"，如工程师，也仍然与"实践"相关。我们所有的人都在从事"实践"，"实践"不仅指具有更高的价值观意识和人际关系中的交往能力，也是一种责任，一种利己利人的使命。从这个意义上说，我们可以将这三个目的看作知识、行动、爱的结合。

他还进一步论述道：第一个目的在于理解世界，发展对真理的向往和对超验原则的渴望。第二个目的涉及知识、思考能力和精确表述能力。第三个目的在许多方面是前两者的综合，它既包括对世界的思考也包括思维技巧，二者结合起来才能努力达到更高目标。而它通常是以另一种方式把前两者联系起来，因为当与一个更高的目标相连时，我们牺牲自我，或帮助他人，是有益于人性及其内在价值的，在服务他人的过程中，再没有比将人的行为赋予尊严更崇高的目标了。

总之，博雅教育就是培养人的教育，而不是培养头脑的教育。这就对从事博雅教育的教师也提出了要求，应当将学生作为完整的人来引导，在课堂内外探讨更广泛的问题，并且成为学生的榜样。教师扮演着多种角色，他们代表着学术参与、求知欲、清晰的思维、极具说服力的言辞、道德操守、社区服务等。最重要的是，如果教师要在博雅学习的道路上激励并帮助学生，他们就必须展示对研究课题及其相关难题的激情与热爱；示范缜密儒雅的思想，以及如何通过极富挑战的提问来促使我们更加全面地看待课题；热衷学术和与学生交流，践行更高的使命与任务，致力于培养学生的思想和精神。教师需要做出示范的不仅是想法。学生关注的是思想如何影响他们的生活方式。真正的博雅教育不仅可以培养出聪明而有见识的人，而且也能培养出善良的人，具有使命感的人。出于这个原因，教师的职责远不止单纯地传授专业知识。大学作为一个机构，必须超越大学教育被普遍认可的目的：学术探索，批判性思维和就业准备。它还应该培养使命感和公民参与意识，并贯穿于各门学科。学生付出的努力，不只是为了学习一门学科，而且要培养头脑和心灵。

在当前的中国，罗士的思考具有非常重要的意义。首先，在注重学科建设的大趋势下，专业化倾向越来越明显，而所有大学的共同目标其实是探索超越学科界限的知识大融通，但是当下专业化学科化的走向似乎在偏离这个目标，因为凸显某些学科的同时也就意味着已经丧失了知识大融通的可能性。而真正的智慧在于能从宏观角度理解和阐释个体现象，一所高等教育学府如果没有丰富多样的学科设置，没有将终极问题涵盖在内的学习理论，就无法孕育智慧；同样地，引导学生探究时代所面临的挑战的重要性绝不亚于讲解某项具体的技术技能。其次，在大学普遍以科研为导向的大环境下，教师为了升职、加薪、地位、尊严等等，也普遍存在着重科研轻教学的现象，更不注重对学生的道德影响，结果难免会培养出很多精致的利己主义者。再次，中国作为最大的发展中国家，跟美国第一代大学生所处的背景不无类似之处，无论是家长还是学生在选择专业时都倾向于商务和技术方向，但事实上对发展中国家蓬勃发展最有帮助的可能是丰富灵活的问题解决能力、文化意识、价值观、领导力，这些能力只有在不以短期目标为核心的教育体系中才会得到充分的发展。而发展中国家在发展过程中面临的最复杂问题，单靠专业技能又是无论如何也无法解决的。这些都在提醒着我们，在国内推动博雅教育迫在眉睫。

在国内推动博雅教育，我们也有自己的独特优势。中国自古以来就有博雅教育的深厚思想传统。以《论语》为例，子曰："君子不器。"孔子从来就反对把人塑造为专业化的工具。子曰："知之者不如好之者，好之者不如乐之者。"在孔子那里，对于任何学问都以追求本身为乐，而不在于其他目的。子曰："富与贵，是人之所欲也；不以其道得之，不处也。贫与贱，是人之所恶也；不以其道得之，不去也。君子去仁，恶乎成名？君子无终食之间违仁，造次必于是，颠沛必于是。"孔子看轻的是富贵名利，看重的是道德。其实不止《论语》，在我国古代的经典文献中随处可见此类教育思想。这正是我们开展博雅教育的思想资源。正如罗士所说，博雅教育其实是基于人类最古老的理想学习模式，也许在我们埋头搞科研和建学科的同时，也应该注意学习和激活中国古代的博雅教育传统，尤其是我们这些感到学生在不断流失和教师地位在降低的文史哲教员们，希望能重新找回这一职业的神圣使命感，从而真正地投身于塑造完整的人这一工程。

艺术史研究中的社会学视角
——评《艺术与社会结构》*

刘 扬（清华大学）

艺术社会史是艺术史研究的方法之一，它抛弃了将艺术视为单纯自律的审美形式的观点，将艺术视为与社会其他因素相互关联的一部分，注重艺术与外部环境的结合。威特金[1]的《艺术与社会结构》一书，即是一本关注艺术与社会结构之间关系的艺术社会史著作。在这本博采众长的书中，威特金不仅有层层推进的理论建构，也有具体例证中对作品的细致解读。全书共分为八章，前四章为理论研究，作者在其中综合了艺术社会学、德国艺术史研究和法国符号学传统，也涵盖了德国艺术史、社会关系与抽象层次、知觉系统（perceptual systems）和表现符码（presentational codes）、艺术与意识形态等问题的研究，后四章则将其理论应用于对历史上著名的艺术家和视觉作品的具体分析与阐释。在研究范围上，本书包括了从人类早期艺术到文艺复兴，再到现代艺术的漫长视觉艺术史进程。

威特金的讨论从他对古埃及的一尊塑像《书吏坐像》（The Seated Scribe）的感知开始。在面对这尊塑像时，他感到一种拒绝，一种对观者

---

* Robert W. Witkin, *Art and Social Structure*, Cambridge: Polity Press, 1995.

1 罗伯特·威特金（Robert W. Witkin），曾任教于英国埃克塞特大学社会学系，现任美国耶鲁大学文化社会学研究中心教授，著有《艺术与社会结构》（*Art and Social Structure*, 1995)、《阿多诺论音乐》（*Adorno on Music*, 1998)、《阿多诺与流行文化》（*Adorno on Popular Culture*, 2002）等书。

目光和体验互动的拒绝。这尊塑像有种封闭式的权威感，它对观者自身惯常的观看方式提出了否定。对此威特金提出了他的假设，他认为"对人物形象的'身体'和其他无生命对象进行构造和描绘的方式，在某种意义上是对社会关系的模拟。在作品的审美形式层面而非其表现内容上，艺术可反映社会结构"。[2] 威特金认为艺术是经验的载体，而对经验的认知受制于特定的社会结构感知系统，在艺术的表现符码和感知系统之间存在着同一性，因此社会结构可反映在感性形式中。威特金将艺术品的风格视为一种符号建构过程，这一过程致力于传达某些特定意义和价值。那么，何种艺术风格能完成传达一个社会中特定价值的任务，艺术品中价值的解读又是如何受制于社会关系的，这些问题是讨论艺术与社会结构的核心问题。

为了论证社会结构、知觉水平和艺术形式中的相关性，威特金引入了"抽象"（abstraction）的概念。威特金对这一概念的解释是："艺术品与社会关系均是建构的结果或一种'巧妙地制造'。在制造过程中，作为观念或知觉过程的行动的秩序，在与事物的'接触关系'水平中，拥有或多或少的距离或自觉。我将用'抽象'一词来指观念过程在接触关系中，所获得的自觉程度和'距离'。"[3] 在威特金看来，主体在行动中的知觉越不受客体的限制，其抽象程度便越高。因此他将抽象的程度分为三个等级，从低到高分别是：受客体限制最大、与客体直接接触的关系（contact relations），较远离直接经验、受客体限制较小的远端关系（distal relations），以及与客体关联最少而与主体内在更为密切的近端关系（proximal relations）。在各种社会类型中，越是依赖于自然的社会，其抽象水平便越低，反之则越高。抽象水平由低到高的过程，则意味着"观念（ideation）水平从以客体为中心，到以主体为中心的运动"。[4]

2　Robert W. Witkin, *Art and Social Structure*, Cambridge: Polity Press, 1995, *Perface*, p. 5.
3　Robert W. Witkin, *Art and Social Structure*, p. 26.
4　Robert W. Witkin, *Art and Social Structure*, p. 27.

威特金将其所划分的三种抽象模型,分别应用于社会关系、知觉水平和艺术风格中。根据抽象水平的不同,他将后三者也分别分成了三种类型。其中社会结构的关系分为:强制型(Coaction)、互动型(Interaction)、内在型(Intra-action)。知觉水平则采纳了瑞士心理学家让·皮亚杰的儿童认知发展阶段[5]中的三个阶段,分别是感知运算阶段、具体运算阶段、形式运算阶段。而三种艺术风格(或称为表现符码[6])则是:古代艺术风格、文艺复兴艺术风格、现代主义艺术风格。

强制型关系多见于前工业社会,其中个体所承担的社会角色是被预先决定的,个体之间并不存在互相塑造的关系,是抽象程度最低的;处于皮亚杰所说的感知运算阶段,采用的是触觉式(haptic)的感知模式,对应古代艺术风格。互动型关系多见于现代工业社会中,其中个体的角色是在与他人交往过程中被规定和塑造的,抽象程度居中;处于具体运算阶段,采用的是视觉式(optic)的感知模式,对应文艺复兴艺术风格。在内在型关系的社会中,个体与他人建立关联不再基于特定的角色,而是为了建立自我或确认主体自身内在的一致性,因此是抽象程度最高的;处于形式运算阶段,采用的是"肉身式"(somatic)的感知模式,对应现代主义艺术风格。借助"抽象"这一概念,威特金在第二章中将社会关系、知觉水平和艺术风格联系在一起,认为它们共享同一种抽象水平。而它们由低至高的发展过程,则体现了关注重心逐渐从客体移向主体的过程。

---

5 皮亚杰所提出的儿童认知发展的四个阶段分别是:1.感知运算阶段(Sensorimotor stage);2.前运算阶段(Preoperational stage);3.具体运算阶段(Concrete operational stage);4.形式运算阶段(Formal operational stage)。在第一个阶段中,儿童的认知水平依赖于与对象身体性的直接接触,处于感官程度高的低抽象阶段。在具体运算阶段中,儿童具有了反思对象并进行对比的思维,可不受对象外观改变的影响而对其做出正确的判断,其抽象思维的水平要高于感官运算阶段。但在此阶段中,儿童依然依赖于具体对象,不能进行完全的抽象思考。直到形式运算阶段,儿童才摆脱对具体对象的依赖,并获得利用语言文字进行抽象思考的能力。不仅如此,儿童在此阶段还可以做出假设,进行推理活动。

6 在威特金的文本中,他有时也用艺术风格来指代表现符码,但这种艺术风格不是艺术史中狭义的绘画风格,而是指统摄绘画风格的表现符码。

刘　扬

　　在第三章中威特金则从符号学的角度，详细探讨了审美形式与知觉系统中的抽象程度发展的关系。在威特金看来，艺术是一种感性符号，这种感性符号旨在通过特定的认知系统唤起特定的观念，而特定的认知又源自特定社会中的生活方式。"我们对艺术中审美形式的感性反应，对于符号所要传达的和应如何传达来说是至关重要的。艺术中的符号系统利用感知系统的性质来唤起观念。（艺术作品中）行动或存在的方式，身体的动作，是根据与他者之间的关系来安排的，这些均是社会生活中'风格'的一部分。生活方式构成一种'理解'，一种'认知'，为主体的感性能力提供可以感知的基础。……这种日常生活中的审美过程与艺术作品中精妙的审美形式一样，均是一种言说和象征。通过这种言说和象征，将感性主体（个人或集体）有序地组织起来。"[7]

　　根据符号功能的不同，威特金将上述三种艺术风格又分别称为：符咒型艺术（invocation art）、唤起型艺术（evocation art）、激发型艺术（provocation art）。在这三种艺术风格中，能指、所指和指涉物之间的关系有所不同。其中符咒型艺术指的是中世纪图像、非洲雕像和面具等古代艺术风格的作品。这类作品旨在唤起一种非人性的存在，一种超越世界的力量，其内在意义不与观者产生交互。威特金借用本雅明"灵晕"（aura）一词，指出这类作品的灵晕根植于艺术所指涉的对象中。唤起型艺术指的是文艺复兴风格的作品，其代表是达·芬奇的《岩间圣母》，这幅绘画虽指向精神价值，但它的美学品质所唤起的精神生命是非永恒的。此时灵晕从作品所指涉的对象逐渐转移到了能指与所指中，观者的崇拜对象与其说是圣母，不如说是图画的创作者——画家本人。激发型艺术则是针对现代主义风格的艺术而言，以达达主义者为代表的现代艺术家们，将注意力从绘画和画家身上移开，而将创作过程放置于日常生活的实践中。"艺术作品成为一种激发的工具，来启发观者在日常生活中做

---

[7] Robert W. Witkin, *Art and Social Structure*, p. 58.

他/她自己的艺术家。"[8] 此时灵晕从所指转移到了能指，图像的象征过程本身成为知觉感知的对象。威特金认为，这种从所指示物到能指的符号学转化过程，也可以被视为一种逐渐抽象的过程，它同样意味着从以客体为中心的建构向以主体为中心的建构转换。

艺术品中符号学层面的抽象程度，代表着艺术品中感知关系的组织方式所处的抽象水平，同时也反映出相应的社会关系。于是威特金在社会结构、知觉系统和艺术的表现符码之间，建立起了相关性。古代风格的艺术家是基于直接接触关系所产生的触觉感知系统来作画，在符号学层面上，符号嵌入在其指示物中。这种感知系统处于抽象水平较低的阶段，对应强制型社会关系；文艺复兴风格的艺术家基于视觉感知系统来作画，视觉式感知系统是有机的、互动性的，能指获得一定程度的独立。在这种类型的画作中，每个人物都在他所处的位置以及与周围其他对象之间的关系中获得其视觉价值，对应互动型社会关系；而现代主义风格的艺术家们则是基于肉身感知系统来创作，能指获得最大程度的自由。以毕加索为代表的现代主义画家们的作品中人物和物体都被重组变形，他们所表现的是对感官和知觉关系组成过程的探索，知觉过程本身成为知觉所关注的对象，对应内在型社会关系。

在社会结构和艺术表现符码建立起关联后，威特金在第四章中转向了对艺术与意识形态的讨论。在阐述了马克思关于意识形态，以及马克思主义美学的相关观点后，威特金认为是现代主义而非现实主义真正实现了马克思所希望达到的目标。十九世纪之后，艺术逐渐脱离神话和宗教题材，转而关注日常生活主题。在艺术中客体的意识形态外衣不断被剥去，客体不断退回到构成主体生命过程的感官之中，因此在主体的感官真实与客体之间产生了断裂。在这种情况下，艺术为解决这种断裂提供了两种道路。第一种道路是马克思、恩格斯以及卢卡奇等人所提出的。"他们主张将物质世界自身及其对象、事件和个体提升至一个积极的先验

8　Robert W. Witkin, *Art and Social Structure*, p. 57.

体系，以一种全新的唯物主义的意识形态来取代神学和神话学的权威。……第二种可能的道路主张，艺术的目标应是严厉驱除所有宏大的先验主张，并且致力于一种纯粹感官的真实，呈现物质生命世界本真的状态，而不是被任何意识形态所曲解的模样。"[9] 这第二条道路正是现代主义艺术所选择的方式。

如同克拉克视马奈《奥林匹亚》为资产阶级意识形态的产物一样，马克思主义者认为现代主义艺术是资产阶级意识形态的一部分，并不能带来真正的变革。而在威特金看来，马克思主义者所推崇的知觉现实主义，旨在保留现代社会形而上学的基础。现代主义者则与之相反，他们颠覆传统经验的基础，去除社会中工具理性的基础并将之审美化。现代主义艺术不再作为社会价值、意识形态等的反映载体，而是对意识形态进行批判，并通过主体的视角来重新评估世界的价值。所以威特金认为，现代主义艺术的实践真正动摇了资本主义的基础，否定了现代社会整个形而上学的基础。

威特金对现代主义艺术的详细分析和阐释，集中在此书的第八章。而在第五章到第七章中，作者则用前述已建构的艺术与社会结构之间的关系，针对具体艺术作品进行了精彩的分析。其中第五章是针对资本主义社会与现实主义艺术风格之间关系的讨论。在本章中，威特金对豪泽尔关于"贵族的"和"资本主义的"、"个人的"以及"自然主义再现"等概念提出了批评。威特金认为，知觉现实主义风格与形式主义之间的不断摆荡，并非由于豪泽尔所说的个人性与反个人性之间的斗争。知觉现实主义再现的每个发展阶段，都与资本主义社会关系的发展阶段相对应。在第六章中，威特金通过对《阿尔诺芬尼夫妇像》一画内容与风格的分析，指出该画中的混合风格反映的是社会转型期的状况，其中的性别区分象征着传统社会和现代社会的区分。在第七章中，通过对塞尚作品中的去人性化倾向、对空间感和运动感的抑制等特征的分析，威特金

---

9 Robert W. Witkin, *Art and Social Structure*, pp. 94–95.

认为塞尚与凡·艾克一样，寻求的亦是在传统审美模式和现代审美模式之间的平衡，塞尚的作品代表着对变化着的社会结构求新求异的回应。

到了二十一世纪，随着经济和市场彻底的发展，以理性-技术为核心的机械开始占领现代生活，并发展出自身的美学。"这种美学强调线条和平面，牺牲了色彩、体积和质地，它通过线性和锐利暗示对精准、形式、计算和理性的关心，反对表达与情感。"[10] 威特金将之称为"机械美学"（machine aesthetic），并在最后一章进行了论述。机械美学的发展是去审美化的现代生活的标志，也是二十一世纪艺术家的关注所在。艺术家将机械视为美学工具，以此来反对去审美化的现代生活。因此机械美学具有双重属性，"它一方面为现代资本主义提供了一种意识形态，并强化其社会结构；另一方面则为对资本主义意识形态的批判提供了语言，为重构和揭露其主张提供服务"。[11]

威特金对机械美学的讨论分为两个层次，一是将艺术视为制造观看的机械，二是作为美学机械的现代主义艺术。威特金认为，现代主义艺术为对抗被工具化和客体化的世界和主体自身，采用机械的方式重建感性主体。在视觉领域中，现代主义艺术家抛弃了对客体的再现，他们将艺术视为日常生活中"制造观看"（doing-seeings）的机械和装置。"艺术记录了艺术家自己的创作过程，通过这种形式，它促使观者将艺术作为一种机器、一种在日常生活中'制造观看'的装置。现代艺术向主体发出了挑战，令他/她成为自己的艺术家。"[12] 对于塞尚和晚期的现代主义者来说，通过对传统绘画秩序的否定，主体的意识不再受客体和外部世界关系的限制，从而建立起新的内在秩序。"对于感性主体来说，自身的内在秩序，由知觉、记忆、欲望、联想、过往经验、预感等的复杂交互构成。"[13] 这种内在秩序在实践生活中产生了有力的影响，它带来主体感

10　Robert W. Witkin, *Art and Social Structure*, p. 180.
11　Robert W. Witkin, *Art and Social Structure*, p. 180.
12　Robert W. Witkin, *Art and Social Structure*, p. 181.
13　Robert W. Witkin, *Art and Social Structure*, p. 187.

性上的平衡和统一，并以此来回应世界中的客体。在这个意义上，威特金认为，审美的中心从认知世界客体的表象转移到主体的内在世界，是向着更高程度的抽象发展。[14] 同时这种对传统艺术秩序的否定，也同样意味着对传统社会秩序的否定。

作为美学机械的现代主义艺术是以立体主义为代表的。立体主义绘画以日常事物为分析对象，知觉对客体的分析与合成成为对主体生命过程的理解。"现代主义艺术利用美学机械的产物，将关注中心转移到建构客体的感性过程。"[15] 现代艺术改变了观者和作品之间的关系，它需要观者更高程度的参与，并且预设了艺术背后社会关系的重要改变。其中，对于作为象征符号的机械的挪用，是现代艺术的一个重要进程。"这一抽象进程应被视为一个真正的社会化过程，它发生在确切的社会和历史环境下。在这些环境下产生了关于异化和非人性化的体验，同时也产生了先锋艺术的反抗，而后许多现代艺术均表达了这些异化和非人化的体验。"[16]

在最后一部分，威特金从对现代主义艺术的分析，转向对现代世界公共机构的分析。现代生活对人们着装和举止的要求，反映了现代生活为人们强加的一种审美规范。其中最显著的审美特征是极简的几何，这种设计是为了唤起机构内成员的"在场感"（presence），以更好地服务于机构的运作。这一审美规则包含两个方面，一个方面是对生活经验中感性价值的抑制，将之驱逐出被组织的生活事务之外；另一方面，则是通过其审美形式表达技术理性对于生产的需求。

在二十世纪末，西方艺术史研究领域出现了名为"新艺术史"（New Art History）的新研究思路。虽然威特金在此书中选择沿着豪泽尔所开创的道路，但他也借鉴了"新艺术史"关于视觉再现以及符号学意义分析的方法，试图在社会结构与艺术风格之间找到新的关联。在这一思考过程中，威特金借鉴了德国艺术史家如潘诺夫斯基、沃尔夫林、里格尔、

---

14 Robert W. Witkin, *Art and Social Structure*, p. 187.
15 Robert W. Witkin, *Art and Social Structure*, p. 189.
16 Robert W. Witkin, *Art and Social Structure*, p. 193.

夏皮罗等人的相关研究，形成了关于艺术风格发展过程逐步向主观性迈进的认识。他还从艺术社会史学者豪泽尔的洞见中，得到了关于艺术和社会关系的启示。威特金关于艺术结构中客观性与主观性之间关系的观点，则来自黑格尔《美学》中对三种艺术风格的论述。而威特金整本书的核心观点——社会结构塑造审美形式——则源自马克思唯物主义历史观的影响。[17]

威特金对现代主义艺术所作的社会学探讨，也为认识现代主义艺术提供了新的视角。在他看来，现代主义艺术是抽象程度最高的艺术，同时也是最自由、最具有创造力的艺术。它是现代社会结构的产物，同时也是对现代社会的批判和拯救。现代艺术的救赎功能体现在它对主体内在统一性的恢复，它剥去了其他艺术风格中所覆盖的意识形态，将自己变成对意识形态的批判。然而正如威特金最后对现代生活的讨论，现代艺术对现代社会工具理性的批判被现代社会所借用，并将其审美形式变成服务于自身的工具。即使如此，威特金也始终对现代艺术的未来抱有期待。现代主义艺术虽被工具理性所利用，但站在社会学的中立角度，它依然证实了威特金的论点，即艺术受制于其所处的社会结构，它的审美形式体现了社会结构。

正如贡布里希对豪泽尔所提出的批评所示，威特金的研究也面临着忽略艺术风格多样性的问题。"尽管跨历史的比较归纳是可能、可取和必要的，但这些归纳必须能经得起个体案例与艺术语境的检验。"[18]除此之外，威特金试图恢复宏大视角的野心，在情景化研究盛行的今天似乎有

---

[17] 马克思曾在1859年《〈政治经济学批判〉导言》中说："人们在自己生活的社会生产中发生一定的、必然的、不以他们的意志为转移的关系，即同他们的物质生产力的一定发展阶段相适应的现实基础。物质生活的生产方式制约着整个社会生活、政治生活和精神生活的过程。不是人们的意识决定人们的存在，相反，是人们的社会存在决定人们的意识。"（《马克思恩格斯选集》第2卷，北京：人民出版社，1972年，第82页。）

[18] 奥斯汀·哈灵顿：《艺术与社会理论——美学中的社会学论争》，周计武、周雪娉译，南京：南京大学出版社，2010年，第65页。

点反常。克拉克曾指出:"当撰写艺术社会史时,确定避免用什么方法要比系统地提出一系列方法简单得多,像木匠展示他的工具包,或是哲学家提出假设一样。因此,我先罗列出一些禁忌。我对艺术作品'反映'意识形态、社会关系或历史的观念不感兴趣。同样,我也不认为历史是艺术作品的'背景'——这本质上抽离于艺术作品和它的产物,虽然这种情形会不时地出现(这种历史的倾入性已经被发现是一种借鉴方法)。"[19] 克拉克所反对的方法之一,即是威特金宏观视角下所预设的社会结构决定艺术风格的立场。

面对这一质疑,威特金也做出了自己的回答。他认为,以豪泽尔为代表的宏大视角不再被青睐,并非源于其著作中存在的问题,而在于学术研究方法的转变。而威特金在此书中决定接受来自豪泽尔宏大视角的洞见,是因为他认为通过这一视角来考察艺术与社会结构之间的关系,依然可以为艺术社会学带来一些重要的启示。在威特金看来,即使试图回避普遍性问题的情境化研究,也要面临更深层的普遍性问题,即对于艺术品建构过程的理解。"情境化艺术史研究也朝向一个类似的方向,即艺术品建构过程中普遍性的组织原则,各种不同类型的艺术品通过这一原则才能获得理解。对于克拉克所提出的艺术传统或风格使何种想象(vision)成为可能的问题来说,这一普遍性原则也是关键性的。"[20] 威特金对豪泽尔的宏大视角作出新的阐释,他不再将概括的、狭义的艺术风格与社会阶级相对应,而是以艺术风格背后的符号学过程为探讨对象。社会结构对艺术风格的影响并非体现在作品的内容或主题上,而是在这一审美价值的建构过程中。于是威特金对艺术风格等概念的思考扩大到更为广阔、抽象的层次。威特金试图在现有艺术史情景化研究的基础上,结合宏大视角研究所思考的普遍性原则,在这两者之间探索一条新的道路,而这条道路在《艺术与社会结构》一书中得以完成。

19　T. J. 克拉克:《论艺术社会史》,张茜译,《新美术》2012年第2期,第5页。
20　Robert W. Witkin, *Art and Social Structure*, p. 9.

国家视域下的"艺术界"
——评《艺术与国家：比较视野中的视觉艺术》*

赵　卿（山东师范大学）

艺术社会学自二十世纪发展以来，始终以其独特的社会学理论视域及实践诉求，彰显着自身的思想力量。一个多世纪以来，艺术社会学在理论及其实践层面不断拉近与真实社会之间的距离，改变了单纯从审美、形式等内部要素来研究艺术的单一路径。研究任务的不同造就了研究方法的独特性，艺术社会学采用社会学中定性与定量的研究方法，引入统计、调查、访谈、观察等手段，揭示了艺术活动的外部制约因素、艺术在社会生活中的地位和功能、艺术作品的社会历史内容等。亚历山大和鲁施迈耶合著的《艺术与国家》一书，正是突出了社会学定量分析法的科学严谨性，而丰富的资料与访谈，也展现了艺术在国家政体影响下与市场、社会的关系，从而勾勒出特定时期诸国艺术的流变发展轨迹。

霍华德·贝克尔提出了"艺术界"概念，将艺术视为一个由多元要素构成的有机世界，指出艺术界通常与它试图划清界限的世界有着千丝万缕的联系。本书尽管也以同样开阔的思路来审视和考察"艺术界"，但对艺术的理解与认识，则是以其所处的国家语境为前提的。迄今为止，从国家视域出发对艺术进行专门论证的著述，数量并不多。已出版的著

---

* Victoria D. Alexander and Marilyn Rueschemeyer, *Art and the State: The Visual Art in Comparative Perspective*, New York: Palgrave Macmillan, 2005. 中文版：维多利亚·D. 亚历山大、玛里林·鲁施迈耶：《艺术与国家：比较视野中的视觉艺术》，赵卿译，南京：译林出版社，2021年。

作有茱莉亚·洛厄尔与人合著的《艺术与州政府：保持一臂间距还是手挽手？》(*The Arts and State Governments: At Arm's Length or Arm in Arm?*) 以及她独著的《1965—2003年国家艺术机构》(*State Arts Agencies, 1965-2003: Whose Interests to Serve?*) 等。本书与以往考察国家在艺术界中重要性的专题研究不同，以往那些研究更多关注的是国家艺术机构及其在不断变化的政治财政环境中的策略转变，以及评估艺术和政治紧密结合的风险和回报。本书则涉及艺术界内众多作用因素，尤重于比较分析"艺术与国家"中常常被忽视的那些复杂性，即最大化地呈现出艺术自由与国家、市场、限制之间的复杂关系，以此对艺术界中的国家与艺术层面进行深描。

  本书内容框架清晰，可以分为三个部分。导论（第一章）作为开启国家艺术界言说之旅的开场白，列出后续各章所要关注的思考层面，包括国家与艺术界、支持与控制、观众的发展以及全球化。这几个层面在接下来的第二至六章对各国案例的具体分析中，共同交织成它们重要的论述结构，并依据各国艺术场的具体症候各有侧重。在最后结论（第七章）中，作者结合案例，在归纳、比较的基础上，对第一章所呈现的一系列关键问题作了进一步思考，包括艺术界与国家的关系、艺术政策的多样性、对市场的依赖、全球化中的文化政策等等。正如作者所构想的，导言和结论在逻辑上保持着一致性和统一性。书中主体部分是第二至第六章，它们对各国的案例分析，可以使读者更直观生动地看到国家与市场、艺术三者间密不可分、相互作用的勾连轨迹。这些搜集的资料，不仅来自作者对有关书籍、报刊、艺术政策与报告的广泛阅读，还涉及对国家文化与艺术机构负责人、画廊主与经理人、政策制定者、艺术家等艺术界相关人士的具体访谈。作者试图通过这些艺术界人士提供的不同性质的各种数据，为其艺术社会学分析提供一个可靠的基础。

  在艺术社会学研究中，国家视域下的艺术研究应该如何展开是一个重要问题。因为，国家视域包含社会、政治和文化等维度，需要提炼出一个重要的"问题域"作为主线，逐渐解锁艺术在国家视域所面临的诸多问题。《艺术与国家》对此做出了积极探索，作者借助对文化政策，尤其是对国家资助的视觉艺术的解读分析，探索国家与艺术的相互关系。正如作者在导论中所指出的："关于视觉艺术的文化政策这个一般性话题。……我们指出文化政策的各个维度都应该被考量。"

作为长期从事艺术与国家关系研究的学者，两位作者对本书意义的设定是"启示"而非"答案"。其目的在于以一种凸显"问题意识"的研究模式，探究和梳理艺术与国家关系。这构成了全书最为清晰的研究进路，即"确定艺术界在我们所研究的不同政治和经济体系中的特点，以及确定对艺术与国家之关系做比较性反思能够带来何种启示"。因此，本书不是要提供一个现成的解决方案，而是通过对不同国家艺术案例的分析，思考国家、市场和艺术界之间的相互关系，提供一份有关视觉艺术与国家之间关键问题的概述。

基于这一研究意图，作者在诸多经验研究中，特别侧重于它们之间的交集与分歧，并试图由此对国家在艺术的生产和消费过程中发挥的功能进行多方面思考。这种思考是以一系列比较性研究来推动的，例如官方艺术与非官方艺术、公共赞助与私人赞助、直接支持与间接支持、国家控制与艺术自主性等等。在这些比较性论述中，作者揭示了国家政策对艺术影响的错综复杂性。本书以每个国家政权类型为前提，考察艺术被置于一个开放多元的政治体系中时，国家政策对市场与艺术会做出何种程度的影响和调整，进而考察政府对艺术和艺术家的控制和支持方式，艺术家为追求艺术自由而陷入的各种困境和反抗，以及将艺术从"为艺术而艺术"的浪漫主义理想拉回处处受制的现实处境时产生的文化观念之冲突等等。

本书的案例分析首先聚焦于美英两国。美英两国的国家政体属于西方资本主义，二者的国家政策都倾向于将艺术家推向市场。对美国而言，其突出之处是拥有众多新锐艺术家、活跃的艺术品销售市场。亚历山大认为，它的形成是由于有相当一部分私人资金健康地参与艺术事务，这一艺术参与私人化的国家政策导致其艺术的间接支持水平高出许多发达国家。美国因此成为艺术直接资金支持最微薄的国家之一，这正是由其繁荣的自由市场所决定的。也就是说，美国采用自由市场意识形态和法律的支持作为当代艺术舞台的重要布景，并鼓励有争议的艺术进入以保持市场活力。但问题的复杂性在于，这并不意味着美国就没有审查制度，它实际上采取的是一种更加微妙的社会控制。作者指出，美国人通常会对公开审查制度给予谴责，但他们对看不到的、形式微妙的社会控制却失去了感受力和批判性。大众支持自己所能接受的艺术，而这也是国家通过大众视野对艺术进行隐形控制的手段。大部分艺术家为了生存，不得不将艺术品视为可用于市场交换的商品。相较而言，英国在艺术领域开启了私有化运动，扭转了过去200年逐渐增强的国家参与的趋势。私有化指的是艺术组织越来越需要依赖私人资金（主要是个人慈善和企业赞助），而这种局面是艺术公共资金削减的直接后果。英国政府采用"企业文化"策略，其实质是赋予艺术商业化行为合法性：将艺术视为可用货币进行价值评估的商品，以获得市场营销的正当话语权。正如作者指出的，"'企业文化'的理念建立在一系列原则之上。其中关键一点是'物有所值'原则，这要求所有的政府资金都尽可能地以最经济有效的方式发挥作用。这意味着，艺术与其他公共服务一起，必须对它们所使用的'纳税人的钱'负责，这一目标是通过用货币评定资金的产出（'绩效指标'）与投入（例如筹资水平）来实现"。由此，艺术支持政策的转变引发了艺术观念的危机：以经济指标衡量艺术。无疑，这可能造成使艺术自身贬值的危险。

接下来的第四章是对挪威和瑞典的考察。这两个国家作为社会民主福利国家，呈现出一种与美国和西欧情况大不相同的图景。其中比较突出的是协会的地位，它成为连接艺术家与国家的权力纽带。鲁施迈耶认为，协会之所以具备这种实权是因为国家向地方的分权。这样，协会不仅在艺术兴趣上对各团体施压，也变成可随时提供支持的机构。所以，艺术家协会在与政府就资助条件的谈判和申请的决策制定过程中发挥着重要作用。但总的来说，挪威视觉艺术家协会的地位似乎比瑞典国立艺术家协会更加重要。挪威视觉艺术家协会本身控制着两大艺术家基金并且高效地筹集其他资金，相比之下，瑞典的艺术家则受到更多鼓励去依赖私有市场而非国家。值得一提的是，纵使两国的公共支持比较慷慨，却不会导致国家对艺术生产的直接控制。相反，艺术被看作一种公共利益，具有自身的完整性和自主性。这种概念塑造了艺术的社会批判功能，从而也就保护了艺术免受道德主义或类似政治管制的干扰。正如鲁施迈耶说的，国家所采取的回应更多是寻求发展更广泛、可以准入的艺术形式，而不是控制与干扰。由此也就不难理解为何挪威的艺术支持虽源于公共拨款，但更加支持艺术生产和审美趣味的个性化。

在随后论述东德的第五章中，鲁施迈耶意在呈现两德统一之前，也就是二十世纪七十年代到八十年代间，艺术机构本身以及艺术生产中发生的一些转型；讨论自二十世纪九十年代以来发生的一些变化，以及这些变化对以下问题的意涵：艺术家接受的支持，他们与观众、购买人、赞助人的关系，他们在新统一的德国东部对成为艺术家的意义的自我理解。贯穿本章的一条主线是苏东剧变前后，东德艺术家在动荡的政治和经济转型中如何重新定位的问题。这是个重要的问题，因为东德艺术界向西方世界敞开后，东德艺术家和艺术机构不得不面对那个既有的且更加强大的联邦共和国艺术界。东西德艺术界之间复杂张力的根源，就产生于由统一带来的与西方艺术特殊的近亲关系。然而，低估存在于东德艺术界的多样性却是不当的。故而本章从历史眼光考察了东德艺术由过去到现在的转变，以及东西德之间的交汇。

第六章的案例是讨论从二十世纪七十年代起，俄罗斯艺术家前往美国的运动。这使艺术家们穿梭于两个艺术界之间，而东西艺术界的差异，也使他们更清楚地比较艺术生产所处的两种不同政治和经济环境。本章最后一节还考察了二十世纪九十年代期间移民到以色列的俄罗斯视觉艺术家。作者通过这一群体，从跨国移民的视角说明政治和经济结构在塑造艺术界以及个人作品和观点时不可低估的重要作用，而这也正是第六章的重点。这些个人经历不仅表明了一个将国家支持与政治命令和监管相结合的艺术体系与一个主要由市场决定的艺术界之间的总体差异，而且还表明了艺术家和其观众之间的关系、艺术家的自我概念、他们的使命感、他们与商业主义的关系，总之，所有这一切都以微妙的方式与艺术组织和国家发生关联。

　　本书两位作者关于艺术与国家关系之论述的目的是要澄清一个立场：既反驳内部视角的理想主义艺术概念，也反对外部视角的社会经济和政治决定论。因此，最后一章基于第一章提出的问题，结合各国的具体实践，进行了最后的思考总结。文化战略、大众社会、市场体系、国家政策、艺术机构、通识教育等环节都成为左右艺术发展不可忽视的力量，尽管有时它们的呈现方式比较隐微。该部著作的出版标志着学界对国家在艺术社会学中之角色的研究得到深入展开，它通过"国家视域"来审视艺术界的一种独特存在形态，同时也为不同国家间艺术界之比较研究提供了重要启迪。

实证研究视野下的先锋艺术风格嬗变
——评《先锋派的转型》*

向浩源（中国人民大学）

第二次世界大战后，先锋艺术中心从欧洲转向美国纽约。在1987年出版的《先锋派的转型》一书中，美国著名文化社会学家戴安娜·克兰将目光聚焦于二战后的美国纽约艺术界，考察了1940—1985年四十余年间美国先锋艺术的命运与走向。全书共八章，内容大致可以分为两个方面。一方面，克兰首先从社会学视角分析了纽约艺术界扩张的情形——表现为艺术家群体扩大，画廊、博物馆数量增多——及其原因。以此为背景，作者考察了构成先锋派艺术风格的社会群体（艺术家、经销商、策展人）的特征，艺术机构的巨大扩张如何影响了这些作为先锋艺术守门人的组织的运作方式，以及画廊、博物馆扮演的角色的转换如何影响了艺术流派的风格等问题。这一部分在整部书中作为一种背景或者艺术风格转型的社会动因出现，主要出现在第一、二、六、七章。另一方面，作者将视角聚焦于艺术内部，探讨美国先锋艺术在主题、题材和表现手法上的演变。她逐一考察了1940—1985年美国的七个艺术流派的发展情形，探讨了以形式试验、审美革新和潜在社会批判性为核心的现代主

---

* Diana Crane, *The Transformation of the Avant-Garde*, Chicago & London: The University of Chicago Press, 1987. 本文所涉译文参考了常培杰、卢文超译本（戴安娜·克兰：《先锋派的转型：1940—1985年的纽约艺术界》，常培杰、卢文超译，南京：译林出版社，2019年）。

美学传统如何影响美国先锋派，以及转型后的艺术如何在不同程度和不同方向上背离这一传统等问题，其核心线索是艺术中美学传统的影响与通俗文化影响的此消彼长。这一部分涉及艺术的审美内容和社会内容，包括第三、四、五章。最后由第八章对全书进行简要总结。

以往对先锋艺术发展演变的研究虽然不同程度地涉及艺术与社会的关系，但主要还是依赖于观念性的抽象理论演绎，大多停留在美学研究的范畴。其中大致包括两个层次。其一是偏重从艺术内部寻找先锋派发展演变的动因，如阿多诺对审美唯名论的批判，认为审美唯名论导致了先锋艺术的发生。再如格林伯格指出先锋艺术演进的逻辑动力乃艺术不断返回自身、寻求与其他艺术门类差异性的"自我批判"。此二人都坚持先锋艺术与文化工业和媚俗艺术的区分，但"社会"仅仅被抽象化为文化工业这一单一面孔。其二，相较而言，比格尔更为具体地探讨了艺术的生产、接受和艺术功能的目的，并从历史的视角考察了艺术与社会的关系，但他对"社会"一维的拓展也仅限于考察各时期艺术的生产、接受和功能是集体的还是个人的这一特定问题。相较于以往的研究，克兰充分呈现了对先锋艺术的社会部门如画廊、博物馆的考察，侧重通过"外部"解释"内部"（风格演变与转型），并采用了一种基于经验和数据统计的、偏重于科学实证的艺术社会学方法。在她的实证研究视野下，先锋艺术的转型呈现出别样的面貌。本文拟对该书的思路、方法、核心议题和研究特点进行具体介绍和评析。

第一个核心问题是"先锋派"的定义。马泰·卡林内斯库（Matei Călinescu）指出，在美国的艺术史传统中，先锋派艺术指专注于艺术内部试验和美学传统革新的那一类艺术，"多数从事二十世纪文学批评的美国批评家实际上都没有在现代主义和先锋派之间作出任何区分。这两个术语隐含地，有时是公开地，被当作同义词"。[1]因而先锋派指代的就是

---

[1] 马泰·卡林内斯库：《现代性的五副面孔》，顾爱彬、李瑞华译，南京：译林出版社，2015年，第152页。

现代主义艺术。而在法、德等欧陆国家的艺术史传统中，这一概念指代的是达达主义、超现实主义这类"艺术否定主义的极端形式"。[2]在卡林内斯库看来，前者从未传达出一种彻底的否定感，现代主义艺术的反传统往往很微妙地停留在传统之中，因为这种反传统是基于自律艺术内部的革新。

的确，这种说法在克莱门特·格林伯格（Clement Greenberg）与彼得·比格尔（Peter L. Berger）对先锋派的差异性界定中得到体现。比格尔在《先锋派艺术》中强调一种"断裂说"，突出先锋派与现代主义艺术的差异一面，划定这种差异性的关键便是艺术是否突破自律艺术体制。他从艺术生产、接受和功能的目的等角度区分出宗教艺术、宫廷艺术和资产阶级艺术。在他看来，前两种艺术总是服务于集体与特定的社会功能，而资产阶级艺术是自律的，这体现为艺术的生产、接受和功能的目的都是归属于个人的。现代主义艺术便是这种资产阶级艺术。而先锋艺术就是要打破这种自律艺术体制，使艺术重新返回生活实践。如蒙太奇和拼贴画突破了传统艺术的形式逻辑，使现成物直接进入绘画，而达达主义者杜尚更是直接将小便器视为艺术品。[3]这种极端的反叛性和现实介入性使得先锋派与现代主义艺术区别开来。而格林伯格在《前卫与庸俗》中认为，先锋艺术就是一种不断寻求形式革新、拒绝被文化产业和媚俗艺术收编的艺术类型，它不同于传统的现实主义绘画，是不易为大众所理解的、风格晦涩的精英艺术。[4]在他的使用过程中，先锋派就是比格尔意义上的现代主义艺术。并且，这种理解与阿多诺对文化工业和精英艺术的区分如出一辙。

与格林伯格和比格尔都不相同，戴安娜·克兰在《先锋派的转型》

---

2 马泰·卡林内斯库：《现代性的五副面孔》，第152页。
3 彼得·比格尔：《先锋派艺术》，高建平译，北京：商务印书馆，2002年，第117—126页。
4 克莱门特·格林伯格：《前卫与庸俗》，载沈语冰编：《艺术学经典文献导读书系（美术卷）》，北京：北京师范大学出版社，2010年，第313—332页。

中的讨论更倾向于一种宽泛的定义。在该书的第一章《导言》中，她提出先锋派的三个特征：第一是在审美方面，先锋派艺术革新了传统审美惯例；第二是在社会内容方面，先锋派批判主流文化的社会或政治价值观、批判艺术体制，或者重新界定了高雅文化和通俗文化的关系；第三是在艺术的生产和发行方式方面，先锋派艺术重新界定了艺术生产、展示和发行的语境，或者重新界定了艺术角色的本质。她认为，有的艺术运动只要符合这些特征中的一种即可被视为先锋艺术，有的则必须同时符合三种特征才能被称为先锋艺术，这些特征之中最核心的是对审美惯例的打破，那些倾向于恢复到过往风格的艺术则不被视为先锋艺术。[5] 由此可见，她将关于先锋派的众多观念都整合到自己的论述之中，同时承认了格林伯格意义上的先锋派和比格尔意义上的先锋派。比格尔的划分赋予了超现实主义和达达主义等艺术一种极富见地的眼光，但在克兰的视角之下，这些艺术与比格尔所谓的现代主义艺术之间是连贯而非断裂的，因为两种艺术都保持着审美革新性和社会批判性。克兰的这种处理不无道理。从审美内容方面看，现代艺术的自律诉求便是不断返回自身，寻求区别于其他艺术门类的独特属性，寻求形式的新异性，呈现出科学化和去个人化的形式主义倾向。格林伯格用一个康德式的术语"自我批判"来描述这一过程，并用"平面性"来概括现代绘画艺术的特性。[6] 泽德迈耶尔指出现代艺术的演进基于一种分化逻辑，艺术先从生活实践中脱离出来，成为独立的审美表现领域，进而艺术内部各种类之间产生分化。他进一步指出，这一逻辑进程的终点反而是艺术边界消失，艺术最终走向消亡和终结。[7] 虽然结论悲观，但他描述的这一过程事实上与先锋艺术的走向并无二致。另一方面，从艺术对社会的态度来看，从现代主

5　Diana Crane, *The Transformation of the Avant-Garde*, pp. 14–15.

6　克莱门特·格林伯格：《现代主义绘画》，载沈语冰编：《艺术学经典文献导读书系（美术卷）》，北京：北京师范大学出版社，2010年，第259—276页。

7　泽德迈耶尔：《艺术的分立》，载周宪编：《艺术理论基本文献（西方当代卷）》，北京：生活·读书·新知三联书店，2014年，第61—75页。

义潜在的商业社会批判,到超现实主义激烈的理性批判,这种延续性还体现在现代艺术的"对抗"逻辑中。这实际上是由康德等人开启的审美现代主义传统的体现。这些都共属于整个欧洲现代艺术的特性,以此为核心界定先锋艺术可以统摄那些杂多的先锋派概念。克兰所要做的,就是考察欧洲现代艺术传统如何影响了美国先锋派艺术的诞生,及这种影响又是如何在先锋派的转型中消耗殆尽的。

因此,也就引出了第二个核心问题,即克兰的所谓转型是针对何种情形呢?在该书的第三、四、五章,克兰描述了先锋派的"内部"风格嬗变,它发生在四十余年间的七个流派之间,大体而言,抽象表现主义(二十世纪四十年代)、波普艺术和极简艺术(二十世纪六十年代初)是接续或保留现代主义美学价值和原则的先锋派,而之后的具像画(二十世纪六十年代末)、模式画和新表现主义(二十世纪七十年代)、照相写实主义(二十世纪八十年代初)则在审美内容、社会内容等方面呈现出新的特点,背离了先锋艺术的价值,不再被认为是先锋派。

先看作为整个阶段起点的抽象表现主义。在克兰看来,抽象表现主义承接的是欧洲艺术传统,它"综合二十世纪欧洲绘画的那些主要趋势"[8],而她所谓的欧洲现代艺术实际上指的是格林伯格意义上的先锋派,也就是说,虽然欧洲现代艺术存在连贯性,但抽象表现主义承接的是这一进程的(比格尔意义上的)现代主义阶段。在她的论述中,抽象表现主义"遗传"的是超现实主义"强调直觉"的绘画方式和"绘画的浪漫要素",虽然也受超现实主义影响,但这些要素并不是比格尔所突出的断裂性要素(对艺术自律与有机形式的打破),并且它还接受了印象主义和立体主义的诸多原则的影响,其作品呈现出形式的有机性。可见,作为美国先锋派起点的抽象表现主义,虽然它触碰到了现代主义的边界,即以色块、线条和颜料泼洒构成绘画的内容,自明性在一定程度上丧失,但它毕竟还不是现成品,还停留在现代主义的范畴内:它依然是自律艺

---

8 Diana Crane, *The Transformation of the Avant-Garde*, p. 45.

术，没有直接的社会评论和政治介入意图，而通过专注于形式创造和美学创新的方式拒斥媚俗艺术和社会主流审美趣味，风格上趋向客观和抽象，维持着格林伯格所谓的"平面性"。抽象表现主义包括极简主义艺术的这些特性在欧洲艺术的影响下确立，作为美国早期先锋派，也构成了美国先锋艺术演化的基础，因而这里的转型既是相对于欧洲先锋艺术而言的，也是相对于美国先锋艺术自身而言的。

那么，先锋派到底转向了何处呢？克兰梳理了美国先锋派的诸原则在转型中逐渐遭到背离的情形。作为一种过渡风格的波普艺术显示了美学传统与通俗文化的拉锯和博弈，虽然因其对审美传统的嘲讽和颠覆，我们还能称其为先锋艺术，但波普艺术使用源自通俗文化的主题、图像甚至现成品的趋向已经意味着，艺术倾向于认同主流价值而不是挑战它。波普艺术之后，艺术发展呈现出一些新特点。这首先表现在，这之后所有艺术流派都不同程度地恢复了传统艺术技法和审美要素，虽然显出与先前先锋艺术的差异，但恢复了更久远的艺术传统。具象画和照相写实主义是典型的再现性绘画，模式绘画融合现代主义与非西方艺术传统，表达被现代主义排斥的人性主题和装饰主题，部分模式绘画也采用再现技法。从手法上看，相较于先锋派不断回到自身、"做减法"，这些艺术重新融合传统要素，是在"做加法"。从风格上看，这些艺术从先锋派剥离内容和主题的抽象风格回归表现人物和城市景观等要素的具象风格，由此背离了先锋艺术专注形式试验的客观化与抽象化趋向和拒绝复活传统的审美革新原则。虽然这些风格中的艺术家在某些方面仍然受到先锋艺术的影响，但他们的作品出于上述原因无法维持"先锋"之名。

另一方面，波普艺术之后，通俗文化压过美学传统的趋势在照相写实主义、模式绘画和新表现主义那里表现得愈发充分，这些再现性绘画表现的是对中产阶级社会生活内容的肯定而非讽刺。即使这些绘画中仍存在一种对社会现实的疏离感，但也与现代主义艺术的批判性没有多大关系，而只是一种冷静和消极的回避。总的来看，美国先锋派艺术的潜在社会批判倾向和审美革新趋向在转型中先后丧失。此二者的内在关联性在于，传统的艺术技法是被大众所熟知的，并被通俗文化和媚俗艺术吸收，因而采纳这些要素的艺术便不可能对大众审美趣味和主流文化持拒斥态度。在此情形下，先锋艺术的面目模糊了，波普艺术之后的艺术流派都难以被冠以"先锋"之名。也正因为如此，先锋派才要不断更新形式、走向抽象和晦涩。

就精英艺术向通俗文化转型的趋势而言，克兰所谓的转型在欧洲艺术的发展中已经显现，那便是比格尔意义上的先锋派对整个现代自律艺术传统的突破。杜尚的小便器和安迪·沃霍尔的《布里洛盒子》都是现成品。在这一意义上，她描述的美国1940—1985年先锋派的转型更像是欧洲所发生的从现代主义到先锋派的演进历程的重复。不过，区别在于，诸如拼贴画和蒙太奇艺术虽然在反叛中为文化工业留下了一个入侵艺术的窄门，但其基本的出发点却是对抗商业社会，而超现实主义通过抹除艺术中的理性形式实现激烈的理性批判。这些艺术并未耗尽现代美学传统，因此才被克兰同样视为先锋派。而波普艺术并不对主流价值持批判态度，甚至它本身就是一种通俗文化。在此情形下，它尚因保留审美革新性而被视为先锋艺术。欧洲超现实主义、达达主义等艺术的出现确实意味着精英艺术向通俗文化靠近，但因为这些艺术流派批判社会的初衷和颠覆审美传统的特性，只能算是先锋派内部开始转型的显现，而不是完成。克兰所谓美国先锋派转型，要在波普艺术之后那些融入商业社会且恢复美学传统的艺术流派中才能实现。可以说，克兰描述的过程重复了比格尔所谓从现代主义到先锋派转型的一段历程，虽未正面处理欧洲的达达主义等先锋派，但她也提及，"与这种发展并行的是发生于二十世纪初的另一次先锋派运动，其先行者是法国艺术家马歇尔·杜尚"。[9]这种"并行"显然是指艺术向通俗文化演进趋势的相似性。不过，在这一并行线索中，克兰的美国先锋派转型起点更高（抽象表现主义和极简主义触碰了现代主义的边界），终点更远（波普艺术及之后的艺术流派相较

9　Diana Crane, *The Transformation of the Avant-Garde*, p. 65.

于比格尔的先锋派更接近通俗文化)。

克兰所谓转型的意涵不止于此,在她的艺术社会学视域之下,这种转型涉及与艺术相关的整个社会部门的转变。克兰并未在艺术内部寻找这种转型的动因,而是将目光投向了艺术的外部。在她的研究中,这种外部的转变是解释艺术风格和题材转变的关键。于是出现了第三个关键问题:克兰对借助数据统计的"艺术—社会学"方法的采用。

事实上,比格尔的视角已经跳出了艺术内部,他的艺术体制概念便是从创作、接受等层面来探讨问题的,不过他还停留在一种大而化之的抽象层面上。以卢卡奇、戈德曼、阿多诺等学者为代表的传统艺术社会学更多停留在艺术内部,探讨艺术内部的社会性要素,将社会视为一个抽象整体,实则是一种美学研究。而克兰更接近以贝克尔、布迪厄等学者为代表的"艺术—社会学"[10]方法,注重探讨艺术外部具体的社会要素,将其充分地呈现、展开,对艺术内部避而不谈,更多采用社会学的方法研究艺术。在该书中,克兰直接沿用了霍华德·贝克尔的"艺术界"(Art Worlds)概念,将艺术风格的发展和嬗变与社会诸体制性要素视为一个联动发展的整体。因此,先锋派的转型就是艺术内部和外部的共同转型。

在克兰的研究中,外部的转型有如下体现:首先,在导言中,克兰介绍了先锋艺术嬗变的社会背景,即艺术界和艺术网络的扩大。相较于欧洲的先锋派和二十世纪四十年代之前的艺术界,二十世纪四十年代之后,美国的先锋派艺术网络逐渐扩大,画廊增多,拍卖市场开始出现,同时艺术家数量增多,艺术家的自我定位和角色也发生变化,他们越来越融入中产阶级,"这些新艺术家视他们的角色为通俗文化的表演者,而非生产高级文化的先锋派"[11]。因而艺术并无必要表达对主流价值和通俗文化的拒斥。由于看中了艺术的社会效益、经济效益和政治效益,政府

---

10 参见卢文超:《"艺术—社会"学与"艺术—社会学"——论两种艺术社会学范式之别》,《东南大学学报》(哲学社会学科学版) 2016年3月,第123—127页。
11 Diana Crane, *The Transformation of the Avant-Garde*, p. 81.

和公司将更多的资金注入艺术部门,这成为艺术界膨胀的主要原因。除此之外,教育水平提高、大众媒体的关注、民众休闲时间增多等因素也导致了这一结果。其次,在第六章克兰介绍到,"守门人"画廊在艺术市场中扮演了更为重要的角色,此阶段的先锋艺术相较之前被更多地拍卖,但多数画廊并无意推广新风格,因为艺术必须采纳大众熟悉的材料才能获得市场的接纳,进而获得物质和荣誉奖励。最后,在第七章中,克兰认为博物馆的定位和功能也发生了变化,它们"以将艺术品呈现和推广给更大范围和更多元的观众为己任"。[12] 同时,其组织的官僚化趋向也导致它们对审美革新的艺术不再敏感。这些因素导致博物馆不愿再接受年轻艺术家的新风格作品,"这些机构在面对不断涌现的新风格时,倾向于拒绝接受意味着美学倾向发生重大转变的新风格"。[13] 在此情形下,现代主义的艺术传统——审美革新趋向和潜在的社会批判性无法在艺术中立足。

借此,克兰试图说明,艺术风格与类型的发展并不是全然受艺术内部因素的影响,同时也受到社会机构的影响。美国先锋派艺术具有不同的社会土壤和时代语境,社会机构和社会群体从外在规定了艺术创作、艺术风格和艺术接受的可能,甚至决定了特定艺术流派的命运。这种艺术生态迥异于欧洲先锋艺术和二十世纪四十年代之前的美国艺术。这些情形仅仅通过考察艺术内部的要素是无法得到充分解释的。克兰的研究提醒我们,从更偏重社会学的方法和视角检视特定艺术风格的发展是必要的。

虽然克兰的研究偏重于"艺术—社会学",但这一方法内部不同的理论家仍有不同的理论路径和特色。先前的先锋艺术主要是艺术家独立、精英式的创造,而艺术界的扩张导致转型中的先锋派更多地与整个艺术系统发生互动,如在第二章中,克兰就将某种艺术风格下的创作视为一种社会行为和群体行为。因此从大的思路上讲,克兰与贝克尔在《艺术

12　Diana Crane, *The Transformation of the Avant-Garde*, p. 136.
13　Ibid., p. 119.

界》中的路径是一致的：艺术绝非艺术家个人的独创，而是一系列环节分工合作的结果。而克兰在她的著作中对构成艺术风格的社会群体、售卖环节的画廊和收藏、展示环节的博物馆的深入考察，也基本是通过具体案例对贝克尔《艺术界》"分配艺术品"一章中所涉主题的发挥。

不同的是，虽然贝克尔也主张艺术的社会学考察，但他主要强调艺术界各环节之间的合作与互动关系，艺术家的创作与艺术系统和其他社会环节是平等和可协商的："艺术家会改变自己以适应系统，系统也会改变自己以适用艺术家。"[14]而到克兰这里，二者却呈现出一种二元对立的结构性关系，如前所述，这体现在现代主义传统与具体的社会群体和社会机构对艺术的影响之间的博弈，"这些材料表明，画家对主题的选择和表现，部分受到了现代主义者美学传统的限制，部分受到了收藏家的社会阶级背景和展示、购买这些作品的机构（即博物馆和公司）保守性格的影响。"[15]这种思路，显然与布尔迪厄的文学场理论如出一辙，在布尔迪厄看来，"文化生产场每时每刻都是两条等级化原则即他律原则和自主原则之间的斗争的场所"。[16]此二者之间是非此即彼的，而非"互利共荣"。如此看来，克兰的具体思路更靠近布尔迪厄而非贝克尔。

不仅如此，在对数据调查统计方法的利用上，她明显借鉴了布尔迪厄在《区分》一书中的做法。克兰对该方法的运用体现在两个方面。其一，艺术的外部研究，即在艺术—社会学视野下对艺术的社会群体和社会机构的考察。在该书中，克兰细致地统计了不同年代艺术家数量和先锋画廊、博物馆、公私藏家的数量，获得不同层次教育学位的艺术家数量，特定风格下艺术家群体不同关系属性、不同年龄阶段的比例，以及上述不同的艺术机构对不同艺术流派的展出、收藏数量和售卖收益额等。

---

14 霍华德·贝克尔：《艺术界》，卢文超译，南京：译林出版社，2014年，第87页。

15 Diana Crane, *The Transformation of the Avant-Garde*, p. 138.

16 皮埃尔·布尔迪厄：《艺术的法则——文学场的生成与结构》，刘晖译，北京：中央编译出版社，2016年，第193页。

她运用大量的确凿数据统计支撑结论，并运用表格的形式呈现出直观的数据对比，从而间接论证先锋艺术内部的转型。其二，在对艺术的主题、手法和风格等内部要素进行直接探讨时，克兰同样会不失时机地采用这一方法，比如第五章通过数据直观呈现出不同艺术流派对不同艺术题材如人物肖像、风景、城市景观等运用上的不同倾向。

相较于传统的艺术社会学，乃至贝克尔等人的"艺术—社会学"，这一研究方法在科学和实证的意义上有其特性和优势，这体现在它确凿和精细的特点上。加之将此方法多层次地运用于对特定艺术流派和风格的发展演变的探讨，克兰研究的新颖性于此显现。首先，该研究立足于大量的数据调查，通过对不同变量的控制来操纵分析问题的角度，最终得出各种结论，这种基于经验和实证的方法得出的结论是确凿的。其次，传统的研究往往把握先锋派发展的主线，注重宏观逻辑的把握，而对每种艺术类型的差异性重视不足，而该研究则很好地弥补了这一点，在梳理宏观线索的同时，对每种艺术类型在发展中的个性也有较为具体的呈现。比如，新先锋派艺术呈现出商业化趋势，对此克兰给出的论证是：通过数据调查证明相较于历史上的先锋派，美国的新先锋派艺术品确实更多地被售卖，也更适应市场的某种需求，特定的画廊更倾向于代理某些特定的艺术类型，并且每种类型的售价和收益不尽相同。如此一来，我们就不是停留在一个宏观的结论上，而对特定类型的艺术发展特性有了细致的了解。

综上，克兰的《先锋派的转型》一书从一种宽泛的先锋派定义出发，探讨了欧洲的先锋艺术传统如何在美国的社会土壤中影响纽约先锋艺术，又如何逐渐消失殆尽。艺术从远离通俗文化和大众题材转向承认和接纳主流趣味和意识形态，并且不再进行新风格的试验，这根源于艺术界的扩充和社会机构对艺术发展所产生的越来越重要的影响。如果说在"艺术—社会学"方法中借用数据统计在布尔迪厄那里已有先例，那么克兰最独特的创见在于，将这种方法进一步运用于对特定艺术流派风格走向和发展趋势的考察，避免了传统偏重美学研究的"艺术—社会学"主观和空疏的弊端，在充分呈现艺术的社会一面的同时，进一步用外部方法推动内部研究，将内部研究落在切实的层面上，而不仅仅依赖研究者的主观判断。因此，克兰在实证研究视野下对先锋艺术风格嬗变的研究给予我们颇多启发。

科学与官能相融合的感性之学
——评《五感：一种混合身体的哲学》*

徐　明（浙江大学）

米歇尔·塞尔（1930—2019）是法国当代著名哲学家、法兰西科学院院士，在法国布雷斯特海军军官学校获得数学学位，然后于巴黎高等师范学校再获文学和哲学学士学位，1968年提交了数学史论文《莱布尼茨体系及其数学模型》，取得博士学位。塞尔的哲学思想起步于数学，又在法国科学哲学和人文主义传统中发展和成熟，截至2019年6月1日去世，塞尔出版的著作已达60余部，广泛涉猎哲学、科学、美学、人类学、政治学等领域。二十世纪六十至八十年代，塞尔对法国传统认识论的看法经历了从接受到怀疑、反对到论辩的转换，特别是其赫尔墨斯系列的五卷本著作——《交流》（1969）、《干扰》（1972）、《转译》（1974）、《分配》（1977）、《西北航道》（1980）——不仅对盛行于二十世纪的分析哲学发出质疑，也对他的哲学论文指导老师加斯东·巴什拉提出的"科学精神"提出异议，并呼吁跳出二元思维和学科分化的僵硬模式，寻求一条能够建立连接关系的中间"通道"（passage）。这条"通道"也为塞尔的跨学科研究奠定了基础。

《万物本原》（1982）的出版为塞尔的身体研究拉开了序幕，其中，时间成为混合、繁多、变动的代名词，包含着理性与非理性的一切因素，

---

* Michel Serres, *The Five Senses: A Philosophy of Mingled Bodies*, New York: Continuum International Publishing Group, 2008.

对传统的理性认知方式发起挑战，这就需要建立"一种新的哲学"，而《五感》就是对这个新哲学的扩写，从纯粹混沌的时空走向混合的身体哲学。1985年，《五感：一种混合身体的哲学》（*Les Cinq Sens: Philosophie des Corps Mêlés*）问世，塞尔以身体感性作为研究对象，从经验出发重新考察了人身体的五种感觉及各种感性认知，试图建立一个感性与理性相融合的新的认知主体。在此之后，从二十世纪九十年代至今，塞尔在研究人类、生态和政治的同时，仍然不断地完善着他对身体的看法，有关身体的思考也间接穿插其间，成为连接其著作的一个重要纽带。但想要系统地了解塞尔的身体哲学，还需要重新回到本书，追根溯源，一探究竟。

塞尔的身体哲学在二十世纪末的法国及英语世界并未引起重视，学界对《五感》的研究也仅限于少量书评，一直到英译本（2008）的问世，本书才得到越来越多研究者的关注。晚近以来对身体的哲学研究都是从意识或精神层面入手，将身体仅仅视为与灵魂对立的肉体，或将各种身体体验简化为精神活动，提及的身体感受也仅限于视觉和痛觉，对身体感性的多样性和复杂性未予以足够的重视。本书从批评柏拉图的感官等级论和笛卡尔的机械论身体观出发，将身体视为一个聚集了视觉、听觉、味觉、嗅觉和触觉的整体，主要考察的是，身体的五种感觉如何被理性所割裂或遮蔽，又该如何回到日常的世俗生活之中，并结合了皮肤纹理所记录的时间印记来论证混合的身体感觉自身所具有的合理性。本书借助拓扑学的联想思维，并用宗教故事、绘画艺术、希腊神话、自然科学甚至作者年轻时的海军服役经历来进行例证，以浅显易懂的文字、朴素的笔触再现了一个由多种感觉编织而成的丰富多彩的世俗世界。本书内容分为五章，秉承"混合"的主旨，选用了"面纱""暗箱""餐桌""游览""快乐"五个主题作为各章的标题，但在每一章中，作者都综合性地穿插论述了多种感官，以便对身体进行全方位的思考。

第一章和第二章通过批评柏拉图的理念论来揭开被语言工具遮蔽的身体感性，主要论述了视觉、听觉、触觉三者之间的关系。第一章的标题"面纱"（Veils）使用了复数形式，意为层层舒展的纱状物，也暗含着触觉的意象。柏拉图将身体感觉一分为二：视觉由于与客体保持一定的距离而被认为具有认知、道德和审美上的优势，因此被列为高级，而其它感觉由于没有"距离"则受到贬低或忽视。针对柏拉图的感官等级论，本章中使用了大量例证进行反驳，例如：人出生时的胎记是天生的标记、印象派绘画的触觉效果、希腊神话中孔雀尾巴上的复眼、中世纪挂毯的精湛手工艺、法国版灰姑娘所穿的舒适的毛皮鞋、雾夜行路的感觉判断，以此证明视觉并非比触觉优越、身体感知比话语言说更为准确，进而建议用皮肤而不是双眼，重新编织身体的多种感觉，将五感汇成一体建立"新的认识论"。第二章围绕"苏格拉底之死"展开，分析得出苏格拉底是由于语言中毒身亡，因为言说之口阻碍了进食，听觉也被抽象为视觉的附属品，信息进出身体的通道被堵塞，导致体内充满噪音与外界切断联系，最后引起病变。本章把身体比作"暗箱"（black boxes），具体而言，身体内虽然是漆黑一片，但里面却有一个个套娃似的、由五感编织成的小箱子，而双耳就是负责体内外信息传输的重要通道，保证身体的正常运作。在本章中，耳朵被还原为身体的组成部分，声音经耳道传入体内与各种感觉混合，再反馈到人的体表，在皮肤上留下时间的印迹。

第三章和第四章以重塑味觉、嗅觉和视觉经验为目标，以餐桌饮食和风景观赏为例，考察了人与自然的密切关系。第三章从饮食出发来探讨丰富的感官体验，重新解读了味觉和嗅觉。本章开篇从品尝一杯陈年的法国葡萄酒开始，区分了人的两张嘴——"言说的金口"（a golden mouth）和"品味的舌头"（a tasting tongue），并以油画《最后的晚餐》、圣餐的酒和面包、《圣告图》中圣母受孕为例，分别从语言理性和实践经验两个角度来理解身体。沉浸在饮食文化中的身体，不仅将感性体验从抽象的理念中解放出来，还发现了自身的特殊性——人之区别于动物除了语言优势之外，还在于人的味觉和嗅觉系统的独特性；换言之，要在经验世界重塑身体感性就得从"餐桌"开始，用味觉和嗅觉点亮生命的历程。第四章又回到视觉，以"风景"作为切入点，先从词源学上对

"风景、耕地、异教、书页"四个词所共享的拉丁词根进行考证，论述了环境（circumstances）对塑造人类活动和感性经验的重要性。然后，塞尔通过分析和批判笛卡尔的机械论身体观和康德的先验时空论指出，不管是将身体简化成为意识活动提供能量的机器，还是将身体预先设置为一种抽象的概念，都是在消除个体间的差异性，直到身体脱离时空，在生存环境中缺席。因此，只有当理性思考与身体感性汇成一体时，感官体验才能得到恢复，而眼球也只有从意识的头颅回到整个身体之中，才能转变成为本能的游历和阅览，真正的欣赏和体验风景。

第五章立足于法国世俗化原则，结合二十世纪末科技发展的现实，探讨了经验主体在世俗生活中应该如何处理技术与身体的关系、如何在社会转型中为科学及人自身定位，从而使新的认知主体能够获得"最大的善"，即幸福或源自身体的快乐（joy）。要在世俗生活中获得快乐，就需要人自身去发现和创造，技术工具的推陈出新不应该成为认知导向，科学也只有作为"研究主体"（scholar-subject）时才能服务于人类的认知活动，才有益于充分释放人的感性体验。在本章的最后一节，塞尔直接以"签名"（Signature）为题，为复兴感性认识发起请愿，与本书第一章第一节中（身体的）"诞生"（Birth）相呼应，再次强调了身体经验之于生命的重要意义。

总览全书，每章虽然使用了大量跨学科例证，但没有造成阅读困扰。这是因为塞尔一直将副标题中的"混合"作为贯穿全书的主旨，在经验世界中重塑混合身体的同时，也要将学科之间的裂隙一针一线地缝合起来。在1987年的访谈中，塞尔坦言，他在斯坦福大学任教期间，发现盛行于欧美的分析哲学只是一种"语言学意义上的理想主义"，到处都充斥着话语或文字，试图使我们"在语言的统治之下什么也感觉不到"，《五感》的写作就是为了抗议"这种平均化和形式化的僵硬理论"。[1]《五感》

---

[1] 参见 Geneviève James, Michel Serres, "Entretien avec Michel Serres," *The French Review*, 1987, Vol. 60, No. 6, p. 794。

的创作缘由提醒着我们对混合身体的理解需要从他对语言的批判开始。

二十世纪三十年代，兴起于维也纳的分析哲学途经英国又在美国得到发展，在法国却屡遭挫败。维也纳学派虽然在巴黎先后召开了两次重要会议，即第一届科学哲学会议（1935）、笛卡尔会议（1937），想要通过建立一种逻辑学的"世界语"来实现"统一科学"的计划，[2]但法国哲学所持的是一种百科全书式的视角，所倡导的是一种差异共存的统一性观念，这就使得分析哲学想要在法国占有一席之地成为难题。此外，法国的科学哲学已广泛接受莱布尼茨在逻辑学与数学之间建立的联系，因此，想要使用逻辑学代替数学，用精确的符号代替推理过程中的不确定经验，这在法国就显得困难重重。塞尔师从巴什拉进行认识论的研究，虽然两者对"科学精神"的看法存在分歧（塞尔反对巴什拉对科学领域的不断划分），但他们都是在数学和物理学基础上对科学哲学和科学史进行展开的。另外，塞尔指出法国的逻辑学研究之所以落后，还有一个很大的原因是战争，"许多伟大的逻辑学家都在1914年和1939年的战争中丧生"[3]。因此，塞尔就是在这样的背景中对逻辑语言的排他性提出反对，并用他所理解的数学结构和语言结构来论述身体的"混合"概念。

首先，为了反对逻辑语言的精确分类，本书用数学集合论来构建混合的身体。塞尔的数学结构理论受到二十世纪初法国数学结构主义团体布尔巴基学派（Bourbaki）的影响。布尔巴基学派认为，各种概念的共性就在于，它们都使用了成套的元素（éléments），这些元素在本质上无法再分，并且各元素之间存在着一种或多种关系，构成了一个数学结构（structure）[4]。在赫尔墨斯第一卷《交流》中，塞尔用布尔巴基学派的集合概念重新解读了语言，认为（任何）"一种分析都是结构的"（une

---

[2] 参见比特博尔、伽永主编：《法国认识论：1830—1970》，郑天喆、莫伟民译，北京：商务印书馆，2011年，第35—57页。

[3] Raoul Mortley, Michel Serres, *French Philosophers in Conversation*, London and New York: Routledge, 1991, p. 48.

[4] 参见 V. Descombes, *Modern French philosophy*, trans., L. Scott-Fox and J. M. Harding, New York: Cambridge University Press, p. 85。

analyse est structurale），具体而言，结构作为一种形式，把无法言说的东西变成一个可操作的集合，集合中的大量元素虽然是任意的、不可再分的，但仍具有功能性，可以帮助我们从中获得某些发现；即使一定要对这些元素进行分类，那得到的也只是某个模型（modèle）或范式（paradigme），在形式上仍然与这个结构相类似。因此，分析是一种形式，具有结构性的分析将孕育出一种拓扑学意义上的力量。[5] 回到本书的篇章结构可以看到，身体感觉的特殊性借助丰富的类比——呈现，但它们非但不是孤立的，还在实例、章节甚至大小标题之间产生呼应，纵横交织，共同织造这张身体之网，也就是在这层皮肤的地图上，视觉、听觉、味觉、嗅觉和触觉构成了一个健全的身体。

其次，本书还借助杜梅齐尔的"模式结构"来处理身体和语言之间的关系，使复杂的身体感觉通过神话故事得到准确表达。法国人类历史学家杜梅齐尔（Georges Dumézil）的"研究是在希腊罗马、印欧语系的基础上展开的，这是塞尔所熟悉的领域"[6]，也是塞尔借鉴杜梅齐尔语言学思想的原因。杜梅齐尔从实在关系中对模式（set）进行比较：在相同的文化领域中，寻找不同的语言从一种模式到另一种模式所隐含的内在"关系"（relations），其最终目的并不是建立一个力求平均的语言体系（system），而是发掘个体间的关联，组成一个容纳语言差异性的共享结构。[7]《五感》一书在对身体经验的阐述，特别是对视觉、听觉和触觉进行描述时，就以建立一个完整的身体为目标，将无法言说的感性体验蕴含在神话传说的生动情节之中，从神话故事里提取感性的合理论据，例如：百眼巨人的监控之眼化作孔雀尾巴上的复眼，使眼球从孤立的视觉回到了身体；俄耳浦斯的竖琴不仅协助伊阿宋夺取金羊毛，也为他到地

5　参见 Michel Serres, *Hermès I, La Communication*, Paris: Éditions de Minuit, 1969, pp. 31–32。

6　Michel Serres, Bruno Latour, *Conversations on Science, Culture, and Time*, Roxanne Lapidus trans., Ann Arbor MI: The University of Michigan Press, 1995, p. 36.

7　参见 V. Descombes, *Modern French philosophy*, pp. 86–87。

府营救妻子获得了机会,是琴声驱散了体内的噪声,使身体维持正常的状态,这是音乐生产出的理性,也是听觉的胜利。

塞尔的身体哲学不仅包括拓扑学的身体结构和人类学意义上的语言概念,还根植于法国自身的人文主义传统,受到蒙田的人文思想的启发。蒙田形容人性是"起伏不定和多样的"(ondoyant et divers),认为人的个性受到环境的影响,不同的环境造成了个性的差异,也使事物充满了不确定性。塞尔从蒙田的多元论中看到了易变的人性所具有的"理性":"起伏不定"是指如液态般、不稳定的流动;"多样"说的是"事物之间互相混合、留下痕迹或染上色彩"。[8] 在变动的时间和空间里,承认人性的多样化,就是接受了环境对身体的塑造作用,将环境的偶然性也纳入对身体的考察范围之内,即在环境中考察身体与经验、人性与习俗的关系。

在《五感》中,塞尔对蒙田思想的继承主要体现在"触觉与记忆"和"用空间解释时间"两个方面。首先,全书对身体感觉的追述都是在皮肤触觉上铺展开来的。塞尔认为,我们所在之处是一个"中立地带",与各方产生互动,也是"混合物"或"大杂烩"形成的地方。其中,人的皮肤承担起"连接"的角色,它既是汇集全身器官的生命屏障,也是保证身体内外世界沟通和完善的交通要塞。由于我们所在的环境并不是一成不变的,面对不稳定的环境因素,不仅身体会先于语言做出反应和调整,思想和意识也会受到影响,不断发生改变。本书对身体的考察从触觉起步,在探讨身体感觉如何获得认知、留下记忆的过程中,深入发展了莱布尼茨"地域就是人的体质"[9]的观点,把经验世界拓展为一个"此处-彼处"(ici-ailleurs)[10]经纬交织的拓扑学空间,并且由皮肤发挥关

---

8 参见 Geneviève James, Michel Serres, "Entretien avec Michel Serres", *The French Review*, 1987, Vol. 60, No. 6, p.7 92。

9 Michel Serres, *Hermès II, L'interférence*, Paris: Les Éditions de Minuit, 1972, pp. 10–11.

10 Michel Serres, *Hermès II, L'interférence*, p. 16.

联作用，体表的纹理则是身体与环境互动的记录，是时间烙印和空间足迹的见证。其次，身体经历了从环境到习俗、从偶然到必然的塑造过程，这是一种在世俗空间的真实体验。在传统身体研究中，柏拉图把嗅觉和味觉贬为低等，笛卡尔把身体简化为机器，康德不仅认为嗅觉和味觉是"纯粹主观的"，还特别斥责嗅觉是"多余的"。然而，塞尔却对味觉和嗅觉大加赞赏，认为人类与动物的差异并不在语言，而在于"品味"（taste），嗅觉和味觉是文化习俗的沉淀，两者凝聚着人类的智慧，是构成生命以及认知的起点。在蒙田看来，人的理性是"我们所有观念和习俗的总和，不管什么形式的观念和习俗，都可以找到相对应的理性"[11]，可以说，理性是相对的，它的形成离不开环境的影响，也无法与感性经验相分离。本书对"品味"的研究从一杯来自蒙田家乡的滴金葡萄酒开启，对杯中红酒的色泽、温度、香味、口感等展开追踪，沿着味蕾的记忆重温了葡萄的种植与酿造的过程，最后发现了味觉和嗅觉的"文化性"。因此，塞尔认为复杂的饮食文化隐藏着巨大的智慧：在自然的无偿"馈赠"（the given）下，身体感觉是与生俱来的，而感知是通过后天"有偿"习得的[12]，在经验转化为实在的过程中，偶然性转变成为本性，即身体习惯转化为一种确定的文化习俗。因此，将环境、身体、经验从理性中剥离出去，用统一的逻辑语言或单向度的直线思维来代替形态万千的身体感觉，只会导致"我和我所思之物"都陷入静止的险境，毕竟，一切事物都处于变化之中，"水流淌过之处，便是生命、交流、关系网及自然的生成与再生之地"[13]。2010年，在法国人物专刊杂志 *L'Herne* 上，塞尔再次谈及《五感》中的身体概念并指出，"混合之处就是文化的精致

11　蒙田：《蒙田随笔全集》（上卷），潘丽珍等译，南京：译林出版社，1996年，第125页。

12　塞尔在《五感》中多次使用了"percevoir"的双关语，这个法语动词有"感知、征税"之意，塞尔借此表示理性是有偿习得的产物，身体感觉是与生俱来的，将感知与感觉区别开来。

13　Michel Serres, Bruno Latour, *Conversations on Science, Culture, and Time*, pp. 121–122.

所在"[14]。他把身体感觉比作艺术创作,以本书中的六幅中世纪挂毯为例:挂毯的正面呈现的是某一种感官经验,反面则是情感交错的丝线,而那些密密麻麻的结点(noeuds / knots)就是混合所隐藏的精致,一种来自世界深处与我们身体之间的杂音。塞尔坚持认为,沉浸在混合状态中的身体具有开放性,能够"在有序中重建无序""在无意义中生产意义",使规则与不规则互为支撑、彼此见证,最终生成精美别致的艺术品。

《五感》在出版当年就获得了法国美第奇文学奖(Prix Médicis Essai, 1985),直至今日已吸引众多海内外读者和学者的关注,但是,由于该著作既"不属于典型的学院模式",也"不受大学规范的约束",自创作之日起就面临着"巨大的风险"。[15] 这里的"风险"主要来自如何理解本书以及对混合概念的解读,这在法国和英语世界产生了截然不同的看法。其一,本书是一部采用了随笔文体形式的哲学著作且多处出现神话传说等文学表达,这在法国哲学与文学合流的传统中习以为常,却常被英语世界的读者甚至学者误以为《五感》是文学作品而少有哲学观点。在塞尔看来,本书延续了近代法国哲学与文学密切联系的传统,相较于"诗人",他更愿意被理解为一个"哲学家",使读者在享受诗歌般的文字阅读时,也能潜入本书的意义中去品味哲理。其二,本书通过建立混合的身体认知来反对柏拉图的理念论,易被误认为是一种"新的二元论"。然而,结合法国人文主义传统和二十世纪分析哲学在法国的遭遇,就可以避免这个误解。一方面,塞尔从法国本土认识论出发去反对一种理性至上的绝对理念论,批评的是逻辑语言想要排除一切不确定因素、建立"统一符号"的野心;另一方面,将本书与塞尔的早期著作联系起来就会发现,本书所论述的身体跳出了传统哲学关于物质与精神的争辩,处于连接两者的中间地带,不再为一方而反对另一方,因此,混合身体的形

---

14 Michel Serres, "Temps, invention: la subtilité des fils," L'Yvonnet, F., & Frémont, C. ed. *Michel Serres* (Cahiers de l'Herne N°94), Paris: L'Herne, 2010, p. 155.

15 参见 Geneviève James, Michel Serres, "Entretien avec Michel Serres", *The French Review*, 1987, p. 788。

成正是新的认知主体的诞生，他或她在进行理性思考的同时，也拥有敏锐的感性判断。

总而言之，塞尔的身体哲学突破了传统的意识研究，将感性经验作为身体研究的对象，进一步深化了我们对身体问题的思考和认识；同时，塞尔在自然科学与人文社会科学的交叉领域去探索身体的努力，不仅向学科之间日益加剧的隔阂发出了警示，也为后人对身体的研究开辟了新的方向。

图书在版编目(CIP)数据

中国学术．第43辑／刘东编．—北京：商务印书馆，2022
ISBN 978-7-100-20840-6

Ⅰ．①中… Ⅱ．①刘… Ⅲ．①社会科学－中国－文集 Ⅳ．①C53

中国版本图书馆CIP数据核字（2022）第035992号

权利保留，侵权必究。

封面题签　饶宗颐

ZHŌNGGUÓ XUÉSHÙ
中　国　学　术
总第四十三辑
主编　刘　东

商　务　印　书　馆　出　版
（北京王府井大街36号　邮政编码100710）
商　务　印　书　馆　发　行
江苏凤凰数码印务有限公司
ISBN 978-7-100-20840-6

2022年3月第1版　　　开本 710×1000　1/16
2022年3月第1次印刷　印张 27 1/2
定价：160.00元